교감국역 송남잡지 10

An Encyclopedia of Songnam

지은이 조재삼(趙在三)은 1808년에 태어나서 1866년까지 생존하였다. 본관은 임천(林川)이고 호는 송남(松南)이며 자는 중기(仲璣)이다. 졸수재(拙修齋) 조성기(趙聖期)의 5대손이다. 저서로『송남잡지』외에도 유고 2권이 있다고 한다.

옮긴이 강민구(姜玟求)는 성균관대학교를 졸업(문학박사)하고 민족문화추진회 국역연수원을 졸업하였으며 연청(硏靑) 오호영(吳虎泳) 선생을 사사하였다. 현재 경북대학교 교수이다. 논문으로「영조대 문학론과 비평에 대한 연구」, 역서로『국역 낙재선생문집』외 다수가 있다.

교감국역校勘國譯 송남잡지松南雜識 10

1판 1쇄 인쇄 2008년 10월 5일
1판 1쇄 발행 2008년 10월 10일

지은이 / 조재삼
옮긴이 / 강민구
펴낸이 / 박성모
펴낸곳 / 소명출판
등록 / 제13-522호
주소 / 137-878 서울시 서초구 서초동 1621-18 (란빌딩 1층)
대표전화 / (02) 585-7840
팩시밀리 / (02) 585-7848
somyong@korea.com / www.somyong.co.kr

값 29,000원

ISBN 978-89-5626-329-8 94810
ISBN 978-89-5626-319-9 (전13권)

이 책의 본문용지는 한솔제지 하이벌크 미색지 75g을 사용하였습니다.

교감국역 송남잡지 10

松南雜識

조재삼 지음
강민구 옮김

일러두기

1. 저본(底本)

이 책은 1987년 동서문화원에서 영인 출판한 『송남잡지』를 저본으로 삼아 역주하되, 1986년 아세아문화사에서 영인 출판한 『송남잡지』와 규장각 소장본 『송남잡지』를 참고하였다.

2. 교감(校勘)

『송남잡지』의 모든 내용을 교감하였다.
인용 원문과 『송남잡지』의 내용을 대조하여 상호 출입을 모두 표시하였다. 인용 원문과 『송남잡지』 사이에 또 다른 전적이 개재되었을 경우, 즉 재인용의 경우에는 그들 간의 변형 과정과 양태를 제시하였다.
『송남잡지』에 인용되지 않은 부분이라도 원문의 이해를 위해 필요할 경우 전후를 제시하였다.
인용 원문을 왼쪽에 두고 『송남잡지』를 오른쪽에 두었으며, 화살표(→)로 변형된 것임을 표시하였다.

3. 역문(譯文)

역문은 쉬운 우리말로 옮기는 것을 원칙으로 하였다. 교감을 거친 번역이므로 원문과 차이가 있는 것이 많다. 그러한 경우 반드시 각주의 형식으로 교감기를 제시하였다.
시(詩)는 역문을 왼쪽에 두고 원문을 오른쪽에 배치하였다.

4. 주석(註釋)

주석은 내용이 간단하고 짧은 경우에는 간주(間註)로 처리하고, 내용이 긴 경우에는 각주로 처리하였다.
각주는 해당 항목을 제시하고 주석하였으며, 긴 항목은 앞뒤의 어구만 제시하고 중간에 …… 부호를 넣어 중략하였음을 표시하였다.

5. 맞춤법

맞춤법과 띄어쓰기는 한글맞춤법과 표준어규정을 따르는 것을 원칙으로 하였다. 단 필요한 경우 두음법칙 등을 적용하지 아니하고 원음을 그대로 제시하였다.

6. 부호

이 책에 사용한 부호는 다음과 같다.
( ) : 번역문과 음이 같은 한자를 묶는다.
[ ] : 번역문과 뜻은 같으나 음이 다른 한자를 묶는다.
“ ” : 대화 등의 인용문을 묶는다.
‘ ’ : “ ” 안의 재인용, 또는 강조 부분을 묶는다.
「 」 : 편명을 묶는다.
『 』 : 책명을 묶는다.
〈 〉 : 인용된 주석을 묶는다.

해제

『송남잡지(松南雜識)』는 조재삼(趙在三 : 1808~1866)이 1855년(哲宗 6년)에 저술한 백과전서적 성격의 유서(類書)이다. 조재삼은 재야의 사인(士人)으로 호가 송남(松南)이고 자는 중기(仲璣)이며 졸수재(拙修齋) 조성기(趙聖期)의 5대손이다.

현재 『송남잡지』는 세 가지 종류가 전해진다. 하나는 임기중(林基中) 교수가 편의상 '임씨본(林氏本)'으로 칭하는 것이고 하나는 규장각 소장본이고 나머지 하나는 청주에서 프린트본으로 발간된 것이다.

임씨본은 총 7책으로 비 · 파 · 귤 · 율 · 도 · 매 · 리(枇 · 杷 · 橘 · 栗 · 桃 · 梅 · 李)로 차례가 정해져 있다. 임기중 교수는 이 책만이 『임천조씨가보(林川趙氏家譜)』에서 "송남잡지 7권을 저술하여 세상에 행(行)하고 있다[著雜識七卷印行于世]"라고 한 기록에 부합되는 유일한 현존본이며 기타 두 종과 대조한 결과 임씨본이 초고본이라는 견해를 제시하였다. 즉 규장각본과 유인본(油印本)은 각각 임씨본을 필사하고 유인(油印)했다는 것이다. 그리고 그 근거로 후자의 두 책과 전자의 편차를 비교해 보면 권차(卷次)가 흐트러져 있는데, 제책(製冊) 후에도 보충이 계속되었다는 점을 제시하였다.

규장각본(奎章閣本)은 총 14권으로 되어 있는데, 비(枇)를 1・2로, 파(杷)를 11・12로, 귤(橘)을 3・4로, 률(栗)을 10・13으로, 도(桃)를 7・8로, 리(李)를 5・6으로 편차하였으니 이는 나무의 이름으로 편차를 정하는 방법이 일반적이지 않기 때문에 생긴 오류로 보인다.

청주의 유인본은 임형택(林熒澤) 교수가 조재삼의 방손(傍孫)인 조남식(趙南植) 옹으로부터 입수하여 아세아 문화사에서 1986년에 영인하였다. 이것은 해방 후 청주 지방에서 이광(李光 : 1887~1966)씨의 주선에 의해 상・중・하 세 책으로 약간부가 유인(油印)되었다고 한다.

유인본은 필경(筆耕)하여 유인(油印)한 것으로 임씨본과 큰 차이는 없다. 단 필경(筆耕)하는 과정에서 자구(字句)의 첨삭을 가하는 교정이 이루어졌을 가능성이 있다. 그러나 규장각본은 임씨본과 제책상(製冊上) 편차에서 차이를 보일 뿐만 아니라 항목의 구성에도 다소간의 차이를 보이고 있다. 규장각본은 임씨본에 있는 항목이 다수 누락되어 있다. 그런데 제책 후 누락된 내용은 원본을 보고 항목간의 빈 공간에 채워 넣은 것으로 보인다. 이는 마치 간주(間注)의 형식처럼 보이는데 사실은 누락된 항목의 보충에 불과하다. 그것의 글씨는 알아보기 어려울 정도로 조악한 것도 있다.

임씨본 역시 결락(缺落)된 글자가 어떤 이에 의하여 가필(加筆)된 흔적이 있다. 그런데 그것은 문맹자의 소위(所爲)로 보이는 바, 전혀 문리가 닿지 않는 글자뿐만 아니라 존재하지도 않는 글자를 그려 넣었기 때문이다.

『송남잡지』는 1,743장으로 이루어진 거질로 '백과전서적 유서'라고 할 만한데, 그 구성을 살펴보면 다음과 같다.

천문류(天文類) 70항목, 세시류(歲時類) 153항목, 지리류(地理類) 189항목, 국호류(國號類) 35항목, 역년류(歷年類), 외국류(外國類) 117항목, 인사류(人事類) 40항목, 가취류(嫁娶類) 75항목, 상제류(喪祭類) 139항목, 성명류(姓名類) 71항목, 과거류(科擧類) 41항목, 문방류(文房類) 85항목, 무비류(武備類) 114항목, 농정류(農政類) 64항목, 어렵류(漁獵類) 16항목, 실옥류(室屋類) 121항목, 의식류(衣食類) 244항목, 재보류(財寶類) 77항목, 집물류(什物類) 90항목, 음악류(音樂類) 94항목, 기술류(技術類) 151항목, 구기류(拘忌類) 80항목, 선불류(仙佛類) 117항목, 상이류(祥異類) 118항목, 계고류(稽古類) 407항목, 이기설(理氣說) 33항목, 인물류(人物類), 조시류(朝市類) 119항목, 방언류(方言類) 816항목, 화약류(花藥類) 180항목, 초목류(草木類) 179항목, 충수류(蟲獸類) 207항목, 어조류(魚鳥類) 187항목으로 상위 범주가 33류이고 하위 항목이 4432항이다.

위와 같이 『송남잡지』는 한문학 · 국문학 · 국어학 · 역사학 · 철학 · 민속학 · 종교학 · 천문학 · 지리학 · 농학 · 병학 · 건축학 · 동물학 · 식물학 · 한의학 · 복식사 · 음악사 · 과학사 · 외교사 · 제도사 등 다양한 분야의 지식을 담고 있다.

『송남잡지』의 '잡지(雜識)'라는 서명은 『성호사설(星湖僿說)』의 '사설(僿說)'이나 『반계수록(磻溪隨錄)』의 '수록(隨錄)'과 같은 의미이다. 이 책은 형식적 측면에서 유서의 전통적 양식을 충실히 계승하고 있을 뿐만 아니라 작가의 선명한 의식을 드러내고 있다.

조재삼은 『송남잡지』 자서에서 저작 동기와 저술 의식을 명확히 제시하고 있으니, 그는 추상물인 '태평(太平)'의 기록과 구체적 형상을 지니고 있는 '만물(萬物)'의 문자화를 자신의 책무로 자임하였다. 그 두 가지 중에서 조재삼의 주된 서술 의식은 전자에 맞춰져 있다. 즉 조재삼은 자서에서 "『송남잡지』는 태평(太平)의 기록으로 시작하여 태평(太平)의 기록으로 끝을 맺은 책"이라고 언명하고 있다. 과연 조재삼의 말대로 『송남잡지』의 첫 항목명은 '동방왈태평(東方曰太平)'이고 마지막 항목명은 '태평봉(太平鳳)'인데다가 '태평(太平)' 두 글자로 끝을 맺고 있다. 그런데 흥미로운 점은 조재삼의 강한 민족적 의식의 자각이다. 즉 '태평'은 우리나라의 태평에 다름 아니고 만물은 우리나라에 존재하는 만물에 다름 아니다. 조재삼은 우리나라를 '태평지역(太平之域)'이라고 명명하고 있으며, 우리나라가 천하에 존재하는 만물 가운데 절반을 보유하고 있다고 말하였다. 그러므로 『송남잡지』는 외우내환으로 나라가 병들어 가던 시기에 민족적 자존과 문화적 긍지를 고양하기 위한 의식의 소산이라고 할 수 있다. 그와 같이 선명한 의식이 백과전서적 형식 속에서 증명 분석되고 있다는 점이 기존의 유서와 다른 점이라고 할 수 있다.

그렇다면 『송남잡지』의 출현 동인은 무엇인가?

임형택(林熒澤) 교수는 『송남잡지』의 출현 동인으로, "새로운 지식에 대하여 경시하는 등 고루(固陋)와 고식(姑息)에 빠진 당대의 학풍을 반성하고 진작하려는 움직임"으로 파악하였다.

지금도 백과사전은 그것을 발행한 사회나 국가의 문화적 · 학술적 수준을 평가하는 하나의 척도가 될 수 있다. 『송남잡지』를 비록 '백과전서'라고 표현하고 있기는 하지만, 현대적 용어로 달리 대체할 만한 것이 없기 때문에 편의상 사용할 뿐이다. 현대적 의미의 백과사전은 중세의 유서들이 취하고 있는 분류 체계와는 전혀 다르기 때문이다. 즉 백과사전이 글자의 배열 순서에 입각해서 편찬된다면 유서는 작가의 가치관에 의해 차서(次序)가 정해진다. 그러므로 유서로서 『송남잡지』는 현재의 백과사전과 같이 다양한 정보를 제공하는 기능을 지니고 있는 동시에 당대인들의 가치관을 명확하게 볼 수 있는 유용한 자료라고 할 수 있다.

무엇보다 간과할 수 없는 점은 『송남잡지』가 문예미학적 특성을 갖추고 있다는 점이다. 이는 중국의 『운부군옥(韻府群玉)』·『사문류취(事文類聚)』 등이 문학 창작의 중요한 공구서(工具書)로 활용된 전통을 계승한 것이다. 그리고 또 하나의 중요한 사실은 『송남잡지』가 우리나라에서 발행된 『대동운부군옥(大東韻府群玉)』과 같은 운서류와 『지봉유설(芝峯類說)』·『성호사설(星湖僿說)』·『반계수록(磻溪隨錄)』과 같은 유서류의 전통을 충실히 계승하고 있다는 점이다. 조재삼은 중세의 막바지에서 유서라는 형식을 통하여 이전의 문화적 축적을 체계적으로 정리하려고 한 것이다.

참고문헌

임형택, 「송남잡지 해제」, 『松南雜識』, 아세아문화사, 1986.
임기중, 「송남잡지 해제」, 『松南雜識』, 동서문화원, 1987.

29. 방언류 方言類

松南雜識 전체 차례

29. 방언류(方言類)

회자
膾炙

주의(周顗)[1]가 소 염통 구이를 왕희지(王羲之)에게 먹이니, 이 때문에 이름이 알려졌다.[2] 그러므로 지금은 명성과 소문이 파다한 것을 일컫는 말이다.

당시에서,

천년의 끊어진 비문이 사람들에게 회자되니	千載斷碑人膾炙[3]
세상에 단문창(段文昌)이 있는 줄을 모른다	不知世有段文昌[4]

---

1) 주의(周顗) : 진(晉)나라 안성(安城) 출신. 자는 백인(伯仁). 어려서부터 명성이 두터웠고, 술을 즐겨 마셨다.

2) **嘗謁**周顗, **顗察而異之, 時重牛心炙, 坐客未噉, 顗先割啗**羲之, **於是始**知名.(『晉書, 卷八十, 列傳第五十, 王羲之』) → 周顗啖王羲之, **由**是知名.(『松南雜識』)

3) 『松南雜識』에는 '**一出韓**碑**傳**膾炙'로 되어 있음.

라고 하였다.

소식
消息[5]

『예기(禮記)』의 주석에서 "'양(陽)'이 생겨 '식(息)'이 되고, '음(陰)'이 죽어 '소(消)'가 된다"[6]라고 하였다.

『광운(廣韻)』에서는 '소식[言信]'이라고 하였다. 동오경(董五經)[7]이 이른바 "소식[信息]이 매우 많다"라고 한 말이 이것이다.

동중서(董仲舒)[8]의 책문(策文)에서 "천하 사물의 성쇠[息耗]를 살피십시오"라고 하였는데, 그 주석에서 "식(息)은 생긴다는 뜻이고, 모(耗)는 빈다는 뜻이다"[9]라고 하였다. 선악(善惡)을 말하기도 한다. 지금 '서울소식[京耗]'과 '고향소식[鄉信]'이라는 말이 이것이다.

---

4) 단문창(段文昌) : 당나라의 인물. 저서로 『단문창집(段文昌集)』 30권이 있음.

5) 소식(消息) : ① 사물의 영고성쇠(榮枯盛衰)를 통칭한다. ② 안부나 근황을 전하는 편지나 소식을 말한다. 음신(音信), 소모(消耗).

6) 陽生爲息, 陰死爲消.(『禮記, 月令』)

7) 동오경(董五經) : 송나라의 은자(隱者).

8) 동중서(董仲舒) : 전한(前漢)의 유학자(?B.C. 176~B.C. 104). 호는 계암자(桂巖子). 춘추공양학(春秋公羊學)을 수학하여 하늘과 사람의 밀접한 관계를 강조하였다. 무제(武帝)로 하여금 유교를 국교로 삼도록 설득하였다. 저서에 『춘추번로(春秋繁露)』가 있다.

9) 察天下之息耗. 〈**師古曰**, 息生也, 耗虛也.〉(『前漢書, 卷五十六, 董仲舒傳, 第二十六』) → 察天下之息耗, 註, 息生也, 耗虛也.(『松南雜識』)

영위

榮衛[10)]

『황제내경소문(黃帝內經素問)』[11)]에서 "달이 처음 생길 때 혈기(血氣)가 비로소 정(精)해지고, 위기(衛氣)가 비로소 운행한다. 달이 완전히 둥글어지면 혈기가 실해져서 살이 탄탄해진다. 달이 완전히 없어지면 위기(衛氣)가 사라진다"[12)]라고 하였다.

지금 사람들이 안부를 물을 때 "영위(榮衛)가 어떻습니까"라고 하는 것과, 정신이 없을 때 '영위가 없다[無榮衛]'라고 하는 말이 여기에서 나왔는데, '영(榮)'의 의미는 '정기(精氣)'이다.

『회남자(淮南子)』에서 "달이 기울면 물고기 대가리가 오그라들고, 달이 완전히 없어지면 소라나 땅강아지가 야윈다"라고 하였는데, 그 주석에서 "초(膲)는 살이 찌지 않는다는 뜻이다"[13)]라고 하였다.

전갈

傳喝

『전등록(傳燈錄)』에서 말하였다.

---

10) 영위(榮衛) : 혈기(血氣). 혈액과 생기를 말한다. '영(榮)'은 혈(血)의 순환, '위(衛)'는 기(氣)의 순환.

11) 황제내경소문(黃帝內經素問) : 황제내경(黃帝內經)은 중국의 가장 오래 된 의서(醫書). 진나라·한나라 때에 편찬되었다고 전하며 황제와 명의(名醫)의 문답 형식으로 고대 중국의 의술과 신체관을 기술하였고, 침구 의학의 고전이다. 소문(素問)과 영추(靈樞)의 2부로 되어 있는데, 소문은 자연 철학의 처지에서 병리학설을 주로 다루었고, 영추는 침구에 관한 내용을 다루었다. 18권. ≒ 내경(內經).

12) 月始生則血氣始精, 衛氣始行, 月郭滿, 則血氣實肌肉堅, 月郭空, 則**肌肉減**, **經絡虛**, 衛氣去**形獨居**.(『黃帝內經素問, 卷八, 寶命全形論篇, 第二十五』) → 月始生, 則血氣始精, 衛氣始行, 月郭滿, 則血氣實, 肌肉堅, 月郭空, 則衛氣去.(『松南雜識』)

13) **月者陰之宗也 是以**, 月虛而魚腦減, 月死而蠃蛖膲, 〈**宗本也 減少也** 膲肉不滿 **言應陰氣也 膲音醮**.〉(『淮南子, 天文訓』) → 月虛而魚腦減 月死而蠃蛖膲 註膲肉不滿.(『松南雜識』)

마조(馬祖)가 "만약 어떤 사람이 너에게 묻는다면 너는 어떻게 말을 하려느냐?"라고 말하고는 문득 소리를 지르자 백장선사(百丈禪師)가 크게 깨달았다.[14)]

지금 묻는 말을 '전갈(傳喝)'이라고 하는 것은 대개 여기에서 유래한 듯하다.

편지

片紙

「효성조황후전(孝成趙皇后傳)」의 '혁제(赫蹏)'의 주석에서 '얇고 작은 종이'[15)]라고 하였다.

운서(韻書)에서는 '아호(𢅊幠)'의 주석에서 '붉은 종이'[16)]라고 하니 바로 혁제(赫蹏)[17)]의 본의(本義)이다.

송나라[18)] 백진(白稹)[19)]은 편지(片紙)로 다섯 꿰미의 돈을 빌렸다. 지금 작은 서찰을 '편지(片紙)'라고 하는 말이 이것이다. 진(晉)나라의 하증(何曾)이 기실(記室)[20)]에게 작은 종이로 만든 편지를 받지 말라고 명령하였다.[21)] 그래서 지금 높은 사람에게 올리는 편지는 반드시 대간(大簡)[22)]으

---

14) 祖曰, 若有人問汝, 汝作麼道, …… **祖便喝**, **百丈**忽然大省.(『錦繡萬花谷前集, 卷二十八, 佛祖』) → **馬**祖曰, 若有人問汝, 汝作麼道**云**, **便喝**, 百丈**禪師**忽然大省.(『松南雜識』)

15) 『前漢書卷九十七下, 外戚列傳, 第六十七下, 孝成趙皇后』.

16) 玉篇, 𢅊幠, 赤紙也 又通作赫, 前漢成帝趙后傳, 發篋中藥二枚赫蹏書, 註應劭曰, 薄小紙也.(『康熙字典, 𢅊』)

17) 혁제(赫蹏) : 얇은 종이. 赫蹄.

18) 『松南雜識』에는 '唐'으로 오기 되어 있음.

19) 백진(白稹) : 송나라 진종(眞宗) 때의 문신.

20) 기실(記室) : 표장(表章) · 서기(書記) · 격문(檄文) 따위를 담당하던 벼슬.

21) 何曾**好學博聞**, **武帝拜爲太尉**, **性奢侈**, **人以小紙爲書**, 勅記室勿**報**.(『古今事文類聚別集, 卷二十六, 人事部, 書簡, 小紙勿報』) → **晉**何曾勅記室 勿**受小紙**.(『松南雜識』)

22) 대간(大簡) : 길고 넓게 만든 간지(簡紙). 간지는 두껍고 질긴 한지의 한 가지로 만든

로 하는 것은 여기서 나왔다.

우리나라에서는 '지(紙)'자의 훈을 '종이[造衣]'라고 발음하니, 대개 면이 나오기 전에는 종이로 옷을 만들었기[造衣] 때문인 듯하다. '필(筆)'자의 훈을 '붓[賦詩]'이라고 하는 것은 붓(筆)으로 부(賦)와 시(詩)를 지었기 때문이다. 그러므로 불율(不律)의 와전이다.

평안
平安

당시(唐詩)에,

말 위에서 만나 붓과 종이가 없으니	馬上相逢無紙筆
나는 평안하다고 말로 전해주오	憑君傳語報平安[23]

라고 하였다.

송(宋)나라 때의 호원(胡瑗)이 집에서 온 편지를 받았는데, '평안(平安)'이란 글자가 쓰여 있었다.[24] 대개 당나라 때부터 이 말이 있었던 듯하다. 이러한 까닭으로 '봉화(烽火)'를 '평안화(平安火)'[25]라고 부른다.[26]

편지지.

23) 잠삼(岑參)의 「봉입경사(逢入京使)」.

24) 호원(胡瑗) : 송나라의 학자. 해릉(海陵) 출신. 자는 익지(翼之). 세상 사람들이 '안정선생(安定先生)'이라고 불렀다. 『주역구의(周易口義)』·『홍범구의(洪範口義)』 등을 지었다. 호원이 태산에서 10년간 공부를 할 때였다. 어느 날 집에서 편지가 왔는데, 평안(平安)이라는 두 자를 보더니 더 이상 보지 않고 시내에 던져 버렸다고 한다.

25) 평안화(平安火) : 국경에서 매일 한 차례 봉화를 올리니, 이를 '평안화'라고 한다.

26) 唐六典, 鎭戍每日放烟一炬, 謂之平安火, 名臣言行錄, 胡安定讀書泰山十年不歸, 得家書見平安字, 卽投澗中, 不復展讀, 岑參詩, 馬上相逢無紙筆, 憑君傳語報平安.(『佩文韻府, 卷十四之一, 平安』)→唐詩, 馬上相逢無紙筆, 憑君傳語報平安. 宋胡安定得家書平安字. 盖自唐有此語矣, 以故亦謂烽爲平安火.(『松南雜識』)

명함
名紙

고시(古詩)에 "명함[名紙]에 보풀 일어 알아 볼 수 없네"[27]라고 하였으니, 명지(名紙)는 곧 명함이다.

지금 과거장의 시험 답안지를 '명지(名紙)'라고 이르는 것은 이름을 쓰는 종이이기 때문이다. 또 과거 답안지를 정초(正草)라고 일컫는 것은 글자를 바로 쓰기 때문이니, 난잡하게 갈겨 쓰면 안된다.

일자천금
一字千金[28]

여불위(呂不韋)[29]가 『여씨춘추(呂氏春秋)』[30]를 만들고 한 글자라도 더하거나 뺄 곳이 있으면 천 금을 주겠다고 하였기에, 지금도 여전히 그렇게 말을 한다.

세상에 다음과 같은 말이 전한다.

가난한 시골의 학구(學究)[31]가 있었다. 다섯 명의 어린아이에게 『천

27) 당나라 유로풍(劉魯風)의 시로 알려져 있음.

28) 일자천금(一字千金) : 한 글자마다 천금의 가치가 있음. 시문(詩文)이 뛰어남을 찬양하는 말로 자주 쓰인다. 진(秦)의 여불위(呂不韋)가 『여씨춘추(呂氏春秋)』를 완성한 후 한 글자라도 고칠 곳을 잡아내면 천금을 상으로 주겠다고 방(榜)을 걸었다는 고사에서 유래하였다.

29) 여불위(呂不韋) : 전국 시대 말기 진(秦)나라의 재상(?~B.C. 235). 조(趙)나라에 인질이 되어 있었던 진나라 장양왕(莊襄王)을 도와 그 공로로 승상(丞相)이 되고 시황제로부터 중부(仲父)로 존칭되었지만 밀통(密通) 사건에 연루되어 실각(失脚)하였다. 『여씨춘추(呂氏春秋)』를 편찬하였다.

30) 여씨춘추(呂氏春秋) : 진(秦)나라의 여불위가 학자들에게 편찬하게 한 사론서(史論書). 유가를 주로 하고 도가와 묵가의 설도 다루었으며 12기(紀), 8람(覽), 6론(論)으로 분류하였다. 20권. ≒ 여람(呂覽).

31) 학구(學究) : 글방 선생. 훈장.

자문(千字文)』을 가르쳤는데, 모두 부자의 자식으로 각각 한 권을 다 읽었다. 마침 연말이라 환곡의 독촉이 매우 심하였다. 그래서 학구(學究)가 말하였다.

"내가 납부해야할 곡식이 열 섬이니 다섯 아이에게 두 섬씩 받는다면 욕을 면할 수 있겠다."

그러자 다섯 아이의 아버지가 "어떻게 『천자문』 한 권을 가르친 대가로 과중하게도 우리에게 환곡(還穀) 두 섬을 거두는가?"라고 하고는 사또에게 고소하자, 사또가 말하였다.

"네 말이 옳다. 그러나 『천자문』 가운데 없는 글자로 소지(所志)를 만들어 올리면 너희들이 낼 돈을 면제시켜 주겠다."

그 사람들이 돼지고기와 술을 가지고 멀리 문장가를 찾아가서 소지를 써 달라고 요청하였지만, 모두 '불가능하다'라고 말하였다. 그런데 오직 한 선비만이 "이 곡식을 의당 납부해야 합니다"라고 소지의 서두를 쓰니 바로 '오른쪽에 삼가 진술한 소지'란, "바른 도리로 통하고 마음을 넓히며 수고로워도 겸손하고 삼가 신칙합니다. 묵은 뿌리는 시들어 마르고 영화로운 일을 기초로 삼으며 참됨을 지켜 뜻이 만족스럽습니다"라고 하였다. 모두 『천자문』 중의 글자로 『천자문』의 글자가 아니면 말을 만들 수 없었다. 그 사람이 이러한 연유를 사또에게 하소연하니 사또가 성내며 "비록 일자천금(一字千金)이라 하나 한 글자마다 일 전만 내도록 해주겠다"라고 하고는 그를 매질하여 잡아 가두고 다섯 명에게 오천 전을 거두어들이니 오백 량이 되었다. 그 돈을 학구에게 주자 큰 부자가 되었다고 한다.

일언중천금

一言重千金

『신당서(新唐書), 이강전(李綱傳)』에서 "옛날 사람은 한 마디 말의 귀중함을 천금에 견주었다"[32]라고 하였는데, 대개 초나라 속담에 이른바 "황금 백 근보다 계포(季布)의 한 마디 승낙이 낫다[黃金百斤不如季布一諾]"[33]라고 한 데에서 유래하였다.

활협

濶狹[34]

「이장군전(李將軍傳)」에서 "활을 쏘아서 맞춘 거리의 멀고 가까움[濶狹]에 따라 술을 마셨다[射濶狹以飮]"[35]라고 하였다.

지금 '활협(濶狹)'이라는 말은 여기에서 나왔다.

「아관전(兒寬傳)」에서 "조세를 거둘 때, 풍흉에 따라 너그럽거나 엄격하게[濶狹] 조절하고 백성에게 빌려주기도 하였다"[36]라고 하였다.

32) 古人以一言之重, 訂千金.(『唐書, 卷九十九, 列傳, 第二十四, 李綱』)

33) 계포일낙(季布一諾) 혹은 일낙천금(一諾千金)이라고도 한다. 약속을 지켜서 신의를 잃지 않는다는 의미이다. 초(楚)나라의 계포(季布)는 평소에 신의를 중히 여겨 한 번 언약한 것은 꼭 지켰으므로 당시 초의 사람들이 "황금 100근을 얻는 것보다 계포의 승낙을 한 번 얻는 것이 낫다"고 한 말에서 유래하였다.

34) 활협(闊狹) : ① 넓고 좁음 혹은 거리가 멀고 가까움. ② 너그러움과 엄격함.

35) 『史記, 卷一百九, 李將軍列傳, 第四十九』.

36) 收租稅時, 裁闊狹, 與民相假貸.(『前漢書, 卷五十八, 公孫弘卜式兒寬傳, 第二十八, 兒寬』)

착제

着題

『사문유취(事文類聚)』에서 "시는 제목의 의미와 잘 부합되는 것을 귀하게 생각한다. 예를 들면 서산사(西山寺)를 제재로 한 당시(唐詩)에서 '예부터 새로 뜨는 달을 가리고, 강의 반쪽엔 석양이 없다네'라고 하였다"[37]라고 한 말이 이것이다.

지금 핍진하고 꼭 들어맞는 것을 '착제(着題)'[38]라고 하는 말은 여기에서 나왔다.

절창

絶唱

원진(元稹)[39]이 절동관찰사(浙東觀察使)가 되어 두공(竇鞏)[40]을 불렀는데 시 짓는 솜씨가 뛰어났기에 난정(蘭亭)의 '절창(絶唱)'이라고 불렀다.[41]

---

37) 唐人題西山寺詩, 終古礙新月, 半江無夕陽.(『古今事文類聚別集, 卷九, 文章部, 詩上, 詩貴着題』)→詩貴着題, 唐人題西山寺詩, 終古礙新月, 半江無夕陽.(『松南雜識』)

38) 착제(着題) : 글이 제목의 의미와 잘 부합됨.

39) 원진(元稹) : 당나라의 문신 · 시인. 하남(何南) 출신. 자는 미지(微之). 시가(詩歌)로 목종(穆宗)에게 상을 받았다. 백거이와 우정이 두터웠다. 어려서부터 두 사람의 재주가 서로 필적할 만하고, 시도 소박하고 평이한 것을 좋아해서 당시 사람들이 원진과 백거이의 시를 가리켜 '원화체(元和體)'라 하였다. 저서에 『원씨장경집(元氏長慶集)』이 있다.

40) 두공(竇鞏) : 당나라의 문신 · 시인. 두상(竇庠)의 동생. 자는 우봉(友封). 원진(元稹)이 절동관찰사가 되었을 때, 글을 올리고 부사검교비서소감(副使檢校秘書少監)과 어사중승(御使中丞)을 겸직하였다. 오언시(五言詩)를 잘 지었다.

41) 在郡二年, 改授越州刺史兼御史大夫浙東觀察使, 會稽山水奇秀, 稹所辟幕職, 皆當時文士, 而鏡湖秦望之遊, 月三四焉, 而諷詠詩什動盈卷帙, 副使竇鞏, 海內詩名, 與稹酬唱最多, 至今稱蘭亭絶唱.(『舊唐書, 卷一百六十六, 列傳第一百十六, 元稹』)→元稹爲浙東觀察使, 遊會稽佳山水, 所辟幕職官, 皆當時文士, 而鏡湖秦望之遊, 月三四焉, 副使竇鞏, 海內知名, 與元稹酬唱, 至今稱蘭亭絶唱. 舊唐史 (『古今事文類聚遺

진중
珍重

불서(佛書)에서 말하였다.

백장항화상(百丈恒和尙)[42]이 게송(偈頌)에서,

나에게 세 가지 비결이 있으니	百丈有三訣
차나 마시고, 진중(珍重)하고, 쉬고	喫茶珍重歇
바로 가르침을 받는다면	直下便承當
감히 그대를 보호해 그치지 않으리?	敢保君未徹[43]

라고 하였다.

지금 '진중(珍重)'이라는 말이 여기에서 나왔다. 또, '정중(鄭重)'과 '진중(鎭重)'이라는 말도 여기에서 나온 듯하다.

集, 卷九, 節使部遣, 幕職文士』)→元稹爲浙東觀察使, 辟竇鞏, **工爲詩**, **號**蘭亭絶唱.(『松南雜識』)

42) 백장선사(百丈禪師) : 당나라의 중(720~841). 백장청규(白丈淸規)를 만들어 처음으로 선문(禪門)의 의식(儀式)을 제정한 대지선사(大智禪師) 회해(懷海)를 가리킨다. 강서성(江西省) 남창부 봉신현의 백장산에 있으므로 '백장선사'라고 부른다.

43) **百丈三轉語**. 百丈恒和尙, **有時上堂衆纔集云**, **喫茶去便下座**, **有時上堂衆纔集云**, **珍重便下座**, **有時上堂衆纔集云**, **歇便下座**, **衆人罔測**, **百丈作一頌**, 頌**此三轉語**云, 百丈有三訣, 喫茶珍重歇, 直下便承當, 敢保君未徹.(『錦繡萬花谷前集, 卷二十八, 佛祖』)→百丈恒和尙, **有**頌云, 百丈有三訣, 喫茶珍重歇, 直下便承當, 敢保君未徹.(『松南雜識』)

단란
團欒

불경(佛經)에 "대가(大家)들이 단란(團欒)하게 모여 함께 이야기하니 생소한 말이 없다"44)라고 하였다. 대개 「서경부(西京賦)」에서 "겹겹의 대들보를 기둥 위에 올려 둔다"45)라고 하였는데, '난(欒)'은 서까래이다. 증공(曾鞏)46)의 시에서 "또 맑게 이야기 하려고 단란(檀欒)을 대하네"47)라고 하였는데, 『운회(韻會)』에서 "단란(檀欒)은 대나무 모양이다"48)라고 하였으니, 위의 '난(欒)'과는 다른 의미이다.

'선연(嬋娟)'을 달·대나무·사람에게 쓰는 것과 같다.

소일
消日

당나라 이원(李遠)49)의 시에서 "길고 긴 날 한 판 바둑으로 보낸다네[長日惟消一局棊]"50)라고 하였고, 왕우칭(王禹稱)51)의 「죽루기(竹樓記)」에서 "세상 근심을 없앤다[消遣世慮]"52)라고 하였다.

---

44) 大家團欒頭共説無生話.(『古今事文類聚前集, 卷三十五, 仙佛部, 佛, 一口吸盡西江水』)

45) 峙**遊極於浮柱結**重欒.(『古今事文類聚續集, 卷一, 居處部, 國都, 西京賦』)→峙重欒**而浮柱**.(『松南雜識』)

46) 『松南雜識』에는 '蘇軾'으로 오기되어 있음.

47) **夕陽曾鞏招擇甫詩, 賴有佳賓堪下榻, 且將**淸話對檀欒.(『佩文韻府, 卷六十九之二, 話, 淸話』)→淸話對檀欒 (『松南雜識』)

48) 檀欒竹貌.(『韻會, 欒』)

49) 이원(李遠): 당나라 선종(宣宗) 때의 문신. 일찍이 항주 자사(杭州刺史)로 천거되었을 때, 그의 시에 "長日惟消一局棋"라는 구절이 있다는 이유로 황제가 난색을 표했는데, 다른 이의 해명을 듣고 그 자리에 임명한 결과 정사를 잘 처리했다는 고사가 있다.

50) 令狐相薦李遠爲杭州, 宣宗曰, 聞李遠有詩云, 長日惟消一局棊, 此可使治郡耶. 對曰, 詩人之言不足實也, 乃薦遠廉察可任.(『古今事文類聚前集, 卷四十二, 奕棋廢事』)

51) 왕우칭(王禹稱): 송나라의 문신·문학가. 자는 원지(元之). 거야(鉅野) 출신.

풍월
風月

『수서(隋書), 이악전(李諤傳)』에서 "책상에 쌓이고 상자에 가득한 것이 모두 바람과 구름의 형상[風雲之狀]이고, 연달아 쓴 시편과 여러 편의 글은 화려하면서도 공허한 형상이 드러나지 않는다. 날짜를 헤아리지 않고 오언시(五言詩)를 먼저 짓는다"[53]라고 하였다.

정자(程子)[54]는 음풍농월(吟風弄月)하고 돌아왔는데, 지금은 노랫말의 가락을 '풍월(風月)'이라고 한다.

퇴고
敲推

가도(賈島)[55]가 "중이 달 아래 문을 두드리네[僧敲月下門]"[56]라는 구절을 얻었는데, '고(敲)'자를 '퇴(推)'자로 고치고자 하여 손을 뻗쳐 밀고 두드리는[推敲] 몸짓을 하니, 지금 '고퇴(敲推)'가 이것이다.

---

52) 『古今事文類聚續集, 卷七, 居處部, 樓閣, 竹樓記』.

53) 連篇累牘, 不出月露之形, 積案盈箱, **唯**是風雲之狀. …… 未窺六甲, 先製五言.(『隋書, 卷六十六, 列傳, 第三十一, 李諤』) → 風雲之狀, 是風雲之狀, 連篇累牘, 不出月露之形, 未窺六甲, 先製五言.(『松南雜識』)

54) 정자(程子) : 송나라의 유학자 정호(程顥)와 정이(程頤) 형제를 높여 이르는 말. ≒ 이정자.

55) 가도(賈島) : 당나라의 시인. 자는 낭선(浪仙). 오언 율시에 뛰어났으며 저서에 『장강집(長江集)』·『시격(詩格)』 등이 있다.

56) 「제리응유거(題李凝幽居)」.

관절

關節[57]

『당서(唐書)』에서 "독고급(獨孤及)[58]의 방(榜)에서 관절(關節)에 대한 일이 시작되었다"라고 하였다.

송나라 때 포증(包拯)[59]이 시험을 관장하자 "뇌물[關節]이 통하지 않는 것은 염라대왕 같은 포증(包拯)이 있기 때문이다[關節不到, 有閻羅包老]"[60]라는 말이 있었다.

대개 본래는 의가(醫家)의 '관맥(關脈)'[61]과 '통절(通節)'이라는 말에서 유래하였지만, 지금은 '과거 합격의 통로'이라는 말로 쓰인다.

거자

擧子

당나라 노래에 "홰나무 꽃이 노래지니, 거자(擧子) 바빠지네[槐花黃擧子忙]"라고 하였다. 지금 과거 보는 선비를 '거자(擧子)'라고 하는 말이 이것이다.

---

57) 관절(關節) : ① 뼈와 뼈가 맞닿은 부분 ② 요로(要路)의 인물에게 뇌물을 바치고 청탁하는 것. 또는 그 서신(書信). 물건과 물건이 서로 접합(接合)하는 곳이란 뜻에서 요로와 뇌물은 서로 접합한다는 것을 말한다.

58) 독고급(獨孤及) : 당나라 때의 낙양(洛陽) 출신. 자는 지지(至之). 성품이 효성스럽고 우애가 있었다. 천보(天寶) 말년의 과거에 높은 등수로 합격하였다. 후진 발탁을 즐겼다.

59) 포증(包拯) : 송나라의 명신. 자는 희인(希仁). 여주(廬州) 합비(合肥) 출신.

60) 『宋史, 卷三百十六, 列傳第七十五, 包拯』.

61) 관맥(關脈) : 맥을 진찰할 때의 관부(關部). 진찰자의 가운데 손가락이 놓이는 부분에서 느껴지는 맥이다.

공령

功令

「유림전(儒林傳)」의 '공령(功令)'에 대한 주석에서 "배우는 자의 성적을 평가하는 것은 규정에 명시되었으니, 곧 지금의 '학령(學令)'이다"[62]라고 하였다. 세간에서는 '과공(課工)'이라고 한다.

공부

工夫

당나라 이백(李白)의 '마침(磨針)'[63]의 이야기에서 "쇠공이를 갈아 바늘을 만들 때는 깊은 공부(工夫)만이 필요할 뿐이다"라고 하였다.[64]

중 나잔(懶殘)[65]이 "내 무슨 공부(工夫)가 있어 속인들을 위해 눈물을 닦겠는가?"[66]라고 하였다. 대개 당나라의 방언이니, 농부(農夫)의 부(夫)·공

62) **太史公曰**, **余讀**功令. 〈**索隱案謂**, 學者課功, 著之**於**令. 卽今之學令, **是**也.〉(『史記, 卷一百二十一, 儒林列傳, 第六十一』)→功令**註**, 學者課功, 著之令, 卽今之學令也.(『松南雜識』)

63) 마침(磨針) : 마저작침(磨杵作針). 쇠공이를 갈아 바늘을 만듦. 오랫동안 정진하면 성공하게 됨을 비유한 말. 이백이 젊어서 미주(眉州) 상이산(象耳山)에서 공부하다가 중도에 포기하고 하산하던 중, 노파가 쇠절구공이를 갈고 있는 것을 보고 그 까닭을 묻자 바늘을 만들고자 함이라고 답하므로 깨달은 바가 있어 다시 돌아가 학업을 마쳤다는 고사에서 유래하였다.

64) 唐李白**幼時**, **從師讀書**, **未成而歸**, **中途見一老婦**磨鐵杵, **白問之**, **婦答曰**, **將欲作針**, **白曰**, **怎得成針**, **婦曰**, 鐵杵磨成針, 只要工夫深. **蓋以此感發白之心也**. **白乃回讀書遂成業**.(『山堂肆考, 卷一百八十二, 器用, 針, 老婦磨針』)→唐李白, 鐵杵磨成針, 只要工夫深.(『松南雜識』)

65) 나잔(懶殘) : 당나라 때 형악사(衡嶽寺)의 중 명찬선사(明瓚禪師)를 가리킨다. 게을러서 항상 다른 중들이 남긴 밥을 먹었으므로 '나잔(懶殘)'이라 불렀다. 도행(道行)이 있었고, 입적 후에 대명선사(大明禪師)의 시호를 받았다.

66) 唐高僧號懶瓚, 隱居衡山之頂石窟中, 嘗作歌, 其畧曰, 世事悠悠, 不如山丘, 臥藤蘿下, 塊石枕頭, 其言宏妙, 皆發佛祖之奧, 德宗聞其名, 遣使馳詔召之, 使者, 卽其窟, 宣言天子有詔, 尊者幸起謝恩, 瓚方撥牛糞火尋煨芋食之, 寒涕垂膺, 未嘗答. 使者笑之, 且勸瓚拭涕, 瓚曰, 我豈有工夫, 爲俗人拭涕耶, 竟不能致而去, 德宗欽嘆之.

장(工匠)의 '공(工)'의 뜻과 같다.

학자
學者

가르친 연후에 배우는 자가 있게 마련이다. 그런데 근래에는 가르치지 않는데도 학자(學者)라고 부르는 경우가 있더니 마침내 택호(宅號)가 되었다.

영웅
英雄

『인물지(人物志)』[67]에서 "풀 중에 아름답고 빼어난 것을 '영(英)'이라 하고, 짐승 중에 무리에서 특출한 것을 '웅(雄)'이라고 한다. 장량(張良)은 '영(英)'이고, 한신(韓信)은 '웅(雄)'이다"[68]라고 하였다.

일설에는 무칭(武稱)[69]을 영웅(英雄)자로 가차한 것이라고 한다.[70] 또한, 지혜가 백 사람보다 뛰어나면 '호(豪)'라 하고, 천 사람보다 뛰어나면

(『林間錄』)

* 나잔의 덕행을 들은 덕종(德宗)이 사자를 보내 그를 불러 오게 하였다. 사자가 나잔이 수행하고 있는 형산(衡山) 꼭대기 석굴을 찾아가서 칙명을 전하고 속히 입궐하라고 하였지만, 나잔은 소똥으로 지핀 불을 뒤적여 불씨를 찾고 토란을 먹는데 추워서 눈물이 가슴까지 흘러내렸다. 이 모습을 본 사자가 웃으며 그에게 눈물을 닦으라고 권하자 나잔이 "내 무슨 공부(工夫)가 있어 속인들을 위해 눈물을 닦겠나?"라고 하였다.

67) 인물지(人物志) : 위(魏)나라의 유소(劉卲)가 편찬한 책. 총 3권.

68) **夫**草之精秀者, 爲英, **獸**之**特**群者, 爲雄, …… **必聽能謀始, 明能見機, 膽能決之, 然後可以爲英**, 張良, **是也, 氣力過人, 勇能行之, 智足斷事, 乃可以爲雄**, 韓信, **是也**.(『人物志, 卷中, 英雄第八』) → 草之精秀者爲英, **鳥**之**將**群者, 爲雄, 張良是英, 韓信是雄.(『松南雜識』)

69) 무칭(武稱) : 용맹하다는 명성.

70) 一曰, 武稱假借爲英雄.(『韻府羣玉, 雄』)

'걸(傑)'이라 하니, 곧 '일당백(一當百)'을 일컫는다.

지금 '영웅(英雄)'과 '호걸(豪傑)'이라는 말이 여기에서 유래하였다.

장부
丈夫

운서(韻書)의 '적자(赤子)'에 대한 주석에서 "적(赤)은 본래 척(尺)자로 키가 한 자를 채우지 못한다는 뜻이다"라고 하였다. 그러므로 성인(成人)은 한 길[丈]을 넘지 못하는 까닭에 '장부(丈夫)'라고 한다.

『시경(詩經)』의 주석에서 "사나이(丈夫)는 스승과 재상의 덕이 있어야 의지하고 믿을 수 있으니 그를 장부라고 한다"[71]라고 하였다.

장정
壯丁

『예기(禮記)』에서 "나이 삼십을 '장(壯)'이라 한다[三十曰壯]"[72]라고 하였다.

『통지(通志)』[73]에서 "이십 일 세가 '정(丁)'이 된다[二十一爲丁]"[74]라고 하였다.

71) 詩註, 夫有傅相之德, 而可倚仗, 謂**之丈夫**.(『康熙字典, 夫』) → 詩註, 夫有傅相之德, 而可倚仗**之**謂**也**.(『松南雜識』)

72) 『禮記, 曲禮上』.

73) 통지(通志) : 송나라의 정초(鄭樵)가 찬집한 책. 삼황(三皇)에서부터 수(隋)대에 이르는 동안의 역사적인 사실을 기록한 것으로, 제기(帝記) 등 도합 2백 권으로 되어 있다.

74) 『通志, 卷六十一, 食貨略第一, 丁中』.

좌객

坐客

지봉 이수광이 말하였다.

성간(成侃)[75]과 성현(成俔)[76]은 못생기고 왜소하였지만 문명이 높았기에 한 때의 여러 공(公)들이 잔치 모임에 반드시 초대하여 좌객(坐客)으로 삼았다. 그런 까닭에 세간에서는 용모가 못난 사람을 '좌객(坐客)'이라고 부른다.[77]

살펴보건대, "전분(田蚡)[78]은 용모가 못생겼다[田蚡貌寢]"라고 하였는데, 그 주석에서 "용모가 빼어나지 못하다[貌不揚]"라고 하였다.
지금은 못난 용모를 칭하는 말로 잘못 쓰인다.

불인

不仁[79]

『근사록(近思錄)』에서 "인(仁)이 몸에 충만하여 조금도 부족함이 없

---

75) 성간(成侃) : 조선 전기의 문신(1427~1456). 자는 화중(和仲), 호는 진일재(眞逸齋). 집현전 박사로 문명(文名)을 떨쳤으며, 작품에 「궁사(宮詞)」·「신설부(新雪賦)」·「용부전(庸夫傳)」 등이 있다.

76) 성현(成俔) : 조선 성종 때의 문신·학자(1439~1504). 자는 경숙(磬叔), 호는 부휴자(浮休子)·용재(慵齋)·허백당(虛百堂). 대제학(大提學) 등을 지냈고, 『악학궤범(樂學軌範)』을 편찬하여 음악을 집대성하였다. 저서에 『용재총화(慵齋叢話)』·『허백당집』 등이 있다.

77) **昔**成侃成俔, **皆**貌寢, **而**有文譽, 一時諸公宴集, 必邀**請**爲坐客, 故俗謂貌陋者, **爲**坐客, **出於此云**.(『芝峯類說, 卷十六, 語言部, 雜說』) → 成侃成俔, 貌寢, 有文譽, 一時諸公宴集, 必邀爲坐客, 故俗謂貌陋者, **謂**坐客.(『松南雜識』)

78) 전분(田蚡) : 한(漢)나라 때 장릉 출신.

79) 불인(不仁) : 몸의 어느 부분이 마비되어 움직이기가 거북한 증세. 또는 피부 감각이 둔한 상태.

다"[80]라고 하였다.

「반초전(班超傳)」에서 "두 손이 불인(不仁)"[81]이라고 하였는데, 그 주석에서 "불인(不仁)은 불수(不遂)와 같다"[82]라고 하였다.

지금 병든 사람을 '반신불수(半身不遂)'라고 한다.

주대
酒袋

『형호근사(荊湖近事)』에서 말하였다.

> 마씨(馬氏)[83]가 사치하고 참람되어 문왕·무왕의 도에 일찍이 뜻을 두지 않으니 당시 사람들이 '술주머니·밥자루'라고 하였다.[84]

지금 술자루[酒袋]라는 말이 여기에서 나왔다.

남은 술·식은 고기
殘杯冷炙[85]

두보의 시에 "남은 술과 식은 고기[殘盃與冷炙]"[86]라고 하였는데, 주

---

80) 至公無私之謂仁, 而其體則天地萬物, 周流無間, 學者, 於此識得, 則于天理之流行充塞, 無少欠缺.(『近思錄集註, 卷二』의 주석)→仁之體充滿, 無少欠缺也.(『松南雜識』)
81) 『後漢書, 卷七十七, 班梁列傳, 第三十七, 班超傳』.
82) **不仁**, **猶**不遂**也**.(『後漢書, 卷七十七, 班梁列傳, 第三十七, 班超傳』)→不遂.(『松南雜識』)
83) 마씨(馬氏) : 마희범(馬希範)을 가리킴. 당나라 때 초왕(楚王)에 봉해졌다.
84) 馬氏奢僭, **諸院王子僕從烜赫**, 文武之道, 未嘗留意, 時謂**之**, 酒囊飯袋.(『類說, 卷二十二, 荊湖近事, 酒囊飯袋』)→馬氏奢僭, 文武之道, 未嘗留意, 時謂酒囊飯袋.(『松南雜識』)
85) 잔배냉적(殘杯冷炙) : 보잘 것 없는 음식을 비유적으로 이르는 말.

석에서 "대궁밥[食餘]"[87]이라고 하였다.

부유한 백성
油客

촉(蜀)나라 역사에 간주자사(簡州刺史) 안중패(安重霸)[88]가 뇌물을 탐하였다. 백성 중에 기름을 팔던 등씨(鄧氏) 성을 쓰는 사람이 바둑을 잘 두었는데 그를 불러 대국하였다.[89] 그래서 지금 부유한 백성을 '유객(油客)'이라고 하는 말이 여기에서 나왔다.

올자
兀者

『장자(莊子)』에서 "노(魯)나라에 발 하나가 잘린 왕태(王駘)[90]라는 사람이 있었다"[91]라고 하였다.

지금은 낯선 사람을 이르니, 와전되어 '몰자(沒者)'라고 한다.

---

86) 「봉증위좌승장이십이운(奉贈韋左丞丈二十二韻)」.

87) **又**食餘**也**, 杜**甫**詩, 殘杯與冷炙.(『康熙字典, 殘』) → 杜詩, 殘盃與冷炙, **註**, 食餘.(『松南雜識』)

88) 안중패(安重霸) : 오대 시대 당나라의 관리. 운주(雲州) 출신.

89) 蜀簡州刺史安重霸, **黷貨無厭**, **部**民有油客**子者**姓鄧, 能棊, **其力粗贍**, **安輒**召**與**對敵.(『北夢瑣言, 卷一, 日本國王子棊』) → 蜀簡州刺史安重霸, **瀆貨無厭**, **州**民有油客**者**姓鄧, 能棊, **其家亦贍**, **重霸**召對敵.(『古今事文類聚前集, 卷四十二, 伎藝部, 棊, 假棊濟貪』) → 蜀**史**, 簡州刺史安重霸**貪賄**, 民有油客姓鄧**者**, 能棊, 召對敵.(『松南雜識』)

90) 왕태(王駘) : 춘추 시대 노(魯)나라 사람. 월형(刖刑)을 받았다.

91) **魯**有兀者王**駘**, **從之遊者**, **與仲尼相若**.(『莊子, 德充符』) → 有兀者王駘.(『松南雜識』)

백정
白丁

위소(魏紹)[92]는 군적(軍籍)에 오른 백성[白民]이 곡식을 바치면 신역(身役)을 면제해 주었다.

당나라 제도에 백성으로서 정역(征役)에 종사하여 공훈이 있는 사람은 훈관(勳官)이 되고 공훈이 없는 사람은 백정(白丁)[93]이 되었다. 『장자(莊子)』의 '포정(庖丁)'은 소를 잡는 사람[屠牛坦][94]이다.[95] 그러나 지금의 백정은 짐승의 '박장(剝匠)'의 와전이다. 그리고 그들이 사는 곳을 '피촌(皮村)'이라고 한다.[96]

망명
亡命

「장이전(張耳傳)」에서 "장이(張耳)[97]가 망명하여 외황(外黃)[98]으로 달아났다"[99]라고 하였는데, 그 주석에서 "명(命)은 이름[名]이다"[100]라고 하

---

92) 위소(魏紹) : 송나라 사람. 자는 승지(承之). 효우(孝友)하고 온화(溫和)하며 근엄(謹嚴)하였다.

93) 백정(白丁) : 백장. 소 · 돼지 · 개 따위를 잡는 일을 업으로 삼는 사람. 고리장이.

94) 소를 잡는 사람[屠牛坦] : 『관자(管子), 제분(制分)』에 나오는 소를 잘 잡는 사람.

95) 庖丁. **庖人丁其名也** , **管子有**屠牛坦.(『莊子, 養生主』) → 庖丁**是**屠牛坦.(『松南雜識』)

96) 惟莊子庖丁, 是屠牛坦, 而今皮村爲白丁.(규장각본 『松南雜識』)

97) 장이(張耳) : 초한(楚漢) 때 사람. 처음에는 조(趙)나라의 정승이 되어 진여(陳餘)와 가까이 지냈는데, 뒤에 불화하여 장이가 한(漢) 고조(高祖)에게로 가자 원수가 되었다. 그 후 장이는 한신과 함께 진여를 잡아 참수하였다.

98) 외황(外黃) : 중국의 지명. 춘추 시대 송나라의 황읍(黃邑). 한나라 때 외황현(外黃縣)이 되었고 후위(後魏) 때 없어졌다가 수(隋)나라 때 회복되었다. 그러나 당나라 때 다시 없어졌다. 그곳의 고성이 지금 하남성(河南省) 기현(杞縣) 동쪽에 있다.

99) **張耳嘗**亡命**游**外黃.(『史記, 卷八十九, 張耳陳餘列傳, 第二十九, 張耳』) → 亡命**遊**外黃.(『松南雜識』)

100) 命**者**名也. **謂脫名籍而逃, 崔浩曰, 亡無也, 命名也, 逃匿則削除名籍, 故以逃爲亡**

였다. 지금은 '이름을 버린다'라는 뜻이다.

하인
傔從

『구당서(舊唐書), 봉상청전(封常淸傳)』[101]에서 "겸종(傔從) 서른 명을 진헌(進獻)하였다"[102]라고 하였다. 겸종(傔從)은 바로 추종(騶從)이니, 지금 말의 꽁무니를 따라 다니는 '배사령(陪使令)[103]'으로, 가겸(家傔)[104]이라고 한다.

조라치
照羅赤

연암(燕巖) 박지원(朴趾源)이 말하였다.

'도치(闍赤)'는 몽고말로 서생(書生)이고 '팔합식(八合識)'은 사부(師傅)이다. 조선 시대의 내삼청(內三廳)[105]에 소속된 하인을 '조라치(照羅

命.(『史記, 卷八十九, 張耳陳餘列傳, 第二十九, 張耳』)→命名也.(『松南雜識』)

101) 봉상청전(封常淸傳) : 당나라 봉상청(封常淸)의 전기. 봉상청은 어려서 고아가 되어 가난하였다. 얼굴이 못생기고 절름발이였지만 많은 독서를 통하여 해박한 지식을 갖추었다. 고선지가 적을 대파하자, 봉상청이 승전을 알리는 글을 지어 바치니, 고선지가 그의 글을 읽어 보고 크게 놀랐다, 이때문에 그의 이름이 알려지게 되었다. 공을 쌓아 관직이 범양절도부대사(范陽節度副大使)에 이르렀지만 안록산(安祿山)에게 패배하여 물러나 동관(潼關)을 지켰다. 변령성(邊令成)에게 모함을 받아 고선지와 함께 처형당하였다.

102) 奏傔從三十**餘**人.(『唐書, 卷一百三十五, 列傳, 第六十, 封常淸』)→奏傔從三十人.(『松南雜識』)

103) 배사령(陪使令) : 벼슬아치를 따라다니던 사령. 배하인(陪下人).

104) 가겸(家傔) : 벼슬아치를 모시고 다니는 사삿집의 종. 배사령(陪使令)이라고도 함.

105) 내삼청(內三廳) : 조선 시대 금군(禁軍)인 내금위(內禁衛)・겸사복(兼司僕)・우림위

赤)'[106]라고 하니 이것은 고려가 익숙하게 쓰던 위구르[107]의 말을 그대로 따른 것이다.[108]

'赤'의 음은 '치'이다.

안롱갈도
按籠喝道

『당서(唐書)』에서 말하였다.

서원포(舒元褒)가 말하였다.

"원화(元和 : 806~820) · 장경(長慶 : 821~824) 연간에는 중승(中丞)의 갈도(喝道)[109]에 사용하는 방(坊)이 불과 반 자였는데 지금의 방(坊)은 두 자에 이르니 '농가갈도(籠街喝道)'라고 합니다"[110]

(羽林衛)에 관한 일을 맡아 보던 세 관아. 효종(孝宗) 때 금군(禁軍)을 설치하고, 내금위 · 겸사복 · 우림위를 여섯 번(番)으로 나누어 숙위와 호종을 맡게 하고 그 관아를 내삼청(內三廳)이라 하였다. 현종(顯宗) 때는 일곱 번(番)으로 나누어 숙위 · 호종하게 하였으며, 영조 때에 용호영(龍虎營)으로 고쳤다.

106) 조라치(照羅赤) : 조선 시대, 궁중이나 관아에서 세운 절 등에서 청소를 맡아 하던 하인. '조랄치(照剌赤)', '조라치(詔羅赤)'라고도 한다.

107) 위구르(Uighur) : 몽골 고원에서 일어나, 뒤에 투르키스탄 지방으로 이주한 터키계(系)의 유목 민족. 744년에 유목 국가를 건설하였으나 840년에 키르기즈스탄에 멸망하였고, 지금은 중국의 신장 웨이우얼 자치구(新疆維吾爾自治區)의 주요 구성 민족으로 되어 있다. 위구르 문자를 쓰며 마니교를 신봉한다.

108) **蒙古譯言必**闍赤者, 書生也, 八合識者, 師傅也. 我國內三廳下隷, 號照羅赤, 此**當因**襲高麗**之舊**, **麗世多**習語, **照羅赤者**, **必蒙語也**.(『燕巖集別集, 卷十四, 熱河日記, 口外異聞, 照羅赤』)→闍赤者, **蒙古譯語**, 書生也, 八合識者, 師傅也. 我國內三廳下隷, 號照羅赤, 此襲高麗, 習**畏兀**語**也**.(『松南雜識』)

109) 갈도(喝道) : 고관이 행차할 때, 하인들이 앞에 서서 큰소리로 외치면서 행인들의 왕래를 금하며 길을 인도하던 일. 또는 그 하인들을 말함. 다르게는 갈도(喝導) · 가도(呵道)라고도 쓴다.

110) **左拾遺**舒元褒**等**, **建言故事** …… 元和**長慶時**, 中丞呵止, 不半坊, 今**乃**至兩坊, 謂**之**

지금은 갈도하는 것을 '안롱(按籠)'이라고 하니, 또한 『오사정의(五祀精義)』에서 이른바 "진한(秦漢) 시대 노부(鹵簿)"[111]의 의미이다.

동무
同僚

운서(韻書)에서 "동무(同舞)는 바로 마주 서서 춤을 추는 것이다"라고 하였다.

지금 친구를 '동무(同僚)'라고 하는 말이 여기에서 나왔다.

또 『춘추좌씨전(春秋左氏傳)』에서 "같은 관청의 같은 지위에 있는 사람[同官]을 료(僚, 寮)라 한다"[112]라고 하였다.

오합지졸
烏合

「양웅전(揚雄傳)」의 주석에서 "아침이면 모였다가 저녁이면 흩어지니 흡사 까마귀가 모였다 흩어지는 듯하다"라고 하였다.

『역이기전(酈食其傳)』에서 "기와조각이 모인 듯한 병졸[瓦合之卒]"[113]이라고 하였다.

籠街.(『唐書, 卷九十一, 列傳, 第十六, 溫佶』)→舒元褒**曰**, 元和**中**, 中丞呵止, 不**過**半坊, 今至兩坊, 謂籠街**喝道**.(『松南雜識』)

111) 노부(鹵簿) : 제왕이 출행할 때 호종(扈從)하는 의장대. 출행의 목적이 다르면 의식(儀式)도 그에 따라 달랐다.

112) **何必子**同官**爲寮**.(『春秋左傳注疏, 卷十八, 文公七年』)→同官**曰僚**.(『松南雜識』)

113) 『前漢書, 卷四十三, 酈陸朱劉叔孫傳, 第十三, 酈食其』.

갓길을 천이라고 하다
邊路謂遷

우리나라에서 물가의 잔도(棧道)를 '천(遷)'이라고 한다. '천(遷)'이라고 하는 것은 물가를 따라 건너가기[遷] 때문이다. 예를 들면 양근(楊根)[114]의 월계천(月溪遷)이나 문경(聞慶)의 곶갑천(串岬遷)[115]이 이것이다. 곶갑(串岬)은 일명 토천(兎遷)이라고 한다.

세상에 전하기를 고려 태조가 남쪽을 정벌하다 이곳에 이르렀는데 길이 없었다. 그런데 토끼가 벼랑을 따라 달아나니, 마침내 길을 열고 진군하였기에 이렇게 이름하였다.

살펴보건대, 『춘추좌씨전(春秋左氏傳)』에서 "정(鄭)나라에서 간공(簡公)을 장사지낼 때 길가의 집을 부수지 않으면 옮겼다"라고 하였는데, 그 주석에서 "천(遷)은 돌린다[曲]라는 뜻이다"라고 하였다.

영고탑
寧固塔

청(淸)나라 칸[汗]이 심양(瀋陽)에 천하의 보물을 모아놓고 훗날의 계책으로 삼았다. 또 땅이 험하지만 토질이 좋기 때문에, 지금 세상에서 좋은 땅을 얻은 것을 '영고탑(寧固塔)'이라고 하는 말이 이것이다.

---

114) 양근(楊根) : 경기도 여주(驪州) 북쪽, 가평(加平) 남쪽에 있는 고을.

115) 곶갑천[串岬遷] : 문경(聞慶)에 있는 용연(龍淵)의 동쪽 언덕인데, 토천(兎遷)이라고도 한다. 돌을 파서 사다릿길을 만들었는데, 구불구불 거의 6, 7리나 된다.

서울 · 시골
徐鬱柴谷

지봉(芝峰) 이수광(李睟光)이 말하였다.

장안(長安)이 서쪽에 있기에 이를 흠모한 동쪽 사람이 서쪽을 향하여 웃었다.[116] 그래서 서울 가는 것을 '서소(西笑)'라고 한다.[117]

왕안석(王安石)[118]이 「주랑중(朱郎中)이 어머니를 맞으러 동으로 가는 것을 전송함」이라는 시에서 "채색옷 입고 동쪽 향해 웃으며 귀향 배에 오른다[彩衣東笑上歸船]"[119]라고 하였다.

살펴보건대 서울이 서쪽에 많이 있는 까닭에 우리나라에서 '경(京)'을 훈석하여 "서올[西上]"이라고 발음하고, '향(鄕)'을 훈석하여 "시골[柴谷]"이라고 발음하니, 시골에 땔감이 많다는 의미이다.

어떤 이는 "경주(慶州)의 옛 이름이 서울(徐鬱)인데, 신라가 그곳에 도읍하였기 때문에 지금까지도 오히려 그렇게 칭한다"라고 한다.

『순오지(旬五志)』에서 말하였다.

골짜기를 두매[豆麻]라고 한 것은 콩과 마를 심는 곳이기 때문이다. 속담에서 "사람이 자식을 낳으면 서울(徐鬱)로 보내고 짐승이 새끼를 낳으면 시골로 보내라"라고 하였다.

---

116) 人聞長安樂, 則出門西向而笑, 肉味美, 對屠門而嚼, 此猶時人, 雖不別聖, 亦復欣慕.(『意林, 鹽鐵論』)

117) **古語曰**, 長安在西而東笑, 故謂向京爲西笑.(『芝峯類說, 卷十六, 語言部, 俗諺』)→長安在西而東笑, 故謂向京爲西笑.(『松南雜識』)

118) 왕안석(王安石) : 북송의 정치가 · 학자(1021~1086). 자는 개보(介甫), 호는 반산(半山). 부국강병을 위한 신법(新法)을 제정하여 실시하였다. 당송 팔대가의 한 사람이기도 하다. 저서에 『주관신의(周官信義)』 · 『임천문집(臨川文集)』이 있다.

119) 『臨川文集, 卷一, 送河中通判朱郎中迎母東歸』.

귀양
歸鄕

지금 귀양 가는 곳을 '비소(匪所)'[120]라고 하니 있을 곳을 얻지 못하였다는 의미이다. '적(謫)'은 우리나라에서 '죄인을 시골로 보내는 것[歸鄕]'을 말하니, 서울에서 살지 못하도록 시골로 추방시킨다는 의미이다. 즉 한(漢)나라의 법률에서 "추방하여 시골로 보낸다[放歸田里]"라는 말이 이것이다.

무지함
村野

송나라 역사에서 진회(秦檜)의 아내 왕씨(王氏)가 자어(子魚)[121] 대신에 청어(靑魚)를 바치자 태후(太后)가 "야파촌(野婆村)[122] 출신이구나"라고 하였다. 또 매요신(梅堯臣)[123]이 학사촌(學士村)을 만들었는데, 지금 '촌(村)'이라는 말은 여기에서 나왔다.

『운회(韻會)』에서 "박(朴)은 촌스러움[野]"이라고 하였다. 「단궁(檀弓)」에서 "그러므로 행동을 너무 급하게 하면 촌스럽다[故騷騷爾則野]"[124]라고 하였는데, 소(疏)에서 "시골사람은 성격이 급하고 무례(無禮)하다[田野之人, 急切無禮]"[125]라고 하였다.

---

120) 비소(匪所) : 유배지(流配地)를 이르는 말. 다르게 적중(謫中)・복사(鵩舍)라고도 함.
121) 자어(子魚) : 치어(鯔魚)의 별명.
122) 야파촌(野婆村) : 야파(野婆)는 오랑캐 종족 이름이기도 하며 원숭이 종류의 짐승이름이기도 하다.
123) 매요신(梅堯臣) : 송나라의 시인(1002~1060). 자는 성유(聖兪). 호는 완릉(宛陵). 당시(唐詩)의 섬세하고 교묘한 폐풍을 버리고 송시(宋詩)의 새로운 형식을 개척하여, 두보 이후 최대 시인으로 꼽힌다. 저서에 『완릉집(宛陵集)』 60권이 있다.
124) 『禮記, 檀弓上』.
125) 『禮記, 檀弓上』.

『논어(論語)』에서 "문(文)이 질(質)을 이기면 사(史)하고, 질(質)이 문(文)을 이기면 야(野)하다"[126]라고 하였다. 지금 '촌스럽다'는 말이 또한 여기에서 나왔다. 또 '향암(鄕闇)'[127]은 바로 시골사람의 무지함이니 '촌야(村野)'라는 말과 같다.

큰 것을 한이라고 하다
大者爲汗

지봉(芝峰) 이수광(李睟光)이 말하였다.

익재(益齋) 이제현(李齊賢)[128]이 "신라 때는 임금을 마립간(麻立干)이라고 하고 신하를 아간(阿干)이라고 하였는데, 시골사람에 이르기까지 이러한 예에 따라 간(干)자를 이름 뒤에 붙여서 부르니 대개 높이는 말이다"라고 하였다.

우리나라 방언(方言)으로 '干'의 음은 '한'이다. 예를 들면 채소 심는 사람을 원두한(園頭干), 물고기 잡는 사람을 어부한(漁夫干), 두부 만드는 사람을 두부한(豆腐干)이라고 하는 따위이다. 우리나라 말로 큰 것을 한(汗)이라고 한다. 天을 한(汗)이라고 하니, 가한(可汗)[129]의

126) 質勝文則野, 文勝質則史.(『論語, 公冶長』) → 文勝質則史, 質勝文則野.(『松南雜識』)

127) 향암(鄕闇) : 시골에 살고 있어서 아무것도 모름. 또는 그런 사람. 향암(鄕暗)이라고도 함.

128) 이제현(李齊賢) : 고려 말기의 문신 · 학자(1287～1367). 초명은 지공(之公). 자는 중사(仲思). 호는 역옹(櫟翁) · 익재(益齋). 벼슬은 문하시중에 이르렀으며 당대의 명문장가로 정주학의 기초를 닦았다. 왕명으로 실록을 편찬하였고 원나라 조맹부(趙孟頫)의 서체를 고려에 도입하여 유행시켰으며 고려의 민간 가요 17수를 한시로 번역하였다. 저서에 『익재집』 · 『역옹패설(櫟翁稗說)』 · 『익재난고(益齋亂藁)』가 있다.

129) 가한(可汗) : 고대 선비(鮮卑) · 유연(柔然) · 돌궐(突厥) · 회흘(回紇) · 몽고(蒙古) 왕의 칭호.

한(汗)과 같다.[130)]

업원

業寃

지봉 이수광이 말하였다.

중국에서 사랑하는 것을 가리켜 원가(寃家)[131)]라고 하니 원수(寃讐)와 같은 뜻이다.

승 범지(梵志)의 시,

사람들 오줌 똥구멍을	人以屎尿穴
한 송이 꽃으로 보고	看作一團花
서로 끌고 지옥으로 들어가니	相牽入地獄
바로 이것이 원수일세	卽此是寃家

에서 나왔다.[132)]

또한 지금의 '업원(業寃)'[133)]이라는 말이다.

---

130) 李**齊賢曰**, 新羅時, 其君稱麻立干, 其臣稱阿干, 至於鄕里之人, 例以干, 連其名**而**呼之, **蓋**相尊之辭也. **余按**我國方言, 干音汗, 如謂種蔬者**爲**園頭干, 漁採者**爲**漁夫干, 造泡者爲豆腐干之類. **大抵**方**言**, 以大**者**爲汗, **故謂天爲汗**, **亦此也**.(『芝峯類說, 卷十七, 雜事部, 名號』)→李**益齋云**, 新羅時, 其君稱麻立干, 其臣稱阿干, 至於鄕里之人, 例以干**字**, 連其名**下**呼之, **盖**相尊之辭也, 我國方言, 干音汗, 如謂種蔬者園頭干, 漁採者漁夫干, 造泡者爲豆腐干之類. 方**音**以大爲汗.(『松南雜識』)

131) 원가(寃家) : 중국의 속어(俗語)로 남녀가 서로 사랑하여 애정이 지극한 것을 말한다.

132) 僧梵**志**詩**曰**, **本是**屎尿**袋**, **强作脂粉搽**, **凡人無所識**, **喚**作一團花, 相牽入地獄, 卽此是寃家, **寃家**猶**俗言**寃讎, 中朝**人**指所愛爲寃家, **蓋本於此**.(『芝峯類說, 卷十六, 語言部, 俗諺』)→中朝指所愛爲寃家, 猶寃讎, **本**僧梵詩**云**, **人以**屎尿**穴**, **看**作一團花, 相牽入地獄, 卽此是寃家.(『松南雜識』)

133) 업원(業寃) : 전생(前生)의 죄업으로 이승에서 받는 고통.

결습

結習[134]

『유마경(維摩經)』에서 말하였다.

선녀가 천상의 꽃을 여러 보살에게 뿌리니 곧 모두 떨어졌지만 대제자(大弟子)에게는 꽃이 붙어서 떨어지지 않았다.

선녀가 말하였다.

"번뇌가 다 없어지지 않아서 꽃이 몸에 붙습니다. 번뇌가 다 사라진 사람은 꽃이 몸에 붙지 않습니다."[135]

지금의 '결연(結緣)'이 이것이다.

소식(蘇軾)의 시에서,

번뇌가 점차 사라져 남음이 없으니	結習漸消留不住
흩뿌린 꽃을 하늘로 돌려줘야지	却須還與散花天[136]

라고 하였다.

참료(參寥)[137]의 시에서,

참선하는 마음 이미 고요하니	禪心已作沾泥絮[138]

134) 결습(結習) : 불가어(佛家語). 번뇌가 다 사라지지 않은 것을 말한다.

135) 維摩經**云**, **時維摩詰室**, **有**一天女, **見諸天人所說法**, **便見其身**, **卽**以天花散諸菩薩**大弟子上**, **花至諸菩薩**卽皆墮落, 至大弟子, 便著不墮. 天女曰, …… 結習未盡, 故花着身, 結習盡者, 花不著身.(『錦繡萬花谷前集, 卷二十八, 佛祖』) → 維摩經, 天女以天花, 散諸菩薩, 卽皆墮落, 至大弟子, 便着不墮, 天女曰, 結習未盡, 故花着身, 結習盡者, 花不著身.(『松南雜識』)

136) 却須還**與**散**花天**.(『東坡全集, 卷九, 詩六十七首, 座上賦戴花得天字』) → 却須還**取**散**天花**.(『松南雜識』)

137) 참료(參寥) : 송나라의 승려 묘총대사(妙總大師) 담잠(曇潛). 속성은 왕(王). 항주(杭州) 전당현(錢塘縣) 출신. 시를 잘 지어 당대의 문호들과 교유하였다.

상하로 미친 듯 부는 동풍을 좇지 않으리　　　　不逐東風上下狂[139]

라고 하였다.

비겁
俾劫

세상에 다음과 같은 말이 전한다.

고려의 풍속에 여자가 시집가기 전에 먼저 겁살(劫殺)이 있는지를 점치고 중으로 하여금 동침하여 그 겁(劫)을 벗어나게 하였다고 한다.

인연
因緣

불서(佛書)에서 "십이인연(十二因緣)[140]은 촉(觸)·애(愛)·수(受)·취(取)·유(有)·생(生)·노(老)·사(死)·우(憂)·비(悲)·고(苦)·뇌(惱)이다"[141]

---

138) 첨니서(沾泥絮) : 날리는 버들가지가 진흙에 묻어 잠시 정지한 것으로 마음이 고요하여 동요하지 않음을 말한다.

139) 소식이 서주(徐州)에 있을 때 참료(參寥)가 그를 찾아갔는데, 소식이 장난삼아 기생으로 하여금 참료에게 시를 지어 달라고 졸랐다. 이에 참료가 자신의 흔들림 없는 의지를 시로 노래한 것이다.

東坡在徐州, 參寥自錢塘訪之, 坡席上令一妓戲求詩, 參寥口占云, 多謝尊前窈窕娘好, 將幽夢惱襄王, 禪心已作沾泥絮, 不逐春風上下狂.(『古今事文類聚後集, 卷十七, 娼妓部, 娼妓, 妓求僧詩』)

140) 십이인연(十二因緣) : 불가어(佛家語). 과거에 지은 업(業)을 따라 현재의 고(苦)를 받고 현재의 업을 따라 미래의 고를 초래하여 중생윤회(衆生輪廻)의 상(相)을 이루는 열두 가지의 인연.

141) **法華經**, 十二因緣, 觸緣·受**受緣**·愛**愛緣**·取**取緣**·有**有緣**·生**生緣**·老·死·憂·悲·苦·惱.(『韻府羣玉, 苦惱』)→**佛書**, 十二因緣, 觸·愛·受·取·有·生·

라고 하였다.

도곡(陶穀)[142]의 「진약란(秦蒻蘭)에게 주는 사(詞)」에서,

좋은 인연이건, 나쁜 인연이건	好因緣惡因緣
단지 역참의 하룻밤의 잠일 뿐	只得郵亭一夜眠[143]

이라고 하였다.

한유(韓愈)의 시에서 "푸른 절벽에 길 없어 인연(寅緣)하기 어렵네[靑壁無路難寅緣]"[144]라고 하였다.

과년
瓜年

"위고(韋皐)[145]가 강하(江夏)[146]를 노닐 때 옥소(玉簫)를 보았는데 파과(破瓜)의 나이가 되지 않았다"[147]라고 하였는데 그 주석에서 "오이[瓜]는

老・死・憂・愁・苦・惱也.(『松南雜識』)

142) 도곡(陶穀) : 송나라의 문신. 신평(新平) 출신. 자는 수실(秀實). 본래는 당언겸(唐彦謙)의 손자인데, 진(晉)나라 황제의 휘를 피하여 이름을 고쳤다. 진막(晉漠)에게 벼슬하고 주(周)에 이르러 한림학사(翰林學士)・병부시랑(兵部侍郎)이 되었다. 송이 들어서자 예조(禮曹)・호조(戶曹)・형조(刑曹) 삼부(三部)의 상서(尙書)를 역임하였다. 건덕(乾德) 초기의 교사(郊祀)・법물제도(法物制度)를 많이 제정하였다. 박람강기(博覽强記)하여 경사(經史)에 통달하였으며 항상 열심히 공부하였다. 저서로 『청이록(淸異錄)』이 있다.

143) 이곡(李穀)이 도곡(陶穀)의 기개를 꺾기 위하여 그를 역참에 머물게 하면서 창기를 허드렛일 하는 여인으로 꾸며 그의 마음을 사로잡게 하였다. 도곡은 과연 그녀를 보고 사랑하게 되었다고 한다.

144) 「고의(古意)」.

145) 위고(韋皐) : 당 덕종(唐德宗)의 신하. 자는 성무(城武), 시호는 충무(忠武).

146) 강하(江夏) : 한대(漢代)의 고을 이름으로 지금의 호북성(湖北省) 운몽현(雲夢縣)의 동남쪽이다.

147) 위고(韋皐)가 젊어서 강하(江夏)를 노닐 때 강씨(姜氏)의 집에서 묵었다. 그 집의 시비 중에 옥소(玉簫)라는 여인이 있었는데, 위고가 정을 품고 그녀에게 옥가락지를 주며 7년 뒤에 다시 데리러 오겠다고 약속하였다. 약속한 해에 돌아가자 옥소는 굶어 죽

15일이면 익고 16일째에 속이 부서지면서 씨앗이 생긴다"라고 하였다.

여암(呂嵒)[148]의 시에서 "열여섯 나이에 공을 세워야 한다[功成當在破瓜年]"라고 하였는데, 그 주석에서 "세상에서는 파과(破瓜)를 열여섯 살이라고 한다"라고 하였다. 지금 '파과년(破瓜年)'이라는 말이 여기에서 나왔다.

또 세상에서 '말만 한 처녀'라고 하니 탈 수 있다는 의미이다.

색계
色界

불서(佛書)에서 "마이천(摩夷天) 등의 육천(六天)[149]이 욕계(慾界)가 되고 십이천(十二天)이 색계(色界)가 되고 십사천(十四天)이 무색계(無色界)가 된다"[150]라고 하였다.

은 뒤였다. 후에 위고가 촉(蜀)을 지킬 때 술수를 잘 부리는 자가 옥소의 혼령을 부르며 13년 뒤에 재생하여 위고의 시첩(侍妾)이 되리라고 하였다. 이 이야기는 『운계우의(雲溪友議)』에 보인다. 이후 원(元)나라의 교길(喬吉)이 이 이야기를 바탕으로 「옥소전(玉簫傳)」이라는 희극을 만들었다.

148) 여암(呂嵒) : 당나라의 선인(仙人). 경조(京兆) 출신. 달리 암(巖)이라고도 쓴다. 자는 동빈(洞賓). 호는 순양자(純陽子). 회창(會昌) 연간에 두 번이나 진사시(進士試)에 응시했지만 합격하지 못하였다. 나이 64세가 되어 강호를 방랑하다가 종리권(鍾離權)을 만나 수명을 늘리는 술수를 배웠다. 처음에 종남산(終南山)에 살다가 나중에 종리권이 학령(鶴嶺)으로 데리고 가서 모든 비결을 전수하였다. 강호에 숨어살며 스스로를 회도인(回道人)이라 하였다. '팔선(八仙)'의 한 사람이다. 여조(呂祖)라고도 일컫는다.

149) 육천(六天) : 불가어(佛家語). 육욕천(六欲天)이라고도 한다. 욕계(慾界)에는 여섯 하늘이 있으니, 사왕천(四王天) · 도리천(忉利天) · 야마천(夜摩天) · 도솔천(兜率天) · 낙변화천(樂變化天) · 타화자재천(他化自在天)이다.

150) **道經說三十二天, 欲界, 黃曾天 · 玉完天 · 何童天 · 平育天 · 文擧天** · 摩夷天, **凡六天, 爲欲界也, 色界, 越衡天 · 濛翳天 · 和陽天 · 恭華天 · 宗飄天 · 皇笳堂耀天 · 端靜天 · 恭慶天 · 極瑤天 · 元載天 · 孔昇天 · 皇崖天, 合**十二天, 爲色界, **無色界, 極風天 · 孝芒天 · 翁重天 · 江由天 · 阮樂天 · 曇誓天 · 霄度天 · 元洞天 · 妙成天 · 禁上天 · 常融天 · 玉隆天 · 梵度天 · 賈奕天, 合是**十四天, 爲無色界. **並出蘐命經注**.(『錦繡萬花谷 前集, 卷一, 天』)→摩夷**等**六天, 爲慾界, 十二天, 爲色界, 十四天, 爲無色

지금 '색계(色界)'라는 말이 여기에서 시작되었는데, 색계(色界)에는 영웅도 열사(烈士)도 없으니 항우(項羽)[151]와 소무(蘇武)[152]의 경우를 이른다.

대혼
大昏

『예기(禮記)』에서 "대혼(大昏)[153]은 반드시 때를 맞춰해야 한다"라고 하였다. 지금 국혼(國婚)을 '대혼(大昏)'이라고 하는 말이 여기에서 나왔다.

『공자가어(孔子家語)』에서 "'대혼(大婚)'은 만세(萬世)를 계승하려는 것이다[大婚萬世之嗣]"[154]라고 하였다.

매혼
賣婚

『사통평석(史通評釋)』[155]에서 "산동(山東)의 사인(士人)들은 권세 있는

界.(『松南雜識』)

151) 영웅 호걸은 항우가 우미인(虞美人)에게 고혹(蠱惑)된 것을 이름.

152) 소무(蘇武) : 전한의 정치가. 자는 자경(子卿). 그는 흉노에 사신으로 갔다가 잡혀 19년간 억류되었다가 귀국했는데, 절개를 굳게 지킨 공으로 전속국(典屬國)에 임명되었다. 『동파지림(東坡志林)』에서 "소무(蘇武)가 눈[雪]을 씹고 등이 쭈그러들어도 한 마디 굽히는 소리를 하지 않았으니 삶과 죽음의 경계를 초탈했다고 할 만하다. 그런데 오랑캐 아내를 맞아들여 아이를 낳는 일은 면할 수 없었으니 본능을 제거하는 일이 어렵다"라고 하였다.

153) 대혼(大昏) : 천자(天子)나 제후(諸侯)의 혼례를 말한다.

154) 『家語, 卷一, 相魯, 第一』.

155) 사통평석(史通評釋) : 곽공연(郭孔延)이 편찬한 『사통(史通)』의 평석서. 『사통(史通)』은 당나라 유지기(劉知幾)가 편찬한 책(20권)으로 내편(內篇) 10권 39편은 사가(史家)의 체례(體例)를 논했고, 외편(外篇) 10권 13편은 사적(史籍)의 원류(源流)와 득실(得失)을 논하였다. 이 책은 평의(評議)가 매우 엄격하지만 논의가 편벽된 곳도 없지 않

집을 숭상하여 시집가고 장가들 때 반드시 많이 재물을 취하니 사람들이 '매혼(賣婚)'이라고 한다"[156]라고 하였다.

하룻밤에 만리장성을 쌓는다
一夜萬里城[157]

지금 뽕밭에서 자면 인연이 생긴다는 말이다. 왜놈이 우리나라에 쳐들어와서 비록 하룻밤을 자고 가더라도 반드시 성을 쌓았다. 지금 산 위에 왕왕 그것이 있는데 사실은 적을 방어하기 위한 것이다. 그러나 "하룻밤을 자도 만리장성을 쌓는다"는 말은 대개 차용한 것이다.

사랑 애
思郎愛

『통감강목(通鑑綱目)』[158]의 '상락주(桑落酒)'[159]의 주석에서 "와전되어 사랑(思郎)이 되었다. 사랑(思郎)은 바로 생각이 있어 친구를 부른다"라고 한 것이다.

다. 이후 명나라 육심(陸深)이 『사통회요(史通會要)』 3권을 편찬했고 이유정(李維楨)과 곽공연(郭孔延)이 『사통평석(史通評釋)』 20권을 편찬하였다. 진계유(陳繼儒)는 『사통주(史通注)』 20권을 편찬했고 기윤(紀昀)은 『사통삭번(史通削繁)』 4권을 편찬했고, 황숙림(黃叔琳)은 『사통훈고보(史通訓故補)』 20권을 편찬하였다.

156) 山東士人, 尙閥閱, **後雖衰子孫, 猶負世望**嫁娶, 必多取資, 人謂賣昏.(『史通評釋, 卷三, 內篇』)→史通, 山東士人, 尙閥閱, 嫁娶, 必多取資, 人謂**之**賣婚.(『康熙字典, 婚』)→史通**曰**, 山東士人, 尙閥閱, 嫁娶, 必多取資, 人謂**之**賣婚.(『松南雜識』)

157) 하룻밤에 만리장성을 쌓는다[一夜萬里城] : ① 잠시 동안이라도 방비하지 않으면 아니 된다는 뜻의 속담. ② 잠깐 만나고 헤어질 사람이라도 깊은 정을 맺는다는 뜻의 속담.

158) 통감강목(通鑑綱目) : 주희가 지은 사서(史書). 『자치통감(資治通鑒)』을 강(綱)과 목(目)으로 나눈 것으로, 주희가 손수 만든 한 권의 범례에 의거하여 조사연(趙師淵) 등이 전편(全篇)을 작성하였다. 59권. ≒ 강목(綱目).

159) 『通鑑綱目, 卷三十』.

대개 사람의 정 가운데 여자가 낭군을 생각하는 것이 최고인 까닭에 우리나라에서 '愛'를 '사랑'이라고 훈석하니 바로 사랑하고 떠나지 말라는 뜻이다.

『설문계전(說文繫傳)』[160]에서 "여자의 성질은 온유하면서도 멈칫거리고, 좋아하는 사람이 있으면 사랑하며 잊지 않는 까닭에 글자도 '女'자와 '子'자가 합쳐져서 '호(好)'자가 되었다"[161]라고 하였다. '시(媤: 남편)'는 또한 여자가 그리워하는 것인 까닭에 남편의 집을 일컫게 되었다. 『자휘(字彙)』에서 "媤의 음은 '사'로 여자의 이름이고 속음은 '偲'이다"라고 하였으니, 媳의 음이 '석'이지만 지금 '식'이라고 하는 것과 같다.

엎질러진 물
覆盃之水

소설(小說)에서 강태공(姜太公)[162]을 버린 아내 마씨(馬氏)가 강태공이 제후(齊侯)가 되어서 가는 것을 길가에서 보고 그를 따르고 싶다라고 하였다. 그러자 강태공이 물 한 잔을 가져오게 하여 땅에 붓고 마씨에게 담게 하였다. 마씨가 분노하고 후회하며 죽은 곳을 '마릉(馬陵)'[163]이라고 한다. 지금은 수습하기 어려운 일을 말한다.

---

160) 설문계전(說文繫傳): 남당(南唐)의 서개(徐鍇)가 편찬한 설문해자 주석서.

161) 愛而不釋也, 女子之性, 柔而滯, 有所好則愛而不釋也.(『說文繫傳, 好』)→女子之性, 柔而滯, 有所好, 則愛而不釋, 故於文, 女子爲好.(『松南雜識』)

162) 강태공(姜太公): 중국 주나라 초엽의 조신(釣神)인 '태공망(太公望)'을 그의 성(姓)인 강(姜)과 함께 이르는 말.

163) 마릉(馬陵): 현재 중국 산동성(山東省) 박현(濮縣) 북쪽에 있다.

일색소박
一色疎薄

『조야첨재(朝野僉載)』[164]에서 말하였다.

측천무후(則天武后) 때, 낭중(郎中) 주응(朱凝)은 아내가 아름다웠다. 어떤 술집에 봉두난발에 얼굴에는 때가 끼고 못생기기로는 천하에 둘도 없는 여종이 있었다. 그러나 주응이 그녀를 사랑하여 거의 먹고 자는 것을 잊을 정도였다.[165]

세상에 이른바 '미인 소박은 있어도 박색 소박은 없다[一色有疎薄, 薄色無疎薄]'는 말이다.

게도 잃고 구럭도 잃다
蟹網俱失

세상에 다음과 같은 이야기가 전한다.

옛날에 해(蟹)라는 이름을 가진 사람이 있었는데, 그의 친구 중에

---

164) 조야첨재(朝野僉載) : 당나라 장작(張鷟)이 편찬한 책. 6권. 장작은 천보(天寶) 이전에 죽었는데 『조야첨재』에 경종(敬宗)과 선종(宣宗) 때의 일이 있는 것으로 보아 후인들이 여러 책의 것을 모아 첨부해 넣은 듯하다. 기록한 내용은 당대(唐代) 조야(朝野)의 잡다한 일화나 외설적인 것이 많다. 그러난 근거할 만한 것이 많아서 사마광(司馬光)의 『자치통감(資治通鑑)』도 이 책을 인용하였다.

165) **兵部**郎中朱**前疑貌醜**, **其**妻有美色, **天后時**, **洛中殖業坊西門**酒家有婢, 蓬頭垢面, **傴眉皤腹**, 寢惡之狀, 擧世所無, **而前疑大悅**之, 殆忘寢食.(『朝野僉載, 卷五』) → **兵部**郎中朱凝妻, 有美色, **天后時**, **洛中植業坊**酒家有婢, 蓬頭垢面, **傴肩皤腹**, 寢惡之狀, 擧世所無, 朱悅之, 殆忘寢食. **朝野僉載**.(『古今事文類聚後集, 卷十二, 人倫部, 醜女, 反悅醜妾』) → **朝野僉載曰**, **天后時**, 郎中朱凝妻有美色, **而**酒家有婢, 蓬頭垢面, 寢惡之狀, 擧世所無, 朱悅之, 殆忘寢食.(『松南雜識』)

굴억(屈億)이라는 이름을 가진 사람이 있었으니, 서로 친하였다. 해(蟹)의 아내가 굴억(屈億)의 잘 생긴 용모를 좋아하여 남편으로 삼고 싶어서 해(蟹)를 독살하였다. 굴억이 "선비는 자기를 알아주는 사람을 위하여 죽는다"고 하며 즉시 자결하였다. 그래서 해(蟹)의 아내는 두 사람을 모두 잃었다.

그런데 지금은 잘못하여 '게[蟹]도 잃고 구럭[網]도 잃다'라고 하니 '산돼지를 잡으려다 집돼지까지 잃는다'라는 말과 같다. 우리나라에서 '망(網)'을 '구럭[屈億]'이라고 한다.

먹을 가까이하면 검어진다
近墨者黑

『순자(荀子)』에서 "옻[漆]을 지니면 검게 되고, 단사[丹]를 지니면 붉게 된다"라고 하였다.

『진서(晉書)』에서 "유여(劉輿)[166]는 기름과 같으니, 가까이하면 사람을 더럽힌다"[167]라고 하였다.

소금을 팔면 비를 만난다
賣鹽逢雨

옛말에 "강태공(姜太公)이 고기를 팔면 날씨가 덥고 음료를 팔면 날씨

166) 유여(劉輿) : 동진(東晉) 초기의 인물. 중산(中山) 위창(魏昌) 출신. 자는 장손(莊孫). 준수하고 재주가 있어서 동생 유곤(劉琨)과 당시에 이름이 높았다. 병사(兵事)와 창고(倉庫), 우마(牛馬), 기계(器械), 수륙(水陸)에 대하여 잘 알았다.

167) **輿**猶膩也, 近則汚人.(『晉書, 卷六十二, 列傳第三十二, 劉輿』)

가 추웠다. 이런 까닭에 여든 살까지 빈궁하였다"라고 하였다. 지금 "소금을 팔면 비를 만나고 가루를 팔면 바람을 만난다"라는 말은 실로 여기에서 유래하였다.

고목에 꽃이 피다
枯木生花

이하(李賀)[168]의 시에 "누가 고목에 꽃바람일 것을 알았으리?[誰知枯木生華風]"라고 하였다.

『주자어록(朱子語錄)』에서 "대기(大機)[169]를 발(發)하고 대용(大用)[170]을 연다[發大機, 啓大用]"[171]라고 하였는데, 불경(佛經)의 '말라죽은 나무와 불꺼진 재[枯木死灰]'라는 말에 근본하여 윤색한 것이니, 「한안국전(韓安國傳)」[172]에서 이른바 "불꺼진 재가 다시 불타다"[173]라고 한 것과 같다.

---

168) 이하(李賀) : 당나라 때의 시인(790~816). 자는 장길(長吉). 시작(詩作)에 몰두하여 15세 때에 그 이름이 알려졌으며, 몽환적인 인상과 기이한 분위기의 시로 귀재(鬼才)라는 평을 받았다. 시집 『이하가시편(李賀歌詩篇)』·『창곡집(昌谷集)』 등이 있다.

169) 대기(大機) : 사물의 변화의 요추(要樞), 관건(關鍵).

170) 대용(大用) : 중요한 용도.

171) **槁木生花**, 發大機啓大用. **語錄**.(『韻府羣玉, 槁木』) → 發大機啓大用.(『松南雜識』)

172) 한안국전(韓安國傳) : 한(漢)나라의 문신인 한안국(韓安國)의 전기. 한안국(韓安國)의 자는 장유(張孺)로 양(梁)나라 효왕(孝王)을 섬겨 중대부(中大夫)가 되었다. 오(吳)와 초(楚)가 반란하자 한안국이 동쪽 경계에서 그들을 막았고, 이로 인해 이름이 알려지게 되었다. 무제(武帝) 때 여러 차례 승진하여 어사대부(御史大夫)가 되었다. 그의 사람됨이 대단한 지략이 많고 지혜가 당세를 취사하며 충후하기는 하였지만 재물을 탐하였다. 그러나 그가 천거한 사인들은 모두 청렴한 이들이었다. 후에 위위(衛尉)가 되었을 때 흉노(匈奴)가 대거 침입하였다. 한안국이 재관장군(材官將軍)으로 어양(漁陽)에 주둔하였지만 주둔지를 없애기를 청하여 군대가 패배하였다. 그래서 문책을 받고 우북평(右北平)에 주둔하였다. 그러나 한안국이 이미 왕과의 관계가 소원하여져서 피를 토하고 죽었다.

173) 死灰**獨不復然乎**.(『史記, 卷一百八, 韓長孺列傳』) → 死灰復**燃也**.(『松南雜識』)

진삼미
鎭三味

지금 매우 가는 담배를 '진삼미(鎭三味)'라고 하는 것은 진안(鎭安)[174]의 삼등초(三登草)가 가장 좋아서 그것을 썰어 진상(進上)하기 때문이다.

동관삼월
東觀三月

세상에 다음과 같은 이야기가 있다.

동관(東觀)[175]에는 옛날에 삼월(三月)이라는 이름의 궁녀가 있었다. 낯은 씻지도 않고 옷은 남루하여 마치 털갈이 안한 개와 같기에, 마침내 구(狗)라고 불렸다. 또한 해진 옷을 입은 사람을 조롱하는 말이다.

몽달군
蒙㺚軍

지금 함경도(咸慶道)에 가승(家僧)이 있다.
세상에 다음과 같은 이야기가 전한다.

몽고의 달단족(㺚狚族)[176]이 우리나라의 국경을 침입하여 근심이 되었다. 우리나라 사람들이 몰아냈지만 없앨 수 없었는데, 신령한 중

174) 진안(鎭安) : 전라북도 진안군 가운데에 있는 읍.
175) 동관(東觀) : 한(漢)나라의 궁중 서고(書庫)로 저작(著作) 및 장서(藏書)의 일을 맡아 보던 곳.
176) 달단족(㺚狚族) : '타타르 족'의 음역어(音譯語).

이 몽둥이를 가지고 그들을 쫓으니, 몽고달단(蒙古韃狚)이 두려워하며 절을 하고 떠났다고 한다.

그래서 지금 교시(交市)[177]를 할 때에 '몽달군(蒙韃軍)'이 있게 되었다. 우리나라에서는 와전되어 '몽달귀신(蒙韃鬼神)'[178]이라고 하는 말이 바로 이것이다.

파주미륵부처
坡州彌勒

지금 파주의 돌부처이다. 민간에서는 뚱뚱한 사람을 지칭한다.

천편수륙
千遍水陸

본래는 불경(佛經)의 '수륙도량(水陸道場)'[179]이라는 말인데, 도가(道家)에서 복을 기원하는 제사를 '초(醮)'라고 하는 것과 같다.

지금은 해결하기 어려운 일을 말한다.

---

177) 교시(交市) : 교역(交易)과 같은 말. 맞무역이라고도 함. 주로 나라와 나라 사이에서 물건을 사고팔고 서로 바꿈.

178) 몽달귀신(蒙韃鬼神) : 총각이 죽어서 된 귀신. 다르게 도령귀신 · 도령신 · 몽달귀라고도 함.

179) 수륙도량(水陸道場) : 수륙회(水陸會)를 거행하는 장소를 말함. 수륙회는 수륙재(水陸齋)와 같음. 수륙재는 수륙의 망령(亡靈)에게 재를 올리는 법회로 양(梁) 무제(武帝)가 금산사(金山寺)에서 처음 시행하였다.

호사다마
好事多魔

『능엄경(楞嚴經)』[180]에서 "우파리(優波離)[181]는 여래가 여러 마귀를 항복시키는 것을 직접 보았다"[182]라고 하였다.

『잡서(雜書)』에서 "원인(元人)은 부처 공양을 일로 삼고, 불씨(佛氏)는 마귀를 외도(外道)로 여기기에 여러 마귀를 항복시키지 못하면 깨달음이 도리어 마도(魔道)에 의해 그르치게 된다"라고 하였으니, 바로 이구당보살(離垢幢菩薩)이 도량에 앉아서 올바른 깨달음을 이루려할 때 어떤 악마(惡魔)가 앞에 와서 정신을 혼란스럽게 하였다는 것이다.

지금의 '호사다마(好事多魔)'이다.

승
丞

고려 시대에 각 관청의 서리(書吏)가 오래 재직하다가 나와서 우승(郵丞)[183]이 되었던 까닭에, 지금 서로 높여 부르는 말로 '아무개 승(丞)'이라고 한다.

---

180) 능엄경(楞嚴經) : 불경의 하나. 선종(禪宗)의 주요 경전으로, 인연(因緣)과 만유(萬有)를 설명하였다.

181) 우파리(優波離) : 불제자의 이름. Upali의 음역. 우파리(優婆離) · 우파리(憂波離)라고도 한다. 부처가 태자였을 때 가까운 신하로, 부처가 입적한 후에 율법을 지키는 것이 제일이었다고 한다.

182) 優波離親見如來降服諸魔. 楞嚴.(『韻府群玉, 降魔』) → 楞嚴經, 優波離親見如來降服諸魔.(『松南雜識』)

183) 우승(郵丞) : 역승(驛丞). 고려 · 조선 시대에, 전국에 설치한 역을 관장하던 종구품 벼슬.

생원
生員

『당서(唐書)』에서 "학사(學舍)를 증축하고, 생원(生員)을 증원하였다"[184] 라고 하였다. 명나라 역사에 "세종조에 생원들에게 곡식을 바치게 하고, 국자생(國子生)이 되게 하였다"[185]라는 기록이 있다.

지금은 '유학(幼學)'[186]이나 '생도(生徒)'[187]를 지칭한다.

임금은 신하를 '경'이라 부른다
君呼臣卿

『자휘(字彙)』에서 "진(秦)·한(漢)나라 이후로 임금이 신하를 '경(卿)'이라고 부르니, 대개 존귀하게 대하는 것이다"[188]라고 하였다.

조(趙)[189]나라의 순경(荀卿)[190]과 조(趙)나라의 우경(虞卿)[191]·송의(宋義)[192]를 '경자관군(卿子冠軍)'이라고 한 호칭이 이것이다.

---

184) 廣學舍**千二百區三學**, 益生員.(『唐書, 卷一百九十八, 列傳, 第一百二十三, 儒學上』) → 廣學舍, 益生員.(『松南雜識』)

185) 令生員, 納粟爲國子生.(『續文獻通考, 卷四十三, 選擧, 考貲選』)

186) 유학(幼學) : 고려·조선 시대에, 벼슬하지 아니한 유생(儒生)을 이르던 말.

187) 생도(生徒) : 조선 시대에, 임관 전에 소속 관아의 학문과 기술을 익히던 사람.

188) 秦漢以後, 君呼臣爲卿, **蓋期之以卿也, 士大夫相呼爲卿**, 蓋貴之也.(『洪武正韻, 卿』) → 秦漢以後, 君呼臣爲卿者, 盖貴之也.(『松南雜識』)

189) 『松南雜識』에는 '楚'로 오기되어 있음.

190) 순경(荀卿) : 전국 시대 말기의 사상가. 성은 순(荀). 이름은 황(況). 조(趙)나라 사람. 순경(荀卿)·손경자(孫卿子) 등으로 존칭된다. 순자의 사상은 공자(孔子)·자궁(子弓)을 스승으로 하고 유가(儒家)의 실천 도덕을 바탕으로 하지만, 그들보다 한층 합리적이다. 성악론자(性惡論者)로 알려졌다.

191) 우경(虞卿) : 전국 시대 유세가. 조나라 효성왕(孝成王)이 한 번 만나고는 황금 백 일과 구슬 한 쌍을 내려주고, 두 번 만나고는 조나라 상경(上卿)으로 삼고 '우경(虞卿)'이라고 불렀다 한다.

192) 송의(宋義) : 한나라의 장군. 처음 항량에게 소속되었다가 항량이 패하자, 초나라 회왕이 송의를 상장군으로 삼고 모든 군사를 소속시키고 그를 '경자관군(卿子冠軍)'이라

대사
大師

홍만종(洪萬宗)[193]이 지은 『순오지(旬五志)』에서 "대사(大師)·화상(和尙)·법사(法師)·율사(律師)·존자(尊者)는 모두 중을 존칭하는 말이다. 국사(國師)라고 부르는 것은 바로 당시의 군주가 봉한 것으로 지금의 벼슬이름과 같다"[194]라고 하였다. 또 선사(禪師)라고도 한다.

제발
濟拔

『사재집(思齋集)』[195]의 '연안(延安)[196] 백성 이동지(李同知) 사건의 기록'[197]에서 "영공(令公)이시여! 제발 지금 우선 저의 죄를 용서치 마십시오"[198]라고 하였다. 우리나라에서 애걸하는 말로 '제발적선(濟拔積善)'이라고 한다. 생각하건대 물과 불에서 건져 주고 구덩이에서 빼내 준다는

고 불렀다. 조나라를 구원하러 안양(安陽)에 이르렀으나 진군하지 않자 항우가 진중에서 목을 베었다.

193) 홍만종(洪萬宗) : 조선 후기의 문인(1643~1725). 자는 우해(宇海). 호는 현묵자(玄默子)·몽헌(夢軒)·장주(長州). 학문에 밝고 문장에 뛰어났으며, 저서에 역대의 시화를 수집·편찬한 『시화총림(詩話叢林)』·『소화시평(小華詩評)』이 있으며, 이외에 『순오지』가 있다.

194) 凡稱大師·和尙·法師·律師·尊師, 率皆沙門尊稱之辭. 稱國師者, 卽**其**世主所封, 如今之官號也.(『旬五志, 下』) → 凡稱大師·和尙·法師·律師·尊師, 率皆沙門尊稱之辭. 稱國師者, 卽世主所封, 如今之官號也.(『松南雜識』)

195) 사재집(思齋集) : 조선 전기의 문신·학자 김정국(金正國)의 시문집. 4권 2책. 목판본. 권4의 『척언(摭言)』에는 야사 또는 야담이나 민간설화 등이 많이 수록되어 있는데, 특히 기묘사화 때의 이야기가 많다.

196) 연안(延安) : 황해도에 있는 읍. 연백평야의 중심지.

197) 부자(父子)가 같이 밥을 먹으면서 서로 말다툼을 하던 와중에 아들이 밥그릇을 던져 아버지를 때린 사건의 공초 기록이다.

198) 令公乎, 濟拔今姑**勿**我罪也.(『思齋集, 卷之四, 摭言』) → 令公乎, 濟拔今姑**忽**我罪也.(『松南雜識』)

말인 듯하다. '애발(哀拔)'이라고도 한다.

급한 밥에 체한다
忙食噎喉

허균(許筠)[199] 문집(文集)[200]의 편지 속에 "급히 먹는 밥에 체한다[忙食噎喉]"[201], "열 번 찍어 안 넘어가는 나무 없다[十斫木無不顚]"[202], "나는 놈 위에 타는 놈 있다[飛者上有跨者]"[203]라는 말이 있다.

홍상교처
紅裳敎妻

『순오지(旬五志)』에서 "'자식 교육은 어려서부터, 며느리 교육은 갓 시집왔을 때부터'라는 옛말이 있다"[204]라고 하였는데, 속담에서 "아내 교육은 새색시 때부터[敎妻紅裳], 자식 교육은 갓 났을 때부터[敎兒黃吻]"라고 하는 것을 이른다. 그러나 부인과 어린애는 가까이 하면 불손하고 멀리하면 원망한다.

---

199) 허균(許筠) : 조선 시대의 문신 · 소설가(1569~1618). 자는 단보(端甫). 호는 교산(蛟山) · 성소(惺所) · 학산(鶴山) · 백월거사(白月居士). 서자를 차별 대우 하는 사회 제도에 반대하였으며, 광해군의 폭정에 항거하기 위하여 서인을 규합하여 반란을 계획하다 발각되어 참형을 당하였다. 우리나라 최초의 국문 소설인 『홍길동전(洪吉童傳)』을 지었으며, 시문집으로 『성소부부고(惺所覆瓿藁)』 등이 있다.

200) 『성소부부고(惺所覆瓿藁)』를 이름.

201) 『惺所覆瓿藁, 卷之二十一, 文部十八, 尺牘, 下, 與林子昇』.

202) 『惺所覆瓿藁, 卷之二十一, 文部十八, 尺牘, 下, 與李汝仁』.

203) 『惺所覆瓿藁, 卷之二十一, 文部十八, 尺牘, 下, 與李汝仁』.

204) **陸宣公曰**, …… 敎子自孩, 敎婦初來.(『旬五志, 上』) → 古語云, 敎子自孩. 敎婦初來.(『松南雜識』)

멀리 있는 친척보다 가까이 있는 이웃
遠眷黨近里隣

옛말에 "멀리 있는 물로 가까이에서 난 불을 끌 수 없고[遠水不救近火],[205] 멀리 있는 친척은 가까이 있는 이웃만 못하다[遠親不如近鄰]"[206]라고 하였다. 또 "멀리 있는 나무는 서로 비추고, 가까이 있는 나무는 서로 방해된다"라고 하였다. 또 "사람은 오래된 덕을 보고 나무는 오래된 덕을 보지 못한다"라고 하였다.

중의 빗
僧梳

지봉 이수광이 "중이 빗과 빗치개를 내버리니 쓸모없음을 의미한다"[207]라고 하였다. 이옥봉(李玉峯)[208]의 이른바 "남산의 중에게 빗을 빌리네[借梳南山僧]"가 이것이다.

양주학
揚州鶴

다음과 같은 당나라 민간의 이야기가 있다.

한 사람은 십만 전 갖기를 바라고, 또 한 사람은 양주자사(揚州刺史)

205) 『韓非子, 喩老』.
206) 『五燈會元, 南嶽下十五世, 昭覺勤禪師法嗣, 卷十九』.
207) 和尙置梳篦, **乃俚語**, 言必無用也.(『芝峯類說, 卷十九, 服用部, 器用』) → 和尙置梳篦, 言必無用也.(『松南雜識』)
208) 이옥봉(李玉峯) : 조선 시대의 시인. 여성이며, 『가림세고(嘉林世稿)』에 35편의 한시가 전한다.

가 되기를 바라고, 다른 한 사람은 학을 타고 신선이 되어 오르기를 원하였는데, 제일 뒤의 한 사람은 십만 전을 허리에 두르고, 학을 타고 양주로 가고 싶다라고 하였다.[209]

지금 '꿩 먹고 알 먹고'라는 말이다.

두더지 혼인

鼴鼠婚[210]

『순오지(旬五志)』에서 말하였다.

민간에 이런 이야기가 있다.

두더지가 새끼를 위해서 더 나은 집안과 혼인을 하고 싶었다. 하늘이 가장 존귀하다고 여겨서 하늘에 청혼하자, 하늘이 말하였다.

"내가 비록 만물을 감싸고 있지만, 해와 달이 없으면 나의 덕을 드러낼 수가 없다."

두더지가 해와 달에게 청혼하니, 해와 달이 말하였다.

"내가 비록 널리 비추지만, 오직 구름이 빛을 가리니 구름이 나의 위이다."

두더지가 또 구름에게 청혼하니, 구름이 말하였다.

---

209) 有客相從, 各言所志, 或願爲揚州刺史, 或願多貲財, 或願騎鶴上昇, 其一人曰, 腰纏十萬貫騎鶴上揚州, 欲兼三者.(『說郛, 卷四十六下, 商芸小說』)→有一人願有錢十萬, 一人願爲揚州刺史, 一人願騎鶴升仙, 最後一人, 願腰纏十萬貫騎鶴上揚州.(『松南雜識』)

210) 두더지 혼인 : 분수에 넘치는 엉뚱한 희망을 갖는 것을 비유적으로 이르는 말. 자기보다 훨씬 나은 사람과 혼인하려고 애쓰다가 마침내는 동류끼리 혼인하게 됨을 비유적으로 이르는 말. 남에게 널리 알리지 아니하고 집안사람들끼리 만 모여서 하는 혼인을 비유적으로 이르는 말.

"내가 비록 해와 달의 빛을 잃어버리게 할 수 있지만, 바람이 불면 흩어지니 바람이 나의 위이다."

두더지가 또 바람에게 청혼하니, 바람이 말하였다.

"내가 비록 구름을 헤집어 놓지만, 오직 밭 가운데 있는 돌부처는 불어도 넘어지지 않으니, 저 돌부처가 나의 위이다."

두더지가 또 돌부처에게 청혼하니, 돌부처가 말하였다.

"내가 비록 바람을 두려워하지는 않지만, 오직 두더지가 내 발 밑을 뚫으면 쓰러지니 두더지가 나의 위이다."

두더지가 이에 으스대며 기뻐서 말하였다.

"천하에 우리만큼 존귀한 것이 없다. 짧은 꼬리와 뾰족한 주둥이는 실로 우리만 있는 모습일 뿐이다."

마침내 두더지와 결혼하였다.[211]

지금 주씨(朱氏)와 진씨(陳氏)처럼 통혼하는 것[212]을 '두더지의 혼인'이라고 하는 말이 이것이다.

---

211) 鼴鼠, 欲爲雛, 擇高婚. **初**謂**惟**天最尊, 遂求之**於**天, 天曰, 我雖兼包萬有, 非日月則無以顯吾德. 鼴求**之**於日月, 日月曰, 我雖普照, 惟雲蔽之, 彼居吾上**乎**. **鼴**求之**於**雲, 雲曰, 我雖使日月失明, 惟風吹散, 彼**居**吾上**乎**. **鼴**求之**於**風, 風曰, 我雖撥雲, 惟田間石佛吹之不倒, 彼**居**吾上乎. **鼴**求之**於**石佛, 石佛曰, 我雖不怕風, **惟**鼴穿我足底則**不免傾覆**, 彼**居**吾上**乎**. **鼴**於是傲**然自**詑曰, 天下之尊, 莫我若也, 短尾銛嘴, 實惟我儀, 遂婚於鼴.(『旬五志, 下』) → **俗謂**, **社禦鼬**, 欲爲雛, 擇高婚. 謂天最尊, 遂求之天, 天曰, 我雖兼包萬有, 非日月則無以顯吾德. 鼴求於日月, 日月曰, 我雖普照, 惟雲蔽之, 彼居吾上**也**. 又求之雲, 雲曰, 我雖**能**使日月失明, 惟風吹散, 彼吾上**也**. **又**求之風, 風曰, 我雖撥雲, 惟田間石佛吹之不倒, 彼吾上也. 又求之石佛, 石佛曰, 我雖不怕風, 有鼴鼠穿我足底則**倒**, 彼吾上也. 鼴於是傲悅曰, 天下之尊, 莫我若也. 短尾銛嘴, 實惟我儀, 遂婚於鼴.(『松南雜識』)

212) 중국의 서주(徐州) 고풍현(古豐縣) 심산(深山) 중에 풍속이 순박한 마을이 있는데, 이곳에는 주(朱)씨와 진(陳)씨, 두 성만 살기에 대대로 이들끼리 혼인을 하였다. 그래서 이 마을을 '주진촌(朱陳村)'이라고 하였다. 전하여 '주진지혼(朱陳之婚)'은 두 집안이 통혼하는 것을 이른다.

섬개
纖芥

『통감(通鑑)』의 주석에서 "겨자는 씨가 매우 작기 때문에 지극히 사소한 일을 비유한다"라고 하였다.

경채
京債

『명사(明史)』[213]에서 "여러 관청의 관리로서 황제를 뵈려고 서울에 오는 사람들은 서울의 부잣집에서 돈을 빌려서 유근(劉瑾)[214]에게 뇌물로 주고 돌아갈 때 관청 창고의 돈을 가져다가 배로 갚으니, '경채(京債)'라고 한다"[215]라고 하였다.

지금 저채(邸債)[216]를 '경채(京債)'라고 하는 말이 여기에서 유래하였다.

의수
倚數

『주역(周易)』에서 "하늘에서 셋을 취하고 땅에서 둘을 취하여 수에 의

---

213) 『明史紀事本末』.

214) 유근(劉瑾) : 명나라의 인물. 본성은 담(淡). 명 무종(明武宗)의 중궁(中宮) 유씨(劉氏)에게 아부하여 성을 유씨로 고치고 무종에게도 신임을 받았는데, 나중에 반역을 도모하다가 처참되었음.

215) 諸司官朝覲至京, **畏瑾虐焰恐罹禍**, **各歛銀賂之**, **每省至二萬兩**, **往往**貸**於**京師富**豪**, **復任之日**, 取官庫**貯**倍償之, 名曰京債.(『明史紀事本末, 卷四十三』) → 諸司官朝覲至京**者**, 貸京師富**家銀**, **賂劉瑾**, **及還**, 取官庫倍償之, 名曰京債.(『松南雜識』)

216) 저채(邸債) : 조선 때 경저리(京邸吏)나 영저리(營邸吏)가 백성의 공납을 방납(防納; 공물의 납부를 대행함으로써 중간 이윤을 취하는 행위)함으로써 백성이 이들에게 지게 된 빚.

지하고[參天兩地而倚數]"[217]라고 하였다.

지금 모든 일이나 모든 물건에서 쓸 수 있도록 수를 채우는 것을 일컫는다.

소장
所長

「복거(卜居)」[218]에서 "한 자에도 짧은 것이 있고, 한 치에도 긴 것이 있다[尺有所短, 寸有所長]"라고 하였다.

『진서(晉書)』에서 "악광(樂廣)[219]이 인물을 평할 때 먼저 장점을 일컬으면 단점은 드러난다"[220]라고 하였다. 진수(陳壽)[221]가 "제갈공명(諸葛孔明)이 군대를 운용하는 것은 그의 장점이 아니다"[222]라고 하였다.

지금은 혹 단점을 '소장(所長)'이라고 말하기도 한다.

초헌에 채찍질
軺軒馬鞭

『순오지(旬五志)』에서 "족당(足堂) 어숙권(魚叔權)[223]이 초헌에 채찍질

---

217) 「설괘전(說卦傳)」.

218) 굴원(屈原)의 작품.

219) 악광(樂廣) : 진(晉)나라의 관료. 자는 언보(彥輔). 남양(南陽)의 육양(淯陽) 출신.

220) 樂廣 …… **凡所**論人, **必**先稱其所長, 則所短**不言而**自見**矣**.(『晉書, 卷四十三, 列傳, 第十三, 樂廣』) → 樂廣論人, 先稱其所長, 則所短自見.(『松南雜識』)

221) 진수(陳壽) : 서진(西晉)의 역사가(233~297). 자는 승조(承祚). 삼국 시대에 촉나라를 섬기었으나, 후에 진(晉)나라에 봉사하였다. 중국 정사(正史)의 하나인 『삼국지』를 편찬하였다.

222) **三國惟武侯, 能不用奇**, 陳壽**短之以**用兵非其所長.(『田間易學, 卷二』의 주석) → 陳壽**曰**, **孔明**用兵, 非其所長.(『松南雜識』)

223) 어숙권(魚叔權) : 조선 전기의 학자. 호는 야족당(也足堂)·예미(曳尾). 시평·시론에

[軺軒馬鞭][224]·짚신에 분칠하기[藁履丁粉]·거적 문에 쇠지도리[薦門鐵樞]·사모에 갓끈[紗帽纓子]·초립에 솔질[蒯笠刷子]·재(齋)에 호(胡) 춤[僧齋胡舞][225]의 여섯 가지를 서로 격이 맞지 않는 어그러진 것이라고 하였다"[226]라고 하였으니, '도살장에서 불경 외기[屠門誦佛]·기생집에서 예절 논하기[唱家議禮]'라는 말이다.

또 "봄비 자주 오는 것[春雨數來][227]·돌담 배나온 것[石墻飽腹][228]·사발에 귀빠진 것[沙鉢缺耳]·노인 못된 짓 하는 것[老人潑皮][229]·어린 아이 입 잰 것[小兒捷口]·중이 술 취한 것[僧人醉酒]·진흙 부처 내 건너는 것[泥佛渡川]·어미 손 큰 것[家母手巨]이 여덟 가지는 쓸모없고 해롭기만 한 것의 비유이다"[230]라고 하였으니, 또한 '개발에 편자[狗足片子]'·'젖먹이에게 비단 강보[乳兒錦褓]'라는 말이다.

뛰어났으며, 이두와 중국어에 능하여 중종 때에 이문학관이 되었다. 편서에 『고사촬요(故事撮要)』, 『패관잡기(稗官雜記)』가 있다.

224) 초헌마편(軺軒馬鞭) : 초헌(軺軒)은 고관이 타는 가벼운 수레인데, 거기에 채찍질을 한다는 말로 어울리지 않음을 일컬음.

225) 승재호무(僧齋胡舞) : 엄숙해야할 불교의 재(齋)에 난잡한 호(胡)춤을 춘다는 말로 격이 맞지 않음을 일컬음.

226) 魚足堂叔權, **亦**以軺軒馬鞭, 藁履丁粉, 薦門鐵樞, 紗帽纓子, 蒯笠刷子, 僧齋胡舞六語, 爲不相稱者之刺.(『旬五志, 下』) → 魚足堂叔權, 以軺軒馬鞭, 藁履丁粉, 薦門鐵樞, 紗帽纓子, 蒯笠刷子, 僧齋胡舞六語, 爲不相稱者之刺.(『松南雜識』)

227) 춘우삭래(春雨數來) : 봄비가 자주 오는 것은 쓸데없으므로 해롭기만 하고 아무짝에도 쓸데없는 것을 비유.

228) 석장포복(石墻飽腹) : 돌담이 배가 나오면 곧 무너진다는 뜻으로 아무짝에도 쓸모없는 것을 비유.

229) 노인발피(老人潑皮) : 노인이 하는 일 없이 못된 짓만 하는 것을 비유. 발피는 무뢰한(無賴漢)을 가리킨다.

230) 又以春雨數來, 石墻飽腹, 沙鉢缺耳, 老人潑皮, 小兒捷口, 僧人醉酒, 泥佛渡川,家母手**鉅**八條, 爲無用有害之喩.(『旬五志, 下』) → 又以春雨數來, 石墻飽腹, 沙鉢缺耳, 老人潑皮, 小兒捷口, 僧人醉酒, 泥佛渡川, 家母手巨八條, 爲無用有害之喩.(『松南雜識』)

산 강아지가 죽은 정승보다 낫다

活狗子勝於死政丞

소재(穌齋) 노수신(盧守身)[231]이 사직(辭職)을 요청하는 상소[232]에서 쓴 말인데,[233] "천하더라도 사는 것이 귀하며 죽는 것 보다 낫다"라는 말이다.

외손뼉이 소리 날까

獨掌不鳴[234]

제호(霽湖) 양경우(梁慶遇[235])가 다른 사람에게 보낸 편지에 쓴 말이다.

노목궤

櫨木樻

『순오지(旬五志)』에서 말하였다.

어떤 시골 노인이 딸을 하나 낳고 사랑을 쏟았다. 사위를 선택하려고 노목궤(櫨木樻)를 만들어 쌀 쉰 닷 말을 넣고, 이 나무와 쌀의 양을

231) 노수신(盧守身) : 조선 시대의 문신 · 학자(1515~1590). 자는 과회(寡悔). 호는 소재(蘇齋) · 여봉노인(茹峯老人) · 암실(暗室) · 이재(伊齋). 을사사화로 유배되었다가 복귀하여 영의정에 올랐으나 기축옥사로 파직되었다. 저서에 『소재집』이 있다.

232) 노수신이 75세에 올린 사직소.

233) 活狗子**不肯易**死政丞.(『穌齋集, 穌齋先生年譜』) → 活狗子**勝於**死政丞.(『松南雜識』)

234) 외손뼉이 소리 날까 : 두 손뼉이 마주 쳐야 소리가 나지 외손뼉만으로는 소리가 나지 아니한다는 뜻으로, 일은 상대가 같이 응하여야지 혼자서만 해서는 잘되는 것이 아님을 비유적으로 이르는 말. ≒ 외손뼉이 못 울고 한 다리로 가지 못한다. 외손뼉이 울지 못한다.

235) 양경우(梁慶遇) : 조선의 학자. 자는 자점(子漸), 본관은 남원(南原).

알 수 있는 사람에게 딸을 시집보내겠다고 공모하였다. 그 딸이 어떤 어리석은 상인에게 몰래 말하고는 모집에 응하도록 하였다. 후에 노인이 사위에게 나무이름을 맞춰보라고 하였다. 사위가 자세히 보더니 "노목궤(櫨木櫃)입니다"라고 하고 또 "쉰 닷 말입니다"라고 하였다. 세상에서는 옛날에 들은 것을 굳게 지키고 변통할 줄 모르는 사람을 '춘천노목궤(春川櫨木櫃)'라고 한다.[236]

아마도 춘천 사람의 일이었던 듯하다. 또한 '사위를 가르친다[教婿]'는 말이 실은 여기에서 유래하였다.

지금 '노(櫨)'는 '토(土)'로 와음 되고, '궤(櫃)'는 '공(工)'으로 와음 되었다.

똥 친 막대기
打糞杖

『전등록(傳燈錄)』에서 말하였다.

임제법사(臨濟法師)[237]가 말하였다.

"너희들 몸뚱이 위에 하나의 무위진인(無位眞人)이 있다. 너희들이 만약에 모르겠거든 노승(老僧)에게 가서 물어보아라."

어떤 중이 물으니, 임제가 바로 치면서 말하였다.

---

236) 一村翁, 愛其女, 欲擇婿造櫨木櫃, 貯米五十五斗, 募人有能識此**造櫃**木及**櫃中**米數**者**, **當以**女妻之. 其女私語一痴賈, 以應其募. 後翁使婿相木, 婿熟視曰, 櫨木櫃, 又曰, 五十五斗. 世以膠守舊聞, 不知變通者, 稱櫨木櫃.(『旬五志, 下』)→有村翁, **生一女鍾愛**. 欲擇婿, 造櫨木櫃, 貯米五十五斗, 募人有能識此木及此米數, 以女妻之. 其女私語一痴賈, 以應其募, 後翁使婿相木. 婿熟視曰, 櫨木櫃, 又曰, 五十五斗. 世以膠守舊聞, 不識變通者, 稱以**春川**櫨木櫃.(『松南雜識』)

237) 임제(臨濟) : 당나라의 고승. 조주(曹州) 남화(南華) 출신. 속성은 형(荊). 황벽(黃檗)의 뒤를 이어 임제종(臨濟宗)의 조(祖)가 됨.

"이것이 간시궐(乾屎橛)[238]이다."[239]

지금 천하게 여기서 버리는 것을 '똥 친 막대기'라고 하는 말이 여기에서 유래하였다.

성나 바위 차기
怒蹴巖[240]

분노를 참지 못하여 해가 도리어 자기에게 이르는 것을 말하는데, 화가 나서 바위를 차면 내 발을 스스로 상하게 한다는 말이다.

차면 넘친다
滿則溢

성하고 가득하면 오래가기 어렵다는 뜻이다.

『효경(孝經)』에서 "높으나 위태롭지 않고, 가득 찼으나 넘치지 않는다"[241]라고 하였다.

---

238) 간시궐(乾屎橛) : 측주(厠籌). 똥을 닦는 작은 대나무 조각. 불가(佛家)에서 지극히 더럽고 지극히 천한 물건을 비유하는 말로 쓴다.

239) 臨濟師云, 汝等肉團上, 有一无位眞人, 汝若不識, **但**問老僧, 有僧問, 師便打云, 是乾屎橛.(『韻府羣玉, 乾屎橛』)→臨濟師云, 汝等肉團上, 有一无位眞人, 汝若不識, **往**問老僧, 有僧問, 師便打云, 是乾屎橛.(『松南雜識』)

240) 성나 바위 차기 : 잔뜩 성이 난 마음을 가라앉히지 못하고 화풀이로 바위나 돌을 찬다는 뜻으로, 성이 난다고 앞뒤를 가리지 못하고 분별없이 화풀이하다가 자기에게 해가 될 부질없는 행동을 하는 경우를 비꼬는 말. ≒성난 끝에 돌 차기. 성내어 바위를 차니 발부리만 아프다.

241) 高而不危, **所以長守貴也**, 滿而不溢, **所以長守富也**.(『孝經, 諸侯章』)→高而不危, 滿而不溢.(『松南雜識』)

낫으로 눈을 가린다
以鎌遮眼[242)]

자취를 숨기려고 하지만 남들이 알고 있다는 것을 깨닫지 못한다는 말이다. 당 고조의 '귀막고 방울 훔치기[掩耳盜鈴]'와 같은 말이다.

까마귀 날자 배 떨어진다
烏飛梨落

행적이 의심쩍음을 의미한다. 옛 시에 "오이 밭에서는 신을 고쳐 신지 말고, 오얏나무 아래에서는 갓을 바로 고쳐 쓰지 마라[瓜田不納履, 李下不正冠]"[243)]라고 하였다.

엎어진 놈 꼭뒤 차기
落者壓鬢

약한 사람을 구원해주지 않고 쫓아가서 밀쳐버리는 것을 말한다.

나루 건너 배타기
越津乘船

가까이 있는 것을 놓아두고 멀리서 찾는 것을 말한다.

---

242) 낫으로 눈을 가린다 : 낫으로 눈을 가리고 몸 전체를 가린 줄 안다는 뜻으로, 어리석고 미련한 짓을 함을 비유적으로 이르는 말.
243) 작자 미상의 「군자행(君子行)」.

행랑 빌리면 안방까지 빌린다
借廳借閨[244]

'점입가경(漸入佳境)'을 말한다.

지금의 행랑을 빌려주니 안방까지 들어온다는 말이다. 또 한나라의 "겨를 다 핥아 먹으면 쌀까지 먹어 치운다[舐糠及米]"[245]라는 말과 같다.

동무 몰래 양식 내기
諱伴出粮[246]

다른 사람을 위해 힘을 다 쏟았는데도 그 사람은 알아주지 않는 것을 말한다. 또 '암중순목(暗中瞬目)'[247]을 말한다.

박쥐 구실
蝙蝠之役

『순오지(旬五志)』에서 말하였다.

봉황의 생일잔치에 모든 새들이 다 축하 하였는데, 박쥐만 오지 않자, 봉황이 박쥐를 꾸짖었다.

"너는 내 아래에 있으면서 어찌 그리 오만한가?"

---

244) 『松南雜識』에는 '借閨借廳'으로 되어 있음.

245) 『史記, 卷一百六, 吳王濞列傳, 卷四十六』.

246) 동무 몰래 양식 내기 : 내기추렴을 내는데 동무가 모르게 낸다면 그 사실을 아무도 모른다는 뜻으로, 힘만 들이고 아무런 공이 나타나지 아니하게 됨을 비유적으로 이르는 말.

247) 암중순목(暗中瞬目) : 어둠 속에서 눈을 깜박여 자기의 뜻을 나타낸다는 뜻으로, 아무런 소용이 없는 짓을 이르는 말.

박쥐가 말하였다.

"저는 발이 있으니, 길짐승의 종류인데 어떻게 축하를 하겠습니까?"

기린의 생일잔치에 모든 길짐승들이 다 축하 하였는데, 또 박쥐만 오지 않았다. 기린이 박쥐를 꾸짖자, 박쥐가 말하였다.

"저는 날개가 있으니, 날짐승의 종류인데 어떻게 축하를 하겠습니까?"

세상에서 일을 회피해서 교묘하게 벗어나는 자를 비유한다.[248]

우리나라에서는 '박쥐[朴䶂]'라고 한다. 불서(佛書)에서는 '조서승(鳥鼠僧)'[249]이라고 하니 새와 쥐의 구실을 피하기 때문이다. 지금은 사람이 양쪽의 일을 피하는 것을 욕하는 말이다.

부엉이의 셈치기
鵂鶹計數

부엉이는 수를 셀 때 반드시 짝수로 세고 홀수로 세지 않는다. 비록 수만(數萬)이라도 쌍으로 세는데, 쌍의 총수는 모른다. 홀수를 잃어버리면 알지만 짝수로 잃어버리면 알지 못하기 때문에 계산이 분명하지 못한 사람을 비유한다. 또 횡재(橫財)한 것을 '부엉이 집을 얻었다'라고 하는 것은 어떤 물건이든 한 쌍만 그대로 놓아두고 모조리 가지고 와도 알지 못하기 때문이다.

---

248) 鳳凰慶慶, 百鳥皆賀, 惟蝙蝠不至. 鳳凰責之曰, 居**於**吾下, 何自傲乎. **蝙**蝠曰, 吾有足屬獸類, 何以賀**歟**. **一日**, 麒麟慶壽, 百獸皆賀, 蝙蝠, 又不至. **麒**麟, **召而**責之, **蝙**蝠曰, 吾有翼屬禽類, 何以**慶**賀. **言**避事巧免者, **如此**.(『旬五志, 下』) → 鳳凰慶壽, 百鳥皆賀, 惟蝙蝠不至. 鳳責之曰, 汝居吾下, 何自傲乎, 蝠曰, 吾有足屬獸類, 何以賀爲. 麒麟慶壽, 百獸皆賀, 蝠又不至. 麟責之, 則曰, 吾有翼屬禽類, 何以賀焉. 世以避事巧免者, 爲比.(『松南雜識』)

249) 조서승(鳥鼠僧) : 중도 아니고 속인도 아닌 사이비 중.

도깨비 땅 마련하듯

魍魎量稅

요량(料量)이 허망함을 의미한다.

잠자리 부접 대듯

蜻蜓接囊

‘낭(囊)’ 자는 신낭(腎囊)의 ‘낭(囊)’ 자와 음과 뜻이 같다. 일을 할 때 오랫동안 하지 못하는 것을 말한다.

장 없는 놈이 국 즐긴다

無漿者羹

자기의 능력을 헤아리지 못함을 말한다. 또한 “돈 한 푼 없는 놈이 자두치의 떡만 즐긴다”[250)]라는 말과 비슷하다. 또 주인에게는 간장이 없고 손님은 국을 좋아하지 않는다는 것은 피차간에 내키지 않는다는 말이다.

짝사랑

隻愛獨樂

저 사람은 나를 취하지 않는데 나 혼자 저 사람을 취하는 것이다. ‘너는 남에게 해코지 하지 않는데, 남은 장차 너에게 해코지하려 한다’는 말과 비슷하다.

---

250) 돈 한 푼 없는 놈이 자두치떡만 즐긴다: 자격을 갖추지 못한 자가 도리어 먼저 나댈 때 이르는 말. ≒돈 없는 놈이 선가 먼저 물어본다, 돈 없는 놈이 큰 떡 먼저 든다.

자는 범 코 찌르기
宿虎衝鼻

잘못 건드려서 환란을 취하는 것을 말한다. '범 수염 땋기[辮虎鬚]'·'용 비늘 건드리기[嬰龍鱗]'라는 말이다.

새끼 그물로 범 잡는다
藁網捉虎[251]

섣부른 계획이 우연히 이루어진 것을 말한다.

호랑이에게 고기 달란다
虎前乞肉[252]

'도모하기 어려운 것은 성공할 수 없다'는 말이니, 또한 '고양이 앞에서 생선을 구걸한다'는 말이다.

산에 들어가면서 호랑이를 꺼린다
入山忌虎

'꺼리지 말아야 할 것을 꺼린다'는 말이니, '호랑이 굴에 들어가야 호랑이 새끼를 얻을 수 있다'는 말과 비슷하다.

---

251) 새끼그물로 범 잡는다: 보잘것없는 것을 가지고 큰일을 하려는 어리석음을 비유적으로 이르는 말. 허술한 계획으로 뜻밖에 큰일을 이루었을 경우를 비유적으로 이르는 말.

252) 호랑이에게 고기 달란다: 인색하거나 탐욕스러운 사람에게 돈이나 물건을 달라고 해야 소용이 없음을 비유적으로 이르는 말.

포효하는 호랑이도 개펄에 빠진다
咆虎陷浦

'큰 소리만 치는 사람은 일을 이룰 수 없다'는 말이니, 또한 '항우(項羽)가 칡덩굴에 걸린다'는 말과 같다.

산 밑에 절구공이가 귀하다
山底杵貴

'모든 물건은 생산되는 곳이 도리어 생산되지 않는 곳보다 귀하다'는 말이니, 또한 '부뚜막의 소금도 집어 넣어야 짜다'는 말과 같다.

마른 나무에 물 내기라
乾木生水[253)]

'가난하여 물건을 마련할 수 없다'는 의미이니, 지금의 '쓰러진 나무에 물내기'라는 말이다.

언 발에 오줌 누기
凍足放溺

사람의 임시변통적인 계책을 말하니, 또한 '굶주렸을 때 오훼(烏喙)[254)]를 먹으면 조금 뒤 바로 앞으로 달려가지만 얼마 지나서는 뒷걸음치게

---

253) 마른나무에 물 내기라: 없는 것을 억지로 짜냄을 비유적으로 이르는 말.
254) 오훼(烏喙): 오두(烏頭)의 이칭. 바곳의 뿌리. 독성이 강하여 마취제로 쓴다. 부자(附子).

된다'는 말과 같다.

달리는 말에 채찍질하기
走馬加鞭

그 형세(形勢)를 이어받아 더욱 힘쓴다는 말이다.

소 잃고 외양간 고치기
失牛治廐

또한 '양(羊) 잃고 우리 고친다'는 말과 같다.
지금은 '말 잃고 외양간 고친다'는 것을 이른다.

팔은 안으로 굽는다
臂不外曲

사사로운 정은 떨쳐버릴 수 없다는 의미이다.

재주를 다 배우고 나니 눈이 어둡다
技成眼昏

재주가 이루어졌으나 늙어 소용이 없게 되었다는 말이니, '주평만(朱泙漫)[255]이 도룡기(屠龍技)를 배웠으나, 쓸 곳이 없었다'[256]는 말과 다르

255) 『松南雜識』에는 '朱漫泙'으로 오기되어 있음.
256) 도룡기(屠龍技) : 용 잡는 기술. 『장자(莊子)』에서 "주평만(朱泙漫)이 지리익(支離益)

면서도 같다.

공중을 쏘아도 알과녁만 맞춘다
射空中鵠[257]

비록 법칙에는 맞지 않지만 일을 성공할 수 있다는 말이다.

도적이 도리어 몽둥이를 들다
賊反荷杖

이치가 궁색한 자가 도리어 사람을 능멸한다는 말이니, 『춘추좌씨전』에서 이른바 '도적이 주인을 미워한다[盜憎主人]'[258]는 말과 같다.

머리 삶으면 귀까지 익는다
烹頭耳熟[259]

우두머리를 다스리면 나머지는 저절로 복종한다는 말이니, 또한 '벼리가 들리면 그물코도 따라 온다'는 말과 같다.

에게 도룡기(屠龍技)를 배우는데 천금의 재산을 다 없애고 3년 만에 기술은 배우게 되었으나 그 묘법을 써 볼 곳이 없었다"라고 하였다. 그래서 기술만 높고 쓸 곳이 없는 것을 도룡지기(屠龍之技)라 말한다.(『莊子, 列禦寇』)

257) 공중을 쏘아도 알과녁만 맞춘다 : 별로 애쓰지 않고 하여도 능히 잘 이루어 냄을 비유적으로 이르는 말.

258) 『春秋左氏傳, 成公, 十五年』.

259) 머리를 삶으면 귀까지 익는다 : 큰일을 하면 거기에 딸린 부분도 자연히 따라 하게 됨을 비유적으로 이르는 말.

맺은 놈이 푼다
結者解之

시작한 사람이 그 끝도 책임져야 한다는 말이다.

거지가 하늘을 불쌍히 여긴다
乞人憐天

근심하지 않아야 할 처지에 지나치게 근심함을 말하니, 또한 '종로(鐘路)의 거지가 도승지(都承旨)를 불쌍하다고 한다'라는 말과 같다.

풍년거지
豊年化子

'화자(化子)'는 중국말로 거지이다. '풍년화자(豊年化子)'는 모든 사람이 부유한데 홀로 가난함을 비유하는 말이니, 바로 지금의 '풍걸(豊乞)'을 말한다.

관 돝 배 앓기
官猪腹痛

'무심하게 보아 근심하지 않는다'는 말이니, 또한 '월(越)나라 사람이 진(秦)나라 사람이 야위는 것을 무관심하게 본다'는 말과 같다.

고양이 목에 방울 걸기
猫項懸鈴

여러 마리의 쥐가 모여 의논하였다.

"고양이의 침해(侵害)를 어떻게 하면 막을 수 있을까?"

어떤 쥐가 말하였다.

"고양이의 목에 방울을 달면 오는 것을 알 수 있다."

모두 말하였다.

"정말 묘책(妙策)이다."

다른 쥐가 말하였다.

"좋기는 좋다만 누가 방울을 달 수 있지?"

이 말은 어려운 일을 도모할 사람이 없음을 비유하니, '하늘에 방망이를 달겠다[懸椎於天上]'는 말과 같다

새우로 잉어를 낚는다
以蝦釣鯉260)

작은 것을 가지고 호사(豪奢)를 누리고자 한다는 말이니, 지금의 '바늘로 잉어를 낚기'라는 말이다.

개미가 개미 둑 쌓듯
如蟻偸垤

공(功)을 쌓는다는 말이니, 지금의 '개미가 금탑(金塔) 쌓는다'는 말이다.

---

260) 새우로 잉어를 낚는다 : 새우를 미끼로 하여 잉어를 낚는다는 뜻으로, 적은 밑천으로 큰 이득을 얻으려는 경우를 비유적으로 이르는 말.

동헌에서 원님 칭찬한다
衙中譽倅[261]

다른 사람들은 칭찬하지 않는데 스스로 뻐기는 것을 말한다.

다리 아래서 원을 꾸짖는다
橋下叱倅[262]

들리지 않는 곳에서 몰래 꾸짖는다는 말이다. 안동(安東)에 '욕쉬산(辱倅山)'이 있다고 한다.

양 손에 쥔 떡
兩手執餠

취사선택(取捨選擇)할 수 없다는 말이니, 또한 '곰발바닥과 물고기[熊魚][263]를 취사선택한다'라는 말과 같다.

빨래도 밟아 빨고 발도 하얘지고
洗踏足白

비록 남을 위한 일이지만 이익은 자기에게 있다는 말이니, '배 먹고

261) 동헌에서 원님 칭찬한다 : 실속 없이 겉치레로 칭찬함을 비유적으로 이르는 말.
262) 다리 아래서 원을 꾸짖는다 : 직접 말을 못하고 잘 들리지 아니하는 곳에서 불평이나 욕을 하는 것을 비유적으로 이르는 말. ≒다리 밑에서 욕하기.
263) 곰발바닥과 물고기[熊魚] : 곰 발바닥[熊掌]과 물고기. 둘 다 맛있는 음식을 말한다. 『맹자, 고자(告子)』에서 "곰 발바닥과 물고기가 모두 맛있는 음식이지만 하나를 선택하라면 물고기보다는 웅장을 택한다"라고 하여 생사(生死)의 선택에 있어 구차히 살기보다 떳떳하게 의리를 따라 죽는 것을 택한다는 비유로 쓰였다.

이 깨끗해지고'라는 말과 같다.

『계림유사(鷄林類事)』에서 "고려의 방언으로 '백(白)'을 '하얀'이라 한다"라고 하였다.

기르던 개가 발꿈치를 문다
畜狗噬踵

배은망덕(背恩忘德)한 사람을 말한다.

진(晉)나라 강통(江統)[264]이 "개나 말이 피둥피둥 살찌면 사람을 무는 일이 있다[犬馬肥充則有噬齧]"[265]라고 하였으니, 지금 "내가 아끼던 개가 도리어 내 발뒤꿈치를 문다"는 말이 여기에서 유래하였다.

꽃밭에 불 지르기
花田衝火

인정사정 없는 짓을 말하니, '이웃집 불난데 키질하기'와 같은 말이다.

끈 떨어진 광대탈
絶纓優面[266]

내세울 만한 것이 없음을 말하니, 바로 '광대(廣隊) 턱 빠지다'는 말이다.

---

264) 강통(江統) : 진(晉)나라의 문신. 자는 응원(應元).
265) 『晉書, 卷五十六, 列傳, 第二十六, 江統』.
266) 끈 떨어진 광대탈 : 광대 끈 떨어졌다. 광대가 연기를 할 때 탈의 끈이 떨어졌다는 뜻으로, 의지할 데가 없어 꼼짝을 못하게 됨을 비유적으로 이르는 말. 제구실을 다 하지 못하여 아무짝에도 쓸모없게 됨을 비유적으로 이르는 말.

믿는 나무에 곰이 핀다
信木熊浮267)

옛 사람이 산중에서 계수나무를 보아두고 다시 가서 가져 오려 하니 곰이 차지하고 있었다.

지금은 오로지 믿던 일이 허사로 돌아간 경우를 비유한다.

믿는 도끼에 발등 찍힌다
知斧斫足

친한 사람에게 도리어 해(害)를 당한다는 말이다.

망치가 가벼우면 못이 솟는다
椎輕釘聳

윗사람이 엄하지 않으면 아랫사람이 도리어 버르장머리 없어진다는 말의 비유이다.

고삐가 길면 밟힌다
轡長必踐268)

도에 지나치면 반드시 실패한다는 말이다.

---

267) 믿는 나무에 곰이 핀다 : 잘되리라고 믿고 있던 일에 생각지 못한 변화가 생김을 비유적으로 이르는 말.

268) 고삐가 길면 밟힌다. : 꼬리가 길면 밟힌다. 나쁜 일을 아무리 남모르게 한다고 해도 오래 두고 여러 번 계속하면 결국에는 들키고 만다는 것을 비유적으로 이르는 말.

달아나면 이밥 준다

走與稻飯

'이밥'은 밥 가운데 좋은 것이니 '달아나는 것이 이롭다'는 뜻이다. '여(與)'는 비등하다는 의미이다. 단도제(檀道濟[269])의 "서른여섯 가지 계칙 중에서 달아나는 것이 상책이다"라는 말과 비슷하다.

메밀떡 굿에 쌍장고 치랴

木麥餠兩缶

자기 역량은 헤아리지 않고 모두 취하고 둘 다 가지려 하는 것을 비유한다.

한 외양간에 암소가 두 마리

兩牝牛同廐

이 사람이나 저 사람이나 모두 못난 재주로, 일을 성사시킬 수 없는 것을 의미한다.

소경 죽이고 살인 빚 갚는다

殺盲償殺債[270]

소경은 온전한 사람도 아닌데 그를 죽인 경우에도 마찬가지로 살인

---

269) 단도제(檀道濟) : 남조 시대 송(宋)나라의 명장. 단도제가 위(魏)나라를 공격할 때 형세(形勢)가 불리하자 이런 말을 한 적이 있다.

270) 소경 죽이고 살인 빚을 갚는다 : 변변하지 못한 것을 상하게 한 대가로 변변한 것을 물어 주는 경우를 비유적으로 이르는 말. ≒ 소경 죽이고 살인 춘다.

빚을 갚으니, 헛된 일을 하고 실제의 화를 받는 것 등의 비유이다. 그러나 '종을 때려죽이고 살인 빚을 갚는다'는 말과는 다른 듯하다.

범 잡아 꼬리를 차지한다
捉虎僅捉尾[271)]

큰 일을 기대하였다가 겨우 작은 일만 이룬다는 말이다.

말을 타면 견마 잡히고 싶다
騎馬欲率奴[272)]

농서(隴西)를 얻자 촉(蜀) 땅까지 바란다[得隴望蜀][273)]는 뜻이다.

친구 따라 강남 간다
追友適江南

남을 따라가는 데 수고로움도 잊는다는 의미이니, 바로 '명가천리(命駕千里)'라는 말이다.

---

271) 범 잡아 꼬리를 차지한다 : 애써 범을 잡아서는 남 좋은 일 시키고 저는 꼬리밖에 차지하지 못하였다는 뜻으로, 뜻이나 포부는 크게 가졌으나 정작 자그마한 일밖에 이루지 못하였음을 비유적으로 이르는 말.

272) 말 타면 경마 잡히고 싶다 : 사람의 욕심이란 한이 없다는 말. ≒말 타면 종 두고 싶다.

273) 득농망촉(得隴望蜀) : 사람의 탐욕(貪慾)이란 채우면 채울수록 더하는 것으로서 물릴 줄 모른다는 뜻. 후한 광무제(後漢光武帝)가 농서(隴西)의 외효(隗囂)를 격파하고 촉(蜀)의 공손술(公孫述)을 격파하려고 마음먹었는데, 점령지인 영천(穎川) 지방에서 도적떼가 일어나자, 광무는 자기가 만족할 줄 모르는 것을 한탄하여 한 말.(『後漢書』)

죽은 중 매질하기
遇死僧習杖[274]

외롭고 약한 사람을 능멸한다는 말이다.

태수 대신 기관
太守代記官

아랫사람이 윗사람의 벌을 대신 받는다는 말이다.

지금은 병영에서 각 고을의 삼공형(三公兄)[275]이 추론(推論)하는 것을 의미한다.

삶아 논 녹비 대전
熟鹿皮大典[276]

삶아 놓은 사슴 가죽은 왼쪽으로 당기면 왼쪽으로 향하고 오른쪽으로 당기면 오른쪽을 향한다. 세상에서 법을 집행하는 자는 법문(法文)을 중히 여기지 않고 임의대로 너그럽게 하거나 모질게 적용하는 경우가 많았기 때문에 이 말로 기롱하니, '삶아 논 녹비에 가로왈'[277]이라고도 한다. 또 '귀에 걸면 귀걸이 코에 걸면 코걸이'라는 말과 흡사하다.

---

274) 죽은 중 매질하기 : 공연히 심한 짓을 하는 경우를 비유적으로 이르는 말.

275) 삼공형(三公兄) : 각 고을의 호장(戶長)·이방(吏房)·수형리(首刑吏)의 세 관속(官屬)을 말한다.

276) 삶아 논 녹비 대전 : 이렇게도 해석할 수 있고 저렇게도 해석할 수 있는 법을 가리키는 말이다.

277) 녹비에 가로왈 : 사슴 가죽에 쓴 가로 '왈(曰)'자는 가죽을 잡아당기는 대로 '일(日)' 자도 되고 '왈(曰)' 자도 된다는 뜻으로, 사람이 일정한 주견이 없이 남의 말을 좇아 이랬다저랬다 함을 비유적으로 이르는 말.

가마솥 밑이 세발솥 밑을 비웃는다
釜底笑鼎底[278]

자기는 열 개의 흠이 있으면서 남의 한 가지 흠을 지적하는 것을 비유한다.

대나무 끝에서 삼년을 보내다
竹末過三年

오랫동안 괴로움을 견뎠다는 말이다. 소설에서 "최치원(崔致遠)이 중국에 들어가 진영의 대나무 위에서 삼년을 살았다"라고 하였다.

지금은 화주(華柱)를 '진죽(鎭竹)'이라고 한다.

한 노래로 긴 밤을 새울까
一歌遍永夜[279]

한 가지 물건에만 편중하지 않는다는 말이다.

---

278) 가마솥 밑이 세발솥 밑을 비웃는다 : 가마 밑이 노구솥 밑을 검다 한다. 더 시꺼먼 가마솥 밑이 덜 시꺼먼 노구솥 밑을 보고 도리어 검다고 흉본다는 뜻으로, 남 못지 않은 잘못이나 결함이 있는 사람이 제 흉은 모르고 남의 잘못이나 결함만을 흉봄을 비유적으로 이르는 말. ≒ 가마가 솥더러 검정아 한다.

279) 한 노래로 긴 밤 새울까 : 한 가지 일로만 허송세월하는 것을 나무라는 말. 어떤 일을 그만둘 때가 되면 깨끗이 그만두고 새 일을 시작하여야 한다는 말.

미꾸라지 한 마리가 온 웅덩이를 흐려 놓는다
一箇魚渾全川

한 사람의 해악(害惡)이 여러 사람에게 파급된다는 말이다.

산돼지를 잡으려다 집돼지까지 잃는다
捉山猪, 失家猪[280)]

저것을 탐내다가 이것까지 잃는다는 말인데, '맹수는 잡지 못하고 집돼지만 잡는다'는 말과는 다른 듯하지만 같다.

부처 밑을 깎으면 삼거웃이 드러난다
刮佛本, 出麻滓[281)]

남의 단점을 말하면 자신의 허물이 반드시 드러난다는 말이다.

280) 산돼지를 잡으려다가 집돼지까지 잃는다 : 산돼지를 잡겠다고 욕심을 부리던 나머지 집돼지를 잘못 간수한 탓으로 잃어버리게 되었다는 뜻으로, 지나치게 욕심을 부리다가 이미 차지한 것까지 잃어버리게 됨을 비유적으로 이르는 말. ≒ 산토끼를 잡으려다가 집토끼를 놓친다.

281) 부처 밑을 깎으면 삼거웃이 드러난다 : 부처를 건드리면 삼거웃이 드러난다. 점잖은 사람도 내면을 들추면 지저분한 점이 있다는 뜻으로, 외양은 훌륭하나 그 이면을 들추면 지저분하고 더럽지 아니한 것이 없음을 이르는 말. 남의 허물을 들추면 자기의 허물도 반드시 드러나게 됨을 비유적으로 이르는 말. ≒ 부처 밑을 기울이면 삼거웃이 드러난다.

다른 사람의 일은 식은 죽 먹기

他人事，如冷粥[282)]

남의 시비(是非)를 쉽게 논한다는 말이다.

또한 『송사(宋史)』에서 "유주(幽州)와 계주(薊州)를 취하는 것은 마치 뜨겁게 지진 떡과 같다"라고 하니, 연찬(延贊)을 불러서 "이것은 뒤집기 어렵다"라고 하였다.[283)]

미운 파리 치려다 고운 파리 상한다

打憎蠅，傷美蠅

미운 사람을 제거하려다 도리어 좋아하는 사람에게 해를 입힌다는 말이니, '오리를 치려다 원앙을 놀라게 한다'는 말과 비슷하다.

말 단 집 장맛이 쓰다

言甘家，醬不甘[284)]

말 뿐이고 실속이 없다는 말이다.

---

282) 다른 사람의 일은 식은 죽 먹기 : 남의 말 하기는 식은 죽 먹기. 남의 잘못을 드러내어 말하는 것은 아주 쉬운 일임을 비유적으로 이르는 말.

283) 自此, 取幽州, 猶熱鏊翻餅耳, 贊獨曰, 此餠難翻, 言者不足信也.(『宋史全文, 卷五, 宋眞宗一』)→唐宋遺史, 太宗北征, 咸云, 取幽薊如熱熬翻餠爾, 呼延贊曰, 此餠難翻.(『佩文韻府, 翻餠』)→宋史, 取幽薊如熱熬餠, 呼延贊曰, 此難翻.(『松南雜識』)

284) 말 단 집 장맛이 쓰다 : 말 많은 집은 장맛도 쓰다. 집안에 잔말이 많으면 살림이 잘 안된다는 말. 입으로는 그럴듯하게 말하지만 실상은 좋지 못하다는 말. ≒ 말 단 집에 장 단 법 없다. 말 단 집에 장이 곤다. 말 단 집 장맛이 쓰다.

밤새도록 달려도 문 못들기
達曙走，不及門[285)]

마음과 힘을 다해도 일을 채 이루지 못하였다는 말이다.

내 코가 석자
吾鼻涕，垂三尺

내 몸도 살필 겨를이 없다는 말이다.

도마 위의 고기가 칼을 무서워하랴
俎上肉，不畏刀

일이 극단에 이르면 두려워 피할 것이 없다는 말이다.

오르기 어려운 나무는 쳐다보지도 마라
難上之木，勿仰

하기 어려운 일은 도모하지 말라는 말이다.

---

285) 밤새도록 달려도 문 못들기 : 밤새도록 가도 문 못 들기. 밤새도록 갔으나 끝내 성문 안에는 들어가지 못하였다는 뜻으로, 몹시 애를 썼으나 제 기한에 미치지 못하여 애쓴 보람이 없게 된 경우를 비유적으로 이르는 말.

작작 먹고 가는 똥 싸라

小小食之, 放細屎

많은 것을 탐내서는 안 된다는 말이다.

고려의 공사 사흘

高麗公事三日

우리나라 사람은 오랫동안 견디지 못하여 한 가지 정책과 한 가지 법령이라도 변경하여 일정함이 없다. '삼일(三日)'이라 한 것은 오래가지 못하는 것을 기롱한 말이다.

공든 탑이 무너지랴

積功之塔, 不墮

공들여 쌓은 탑은 반드시 견고하니, 공이 있으면 자신의 힘으로 먹고 살 수 있음을 비유한 말이다.

오래 앉아 있는 새는 화살을 맞는다

久坐之鳥, 帶箭[286)]

편안한 것에 익숙하여 피할 줄을 모르는 자는 화를 당한다는 말이다.

286) 오래 앉아 있는 새는 화살을 맞는다 : 잇속이 있는 자리에 오래 있는 사람은 반드시 화를 당한다는 뜻의 속담이다.

무덤 앞에 가서야 다 말할 수 있다
到墓前，方盡言[287]

대개 입관할 때가 되어서야 일이 확정된다는 의미를 말한 것이다.

범도 새끼 둔 골을 두남둔다
養雛之谷，虎亦顧[288]

반드시 사사로운 정이 없을 수 없음을 말한다.

해진(解縉)[289]의 시에서,

아직도 자식 사랑하는 정이 있어	尙有愛子情
다섯 걸음마다 한 번씩 돌아보네	五步一回顧

라고 한 말이 이것이다.

아니 땐 굴뚝에 연기 나랴
不燃之堗，烟不生

사람이 잘못한 일이 없으면 외부의 말이 이르지 않는다.

---

287) 무덤 앞에 가서야 다 말할 수 있다 : 사람은 죽은 뒤에야 비로소 그 사람의 공업을 평가할 수 있다는 뜻의 속담이다.

288) 범도 새끼 둔 골을 두남둔다 : 범과 같이 모진 짐승도 제 새끼를 두고 온 골은 힘써 도와주고 끔찍이 여긴다는 뜻으로, 비록 악인이라도 제 자식의 일은 늘 마음에 두고 생각하며 잘해준다는 것을 비유적으로 이르는 말. ≒범도 새끼 둔 골을 센다. 누구나 사정이 없을 수 없다는 말.

289) 해진(解縉) : 명나라의 학자. 자는 대신(大紳), 시호는 문의(文毅). 호광(胡廣)과 함께 영락대전(永樂大全)을 편찬하였다.

언제 쓰자는 하눌타리냐
天圓子, 將焉用哉[290)]

마땅히 써야 할 때 쓰지 않는 것을 비유한다.

중이 밉기로 가사도 미우랴
僧雖憎, 袈裟何憎

비록 갑(甲)에게 화가 났다 하더라도 을(乙)에게까지 그 화를 낼 수는 없다는 것을 말한다. 또한, 『시경(詩經)』에서 "행여 나 때문에 당신조차 미워하지 않을까[無庶予子憎]"[291)]라고 한 말과 유사하다.

입은 비뚤어졌어도 주라는 바로 불라
口雖斜, 吹鑼當直

사람은 비록 미천 하더라도 말은 극진히 하지 않아서는 안된다는 의미이다.

---

290) 천원자장언용재(天圓子將焉用哉) : '천원자(天圓子)'는 '하늘달이[天叱月伊]', 즉 하눌타리를 말한다. 하눌타리는 산이나 들에 절로 나는데, 한방에서 씨와 뿌리를 약재로 쓴다. 이 말은 아무리 좋은 물건이라도 쓸 때에 쓰지 않으면 아무 소용이 없다는 뜻의 속담이다.

291) 『詩經, 國風, 齊, 鳴』.

열 골 물이 한 골로 모인다
十洞之水, 會一洞[292]

재액(災厄)이 한 사람에 편중(偏重)되어 닥치는 것을 말한다.

내 칼도 남의 칼집에 들면 뽑기 어렵다
吾刀入他鞘, 難拔

자신의 물건도 남의 수중에 들어가면 저 사람에게 마음대로 부려지니 나도 어찌할 수 없음을 말한다.

잠꾸러기 집에는 잠꾸러기만 모인다
善睡家, 善眠者聚[293]

유유상종(類類相從)을 말한다.

삼정승 사귀지 말고 내 한 몸을 조심하라
莫交三公, 愼吾身

외부의 도움이 내면의 수양보다 못함을 말한다.

---

292) 열 골 물이 한 골로 모인다: 여럿이 지은 죄 값으로 받게 되는 벌이 한 사람에게만 모이는 경우를 비유적으로 이르는 말.
293) 잠꾸러기 집은 잠꾸러기만 모인다: 어떤 집단이든 비슷한 유형의 사람이 모이게 마련임을 이르는 말.

오랜 원수 갚으려다 새 원수 생겼다
欲報舊讐, 新讐出

옛 원수를 갚으려는 동안에 또 새 원수가 생기는 것을 말한다.

물 깊이는 알 수 있어도 사람 깊이는 알기 어렵다
水深雖知, 人深難知

사람의 마음은 헤아릴 수가 없다는 말이다.
지금 열 길 물 속은 알아도 한 길 사람 속은 모른다는 말이다.

가는 말이 고와야 오는 말이 곱지
來語不美, 去語何美

어그러져서 나간 말은 또한 어그러져서 돌아옴을 의미한다.

혀 아래 도끼 있다
舌底有斧[294)]

『법원주림(法苑珠林)』[295)]에서,

사람은 태어날 때	夫士之生
입 속에 도끼가 들어있다	斧在口中
그러므로 몸을 베는 것은	所以斬身

294) 혀 아래 도끼 있다 : 혀 밑에 도끼 들었다. 제가 한 말이 빌미로 되어 죽을 수도 있다는 뜻으로, 말을 삼가지 않으면 화를 입는다는 뜻의 속담.
295) 법원주림(法苑珠林) : 당나라의 승려 도세(道世)가 편찬한 책. 총 120권.

그 나쁜 말에 연유한다　　由其惡言[296]

라고 하였다.

고시(古詩)에서 "혀는 몸을 베는 칼이네[舌是斬身刀]"[297]라고 하였다. 지금 '혀 밑에 도끼가 들어있다'는 말이다.

낮말은 새가 듣고 밤말은 쥐가 듣는다
晝語雀聽, 夜語鼠聽

몰래 한 일이라도 반드시 사람들이 반드시 안다는 말이다.
『진서(晉書)』[298]에서 말하였다.

부견(苻堅)이 장차 사면(赦免)을 하려고 왕맹(王猛)[299], 부융(苻融)[300]과 감로당(甘露堂)에서 의논하였다. 좌우의 사람들을 모두 물리고 부견이 직접 사면 문안을 쓰는데 커다란 파리한 마리가 붓끝에 앉더니, 쫓아버려도 다시 달라 들었다. 얼마 뒤에 장안(長安) 거리에 사면령을 내린다는 말이 퍼져서 유사(有司)가 소문을 아뢰니, 부견이 놀라며 말하였다.

"대궐 안에 몰래 엿듣는 사람이 없는데 어디서 이 사실이 새어나

296) 「사계의(四誡意)」.
297) 오대(五代) 풍도(馮道)의 「설시(舌詩)」.
298) 『松南雜識』에는 '白帖'으로 되어 있음.
299) 왕맹(王猛) : 진(晉)나라의 문신. 북해(北海) 출신. 자는 경략(景略)이고 호는 횡림자(橫林子)이다. 기백이 크고 원대하였으며 화산(華山)에 은거하였다. 전진(前秦)의 부견(苻堅)이 승상이 되었을 때 출사하여, 나라의 세력이 날로 강성해졌다. 부견이 참람되게 왕위에 오르자, 왕맹은 상서좌복야(尙書左僕射) 보국장군(輔國將軍)이 되어 청하랑후(淸河郎侯)에 봉해졌다.
300) 부융(苻融) : 전진(前秦)의 문신. 자는 박휴(博休)이다. 부건(苻健)이 참람되게 왕위에 오르자, 양평후(陽平侯)에 봉해졌다.

갔는가?"

칙령을 내려 추궁해보니 모두 다음과 같이 말하였다.

"푸른 옷 입은 한 어린아이가 저자거리에서 '나라에서 이제 크게 사면을 할 것이오'라고 크게 외치고는 곧 사라졌습니다"

부견이 탄식하며 말하였다.

"이는 필시 좀 전의 파리이다!"[301)]

이 일로 본다면 반드시 새와 쥐가 듣는다는 것이 꼭 없는 일만은 아닐 터이니 혼자일 때라도 삼가지 않을 수 있으랴?

다음과 같은 전설이 있다.

명나라 법이 매우 엄격하여 비록 종일 가까이에서 모시는 신하라고 해도 감히 천자의 얼굴을 쳐다 볼 수가 없었다. 만력제(萬曆帝)[302)]가 총애하는 한 신하에게 자신의 얼굴을 볼 수 있도록 허락하였는데, 황제의 귀가 당나귀 귀처럼 길었다. 황제는 "발설하지 마라. 발설하면 죽을 것이다"라고 하였다. 그 신하가 말을 참느라고 병이 났다. 거의 죽게 되자, 때때로 머리를 빈 항아리 속에 들이밀고 "황제 귀는 당나귀 귀"라고 몰래 말하자, 삼년 만에 병이 나았다. 그 항아리 밑에서 대나무가 저절로 자랐는데, 악공(樂工)이 간절히 달라고 하여 피리로 만드니 피리 소리가 천하제일이었다. 황제가 불러들여 피리를 불

301) **初**堅**之**將**爲**赦**也**, 與王猛苻融, **密**議**於**露堂, 悉屛左右, **堅**親爲赦文, **猛融供進紙墨**, 有**一大**蒼蠅, **入自牖間**, **鳴聲甚大**, 集**於**筆端, **驅**而復來, 俄**而**長安街巷**市里人**相告**曰**, **官今大**赦, 有司以聞, 堅驚**謂融猛**曰, 禁中無**耳屬之理**, **事**何從泄**也**, **於是**, 敕**外**窮**推**之, 咸言**有**一小**人**衣**黑衣**, 大呼**於**市曰, 官**今**大赦, 須臾不見, 堅歎曰, **其**向蒼蠅乎.(『晉書, 卷一百十三, 載記, 第十三, 苻堅上』)→堅將赦, 與王猛苻融, 議露堂, 悉屛左右, 堅親爲赦文, 有巨蒼蠅, 集**于**筆端, **驅**而復來, 俄長安街巷, 相告**有**赦, 有司以聞, 堅驚曰, 禁中無**屬垣之耳**, 何從**事**泄, 敕窮之, 咸言**青**衣一**小兒**, 大呼**于**市曰, 官**令**大赦, 須臾不見, 堅歎曰, **此必**向蒼蠅乎.(『松南雜識』)

302) 만력제(萬曆帝) : 명나라 신종을 그 연호로 이르는 제호(帝號).

게 하였는데 그 소리가 마치 "황제 귀는 당나귀 귀!"라고 하는 것 같았다. 여러 번 불게 해도 그와 같기에, 황제는 그 신하가 발설했을 것이라고 의심하여 문책하였다. 그러자 그 신하가 "저는 말을 참지 못하는 병이 있사옵니다"라고 하고 이어서 항아리에서 자란 대나무에 대한 일의 전말을 아뢰었다. 입 지키기기를 병과 같이 해야 한다고 할 수 하지만 병에도 입이 있다.

인정[303]은 바리에 싣고 진상은 꼬치로 꿴다

人情載馱, 進上貫串[304]

뇌물로 보내는 것은 많고 공물로 올리는 것은 적다는 말이다.

서투른 숙수가 안반만 나무란다

生手庖人, 貶擇安板[305]

자신의 재주가 못난 줄은 생각하지 않고 도리어 도구만 헐뜯는 것을 말한다.

---

303) 인정(人情) : 선물이나 뇌물을 이르는 말이다.

304) 인정은 바리로 싣고 진상은 꼬치로 꿴다 : 자신과 이해관계에 있는 일에 더 마음을 쓰게 됨을 비유적으로 이르는 말. 뇌물을 받는 아래 벼슬아치들의 권세가 더 큼을 비유적으로 이르는 말.

305) 서투른 숙수가 안반만 나무란다 : 능력이 부족하여 잘 하지 못하면서 주어진 조건만 나쁘다고 탓함을 이르는 말이다. 안판(安板)은 안반(安盤)과 같은 말로, 떡을 칠 때에 쓰는 두껍고 넓은 나무판이다.

사람을 살리는 부처는 골골이 있다

活人之佛, 洞洞有之[306]

좋은 사람[善人]과 구제해주는 사람[拔人]은 어디에나 있다는 말이다. 다음과 같은 전설이 있다.

토정(土亭) 이지함(李之菡)[307]이 바다구비를 지날 때였다. 산자락에 큰 마을이 있었는데 수천 가구의 부유한 가옥들이 즐비하였다. 앞으로의 운수를 점쳐보니, 내일 오시(午時)[308]에 해일이 덮칠 것이라는 점괘가 나왔다. 토정(土亭)이 매우 안타까워서 마을을 찾아가서 식자(識者)들에게 알리고 급히 피하라고 알렸지만, 모두들 냉소하며 망령스럽다고 생각하였다. 또, 동장(洞長)을 찾아갔으나 역시 마찬가지였다. 고민하고 있던 즈음에 홀연히 키가 몇 길이나 되고 패랭이를 쓴 자가 도장이 찍힌 관아의 명령을 가지고 와서 온 마을에 크게 외쳤다.

"내일 새벽에 마을의 남녀노소 모두 각각 삼태기와 삽을 들고 모두 뒷산에 올라가 단을 쌓아라. 사또께서 진시(辰時)[309]에 친히 납셔서 바다에 제사를 지내실 것이다. 만약 한 명이라도 빠진다면 엄히 다스려 군적에 편입시킬 것이니라."

토정이 그 사람에게 누구냐고 묻자, "본 읍면의 주인이오"라고 하였다. 곧, 그 전령문을 빼앗아 읍에 가서 물어보니 본래 주인도 없고 또, 전령을 낸 적도 없었다. 이에 탄식하며 말하였다.

---

306) 사람을 살리는 부처는 골골이 있다: 활인불곡곡유(活人佛谷谷有)·활인불동동출(活人佛洞洞出)과 같은 말이다. 아무리 곤란한 환경에서라도 도와주는 사람은 어디나 있다는 뜻의 속담.

307) 이지함(李之菡): 조선 선조 때의 학자(1517~1578). 자는 형중(馨仲)·형백(馨佰). 호는 토정(土亭)·수산(水山). 벼슬은 포천(抱川), 아산(牙山)의 현감을 지냈다. 서경덕의 문인으로, 의약·복서(卜筮)·천문·지리·음양에 능통하였다. 저서에 『토정비결(土亭秘訣)』 등이 있다.

308) 오시(午時): 오전 열 한시부터 오후 한시까지.

309) 진시(辰時): 오전 일곱 시부터 아홉 시까지.

"필시 산신령이나, 사람을 살리는 부처로다!"

네 쇠뿔이 아니면 내 담이 무너지랴
非汝牛角, 豈毁我墻[310]

'너 때문이 아니라면 어찌 내 일을 망쳤겠는가'라는 말이다. 지금 '네 각담 아니면 내 쇠뿔 부러지랴?'라는 말과 같은 의미다. 또한 '소경인 내 그르지 어찌 개천인 네 그를까?[爲宵鏡者我非, 豈爲開川者爾非]'[311]라는 말과는 같은 듯하지만 다르다.

종로에서 뺨 맞고 사평에서 눈 흘긴다
鍾樓批頰沙坪反目

때 지나 성내는 것을 비유한 말이다.

『논어(論語)』의 '천노(遷怒)'[312]와 같은 의미이다. 또, 『전국책(戰國策)』[313]의 "집에서 화났는데 시장에서까지 드러낸다"[314]라는 말로써 '갑에게 화났는데 을에게 화풀이한다[怒甲移乙]'[315]라는 말과는 다르면서도 같다.

---

310) 네 쇠뿔이 아니면 내 담이 무너지랴: 자기 잘못으로 입은 손해를 공연히 남에게 들씌우려고 억지 트집을 잡음을 이르는 말.

311) 소경인 내 그르지 어찌 개천인 네 그를까: '개천아 네 그르냐, 눈 먼 봉사 내 그르지[開川汝豈非, 誦經吾自非]와 같은 말. 자기의 결함은 모르고 애꿎게 남만 탓함을 이르는 말이다.

312) 『論語, 雍也』.

313) 『松南雜識』에는 '左傳'으로 오기되어 있음.

314) 怒**於**室**者**, 色**於**市.(『戰國策, 韓策』) → 怒室色市.(『松南雜識』)

315) 노갑이을(怒甲移乙): 어떤 사람에게 당한 노여움을 다른 사람에게 화풀이하는 일을 말한다.

타관 양반에게 누가 좌수를 허하랴

他官兩班, 誰許座首316)

주객의 세력이 다른 것을 말한다.

불면 날까 쥐면 꺼질까

吹之恐飛, 執之恐陷

지극한 정으로 사랑하고 아끼는 것을 말한다.

이마에 부은 물이 발뒤꿈치까지 흐른다

灌頭之水, 流下足底317)

사람의 선악은 반드시 그 앞사람을 따른다. 또한, '윗물이 맑아야 아랫물이 맑지[上濁, 下不淨]'의 의미이다.

뒤에 볼 나무는 뿌리를 높이 잘라

後見之木, 高斫其根318)

일은 마땅히 그 뒤를 생각해야 하는 것을 말한다.

---

316) 타관 양반에게 누가 좌수를 허하랴: 다른 지방 사람에게는 요긴한 자리를 맡길 수 없다는 뜻의 속담이다.

317) 이마에 부은 물이 발뒤꿈치까지 흐른다: 이마에 부은 물이 발뒤꿈치에 흐른다. 웃사람의 태도나 행실은 아랫사람이 반드시 본 받게 된다는 뜻의 속담이다.

318) 뒤에 볼 나무는 뿌리를 높이 잘라: 앞으로의 희망이나 기대를 건 대상에는 미리부터 관심을 가지라는 뜻의 속담이다.

고운 사람 미운 데 없고 미운 사람 고운 데 없다
愛人無可憎, 憎人無可愛

옛말에 "사랑하면서도 그 나쁜 점을 알고, 미워하면서도 그 착한 점을 아는 것은 천하에 드물다"[319]라고 하였다.

옷은 새 옷이 좋고 사람은 옛 사람이 좋다
衣以新爲好, 人以舊爲好

"기물은 오래된 것을 찾지 않지만, 사람만은 오래 알던 사람을 찾는다"[320]라는 말에서 나왔다. 그러나 옷이 어떻게 처음부터 헌 것이 있으랴? 또, "재상이 된 것을 마치 새 가죽신을 신은 것과 같다"라고 하니, 새 가죽신을 신으면 외양은 비록 보기 좋지만 안쪽은 실로 편안하지 않기 때문이다.

사흘 길에 하루 쯤 가고 열흘씩 눕는다
三日程, 一日往, 十日臥[321]

빨리 가려고 하면 도달하지 못한다는 말이다. '팔 일에 팔십 리[八日八十里]'란 말과는 의미가 다르다.

---

319) 愛而知其惡, 憎而知其善.(『禮記, 曲禮上』) → 愛而知其惡, 憎而知其愛.(『松南雜識』)
320) 人惟求舊, 器非求舊.(『書經, 商書』) → 器非求舊, 人惟求舊.(『松南雜識』)
321) 사흘 길에 하루쯤 가서 열흘씩 눕는다: 사흘 길을 하루 가서 열흘씩 눕는다. 급한 마음으로 일을 빨리 서두르다가 오히려 더 늦게 된다는 뜻의 속담.

돌 던지면 돌로 던지고 떡 던지면 떡으로 던진다

石擲則石擲, 餠擲則餠擲

내가 상대편을 대할 때, 상대편이 나를 대하는 것에 따라 대한다는 말이다. 또한, '김매기를 대충 하면 벼이삭도 대충 맺힌다'라는 말이다.

기생은 중학 유생이 범하고 활인서 별제가 파직 당한다

中學生花奸, 活人別提罷職[322]

사인(舍人)이 응향각(凝香閣)에서 잔치를 열었다. 밤이 깊어져서 기생이 돌아가다가 중학교(中學橋)[323]에 이르자 중학(中學)의 유생이 길을 막고 희롱하였다. 기생이 옷을 뿌리치니 옷이 찢어졌다. 기생이 달려가 사인에게 하소연하자 사인이 성내며 말하였다.

"중학(中學)에는 숙직 관리가 없더냐? 유생을 체포하는 것은 소란스러울 수 있다."

드디어 관리에게 패(牌)를 주어 출동시키니 아전이 사단이 생길까 두려워 대답하였다.

"낭관(郎官)[324]은 활인서(活人署)[325]에 부정한 일을 적발하러 갔습니다. 날이 어두워져 문이 닫혀버리는 바람에 돌아오지 못했습니다."

낭관이 그 일을 사실로 꾸미려고 파루(罷漏)[326]를 기다려 활인서에서

322) 기생은 중학생이 범하고 활인 별제가 파직당한다 : 엉뚱한 일로 화를 당하는 경우가 있다는 뜻의 속담.

323) 중학교(中學橋) : 중학(中學) 앞에 있는 다리. 중학(中學)은 조선 시대, 한성에 두었던 사학(四學)의 하나. 지금의 종로구 중학동(中學洞)에 있었다.

324) 낭관(郎官) : 각 관아의 당하관(堂下官)을 이르는 말. 주로 육조(六曹)의 정랑(正郎)·좌랑(佐郎)이나 그 밖의 실무를 담당하는 6품의 관원을 이른다.

325) 활인서(活人署) : 조선 시대, 도성(都城) 안의 백성들의 의료에 관한 일을 맞아 보던 관아. 세조 12년(1430)에 동활인원과 서활인원을 통합하여 고친 이름인데, 고종 19년(1882)에 폐하였다. 관원으로 별제(別提) 2인, 참봉(參奉) 2인이 있었다.

326) 파루(罷漏) : 조선 때 오경(五更) 삼 점에 큰 쇠북을 서른 세 번 치던 일. 서울에서 인

부정한 일을 적발하였는데 마침 그 별제(別提)가 수직에 빠졌기 때문에 그를 파직시켰다. 세간에서는 횡액(橫厄)을 당하였다고 그를 비웃었다.

또한, '절의 중이 여자를 범하였는데, 산지기가 해유(解由)[327] 한다[寺僧淫女, 山直解由]'라는 말과 같다.

비파 멘 놈이 손뼉치면 형틀 멘 놈도 손뼉 친다
荷琵琶者抃, 荷桎梏者亦抃

'효빈(效顰)'[328]과 비슷한 말이다.

상추밭에 똥 싼 개는 저 개 저 개 한다
萵苣田, 一遺矢之犬, 疑其每遺[329]

한 번 일이 의롭지 못하면 매사에 의심을 받는다는 말이다.

정(人定)으로 야간의 통행을 금하였다가 새벽에 북을 쳐서 해제하였다.

327) 해유(解由): 벼슬아치가 갈릴 때에 후임자에게 사무 인계를 하고 그 내용을 적어서 상관에게 보고하여 책임의 면제를 청원하는 일.

328) 효빈(效顰): 월(越)나라의 미인 서시(西施)가 심장병을 앓아 얼굴을 찡그렸더니 한 추녀가 그걸 보고 흉내 내서 사람들이 보기 싫어 도망쳤다는 고사에서 나온 말로, 무턱대고 남의 흉내를 내는 것을 말한다.

329) 상추 밭에 똥 싼 개는 저 개 저 개 한다: 상추 밭에 똥을 누다 들킨 개는 얼씬만 하여도 저 개 하며 쫓아낸다는 뜻으로, 한 번 잘못을 저지르다 사람들의 눈에 띄면 늘 의심을 받게 됨을 이르는 말.

나그네 얼굴 보아 가며 바가지로 밥을 주고 주인 모양 보아 가며 손으로 밥 주어 먹는다

見客容, 以瓢饋飯, 見主容, 以手喫飯[330]

대우 받는 것이 그 사람을 따른다는 말이다.

호랑이는 보았고 호랑이는 보지 못하였다

見虎, 未見虎

또한 소는 보았고 양은 보지 못하였다는 말이다.

얻은 도끼나 잃은 도끼나

得斧喪斧[331]

『주역(周易)』에서 "물자와 도끼를 얻다[得其資斧]"[332]라고 하였고, 또 "물자와 도끼를 잃다"[333]라고 하였다.

지금은 얻은 물건이나 잃은 물건이 같은 것을 말한다.

---

330) 나그네 얼굴 보아 가며 바가지로 밥을 주고 주인 모양 보아 가며 손으로 밥 주어 먹는다: 사람의 차림새와 생김새를 보아서 그에 알맞게 대접한다는 뜻이다. 상대편이 자기에게 어떻게 대하는가를 살피고 거기에 맞추어 행동하는 경우를 비유적으로 이르는 말.

331) 얻은 도끼나 잃은 도끼나: 잃어버린 물건이나 새로 얻은 물건이나 똑같아서 우열이나 이해가 없음을 비유적으로 이르는 말.

332) 『周易, 旅卦』.

333) 『周易, 巽卦』.

전삭삭지
前朔削之

지금 소각사(小各司)[334]의 보삭(報朔)은 옮겼다가 죄가 있으면 전삭(前朔)을 모두 삭탈하며 근삭(根朔)도 물론이다. '朔'의 중국 음은 '사'이다.

같은 값이면 다홍치마
同價紅裳

가격은 이것이나 저것이나 차이가 없지만 물건은 질적 차이는 있음을 말한다.

지금 조세 납부를 거부하는 것을 '납박(納朴)'이라 하고, 죄인을 체포하는 것을 '안동(眼同)'이라 한다. 남의 근심을 근심해 주는 것을 '머슴의 환상(還上)[335] 걱정[傭奴還上巨正]'이라 하고, 임금이 신하에게 판결 내려 주는 것을 '탑전정탈(榻前定奪)'이라 한다. 이미 결정된 사항을 '결입안(決立案)'이라 하고, 여자가 정조를 잃은 것을 '들에 내놓은 장, 절에 간 여자[出野之醬, 往寺之女]'라고 한다. 뜻은 웅대하고 힘은 보잘 것 없는 것을 보고 '심걸방석(心傑放席)'이라 하고, 남을 잘 섬기지 못하는 사람을 '직문지가(直門之家)'라 하며, 총애 받지 못하는 사람을 '뒷전[後殿]'이라 하고, 겉으로만 존귀한 것을 '고치극(高齒屐)'[336]이라고 한다.

---

334) 소각사(小各司) : 3품 이하를 장관으로 하는 서울에 있는 작은 관아를 통틀어 이르는 말.

335) 환상(還上) : 각 고을의 사창(社倉)에서 백성들에게 꾸어주었던 곡식을 가을에 이자를 붙이어 받아들이는 일을 말한다.

336) 고치극(高齒屐) : 굽 높은 나막신.

나락
羅祿

신라 때 벼로 관리들의 월급을 주었던 까닭에 지금까지 영남지방 사람들은 낟알을 '종나락[種羅祿]'이라고 한다.

자채
蔡

세상에 다음과 같은 말이 전한다.

우리나라는 옛날에 모두 늦벼[晩稻][337]를 먹었기에 건기(乾期)에 파종하였으니, 물에 심는 올벼[早稻][338]는 없었는데, 어떤 사람이 들풀[蔡]에서 올벼의 종자를 얻은 까닭에 "자채(自蔡)"[339]라고 한다.

돈 있으면 귀신도 부린다
有錢使鬼神

『유한고취(幽閒鼓吹)』[340]에서 말하였다.

장연상(張延賞)[341]이 판탁지(判度支)로서 원통한 옥사를 처리할 때,

337) 늦벼[晩稻] : 제철보다 늦게 여무는 벼. 만벼(晩稻)·만종(晩種)·만화(晩禾).
338) 올벼[早稻] : 제철보다 일찍 여무는 벼. 조앙(早穰)·조종(早種)·조도(早稻).
339) 자채(自蔡) : 자채(紫彩). 올벼의 하나로 빛이 누렇고 가시랭이가 있다. 질이 우수하여 상품(上品)의 쌀로 유명하다. 경기도 이천 부근에서 생산한다.
340) 유한고취(幽閒鼓吹) : 당나라 장고(張固)가 편찬한 책.
*『松南雜識』에는 '幽閒錄'으로 되어 있음,
341) 장연상(張延賞) : 당나라의 재상. 경사(經史)를 두루 섭렵하여 관리를 다스리는 데 능

책상 위에 조그만 쪽지가 놓여 있었는데 "십만 전을 받들어 올립니다"라고 쓰여 있었다. 장연상이 탄식하며 "신문(神門)에도 통할 수 있겠다"라고 하였다.[342)]

노포(魯褒[343)])의 「전신론(錢神論)」에서 "돈은 귀신도 부릴 수 있다[鬼可使]"라고 하였다.

지금 '돈이 있으면 귀신도 부린다'는 말이 여기에서 나왔다.

횡재

橫財

당나라의 노회신(盧懷愼[344)])과 장열(張說[345)])은 동시에 재상이 되었다.

통하였다. 대력(大曆) 초에 하남윤(河南尹)에 제수되어 잘 다스려서 중서시랑 동평장사(中書侍郞同平章事)에 배임되었다. 연상이 사진(四鎭)을 다스리자 백성들이 그의 덕을 송축하였다. 그러나 그가 나라를 다스리게 되면서 정을 꾸미고 원수를 갚아서 선망을 받지 못하였다. 졸시는 성숙(成肅)이다.

342) 相國張延賞, 將判度支知, 有一大獄, 頗有寃濫, 每甚扼腕, 及判使, 卽召獄吏, 嚴誡之, 且曰, 此獄已久, 旬日須了, 明旦視事, 案上有一小帖子曰, 錢三萬貫, 乞不問此獄, 公大怒, 更促之, 明日帖子, 復來曰, 錢五萬貫, 公益怒, 命兩日須畢, 明日復見帖子曰, 錢十萬貫, 公曰, 錢至十萬, 可通神矣, 無不可回之事, 吾懼及禍, 不得不止.(『幽閒鼓吹』) → 張延賞, 判度支, 有寃獄濫, 一帖云, 錢十萬, 歎曰, 可以通神.(『松南雜識』)

장연상(張延賞)이 한 대옥(大獄)을 속히 판결하기 위해 미리 옥리를 엄히 경계시켜 놓고 다음날 등청하여 보니, 책상 위에 조그마한 첩자(帖子)가 놓여 있었는데 거기에 "돈 3만 관으로 이 옥사를 불문에 부쳐 주기를 바랍니다"고 쓰여 있으므로, 장연상이 크게 노하여 다시 옥사를 재촉했더니, 그 다음날에는 5만 관이 놓여 있었다. 장연상이 또 크게 노하여 옥사를 더 재촉하였는데, 또 그 다음날에는 10만 관이 놓여 있었다. 이 때에 이르러서는 장연상이 "돈이 10만 관이면 신명과 통할 수 있어 돌이키지 못할 일이 없는 것이라, 내게 재앙이 미칠까 두려우니 그만두지 않을 수가 없다"라고 하였다.

343) 노포(魯褒) : 진(晉)나라의 학자. 자는 원도(元道). 학문을 좋아하고 식견이 높았다. 청빈함과 검소함을 생활의 바탕으로 삼았다. 원강(元康 : 291~299) 연간 이후로 국가의 기강이 크게 무너지자 노포가 당시의 비루한 습속을 탄식하며 이름을 감추고 은거하여 「전신론(錢神論)」을 지어 풍자하였다.

344) 노회신(盧懷愼) : 당나라의 재상. 활주(滑州) 영창(靈昌) 출신. 젊어서부터 청렴하고

노회신이 갑자기 죽었다가 다시 살아나서 "저승의 십 여 곳에서 장열을 위하여 돈을 만들어 횡재하였다"라고 하였다.[346)]

지금 횡재(橫材)라는 말이 여기에서 나왔다.

또 「화식전(貨殖傳)」에서 "부자는 반드시 기묘한 계책을 사용하여 이긴다"[347)]라고 한 것을 말한다.

『수신기(搜神記)』[348)]에서 말하였다.

주주(周犨)는 집이 가난하였는데, 천제(天帝)가 사명(司命)에게 말하였다.

"이 사람이 부자가 될 수 있겠는가?"

사명(司命)이 말하였다.

"운명은 의당 가난하게 되어 있지만 아직 태어나지 않은 거자(車子)에게 재물이 있으니 그것을 빌려 쓸 수는 있을 것입니다."

그래서 돈을 빌려주면서 기약을 하였다.

"거자(車子)가 태어나거든 급히 갚으라."

삼가하였다. 진사(進士)가 된 뒤, 감찰어사(監察御史)를 거쳤다. 노회신과 자미령(紫微令) 요숭(姚崇)이 추밀(樞密)의 일을 나누어 하였는데 노회신이 관리를 다스리는 일은 요숭에 미치지 못한다고 하며 매사를 모두 요숭에게 물어 하였던 까닭에 당시 사람들이 '반식재상(伴食宰相)'이라고 일컬었다. 청렴·검소하여 일신을 영화롭게 하지 않았다. 녹봉을 받으면 모두 나누어 주어 집에 남는 가축이 없을 정도였고 처자가 굶주릴 정도였다. 졸시는 문성(文成).

345) 장열(張說) : 당나라의 재상. 하남(河南) 낙양(洛陽) 출신. 자는 도제(道濟), 혹은 열지(說之). 문장에 뛰어나 조정의 중요한 문서들이 그의 손에서 많이 나왔다. 허국공(許國公) 소정(蘇頲)과 함께 '연허대수모(燕許大手毛)'라고 일컬어졌다. 이림보(李林甫)에게 배척당하여 재상직에서 쫓겨났다. 졸시는 문정(文貞).

346) 盧懷愼與張說同相, **盧廉說貪**, 盧忽暴亡復生曰, 冥間十數處, 爲張說, 鼓鑄橫財, **我豈可回**, **未幾卒**.(『韻府群玉, 張說橫財』) → 盧懷愼與張說同相, 盧忽暴亡復生曰, 冥間十數處, 爲張說, 鼓鑄橫財.(『松南雜識』)

347) 富者**必**用奇勝.(『史記, 卷一百二十九, 貨殖列傳, 第六十九』) → 富者用奇勝.(『松南雜識』)

348) 수신기(搜神記) : 진(晉)나라의 간보(干寶)가 신괴(神怪)한 설화(說話)를 모은 책. 원래는 총 30권.

나중에 조금 부유해지자 주주(周犨) 부부는 그 재물을 수레에 싣고 달아나 수레 아래에서 살았다. 그러던 어느 날 밤 아들을 낳고 '거자(車子)'라고 이름을 지으니, 이때부터 다시 빈곤하게 되었다.[349]

독장수의 셈
甕筭[350]

소설(小說)에서 말하였다.

가난한 사람이 달랑 옹기 하나만 마련해서 팔았는데, 마침 길에서 비를 만나 옹기 속에 들어앉아 계획해 보았다.

"이 옹기 한 개를 팔아서 한 개로 두 개를 만들면 이익이 무궁하겠지!"

마침내 기뻐서 춤을 추다가 저도 모르는 새 옹기가 깨졌다.[351]

지금 허황된 계획을 '옹산(甕筭)'이라고 하는 말이 여기에서 나왔다.

---

349) 周犨**者**, 家貧, **夫婦夜田**, 天帝**見而矜之**, 問司命曰, 此可富乎, 司命曰, 命當貧, 有**張**子**錢**, 可**以**借之, **乃借而與之**, 期曰, 車子生, 急還之, **田者**, 稍富利, **及期**, 夫婦輦其賄以逃, **同宿路蓬**, **夫妻**寄車下宿, 夜生子, **問名于夫**, **夫曰生車間**, 可名車子**也**, 從是**所向失利**, **遂以**貧困. 搜神記.(『錢通, 卷十九, 冥夢』)→周犨家貧, 天帝問司命曰, 此可富乎, 司命曰, 命當貧, 有**車**子**財**, 可借之, 期曰, 車子生, 急還之. **後**稍富利, 夫婦輦其賄以逃, **有**寄宿車下**者**, 夜生子, **可**名車子, 從是貧困.(『松南雜識』)

350) 독장수셈[甕筭] : 실현가능성이 없는 허황된 계산을 하거나 헛수고로 애만 씀을 이르는 말. 옛날에 옹기장수가 길에서 독을 쓰고 자다가 꿈에 큰 부자가 되어 좋아서 뛰는 바람에 꿈을 깨고 보니 독이 깨졌더라는 이야기에서 유래한다. = 독장수구구

351) **有**貧人, 止能辦**販**隻甕, 中**心**計曰, 此**甕賣之**, **若干可販二甕**, **自二化四**, **其**利無窮, 遂喜**而**舞, 不覺甕破. 小說.(『韻府群玉, 筭甕』)→小說曰, 貧人, 止能辦隻甕, **適路逢雨中**, **坐甕計**中計曰, 賣此**一**, **一而二**, **爲**利無窮, 遂喜舞, 不覺甕破.(『松南雜識』)

순 임금은 옹기장사치였다
舜帝甕商

영남(嶺南) 초계군(草溪郡)의 들판 가운데 옛날 옹기가게의 터가 있다. 그곳에 홍살문을 세워 놓고 "우(虞)나라 순(舜)임금이 도자기를 빚어 옹기를 만든 곳"이라고 한다.

세상에 다음과 같은 이야기가 전한다.

순(舜)임금이 세상 물정을 살펴보고자 처음에는 깨진 옹기를 지고 가서 "깨진 옹기를 사시렵니까?"라고 외쳤지만, 끝내 사려는 사람이 없었다. 다시 깨지지 않은 옹기를 사라고 외치자, 백성들이 바로 사고 의심하지 않으니, 순(舜)임금이 말하였다.

"장사하려는 사람들은 모두 남을 속이고 물건을 취하는구나."

지금 장사치들이 언필칭 "순(舜)임금도 옹기장사치였다"고 하는 말이 여기에서 나왔다. 우리나라에서는 '옹(甕)'을 훈석하여 '독'이라고 한다.

생애
生涯

『장자(莊子)』에서 "우리의 삶[生]은 끝이 있지만 우리의 앎[知]은 끝이 없다. 그러므로 끝이 있는 것으로 끝이 없는 것을 쫓으면 위태로울 뿐이다"352)라고 하였다.

당시(唐詩)에서 "생애(生涯)는 한 잔 술과 같다[生涯酒一盃]"353)라고 하였다. 지금 '결활(契活)'을 '생애(生涯)'라고 하는 말이 이것이다.

---

352) 吾生也有涯, 而知也無涯, 以有涯, 隨無涯, 殆已.(『莊子, 養生主』)

353) 나은(羅隱)의 「감회(感懷)」.

풍상
風霜

진사도(陳師道)의 시에 "풍상(風霜)도 실컷 겪었네[風霜亦飽經]"[354]라고 하였다.

『서경잡기(西京雜記)』[355]에서 "유안(劉安)[356]이 「홍렬전(鴻烈傳)」에서 글자 안에는 풍상을 내포하고 있다"[357]라고 하였다.

지금 '풍상(風霜)을 겪었다'는 말은 「홍렬전(鴻烈傳)」에서 비롯되어 진사도의 시에서 읊어졌다.

풍파
風波

『공자가어(孔子家語)』에서 "큰 바다를 보지 않고서 어떻게 풍파(風波)에 대한 걱정을 알겠는가?"[358]라고 하였다.

『장자(莊子), 천하(天下)』에서 "풍파에 시달린 백성[風波之民]"[359]이라고 하였는데, 주석에서 "세사(世事)에 시달려 스스로 안정하지 못함"[360]이라고 하였다. 지금 '평지풍파(平地風波)'[361]라는 말이 여기에서 나왔다.

---

354) 「노백 삼수(老柏三首)」.

355) 서경잡기(西京雜記) : 진(晉)나라의 갈홍(葛洪)이 지은 책. 전한(前漢)의 천자(天子)와 후비(后妃) 및 저명한 사람의 일화, 궁중의 제도와 풍습 등에 관한 기록이다. 6권.

356) 유안(劉安) : 전한의 학자. 한나라 고조의 손자로, 회남왕에 봉하여졌으며, 많은 문사(文士)를 식객으로 맞아 『회남자(淮南子)』를 편찬하였는데, 그 일부인 「내편(內篇)」만이 현존한다.

357) **淮南王安著**鴻烈**二十一篇, 鴻大也, 烈明也, 言大明禮敎, 號爲淮南子, 一曰劉安子, 自云**字中皆挾風霜.(『西京雜記, 卷三』) → 鴻烈**傳**, 字中皆挾風霜.(『松南雜識』)

358) 不觀巨海, 何以知風波之患.(『孔子家語, 卷五, 困誓, 第二十二』)

359) 『莊子, 天地』.

360) 爲世故所役而不自定也.(『莊子, 天地』)

361) 평지풍파(平地風波) : 평온한 자리에서 일어나는 풍파라는 뜻으로, 뜻밖에 분쟁이 일어남을 비유적으로 이르는 말.

풍류
風流

지금 '악(樂)'을 훈석하여 '풍류(風流)'라고 한다.

자미
滋味

「동방삭전(東方朔傳)」에서 "이윤(伊尹)[362]이 유신씨(有莘氏)의 잉신(媵臣)이 되어 솥과 도마를 짊어지고 맛난 음식으로 탕(湯)에게 유세하여 왕도(王道)를 이루게 하였다"라고 하였다.[363]

「성주득현신송(聖主得賢臣頌)」[364]에 "명아주국과 미숫가루를 먹는 사람과는 태뢰(太牢)[365]의 맛을 논할 수 없다"[366]라고 하였다.

장점
粧點

「궁유기(窮幽記)」에서 말하였다.

---

362) 이윤(伊尹): 은나라 전설상의 인물. 이름난 재상으로 탕왕을 도와 하나라의 걸왕을 멸망시키고 선정을 베풀었다.

363) 伊尹名阿衡, 阿衡欲干湯而無由, 乃爲有莘氏媵臣, 負鼎俎, 以滋味說湯, 致于王道.(『史記, 殷本記』) → **東方朔傳**, 伊尹鼎俎滋味, **干**湯.(『松南雜識』)

364) 현신송(賢臣頌): 왕포(王褒)의 작품으로 원제는 「성주득현신송(聖主得賢臣頌)」 왕포(王褒)는 전한 시대 인물로 건위(犍爲) 자중(資中) 출신. 자는 자연(子淵). 선제(宣帝) 때 익주자사(益州刺史) 왕양(王襄)이 풍속을 교화시키고자 할 때 그에게 「중화(中和)」·「악직(樂職)」·「선포(宣布)」 등의 시를 지어줄 것을 부탁하였다. 「성주득현신송(聖主得賢臣頌)」을 지어 간대부(諫大夫)로 발탁되었다.

365) 태뢰(太牢): 원래는 나라에서 제사를 지낼 때에, 제물로 소를 통째로 바치던 일을 말하는데, 그와 같은 훌륭한 상차림을 이른다. ≒ 대뢰(大牢).

366) 不足與論太牢之滋味.(『文選, 卷四十七, 頌, 聖主得賢臣頌』)

배도(裴度)[367]가 우교장(午橋庄) 소아파(小兒坡)에 풀이 무성하니 흰 양을 그 위에 풀어놓고 말하였다.

"아름다운 풀이 다정하니 이 덕에 점(點)으로 단장을 한다"[368]

지금 '향장장점(鄕庄粧點)'이라는 말이 여기에서 나왔다.

노적
露積

「평준서(平準書)」에서 "큰 창고의 곡식이 가득 차 넘쳐서 밖에 그대로 쌓아 두었다"[369]라고 하였다.

지금의 곡식을 쌓아둔 것을 '노적(露積)'라고 하는 말이 여기에서 나왔다.

또 『한서(漢書), 식화지(食貨志)』[370]에서 "큰 창고의 곡식이 묵고 묵어 첩첩이 쌓였다"[371]라고 하였다.

『시경(詩經)』에서 "내가 묵은 곡식을 취하여[我取其陳]"[372]라고 하였다.

지금의 '진진상인(陳陳相因)'이라는 말 또한 여기에서 나왔다.

---

367) 배도(裴度) : 당나라의 재상. 하동(河東) 문희(聞喜) 출신. 자는 중립(中立). 진국공(晉國公)에 봉해졌다. 녹야당(綠野堂)이라는 별장을 짓고 백거이(白居易) · 유우석(劉禹錫) 등과 그곳에서 시를 읊고 지냈다. 관직은 중서령(中書令)이 되었다. 졸시는 문충(文忠).

368) 窮幽記, 裴晉公, 午橋莊小兒坡, 茂草**盈里**, **晉公每使數羣羊散於坡**上曰, 芳草多情, 賴此粧點**也**.(『佩文韻府, 午橋莊』) → 窮幽記, 裴晉公**於**午橋莊小兒坡茂草, **放白羊其**上曰, 芳草多情, 賴此粧點.(『松南雜識』)

369) 太倉之粟, **陳陳相因**充溢, 露積**於**外.(『史記, 卷三十, 平準書, 第八』) → 太倉之粟, 充溢, 露積**于**外.(『松南雜識』)

370) 『松南雜識』에는 '漢文紀'로 되어 있음.

371) 太倉之粟, 陳陳相因.(『前漢書, 卷二十四上, 食貨志, 第四』)

372) 『詩經, 小雅, 甫田』.

숙수
菽水

「단궁(檀弓)」에서 "콩을 먹고 물을 마시며 즐거움을 다한다[啜菽飮水, 盡其歡]"[373]라고 하였다. 지금은 '뜨물[瀡瀡]'과 같다고 일컫는데 틀린 듯하다.

이미
李米

세상에 다음과 같은 이야기가 전한다.

삼한(三韓) 초기에 '금싸라기[金米阿只]'라는 말이 있었는데, 알지(閼智)[374]가 태어났다. 신라 말에 큰 것을 '왕(王)'이라 하였으니, 큰 대나무를 '왕죽(王竹)'이라고 하고 큰 그릇을 '왕기(王器)'라고 하였다.

또 '왕미(王米)'라는 말이 있었는데, 고려 태조가 삼한을 통일하였다.

고려 때 '이미(李米)'라는 말이 있었는데, 우리 조선이 개국되었다고 한다.

또 콩[菽]을 '태(太)'라고 하니 바로 운서(韻書)에서 이른바 "대두(大豆)가 숙(菽)이다"라고 한 것이다. 그래서 청태(靑太)[375] · 마태(馬太)[376]

---

373) 『禮記, 檀弓下』.

374) 알지(閼智) : 김알지(金閼智). 신라 때 경주 김씨의 시조. 금궤에서 나왔다고 하여 성을 김이라고 했다. 그의 7대손인 미추(味鄒)가 12대 첨해왕의 뒤를 이어 등극함으로써 신라 왕족에 김씨가 등장하게 되었다.

375) 청태(靑太) : 청대두(靑大豆)라고도 함. 청대콩으로 채 익지 않은 푸른 콩을 말한다. 또는 콩 가운데 '푸르대콩'으로 열매와 껍질이 다 푸른 것을 의미하기도 한다.

376) 마태(馬太) : 말먹이 콩.

라고 하며 소의 콩팥[豆太]은 또한 가차한 말이다.

을씨년스럽다
乙巳年

세상에서 을사년(乙巳年)은 흉하다고 두려워하는 까닭에 지금 생전 낙이 없는 것을 '을씨년스럽다'고 한다.

투정
飳飣

『당서(唐書)』에서 "이원(李遠)[377]을 지목하여 정좌리(飣坐梨)[378]라고 하였다"라고 하였다.

『강희자전(康熙字典)』에서 "지금 문장을 인습(因襲)하여 겹겹으로 늘어놓는 것을 '두정(飳飣)'이라고 한다"[379]라고 하였다.

우리나라 말로 '음식투정[飮食飳飣]'이라고 하는 것은 여기에서 나왔다.

함함
顑頷

『광운(廣韻)』에서 "함함(顑頷)은 파리함[瘦]"이라고 하였으니, 굶주린

---

377) 이원(李遠) : 『韻府羣玉, 飣坐梨』 등에는 '崔遠'으로 되어 있으며, 문헌에 따라 '陸遠', '劉遠'으로 되어 있기도 하다. 이원(李遠)에 대해서는 「소일(消日)」 조 참조.

378) 정좌리(飣坐梨) : 정좌(飣坐)는 연회 때 과일을 포개어 쌓을 때 쓰이는 도구. 정좌리(飣坐梨)는 잔치상에 포개 쌓아 놓은 배로 단정한 성품을 비유함.

379) 唐書, 李遠**傳**, **人目**爲飣坐梨, 今以文詞因襲**絫**積, 爲飳飣.(『康熙字典, 飣』) → 唐書, **目**李遠爲飣坐梨, 今以文詞因襲**累**積, 爲飳飣.(『松南雜識』)

모양으로 먹지 못해 얼굴이 뜬 것을 말한다. 「이소(離騷)」에서 "오래도록 굶주려 누렇게 뜬들 또 무엇을 걱정하랴?"라고 하였다. 한유(韓愈)의 「범양(范陽)으로 돌아가는 가도(賈島)를 전송하는 시[送賈島歸范陽詩]」[380]에서 "온 식구들 항상 누렇게 뜬 얼굴이라네[擧室常顑頷]"[381]라고 한 말이 이것이다.

효연
枵然

『장자(莊子)』에서 "세 끼 밥을 먹고 돌아와도 배가 오히려 부르다"[382]라고 하였는데, 그 주석에서 "果는 배가 부른 모양"[383]이라고 하였다.

『정자통(正字通)』에서 "무릇 사물의 속이 텅 빈 것을 '효(枵)'라 하고 사람이 굶주린 것을 '효복(枵腹)'이라고 한다"[384]라고 하였다.

지금 '배가 효연(枵然)하다'는 말은 여기에서 유래하였다.

쑥맥
菽麥

『춘추좌씨전(春秋左氏傳)』에서 "진공(晉公) 주자(周子)의 형이 어리석어 콩과 보리[菽麥]도 분변하지 못하였다"[385]라고 하였다.

---

380) 원제는 「송무본사귀범양(送無本師歸范陽)」. 무본사(無本師)는 가도의 승명(僧名)

381) 廣韻, 瘦也, 屈原離騷, 苟余情其信姱以練要兮, 長顑頷亦何傷, 韓愈送賈島歸范陽詩, 欲以金帛酬, 擧室常顑頷.(『康熙字典, 顑』) → 廣韻, 瘦也, 饑貌, 言潁虛浮也, 離騷經曰, 長顑頷亦何傷, 韓愈詩, 擧室常顑頷.(『松南雜識』)

382) 三飡而反, 腹猶果然.(『莊子, 逍遙游』)

383) 果飽貌.(『莊子, 逍遙游』)

384) 正字通, 凡物饑耗曰枵, 人饑曰枵腹.(『康熙字典, 枵』)

385) 周子有兄而無慧, 不能辨菽麥.(『春秋左傳注疏, 成公十八年』) → 晉公周子之兄, 無

『소씨연의(蘇氏演義)』[386]에서 말한 '주루불변(邾婁不辨)'[387]이나 '저루불변(豬貗不辨)'[388]과 같다. 또 '저려불변(猪驢不辨)'[389]은 매우 어리석다는 말이다.[390]

무명지물
無名之物

「장안세전(張安世傳)」[391]에서 "조칙(詔勅)을 내려 장씨(張氏)의 명목 없는 돈[無名錢]을 도관(都官)에 감추게 하였다"[392]라고 하였다.

지금의 '무명지물(無名之物)'이라는 말이 여기에서 나왔다.

慧, 不辨菽麥.(『松南雜識』)

386) 소씨연의(蘇氏演義) : 당나라 소악(蘇鶚)이 편찬한 책. 총 2권 원본은 오래전에 일실되었다.

387) 주루불변(邾婁不辨) : 주루(邾婁)는 춘추 시대의 제후국인데, 아주 작아서 사람들이 분별할 수 없다고 한 데서 '분별할 수 없는 것'을 비유한다.

388) 저루불변(豬貗不辨) : 저(豬)는 돼지이고 루(貗)는 암퇘지인데, 이것들은 구분하기 어렵다고 한 데서, '분별할 수 없는 것'을 비유한다.

389) 저려불변(猪驢不辨) : 돼지와 나귀를 구분하지 못함. 지극히 어리석음을 비유하는 말.

390) 蘇氏演義云, **時人以無分別者爲**邾婁不辨, **邾鄒小國微小, 人不能分別也. 一曰豬貗, 又曰**猪驢, **謂人**不辨**猪驢**, 懵然之極**也**.(『古今韻會擧要, 婁』) → 蘇氏演義云, 邾婁不辨, 猪驢不辨, 懵然之極.(『松南雜識』)

391) 장안세전(張安世傳) : 한(漢)나라의 문신인 장안세(張安世)의 전기. 장안세의 자는 자유(子孺). 무제(武帝) 때 하동(河東)의 읍재가 되었다. 일찍이 책 3상자가 없어져서 조칙을 내려 물었지만 아무도 대답할 수 없었는데 오직 장안세(張安世) 만이 그것을 다 알아서 갖추어 진술하였다. 나중에 책을 찾아서 비교해보니 하나도 빠진 것이 없었다. 황제가 그의 재주를 기이하게 여겨 상서령(尙書令)으로 발탁하였다. 후에 광록대부(光祿大夫)가 되었다.

392) 詔**都內別**藏張氏無名錢.(『前漢書, 卷五十九, 張湯傳, 第二十九, 張安世』) → 詔藏張氏無名錢**於都官內**.(『松南雜識』)

부족한 것은 상량문
所乏者，上樑文

『전등신화(剪燈新話)』에서 말하였다.

광리왕(廣利王)이 말하였다.

“별도로 궁전 하나를 지으려고 작정하고 있는데 이름은 ‘영덕(靈德)’이라고 지어 두었소. 목수도 뽑아 놓고 나무와 돌을 다 구비하였는데 부족한 것은 오직 상량문(上樑文) 뿐이오.”[393]

지금은 여러 가지 일이 모두 준비되었는데 한 가지 물건만 부족한 것을 말한다.

중공위강랑
中空爲㝩㝗

『오음집운(五音集韻)』[394]에서 “강랑(㝩㝗)은 궁실(宮室)이 텅 빈 모양이다”라고 하였다. 또 모든 물건이 비어있는 것을 모두 ‘강랑(㝩㝗)’이라고 한다.

『자휘(字彙)』에는 “징강(澂江)의 물고기를 전인(滇人)들은 ‘강랑어(㝩㝗魚)’라고 하는데 말리면 속이 비기 때문이다”라고 하였다.[395]

---

393) **今欲**別構一殿, 命名靈德, 工匠已擧, 木石咸具, 所乏者, 惟上梁文爾.(『剪燈新話, 卷一, 水宮慶會錄』)→**廣利王**, 別構一殿, 命名靈德, 工匠已擧, 木石咸具, 所乏者, 惟上梁文爾.(『松南雜識』)

394) 오음집운(五音集韻) : 금나라의 한도소(韓道昭)가 편찬한 운서. 총 15권.

395) **五音**集韻, 㝩㝗, 宮室空貌, 又凡物空者, 皆曰㝩㝗, 字彙, 澂江有魚滇, 人呼爲㝩㝗魚, 以其乾而中空也.(『康熙字典, 㝗』)→集韻**曰**, 㝩㝗, 宮室空貌. 又凡物空者, 皆曰㝩㝗. 字彙, 澂江有魚滇, 人呼爲㝩㝗魚, 以其乾而中空也.(『松南雜識』)

지금의 '속빈 강정[中空絳飣]'이라는 말은 강랑(糠寶)의 와전인 듯하다.

중국을 '당'이라고 하다
中朝謂唐

지봉(芝峰) 이수광(李睟光)이 말하였다.

우리나라는 중국을 '당(唐)'이라고 하는데 아마 당나라 왕조가 오랫동안 국운을 누렸기 때문인 듯하니, 중국어를 '한어(漢語)'라고 하는 것과 같은 종류이다.[396)]

팔자사주
八字四柱

지금 사람들이 허다히 '팔자(八字)'를 말하니, 대개 태어난 연(年)·월(月)·일(日)·시(時)로, 합하면 사주(四柱)가 되고 나누면 팔자(八字)가 된다.

올공금
兀孔金

세상에 다음과 같은 이야기가 전한다.

어떤 부유한 상인이 창녀에게 정신이 나가서 파산하고 알거지가

---

396) 我國**人**號中朝爲唐, 蓋**以**唐**之威令**, 久**行於天下**故也, 如華語謂**之**漢語.(『芝峯類說, 卷十六, 語言部, 方言』)→我國號中朝爲唐, 盖唐久**享**故也, 如華語謂漢語**之類**.(『松南雜識』)

되어, 반대로 수 십 년 동안 그 창녀의 하인이 되었다. 기생이 그를 박대하자 떠나가겠다라고 하였다. 그러나 기생은 그에게 돈 한 푼 주지 않고 부서진 거문고와 올공금(兀孔金)를 주었는데, 상인은 그것을 가지고 외상으로 술을 샀다. 어떤 사람이 보고 "이것은 오금(烏金)이다"라고 하기에 즉시 팔아서 부자가 되었다고 한다.

지금은 낭패한 일을 '올공금팔자[兀孔金八字]'라고 잘못 말한다.

양치질과 세수
楊枝漱

『수서(隋書)』에서 "진랍국(眞臘國) 사람은 매일 몸을 씻고, 아침 버들가지로 이를 깨끗이 닦는다"라고 하였다.

불서(佛書)에서는 "치목(齒木)을 씹는다"[397]라고 하였다.

두보의 시에서 "새벽에 버들가지 손에 들고[楊枝晨在手]"[398]라고 하였고, 소식(蘇軾)의 글[399]에서 "바릿물에 어린 푸른 버들가지[盂水青楊枝]"[400]라고 하였다.

『설부(說郛)』에서 "동쪽 사람들은 이 닦는 것을 양치[養支]라고 한다"[401]라고 하였다.

---

397) 『南海寄歸內法傳』.
398) 「별찬상인(別贊上人)」.
399) 『松南雜識』에는 '詩'로 오기되어 있음.
400) **盂**水青楊枝.(『東坡全集, 卷三十八, 大悲閣記』) → **盆**水青楊枝.(『松南雜識』)
401) 齒刷**曰**養支.(『說郛, 卷五十五, 雞林類事』) → **東人, 以**齒刷**爲**養支.(『松南雜識』)

역록
歷錄[402]

『시경(詩經)』에서 "다섯 군데를 묶은 굽은 끌채로다[五楘梁輈]"[403]라고 하였는데, 그 주석에서 "목(楘)은 역녹(歷錄)하다는 뜻이니, 수레의 끌채 위 다섯 곳을 가죽으로 묶어서 문장(文章)이 역녹연(歷錄然) 함을 말한다"[404]라고 하였다. 그러나 지금 잡다한 무늬와 장식을 '알록(謁錄)'이라고 하니 바로 역록(歷錄)의 와전이다.

오래 사용한 것을 여건이라고 하다
久用蠡件

조희곡(趙希鵠)[405]이 "지금 사람들은 그릇이나 용구(用具)가 오래되어 이가 나가고 패인 것을 '여(蠡)'라고 한다"라고 하였다.

『설문해자(說文解字)』에서 "려(蠡)는 나무 속의 벌레[木中虫]"[406]라고 하였다.

『맹자(孟子)』에서 "종끈이 끊어지려고 한다[追蠡]"[407]라고 하였는데, 그 주석에서 "끈이 좀 먹어서 끊어지려고 하는 모양[紐蠡, 欲絶之貌也]"[408]라고 하였다.

세간에서 그릇과 의복이 해지고 오래된 것을 '여건(蠡件)'이라고 하는

---

402) 『松南雜識』에는 '歷錄'으로 오기되어 있음.

403) 『詩經, 秦風, 小戎』.

404) 楘, 歷**錄然文章之貌**也. …… **又**以皮**革**, 五處束之, **其**文**章**歷**錄**然**也**.(『詩經, 秦風, 小戎』)→楘, 歷**綠**也 **輈上**五處, 以皮束之, 文歷**綠**.(『松南雜識』)

405) 조희곡(趙希鵠) : 송나라의 학자. 고기(古器)·고화(古畫)에 대해 변증서 『동천청록(洞天淸錄)』을 저술하였다.

406) 『說文解字, 蠡』.

407) 『孟子, 盡心下』.

408) **追鐘**紐**也 鈕磨齧處深矣**, **蠡**欲絶**之貌**也.(『孟子, 盡心下』)→紐欲絶也.(『松南雜識』)

말이 여기에서 나왔다.

말 한필
馬匹

『공자가어(孔子家語)』에서 안자(顔子)가 오문(吳門)에서 말을 한 필의 비단으로 잘못 보았다라고 하였다.

『풍속통(風俗通)』에서는 "말이 밤에 갈 때 눈이 앞의 네 길[丈]을 비추어 보기 때문에 일필(一匹[409])이라고 한다"[410]라고 하였다.

마량
麻兩

『계림유사(鷄林類事)』에서 "사십을 '마량(麻兩)'이라고 한다[四十日麻兩]"[411]라고 하였으니, 지금의 '마흔[麻漢]'이라는 말이다.

---

409) 4장(丈)이 1필(匹)이다.

410) **顔回望**吳門**馬**, **見一疋**練. **孔**子曰, 馬也, **然則馬之光景一疋長耳**, **故後人號馬**, **爲一疋**. 家語 **或**曰馬夜行, 目**明**照**前**四丈, 故**曰一疋**. …… 風俗通.(『古今事文類聚後集, 卷三十八, 毛蟲部, 馬號一疋』)→家語, 吳門**匹**練, **顔**子曰, 馬也. 風俗通曰, 馬夜行目照四丈, 故**謂一匹**.(『松南雜識』)

411) 『說郛, 雞林類事』.

오일경조

五日京兆[412]

한(漢)나라 경조윤(京兆尹) 장창(張敞)[413]이 아전 서순(絮舜)으로 하여금 사무를 살피게 하자, 서순이 "오일(五日) 동안만 경조(京兆) 노릇을 할 터인데 어떻게 또 사무를 살필 수 있겠는가?"[414]라고 하였다. 그 주석에 "오래 가지 않는다"라는 의미라고 하였으니, 바로 '삼일복야(三日僕射)'[415]라는 말이다. 또 "겨울이 이미 다 갔지만 연명할 수 있겠는가?"[416]라고 하니, 지금의 '연명(延命)'이라는 말이다.

천지상격

天地相隔

『남제서(南齊書)』의 육궐(陸厥)[417]이 「심약(沈約)에게 보내어 성운(聲韻)을 논한 편지」에서 "한 사람의 생각 속도는 하늘에 달려있는 듯하고,

412) 오일경조(五日京兆) : 관직에 오래 있지 못하거나 어떤 일이 오래 계속되지 못하는 것을 비유하여 '오일경조(五日京兆)'라고 한다.

413) 장창(張敞) : 한나라의 문신. 자는 자고(子高), 하동(河東) 평양(平陽) 출신.

414) 舜曰, **吾爲是公**, **盡力多矣**, **今**五日京兆**耳**, 安能復案事.(『前漢書, 卷七十六, 趙尹韓張兩王列傳, 第四十六』) → 舜曰, 五日京兆, 安能復案事.(『松南雜識』)

415) 삼일복야(三日僕射) : 진(晉)나라의 주의(周顗)가 항상 폭음을 하고 사흘 만에 깨어나서 복야(僕射)로서 업무를 제대로 보지 못하였다.

416) 冬月已盡延命乎.(『前漢書, 卷七十六, 趙尹韓張兩王列傳, 第四十六』)
장창이 양운(楊惲)의 반역 사건으로 연좌되었을 때, 아전 장창은 그가 곧 면직 될 것으로 생각하고 그의 명령을 무시하면서 "고작 5일 정도 경조의 직책을 유지할 것"이라고 말하였다. 이 말을 들은 장창이 그를 잡아 죽이면서 "5일 경조가 마침내 어떠하냐? 겨울이 이미 가 갔지만 연명할 수 있겠는가?"라고 말하였다 한다.

417) 육궐(陸厥) : 남제(南齊)의 문인. 한(閑)의 아들. 자는 한경(韓卿). 어렸을 때부터 인품이 뛰어났고 글짓기를 잘 하였다. 일찍이 심약(沈約)과 사성(四聲)에 대해 논하였다. 영원(永元) 초에 아버지 육한이 피살되자 육궐의 아우인 육강(陸絳)이 아버지의 목을 잡고 대신 죽기를 바라다가 함께 죽었다. 육궐 역시 연좌되어 체포되었다. 얼마 뒤 사면 받았지만 아버지와 동생의 죽음을 애통해하다가 죽었다.

일가(一家)의 문장 솜씨는 땅을 사이에 두고 있는 듯합니다"[418]라고 하였다.

지금 현격(懸隔)하기가 천지처럼 떨어졌다는 말이 여기에서 유래하였다.

암중모색
暗中摸索

당나라 허경종(許敬宗)[419]이 사람들을 만나고 잊어버리는 일이 많았다. 어떤 사람이 "총명하지 못하기 때문입니다"라고 하고 이어서 "경(卿)이 스스로 기억하기 어려우니, 하손(何遜)[420]과 유효작(劉孝綽)[421], 심약(沈約)[422]과 사조(謝眺)[423]를 암중모색(暗中摸索)하면 또한 알 수 있을 것

418) 一人之思, 遲速天懸, 一家之文, 工拙壤隔.(『南齊書, 卷五十二, 列傳, 第三十三, 文學, 陸厥』)

419) 허경종(許敬宗) : 당나라의 정치인. 선심(善心)의 아들로 자는 연족(延族). 성품이 경솔하고 오만하였지만 글짓기에 능하였다. 수(隋)나라 대업(大業) 연간에 수재(秀才)로 급제하였다. 정관(貞觀) 연간에 저작랑 겸 수국사(著作郎兼修國史)에 제수되었고 얼마 뒤에는 황제의 조령(詔令)을 전담하였다. 고종(高宗) 때 예부상서(禮部尙書)가 되었다. 황제가 무소의(武昭儀)를 세우고자 할 때, 대신들이 간절히 간언했지만 허경종만이 몰래 찬동하였다. 무후(武侯)가 즉위하자 저수량(褚遂亮) 및 장손무기(長孫無忌) 등을 모함하여 죽였다. 지위가 우상(右相)에까지 이르렀고 많은 총애를 받았다. 고조(高祖) 및 태종(太宗) 실록(實錄)을 개찬하는 것이 모두 그의 독단에 의해 이루어졌는데 수록된 내용들이 매우 망령스럽다. 함형(咸亨) 초에 죽었다.

420) 하손(何遜) : 남조(南朝)의 문학가. 양염(梁剡) 출신. 자는 중언(仲言). 8세에 시 짓기에 능하였다. 천감(天監) 연간에 상서수부랑(尙書水部郎)이 되고 마침내 여릉왕기실(廬陵王記室)이 되었다. 문장으로 뛰어나, 유효작(劉孝綽)과 함께 '하류(何劉)'라고 병칭되었다. 저서에 『하수부집(何水部集)』이 있다.

421) 유염(劉冉) : 남조(南朝)의 문학가. 양(梁)나라 팽성(彭成) 출신. 본명은 염(冉), 자는 효작(孝綽). 어렸을 때의 자는 아사(阿士). 7세에 문장에 능하였고 14세에 아버지를 대신하여 조서(詔書)의 초고를 써서 신동(神童)이라고 불렸다. 양(梁)나라 무제(武帝) 천감(天監) 초에 저작랑(著作郎)이 되었다. 나중에 상서수부랑(尙書水部郎)이 되었다. 시를 지어 무제의 칭찬을 받았다. 여러 차례 벼슬을 옮겨 비서승(秘書丞)·정위경(廷尉卿)으로 발탁되었고 비서감(秘書監)으로 관직 생활을 마쳤다.

422) 심약(沈約) : 남조 시대의 학자. 자는 휴문(休文). 음운학의 거두로 사성(四聲)을 처음

입니다"[424]라고 하였다.

지금 '야중모색(夜中摸索)'이라는 말이 여기에서 나왔다.

다락에 오르자 사다리를 치우다
登樓去梯

『세설신어(世說新語)』[425]에서 "은호(殷浩)[426]가 간문제(簡文帝)를 원망하며 '사람을 백 자나 되는 다락에 올려놓고 사다리를 메고 가버리려고 한다"[427]라고 하였으니 또한 지금의 '나무에 오르라 하고 흔드는 격[乘木搖]'이라는 말과 유사하다.

으로 연구하고, 시의 팔병설(八病說)을 제창하였다. 저서에 『진서』·『송서』·『제기(齊紀)』·『사성운보(四聲韻譜)』 등이 있다.

423) 사조(謝朓) : 남북조 시대 남제(南齊)의 시인. 자는 현휘(玄暉). 언어의 음률미를 추구한 영명체(永明體) 시를 개척하였다. 문집에 『사선성집(謝宣城集)』이 있다.

424) 許敬宗**性輕傲**, 見人多忘之, 或謂**其**不聽曰, 卿自難記, 若遇**何**劉沈謝, 暗中摸索著, 亦可識.(『說郛, 卷三十六上, 隋唐嘉話』)→**唐**許敬宗, 見人多忘之, 或謂不聽, **乃**曰, 卿自難記, 若遇**曹**劉沈謝, 暗中摸索著, 亦可識.(『松南雜識』)

425) 세설신어(世說新語) : 육조 시대의 송나라 사람 유의경(劉義慶)이 편찬한 일화집. 후한(後漢) 말기에서 동진(東晉) 시기에 걸쳐 명사(名士)들의 언어·덕행·문학 등에 얽힌 일화를 36편으로 나누어 수록하였다. 간결하고 청신한 문체는 육조문(六朝文)을 대표한다. 총 3권.

426) 은호(殷浩) : 진(晉)나라 장평인(長平人). 자는 심원(深源). 식견과 도량이 청원(淸遠)하였고 약관에 명성을 얻었다. 『노자』와 『주역』을 좋아하여 풍류담론가(風流談論家)의 추앙을 받았다. 양(揚)·예(豫)·서(徐)·청(靑)·곤(兗) 등 다섯 주(州)의 군사(軍事)가 되어 중원을 안정시키는 것을 소임으로 삼았다. 요양(姚襄)을 정벌하다 패배하여 서인(庶人)이 되었다. 이후 종일 하늘에 '돌돌괴사(咄咄怪事)'라는 네 글자를 썼다. 얼마 뒤에 환온(桓溫)이 상서령(尙書令)으로 삼고자 편지를 보냈는데 잘못하여 빈 봉투를 보냈기에, 마침내 그와 관계를 끊었다. 영화(永和) 연간에 죽었다.

427) 殷**中軍廢後**, 恨簡文曰, 上人著百尺樓上, 儋梯**將**去.(『世說新語, 卷下之下, 黜免, 第二十八』)→殷**浩**恨簡文曰, 上人著百尺樓上, 儋梯去.(『松南雜識』)

애안

崖岸

『송사(宋史), 기숭례(綦崇禮)』[428]에서 "오만하여 남과 어울리지 않거나 고고한 행동을 하지 않았다"[429]라고 하였다.

지금은 와전되어 '괘안(捱眼)'이라고 한다.

절박

節拍

『악부(樂府)』에서 "판(板)을 두드려 음악에 박자를 맞춘다"라고 하였다.

지금 모든 일에 곡절(曲節)이 맞지 않는 것을 '절박(節拍)'이라고 하는 말이 여기에서 나왔다.

관곡

款曲

『후한서(後漢書), 광무제기(光武帝記)』에서 "문숙(文叔 : 광무제의 자)은 삼가고 조심스러워 다른 사람들과 다정하게 사귀지 못하였다"라고 하였다.

지금은 정겨운 이야기가 기쁘고 친근한 것을 말한다.

---

428) 『松南雜識』에는 '당서(唐書), 정군전(鄭羣傳)'으로 오기되어 있음.

429) 不爲崖岸斬絶之行.(『宋史, 卷三百七十八, 列傳, 第一百三十七, 綦崇禮』)

우활

迂闊

「맹자제사(孟子題辭)」에서 "당시의 군주들이 모두 맹자를 현실과 거리가 있다[時君咸謂之迂闊]"라고 하였고, 「유협전(游俠傳)」[430]에서는 "법망(法網)이 성글다[疎濶]"[431]라고 하였다.

지금의 '우활(迂闊)'은 '소활(疎濶)'이란 말이다.

무능

無能

『논어(論語)』에서 "군자의 도 세 가지 중에서, 나는 능한 것이 없다[無能]"[432]라고 하였다.

『송사(宋史)』에서 말하였다.

> 화정(和靖) 윤돈(尹焞)[433]이 '정강(靖康)의 난'[434]에 독서를 하다가 오랑캐에게 축출되니, 당시 사람들이 '무능(無能)하다'라고 하였다.

지금의 무능(無能)하다는 말이다.

---

430) 『松南雜識』에는 '循吏傳'으로 되어 있음.

431) 禁網疎濶.(『前漢書, 卷九十二, 游俠傳, 第六十二』)

432) 君子道者**三**, 我無能焉.(『論語, 憲問』) → 君子道者**四**, 我無能焉.(『松南雜識』)

433) 윤돈(尹焞) : 송나라의 학자. 자는 언명(彦明). 정이천(程伊川)의 문인으로 화정처사(和靖處士)라고 불렸음.

434) 정강(靖康)의 난 : 북송의 정강연간(靖康年間 : 1126~27)에 수도 개봉(開封)이 금나라 군대의 공격을 받아 함락되고 북송이 멸망하게 된 사건.

위날
萎苶

한유(韓愈)의 문집 서문[435]에서 "기상(氣象)이 나른하다"[436]라고 하였는데, 그 주석에서 "피로한 모양이다"라고 하였다.

지금의 '나른하여 기운이 없다'는 말이 이것이다.

양조
兩造

『주례(周禮), 추관(秋官)』에서 "송사의 쌍방이 모두 오게 하여 백성들의 송사를 금한다"[437]라고 하였다.

「여형(呂刑)」에서 "다투는 자가 두 사람 모두 법정에 이르고 말과 증거가 구비되었으면[兩造具備]"[438]이라고 하였는데, 그 주석에서 "양조(兩造)는 소송의 양자가 모두 이르는 것"[439]이라고 하였다.

절도
絶倒

진(晉)나라에서 사람들이 하는 말에 "위개(衛玠)[440]의 이야기에 왕징(王

---

435) 이한(李漢)의 「당이부시랑창려선생한유문집서(唐吏部侍郎昌黎先生韓愈文集序)」.

436) 氣**象**萎苶.(『唐文粹, 卷九十二, 唐吏部侍郎昌黎先生韓愈文集序)』) → 氣**家**萎苶.(『松南雜識』)

437) 以兩造禁民**訟**.(『周禮注疏, 卷三十四, 秋官, 司寇』) → 以兩造禁**聽**民**辭**.(『松南雜識』)

438) 『書經, 周書, 呂刑』.

439) 兩爭者皆至.(『書經, 周書, 呂刑』)

440) 위개(衛玠) : 진(晉)나라 사람. 자는 숙보(叔寶). 어려서부터 용모가 빼어나서 옥 같은 사람이라고 불렸다. 현묘한 도에 대한 담론을 잘 하였는데, 낭야왕(琅耶王) 왕징(王澄)

澄)[441]이 절도(絶倒)한다"[442]라고 하였다.

지금 크게 웃는 것을 '절도(絶倒)'라고 하는 말이 여기에서 유래하였다.

압도
壓倒

당나라 양여사(楊汝士)[443]가,

옛날 난정(蘭亭)에 요염한 자질 없더니 昔日蘭亭無艶質
오늘 금곡(金谷)에는 고매한 사람 있네 此時金谷有高人

라는 부(賦)를 짓고는 술에 취해 집으로 돌아와서 "오늘 원진(元稹)[444]과 백거이(白居易)를 압도하였다"라고 하였다.

지금 '압도일세(壓倒一世)'라는 말은 '오월지간독보(吳越之間獨步)'라는 말과 비슷하다.

은 위개가 담론을 하면 바로 탄식하고 절도하였다고 한다.

441) 왕징(王澄) : 진(晉)나라 사람. 자는 평자(平子). 원제(元帝) 때 군자좨주(軍諮祭酒)가 되었으나, 왕돈(王敦)이 그의 명성을 시기하여 장사를 시켜서 목 졸라 죽였다.

442) 琅邪王澄, 有高名, 少所推服, 每聞玠言, 輒歎息絶倒, 故時人爲之語曰, 衛玠談道, 平子絶倒.(『晉書, 卷三十六, 列傳, 第六, 衛玠』)

443) 양여사(楊汝士) : 당나라 사람. 자는 모소(慕巢). 진사에 급제하여 형부상서에 이르렀다.

444) 원진(元稹) : 당나라 시인(779~831). 자는 미지(微之). 백거이와 함께 원백(元白)이라 일컬어지고, 그들의 시풍을 원백체라 함.

불사
不似[445]

『춘추좌씨전(春秋左氏傳)』[446]에서 "과인무사(寡人無似)"[447]라고 하였고, 『맹자(孟子)』에서 "멀리서 바라보니 임금 같지 않았다[望之不似人君]"[448]라고 하였다.

지금 남을 헐뜯어 '불사(不似)'라고 하는 말이 이것이다.

무상
無狀

「하본기(夏本紀)」에서 "곤(鯀)[449]의 치수(治水) 사업은 공적의 형상이 없다[鯀之治水無狀]"[450]라고 하였다.

『후한서, 장제기(章帝紀)』에서 "더욱 무상한 자를 관찰한다[察尤無狀者]"[451]라고 하였는데, 그 주석에서 "무상(無狀)은 죄악이 더욱 커서 말로 형용할 수 없는 사람"[452]이라고 하였다.

지금 다른 사람을 꾸짖을 때 '무상(無狀)'이라고 하는 말이 여기에서 유래하였으니. '부도(不道)'·'무도(無道)'라는 말과 같다.

---

445) 무사(無似) : 현인을 닮지 못하였다는 말로 자기에 대한 겸사로 쓰임.

446) 『松南雜識』에는 『禮記, 哀公問』으로 되어 있음.

447) 『春秋左傳, 襄公十二年』.

448) 『孟子, 惠王章上』.

449) 곤(鯀, 鮌) : 중국의 고대 전설에 나오는 인물. 요나라의 신하이며 하나라 우왕의 아버지로, 홍수와 가뭄을 다스리려 하였으나 종사한 지 9년이 되어도 그 보람이 나타나지 않아 목숨을 잃었다고 한다.

450) 『史記, 卷二, 夏本紀, 第二』.

451) 『後漢書, 卷三, 章帝紀, 第三』.

452) 無狀, **謂其**罪惡**尤**大, **其狀**無可寄言.(『後漢書, 卷三, 章帝紀, 第三』의 주석) → 無狀, 罪惡大, 無可寄言**者**.(『松南雜識』)

국량
局量

「촉지(蜀志)」에서 "위(魏) 문제(文帝)가 황권(黃權)[453]에게 국량(局量)이 있는지 살폈다"[454]라고 하였으니, 대개 바둑판으로 사람의 기량을 비유한 것이다.

묘리
妙理

두보의 시에서 "막걸리에 오묘한 이치가 있다[濁醪有妙理]"[455]라고 하니, 도간(陶侃)[456]의 모친 담씨(湛氏)의 고사를 말한 것으로, 지금 '묘리(妙理)'라는 말은 여기에서 유래하였다.

탑용
闒茸

「가의열전(賈誼列傳)」에서 "못난 사람이 존귀하고 현달함이여[闒茸尊顯兮]"[457]라고 하였는데, 그 주석에서 "탑용(闒茸)은 못난 사람"[458]이라고

---

453) 황권(黃權) : 촉(蜀)나라의 인물. 자는 공형(公衡). 파서(巴西) 낭중(閬中) 출신.
454) 文帝察權有局量.(『三國志, 蜀志, 卷十三, 黃權』) → **魏**文帝察權有局量.(『松南雜識』)
455) 「회일심최집리봉(晦日尋崔戢李封)」.
456) 도간(陶侃) : 진(晉)나라의 무장. 자 사행(士行). 도연명(陶淵明)의 증조부. 서진(西晉)의 혜제(惠帝) 때 강하태수(江夏太守)가 되고, 영가(永嘉)의 난(307~312) 때 무창(武昌)을 지켜 공을 세웠다. 명제(明帝) 때는 정남대장군(征南大將軍)으로서 왕돈(王敦)의 반란과 소준(蘇峻)의 변을 평정하는 등 통군(統軍) 40여 년 동안 많은 공을 세워 진나라 왕실을 위하여 충성하였다.
457) 『史記, 卷八十四, 屈原賈生列傳, 第二十四』.
458) **闒茸**, 不肖**之人**.(『史記, 卷八十四, 屈原賈生列傳, 第二十四』) → 不肖**也**.(『松南雜識』)

하였다. 혹은 '탑용(傝𠋆)'·'탑용(毾㲪)'이라고도 한다.

지금은 '용탑(茸闒)'이라 한다.

용장

冗長

육기(陸機)의 「문부(文賦)」에서 "쓸데없이 늘어진 것에서는 취할 것이 없다(冗長)"라고 하였다.

『양서(梁書), 유견오전(庾肩吾傳)』[459]에서 "사령운(謝靈運)[460]의 문장을 배운 자는 그 정화(精華)에 이르지 못하고 용장(冗長)한 것만 얻었다"[461]라고 하였다. 이것은 문장이 거친 것을 가지고 하는 말이다. 또 "이에 실상은 없고 용장(容長 : 용모만 장대함)하다"[462]라고 하니, 이것은 사람의 모습을 가지고 하는 말이다.

주파

注坡

소식(蘇軾)의 시에서 "준마가 천 길 언덕을 달려 내려가네[駿馬下注千丈坡]"[463]라고 하였는데, 지금은 '비탈을 내달리는 형세[走阪之勢]'로 와전

459) 유견오전(庾肩吾傳) : 양나라의 문학가인 유견오(庾肩吾)의 전기. 유견오의 자는 자신(子愼), 시와 부에 능하였다. 양나라 간문제(簡文帝)를 섬겨 벼슬이 탁지상서(度支尙書)에 오르고, 무고현후(武庫縣侯)에 봉해졌다.

460) 사령운(謝靈運) : 남조 송(宋)의 문장가. 강락공(康樂公)에 봉해졌기에 사강락(謝康樂)으로 불림.

461) 學謝則不屆其精華, 但得其冗長.(『梁書, 卷四十九, 列傳, 第四十三, 文學上, 庾肩吾』) → 學謝**康樂**則不屆其精華, 但得其冗長.(『松南雜識』)

462) 굴원(屈原)의 「이소경(離騷經)」.

463) 「백보홍(白步洪)」.

되었다. 대개 '병의 물을 거꾸로 세워 쏟는 형세[建瓴勢]'라는 말과 같다.

줄장
茁壯

『맹자(孟子)』에서 "소와 양이 쑥쑥 자란다[牛羊茁壯長]"[464]라고 하였는데, 그 주석에서 "자라는 모양"이라고 하였다.

지금 장계(狀啓)에서 "사탕수수와 조가 쑥쑥 자란다"고 하는 말은 이를 차용한 것이다.

장졸
藏拙

『박기(博記)』에서 말하였다.

> 양나라 서릉(徐陵)[465]이 제나라에 사신으로 갔는데, 제나라에서 위수(魏收)[466]의 문장을 써주니, 서릉이 강을 지나다가 물에 던져 가라앉히고 말하였다.
>
> "위공[魏收]과 더불어 솜씨 없음을 감추거라."[467]

---

464) 『孟子, 萬章上』.

465) 서릉(徐陵) : 남조 진(晉)나라의 문학가. 자는 효목(孝穆). 문장이 화려하고 아름다워 유신(庾信)과 함께 서유체(徐庾體)라고 일컬어짐.

466) 위수(魏收) : 북제(北齊)의 문학가. 자는 백기(伯起). 태학박사에 제수되었고, 온자승(溫子昇)·형소(邢劭)와 함께 삼재(三才)라고 일컬어졌다.

467) 梁遣徐陵聘齊, 齊錄魏收文字遺之, 陵過江沈之曰, 與魏公藏拙. 博記.(『韻府羣玉, 沈文藏拙』)

최신명(崔信明)의 "낙엽이 떨어지니 오강이 싸늘하구나[楓落吳江冷]"라는 시구와 비슷하다.[468]

지금의 '장졸(藏拙)'이란 말이 이것이다.

부착흔
斧鑿痕

『후촌시화(後村詩話)』[469]에서 "고적(高適)[470]과 잠삼(岑參)[471]의 시는 모두 마음속에서 흘러 나와 다듬은 흔적이 없다"[472]라고 하였다.

황정견(黃庭堅)의 시에서 "산이 도끼로 깎은 흔적을 드러낸다[山呈斧鑿痕]"[473]라고 하였다.

지금 문구나 다른 사물에 문제점이 있는 것을 '부착흔(斧鑿痕)'이라고 하니, 여기에서 유래하였다.

---

468) 최신명(崔信明)은 당나라 초기의 사람이다. 처음에 시를 잘 한다고 자부하였는데, 정세익(鄭世翼)이 배 위에서 최신명을 만나서 말하기를 "공의 '풍락오강냉(楓落吳江冷)'이라는 시구를 들었습니다. 다른 시들도 보고 싶습니다"라고 하였다. 최신명이 흔쾌히 다른 시편을 꺼내 주었다. 정세익이 다 보지도 않고 "직접 보니 소문에 미치지 못하는군!"이라고 하면서 강물에 던져 버렸다고 하다.

469) 후촌시화(後村詩話) : 송나라 유극장(劉克莊)이 지은 시화집.

470) 고적(高適) : 당나라의 시인. 자는 달부(達夫). 벼슬은 감찰어사・절도사를 지냈으며, 잠참과 더불어 변경(邊境)의 풍물을 읊었다.

471) 잠삼(岑參) : 당나라 시인. 고적(高適)과 명성을 다투어 고잠(高岑)으로 병칭되었다.

472) 高適岑參, **開元天寶以後大詩人, 與杜公相頡頏, 歌行**皆流出**肺**肝, 無斧鑿痕.(『後村詩話, 卷四』)→高適岑參**詩**, 皆流出肝**腑**, 無斧鑿痕.(『松南雜識』)

473) 「차운길로십소시(次韻吉老十小詩)」.

올얼

杌隉

「진서(秦誓)」에서 "나라가 위태로움[邦之杌隉]"[474]이라고 하였는데, 그 주석에서 "올(杌)은 나무가 흔들리는 것과 같고, 얼(隉)은 언덕이 허물어진 것과 같다"[475]라고 하였다.

지금 안정되기 어려운 형세를 '얼올(臲卼)'이라고 하는 것은 여기에서 유래하였다.

함미

啣尾[476]

「흉노전(匈奴傳)」의 주석에서 "함(銜)은 말 재갈이고, 미(尾)는 말꼬리이다"[477]라고 하였다.

지금 연속됨을 '미함(尾銜)'이라고 하는 말이 이것이다.

변폭

邊幅

마원(馬援)[478]이 "공손술(公孫述)[479]이 변폭(邊幅)을 꾸미니 마치 꼭두

---

474) 『書經, 周書, 秦誓』.

475) 杌如木之動搖, 隉如阜之圮壞.(『書經大全, 周書, 秦誓』)

476) 함미(銜尾) : 뒤의 말이 앞의 말의 꼬리를 물고 따르는 것과 같이 바싹 뒤따라 줄지어서 가는 일. 전후가 한 줄로 되어 있어 나란히 갈 수 없는 것을 비유하는 말.

477) 銜馬銜也, 尾馬尾也.(『前漢書, 卷九十四下, 匈奴傳, 第六十四下』 "銜尾相隨"의 주석.)

478) 마원(馬援) : 후한 때의 무장·정치가(B.C. 14~A.D. 49). 자는 문연(文淵). 광무제 때 강족(羌族)을 평정하였으며, 교지(交趾)의 난을 진압하고 흉노족을 쳐서 공을 세웠다. 후에 남방의 무릉만(武陵蠻) 토벌 중 병사하였다.

각시 인형과 같다"[480]라고 하였다. 장열(張說)이 "장구령(張九齡)[481]의 문장은 변폭(邊幅)이 부족하다"[482]라고 하였다.

지금은 겉모습을 수식하는 것을 말한다.

분수
分數

『근사록(近思錄)』에서 "한신(韓信)이 많으면 많을수록 더욱 힘을 쓸 수 있었으니 분수(分數)가 분명했기 때문이다"[483]라고 하였는데, 그 주석에서 "분(分)은 관할(管轄)하는 계급(階級)의 나뉨이고, 수(數)는 항오(行伍)의 많고 적음의 수(數)이다. 분(分)과 수(數)가 분명하면 다스려야 할 사람이 더 많아져도 조정하는 사람의 수는 항상 적다"[484]라고 하였다.

지금의 '분수(分數)'라는 말은 여기에서 유래하였다.

---

479) 공손술(公孫述) : 후한 때의 군웅(群雄). 자는 자양(子陽). 처음에는 왕망(王莽)을 섬겼으나, 파촉(巴蜀)을 평정한 후에 스스로 천자라 일컫고 국호를 성가(成家)라고 하였다. 파촉의 부(富)를 기반으로 하였으나, 후한의 광무제(光武帝)에게 패하여, 일족과 함께 멸망하였다.

480) 公孫 …… 修飾邊幅, 如**偭**人形.(『後漢書, 卷五十四, 馬援列傳, 第十四, 馬援傳』) → 公孫**述**, 修飾邊幅, 如**偶**人形.(『松南雜識』)

481) 장구령(張九齡) : 당나라 현종(玄宗) 때의 재상. 진사에 등과하였고 문재(文才)로 장열(張說)의 추천을 받아 중서사인(中書舍人), 중서시랑(中書侍郎)을 거쳐 733년 재상이 되었다. 반대파인 이림보(李林甫)에게 미움을 받고 좌천되었다.

482) 說曰 …… 張九齡之文 …… 窘邊幅.(『舊唐書, 卷一百九十上, 列傳, 第一百四十, 文苑上, 楊烱』) → **張**說**謂**曰, 張九齡之文, 窘邊幅.(『松南雜識』)

483) **韓信**, 多多益辦, **只是**分數明.(『近思錄, 卷九, 治法』) → 多多益辦, 分數明.(『松南雜識』)

484) 分者, 管轄階級之**分**, 數者, 行伍多寡之**數**, 分數明, 則**上下相臨**, **統紀不紊**, 所**御**者**愈**衆, **而**所操者**常**寡.(『近思錄, 卷九, 治法』) → 分者, 管轄階級之**數也**, 數者, 行伍多寡之**分也**, 分數明, 則所**統**者衆, 所操者寡.(『松南雜識』))

작사도방
作舍道旁

『후한서(後漢書)』에서 "길가에 집을 지으면 삼 년을 가도 완성하지 못한다"[485]라고 하니, 바로 『시경』에서는 "집을 지으면서 길가는 사람과 도모하는 것과 같은지라[如彼築室于道謀]"[486]라고 하였고, 또 "길을 가지 않고 도모하는 것과 같은지라, 이때문에 길에 도달하지 못하도다"[487]라고 하였다.

지금 집을 지을 때 말이 많은 것을 이른다.

조삼모사
朝三暮四

『장자(莊子)』에 "저공(狙公)이 도토리를 아침에 세 되 저녁에 네 되 주겠다고 하자 모든 원숭이들이 화를 냈다. 그러자 아침에 네 되 저녁에 세 되를 주겠다고 하자 모든 원숭이들이 기뻐하였다"[488]라고 하였다.

바로 그 값을 뒤섞어 놓은 것이니, 같은 값인데도 말만 바꾸는 것을 이른다.

---

485) 作舍道**傍**, 三年不成.(『後漢書, 卷六十五, 張曹鄭列傳, 第二十五, 曹褒傳』)→作舍道**旁**, 三年不成.(『松南雜識』)

486) 『詩經, 小雅, 小旻』.

487) 如**匪**行邁謀, 是用不**得**于道.(『後漢書, 卷六十五, 張曹鄭列傳, 第二十五, 曹褒傳』)→如**彼**行邁謀, 是用不**藏**于道.(『松南雜識』)

488) 狙公賦芧**曰**, 朝三**而**暮四, **衆**狙皆怒, **曰**, **然則**朝四**而**暮三, **衆**狙皆**悅**.(『莊子, 齊物論』)→狙公賦芧朝三暮四, **羣**狙皆怒, 朝四暮三, **羣**狙皆**喜**.(『松南雜識』)

어망
魚網

『시경(詩經)』에서,

어망을 설치하니	魚網之設
큰 기러기가 걸리는구나	鴻則離之[489]

라고 하였다.

지금은 횡액(橫厄)을 '어망(魚網)'이라고 한다.

반전
盤纏

소설(小說)에서 "노자(路資)를 반전(盤纏)이라고 한다"라고 하였다.

속어(俗語)에 "행전(行錢)[490]이 반전(盤纏)에 굽히니, 허리는 마치 요전 십만 관을 찬 것 같다"라고 한 말이 이것이다. 송나라 사람의 시에도 사용하였다.

『반계수록(磻溪隨錄)』에는 "노자(路資)를 또 '반전(盤纏)'이라고도 한다"라고 하였다.

종조리
終條理

본래는 『맹자(孟子)』에서 "종(鐘)으로 시작하여 경(磬)으로 마무리하니,

489) 魚網之設, 鴻則**離**之.(『詩經, 邶風, 新臺』) → 魚網之設, 鴻則**罹**之.(『松南雜識』)
490) 행전(行錢) : 노름판에서 돈질을 함.

시작하고 마무리하는 조리이다"[491]라고 한 데서 유래하였다. 또한 고악부(古樂賦)의 '난왈(亂曰)'[492]을 일컫는다.

파천황
破天荒[493]

당나라 역사에서 말하였다.

> 형주(荊州)의 과거 시험 보는 사람들이 대부분 과거에 합격하지 못하였기에 '천황(天荒)'이라고 하였는데, 유태(劉蜕)가 과거에 급제하자 '파천황(破天荒)'이라고 하였다.[494]

지금은 농사꾼 집안에서 선비가 나고, 한미한 집안에서 벼슬아치가 나오는 것을 통칭하는 말이다.

---

491) 金聲**而玉振之也**. **金聲也者**, **始條理也**, 玉振**之也者**, 終條理也.(『孟子, 萬章下』)→ 金聲玉振. 始終條理也.(『松南雜識』)
 * 음악을 연주할 때, 종으로 시작하여 경으로 마무리하여 음악연주를 끝냄을 말하는데, 재능과 덕행을 완비했음을 비유한 것이다. 이것은 맹자가 공자의 집대성(集大成)을 찬미한 말이다.

492) 난왈(亂曰) : 악곡의 종장.

493) 파천황(破天荒) : 천지개벽 이전의 혼돈상태를 깨뜨려 연다는 뜻으로, 종래에 아무도 하지 못한 일을 처음으로 해냄을 이르는 말이다. 진사에 합격한 사람을 이르기도 한다.

494) 荊州**擧**人, 多不成名, **號**天荒. 劉蛻, **以荊州解**及第, 號破天荒.(『韻府羣玉, 破天荒』) →荊州人, 多不成名, **爲**天荒. 劉蛻及第, 號破天荒.(『松南雜識』)

음산
陰山

지금 우리나라에서 그늘지고 추운 것을 '음산(陰山)'이라고 말하는 것은 북쪽의 산이기 때문인가?

〈또 '寒'을 '추울 한'으로 훈석한다. 『금릉시어(金陵市語)』에서 "서늘한 것을 추위[秋意]라고 한다"라고 하였다.〉

울릉
鬱陵

『삼국사기』에서 말하였다.

울릉도 사람들이 강함을 믿고 복종하지 않기에, 이사부(異師夫)[495]가 나무로 사자를 만들어서 "너희들이 만약에 복종하지 않으면 내가 이 짐승을 풀어놓아 너희들을 죽이겠다"라고 위협하였다.[496]

그래서 지금 거짓 위엄으로 남을 협박하는 사람을 반드시 '울릉(鬱陵)'[497]이라 하고, 또는 '울(鬱)'이라고 하는 것이 여기에서 유래하였다.

---

495) 이사부(異斯夫) : 신라 때의 장군. 지증왕 13년(512)에 가야와 우산국을 정벌하였고, 진흥왕 11년(524)에는 고구려의 도살성(道薩城)과 백제의 금현성(金峴城)을 빼앗는 등 여러 지방을 공격하여 신라의 영토를 크게 넓혔다.

496) 至十三年壬辰, 爲阿瑟羅州軍主, 謀幷于山國, 謂其國人愚悍, 難以威降, 可以計服, 乃多造木偶師子, 分載戰紅, 抵其國海岸, 詐告曰, 汝若不服, 則放此猛獸, 踏殺之.(『三國史記, 卷第四十四, 列傳, 第四, 異斯夫』) → 鬱陵島人, 恃强不服, 異斯夫, 以木師子威之曰, 汝若不服, 吾以此獸放之, 殺汝.(『松南雜識』)

497) 울릉(鬱陵) : 울릉대다. 제힘을 믿고 남을 위협한다는 의미.

현하지변
懸河之辯

진(晉)나라 왕연(王衍)[498]이 "곽상(郭象)[499]의 말을 들어보니 마치 하수(河水)를 거꾸로 쏟아 붓는 듯 거침없었다"[500]라고 하였다.

지금 변론을 잘하는 것을 '현하(懸河)'라고 하는 말은 여기에서 유래하였다.

이기지 못하는 것을 '진'이라고 한다
不勝謂進

"진준(陳遵)[501]의 조부 진수(陳遂)[502]가 선제(宣帝)와 바둑을 둬서 자주 졌기 때문에 재물을 올렸다"[503]라고 하였는데, 그 주석에서 "진(進)은 진수(陳遂)가 져서 진상한 재물이다"라고 하였다.

지금도 '지다[進]'라고 한다.

---

498) 왕연(王衍) : 진(晉)나라 사람. 자는 이보(夷甫). 재주와 총명함이 당대에 최고였다. 노장사상을 이야기하기 좋아하였으며, 그의 평론을 모두가 흡족해 하였다고 한다. 석륵(石勒)에게 죽음을 당하였다.

499) 곽상(郭象) : 진(晉)나라 사람. 자는 자현(子玄). 노자·장자를 좋아하였고 청담(淸談)을 잘 하였다. 향수(向秀)가 완성하지 못한 『장자』의 「추수(秋水)」·「지락(至樂)」 두 편의 주를 달았다.

500) 王衍**每**云, 聽象語, 如懸河**瀉水注而**不竭.(『晉書, 卷五十, 列傳, 第二十, 郭象』) → 王衍云, 聽**郭**象語, 如懸河不竭.(『韻府羣玉, 懸河不竭』) → 王衍云, 聽郭象語, 如懸河不竭.(『松南雜識』)

501) 진준(陳遵) : 한(漢)나라 사람. 자는 맹공(孟公). 성품이 방종하고 얽매임이 없었다. 큰 잔치를 열고 손님이 오면 문을 닫아걸고 손님 수레의 바퀴 차축에 꽂는 비녀를 물에 던져서 돌아가지 못하게 하였다고 한다.

502) 진수(陳遂) : 한(漢)나라 사람. 자는 장자(長子). 한나라 선제와 친구로 선제가 즉위하자 태원태수(太原太守)가 되었다.

503) 陳遵**字孟公杜陵人也**. **祖**父遂**字長子**, 宣帝**微時**, **與有故相隨**博奕, 數負進.(『前漢書, 卷九十二, 游俠傳, 第六十二, 陳遵』) → 陳遵父遂, **與**宣帝博奕, 數負進.(『松南雜識』)

타토
打兎

『잡서(雜書)』에서 "백읍고(伯邑考)[504]가 주왕(紂王)[505]과 바둑을 두는데 수를 물려주지 않자, 주왕(紂王)이 백읍고를 젓갈로 만들어 문왕(文王)에게 주고 먹게 하였다. 문왕이 소리치며 토하니, 산토끼로 변하여 가버렸다"라고 하였다. 이백(李白)이 "용건(龍巾)[506]으로 토한 것을 닦게 하였다"[507]라고 한 말이 이것이다. 『춘추좌전(春秋左傳)』에서는 '각(縠)'이라고 하였으니, 지금 토각(吐縠)을 '타토(打兎)'라고 한다.

살펴보건대, 바둑 둘 때 수를 물려주지 않는 것은 한나라 경제(景帝)가 장기를 두다가 장기판으로 오태자(吳太子)를 죽인 일[508]과 같다.

화반
和盤

『어류(語類)』에서 "조금도 남김 없이 생각을 모두 말하였다[和盤托出][509]"라고 하였는데, 대개 화반은 국수판이고, '탁(托)'은 감춰두지 않고 모두 내놓으니 속내가 없는 것이다.

---

504) 백읍고(伯邑考) : 주(周)나라 문왕(文王)의 장자. 상나라에 인질로 가 있었는데, 주왕(紂王)이 삶아 죽였다고 한다.

505) 주왕(紂王) : 은나라의 마지막 임금. 이름은 제신(帝辛). 주(紂)는 시호. 지혜와 체력이 뛰어났으나, 주색을 일삼고 포학한 정치를 하여 인심을 잃어 무왕에게 살해되었다.

506) 용건(龍巾) : 군왕(君王)이 사용하는 수건.

507) 李白 …… 龍巾拭**吐**.(『類說, 卷三十四, 摭言, 李白遊華山』) → 李白龍巾拭**兎**.(『松南雜識』)

508) 한 문제(漢文帝) 때 오 태자가 황태자(皇太子)와 술을 마시며 장기를 두었다. 오 태자는 본래 교만하고 건방졌는데, 장기의 길을 다투다가 공손치 못하자, 황태자는 장기판으로 오 태자를 때려 죽였다.

509) 화반탁출(和盤托出) : 음식물을 소반에 차려서 들고 나온다는 뜻으로, 일체 남기지 않고 드러냄을 이름.

지금의 '부처 밑둥을 들면 삼거웃이 나온다'는 말이니, 부처를 만들 때 삼거웃으로 그 뱃속을 채우니 '화반탁(和盤托)'이라는 말과 의미가 같다.

삼단삼단
三端三短

『한시외전(韓詩外傳)』에서 "문사의 붓 끝[筆端] · 용사의 칼 끝[劍端] · 변사(辯士)의 혀 끝[舌端]을 '삼단(三端)'이라고 한다"[510]라고 하였다.

북제(北齊)의 이해(李諧)[511]는 목에 혹이 나서 턱을 들고 다녔으며, 육발이였기 때문에 느릿느릿 걸었으며, 말을 더듬었기 때문에 말을 천천히 하였으니, 이것을 '선삼단(善三短 : 좋은 세 가지 단점)'이라고 하였다.[512]

민간에서는 손님과 마주 하여 이야기를 할 때 문벌이 시원찮은 것, 과거장에 들어가서 문장 실력이 변변찮은 것, 기방에서 색을 쓰는데 정력이 약한 것을 또한 '삼단(三短)'이라고 한다. 또 신부가 신랑의 잘난 용모를 보고서 몰래 좋아 하는 것, 산림처사가 천거되고서 몰래 좋아 하는 것, 농부가 흉년에 저만 농사 잘 되고서 몰래 좋아하는 것을 또한 '삼암희(三暗喜 : 세 가지 몰래 기뻐하는 것)'라고 한다.

---

510) **君子避三端**, 文士筆端, 勇士鋒端, 辯士舌端. 韓詩外傳.(『韻府羣玉, 避三端』)→韓詩外傳曰, 文士筆端, 勇士鋒端, 辯士舌端.(『松南雜識』)

511) 이해(李諧) : 후위(後魏) 사람. 자는 건화(虔和). 널리 배우고 문장이 뛰어나 당시에 준재라고 일컬어졌다. 아버지 장(獎)의 관직을 이어받아 금자광록대부에 올랐다.

512) 諧爲**人短小六指**, 因癭而擧頤, 因跛而緩步, 因謇而徐言, **人言李諧**善**用**三短.(『北史, 卷四十三, 列傳, 第三十一, 李諧』)→李諧, 因癭而擧頤, 因跛而緩步, 因謇而徐言, **是謂**善三短.(『松南雜識)』

자신이 만든 법에 걸려 죽다
爲法自斃

진(秦)나라 역사에 나오는 상앙(商鞅)[513]의 고사인데, 불서(佛書)에서 "마치 누에가 고치를 만들 때 실을 토해 스스로를 묶는 것과 같다"라고 한 말과 같다.

견문발검
見蚊拔劍

왕사(王思)[514]는 성질이 급하였다. 글을 쓰려고 할 때 파리가 날아와 붓끝에 날아 앉았더니, 갔다가 다시 날아왔는데, 왕사가 화가 나서 칼을 뽑아 쫓았다.[515]

천균(千勻)이나 되는 쇠뇌로 생쥐를 잡으려고 쏘는 것과 같다. 지금은 와전되어 '모기 보고 칼 뽑는다[見蚊拔劍]'라고 한다.

삽발
鍤墢

『국어(國語)』에서 "왕이 한 번 흙을 파 뒤집었다[王耕一墢]"[516]라고 하

513) 상앙(商鞅) : 전국 시대 진(秦)나라의 정치가. 진나라로 가서 효공(孝公)에게 채용되었다. 부국강병의 계책을 세워 형법·가족법·토지법 등 여러 방면에 걸친 대개혁을 단행함으로써 후일 진제국 성립의 기반을 세웠다. 10년간 진나라의 재상으로 있으면서 엄격한 법치주의 정치를 폈기 때문에 많은 사람들의 원한을 샀으며, 효공이 죽자 반대파들에 의해 거열형(車裂刑)에 처해졌다.

514) 왕사(王思) : 중국 삼국 시대 위(魏)나라.

515) 王思性急, 方書有蠅飛在筆端, 去復來, 思怒**投筆**, 拔劍逐**蠅**之.(『韻府羣玉, 劒逐蠅』)
→王思性急, 方書有蠅飛在筆端, 去復來, 思怒拔劒逐之.(『松南雜識』)

516) 『國語, 卷一, 周語上』.

였다. 지금은 삽으로 한 번 흙을 파 뒤집다는 뜻의 '일발(一撥)' 와전되어 '일식(一食)'이 되었다.

옛 시에 "한 번 쟁기질하기 좋을 만큼의 봄비가 내렸다[一犂春雨足]"라고 하였다. 지금 농가(農家)에서 '한 번 호미질 할 비', '한 번 쟁기질 할 비'라고 하는 말이 이것이다.

달아나는 게 상책
走爲上策

『송사(宋史)』에서 "단도제(檀道濟)[517]의 삼십육책(三十六策) 중에서 도망가는 것이 상책(上策)이다"[518]라고 하였다.

청와장
靑瓦匠

세상에 다음과 같은 이야기가 전한다.

옛날 우리나라에 어떤 사람이 청기와 만드는 법을 터득하였는데, 이익을 독점하여 부자가 되었지만, 다른 사람에게 기술을 알려주지 않고 죽으니, 기술이 또한 광릉산(廣陵散)[519]처럼 전해지지 않았다.

---

517) 「주여도반(走與稻飯)」의 주석 참조.

518) 檀公三十六策走爲上**策**.(『資治通鑑, 卷一百四十一, 齊紀七, 高宗明皇帝下』) → 檀**道**濟三十六策, 走爲上**計**.(『松南雜識』)
* 단도제(檀道濟)가 위(魏)를 피한 것을 당시 사람들이 비웃으면서 한 말임.

519) 광릉산(廣陵散) : 거문고 곡조의 이름. 진(晉)의 혜강(嵇康)이 타인에게 전수하지 않기로 맹세하고 어떤 객으로부터 배웠다고 한다. 혜강이 처형을 당할 때 거문고를 가져오게 하여 광릉산(廣陵散)을 연주 하였는데, 연주가 끝나자 "이 곡은 더 이상 전해지지 않을 것이다"라고 하였다.

지금 이익을 독점하는 사람의 심술(心術)을 '청기와 장인'이라고 한다.

당랑거철

螳螂拒轍

운서(韻書)에서 "사마귀가 화가 나서 앞다리로 수레바퀴를 막아섰다"[520]라고 하였다.

『회남자(淮南子)』에서 "제(齊)나라 장공(莊公)이 사냥을 나갔다가 사마귀를 보고 '용사로다' 하고 수레를 돌려 피해 가게 하였다"[521]라고 하였다.

지금 약자가 강자를 대적하는 것을 '거철(拒轍)'이라고 한다. '반문농부(班門弄斧)'[522]와 같은 것을 이르니 바로 이학(耳學)[523]의 오류이다.

어변성룡

魚變成龍

'어변성룡(魚變成龍)'을 지금은 사람이 좋게 변하는 것을 말한다. 전진(前秦)[524]의 노래에서 이른바 "동해의 큰 물고기 변하여 용이 되었네[東海大魚化爲龍]"[525]라고 한 말이 이것이니, 바로 이백(李白)의 시에서 "대

---

520) **螳蜋**怒其臂以當車轍.(『洪武正韻, 螳』) → 怒其臂以當車轍.(『松南雜識』)

521) 齊莊公出獵, **有一蟲擧足將搏其輪, 問其御曰, 此何蟲也, 對曰此所謂螳螂者也, 其爲蟲也, 知進而不知却, 不量力而輕敵. 莊公**曰, **此爲人, 而必爲天下**勇武矣, 廻車**而**避之.(『淮南子, 人間訓』) → 齊莊公出獵**見之**曰, 勇**士**, 廻車避之.(『松南雜識』)

522) 반문농부(班門弄斧) : 노(魯)나라 명공(名工)인 공수반(公輸班)의 집 앞에서 함부로 무엇을 만들려고 하는 것을 말한다. 자기의 분수를 모르는 것을 비유함.

523) 이학(耳學) : 들은 것에 만족하여 더 이상 연구나 사색을 하지 않는 공부를 말함.

524) 전진(前秦) : 오호 십육국 가운데 351년 저족(氐族)의 부건(苻健)이 세운 나라. 한때 화북(華北)을 통일하여 위세를 떨쳤으나, 394년 후진을 세운 강족(羌族) 출신의 요장(姚萇)에게 망하였다.

현(大賢)이 호랑이처럼 변한 줄 어리석은 이는 헤아리지 못했네"[526]라고 한 것이다.

좋지 못하게 변하는 경우는 「이소(離騷)」에서 "향초가 변하여 띠풀이 되었네[荃蕙化而爲茅]"[527]라고 하였고, 『주례(周禮)』[528]에서 "귤이 회수(淮水)를 건너서 북쪽으로 가면 탱자가 된다"[529]라고 하였으니, 바로 백거이(白居易)의 시에서 "용 되는 것이 물고기로 사는 것보다 좋지만은 않다[爲龍未必勝爲魚]"[530]라고 한 말이 이것이다.

작작공
雀雀孔

민간에 다음과 같은 이야기가 전한다.

어떤 선비가 '공작(孔雀)'이라는 부제(賦題)를 보고 취기에 장난삼아 첫 구부터 끝 구까지 '공공작이작작(孔孔雀而雀雀) 작작공이공공(雀雀孔而孔孔)'으로 시편을 완성하였는데, 어쩌다 잘못해서 높은 등수로 뽑히자 시험관들이 크게 웃었다.

지금은 여럿이 떠드는 소리를 말한다. 제비가 '지지위지지, 부지위부지(知之謂知之, 不知謂不知)'[531]라고 지저귄다고 하는 말과 같다.

---

525) 『晉書, 卷一百十二, 苻生, 載記, 第十二』.
526) 大**賢**虎變愚不測.(「梁甫吟」) → 大**人**虎變愚不測.(『松南雜識』)
527) 굴원(屈原)의 작품.
* 군자가 변하여 소인이 되고 충신(忠信)이 변하여 영위(佞僞)가 됨을 비유한다.
528) 『松南雜識』에는 '禮記'로 되어 있음.
529) 橘**踰**淮而**北**爲枳.(『周禮注疏, 卷三十九, 冬官, 考工記』) → 橘**渡**淮而爲枳.(『松南雜識』)
530) 「점액어(點額魚)」.
531) 知**之**謂知之, 不知謂不知.(『論語, 爲政』) → 知**知**謂知之, 不知謂不知.(『松南雜識』)

복작
復爵

지금 종묘(宗廟)의 대제(大祭)[532]에서 제사가 끝나고 공신(功臣)의 위패를 배향할 때 인의(引儀)[533]가 '헌작(獻爵)' 또는 '복위(復位)'라고 외치는데, 밖에서 그 전하는 소리를 들으면 '복작(復爵)' · '작복(爵復)' · '복작(復爵)'이라고만 들린다.

그렇기 때문에 지금은 매우 떠들썩한 것을 '복작(復爵)'이라 한다.

자조
刺嘈

『용성록(龍城錄)』[534]에서 "큰 매화나무 위에서 파랑새가 조잘거린다"[535]라고 하였다.

지금은 때까치의 혓바닥처럼 급히 말하여 말이 겹치는 것을 '자조(刺嘈)'라고 한다.

---

* '아는 것을 안다고 하고 모르는 것을 모른다고 한다'는 의미.

532) 대제(大祭) : 조선조 제례(制禮)의 하나. 종묘(宗廟)에는 정월 · 4월 · 7월 · 10월 상순(上旬)에, 영녕전(永寧殿)에는 4월 · 7월 상순에, 사직(社稷)에는 2월 · 8월의 첫 무일(戊日)과 납일(臘日)에 제사한다.

533) 인의(引儀) : 통례원(通禮院)의 종6품 문관 벼슬. 조회(朝會)나 제사 등의 의식을 주관한다.

534) 『松南雜識』에는 '龍城集'으로 되어 있음.

535) 大梅花樹**上**, 有翠羽刺.(『古今事文類聚後集, 卷二十八, 花卉部, 飲梅花下』) → 大梅花**下**翠羽刺**嘈**.(『韻府羣玉, 刺嘈』) → 大梅花**下**, 有翠羽刺嘈.(『松南雜識』)

문동답서
問東答西

지금 아무렇게나 대답하며 방향을 바꾸는 것을 칭한다.

두보(杜甫)의 시(詩)에서,

얼굴을 들어 실컷 새를 보다가	仰面貪看鳥
머리를 돌려 엉뚱하게 대꾸하네	回頭錯應人[536]

라고 하였다.

우리나라의 「귀머거리를 조롱하다[嘲聾者]」라는 시에서,

욕을 먹어도 헤벌려 웃고	逢叱還開笑
동쪽을 물으면 서쪽을 대답하네	問東便答西
처자가 일을 말할 때마다	妻孥每道事
곧 소리를 낮추어 꾸짖네	卽責語聲低

라고 하였다.

또 『안자춘추(晏子春秋)』에서 말하였다.

제 경공(齊景公)이 물었다.

"동해의 대추가 꽃은 피는데 열매가 맺지 않는 이유는 무엇인가?"

안자(晏子)[537]가 대답하였다.

"진 목공(秦穆公)이 황포(黃布)에 대추를 싸서 동해에 이르러 그 황포를 던졌기 때문에 꽃은 펴도 열매를 맺지 않습니다."

---

536) 「만성 이수(漫成 二首)」.

537) 안자(晏子) : 안영(晏嬰). 춘추 시대 제나라의 정치가(?~B.C. 500). 자는 평중(平仲). 영공(靈公)·장공(莊公)·경공(景公)의 3대를 섬기면서 재상을 지냈다. 그의 언행을 후세의 사람이 기록한 책으로 『안자춘추(晏子春秋)』가 있다.

경공이 말하였다.

"나는 그대에게 거짓으로 물었을 뿐이다."

안자가 대답하였다.

"거짓으로 묻는 사람에게는 또한 거짓 대답이 마땅합니다."[538]

이 일화(逸話)는 '문동답서(問東答西)'와 다르면서도 같다.

소설
騷屑

두보의 시에,

농사는 모두 그르쳤고	農事都已休
전쟁이 소란스러움에랴	兵戈況騷屑[539]

라고 하였으니 '소설(騷屑)[540]'이라는 말의 유래는 오래되었다.

---

538) 景公**謂晏子曰**, 東海**之中**, **有水而赤**, **其中有**棗, 華而不實, 何也. 晏子**對**曰, **昔者**, 秦繆公, **乘龍舟而理天下**, **以**黃布裹烝棗, 至東海, **而捐**其布, **彼黃布故水赤**, **烝棗**故華**而**不實. 公曰, 吾**詳**問**子**, **何爲對**. **晏子**對曰, 嬰**聞之**, **詳**問者, 亦**詳**對**之也**.(『晏子春秋, 外篇, 不合經術者, 第八, 景公謂晏子東海之中有水而赤晏子詳對, 第十三』)→**齊**景公**問**, 東海**棗**華而不實何也. 晏子曰, 秦**穆**公黃布褁棗, 至東海, **投**其布, 故華**之**不實. 公曰, 吾**佯**問**爾**. 對曰, **佯**問者, 亦**當佯**對.(『松南雜識』)

539) 「희우(喜雨)」.

540) 소설(騷屑) : 요란(擾亂), 동란(動亂)의 의미.

패흥

敗興

송나라 사일(謝逸[541])이 반대림(潘大臨[542])에게 새로 지은 시가 있는지 묻자, 반대림이 대답하였다.

"어제 '온 성에 비바람이 부니 중양절(重陽節)이 가깝구나[滿城風雨近重陽]'라는 구절을 얻었는데, 조세(租稅)를 독촉하는 사람이 이르자 마침내 생각이 사라졌습니다."[543]

지금의 '패흥(敗興)'이란 말은 여기에서 유래하였다.

강운

强韻

『양서(梁書)』에서 "왕균(王筠[544])이 강운(强韻)으로 압운(押韻)을 잘하였다"라고 칭하였으니,[545] '강운(强韻)'이란 본래 시(詩)에 쓰는 용어인데 지금은 어려운 일에 대한 말로 쓰인다.

---

541) 사일(謝逸) : 북송의 시인. 자는 무일(無逸). 호는 계당(溪堂). 강서시파의 핵심적 인물이다.

542) 반대림(潘大臨) : 북송의 시인. 자는 빈로(邠老). 강서시파의 중요 작가. 저서로 『가산집(柯山集)』이 있다.

543) **趙**宋**潘大臨字邠老**, 謝無逸**嘗**問有新詩否. **答**曰, 昨日得滿城風雨近重陽句. **忽**催租人至, 遂敗人意, **只一句奉寄**.(『韻府羣玉, 得句催租』)→宋謝無逸, 問**潘邠老**, 有新詩否. 曰, 昨日得滿城風雨近重陽句, 催租人至, 遂敗人意.(『松南雜識』)

544) 왕균(王筠) : 양나라 사람. 자는 원례(元禮)·덕유(德柔). 낭야(琅邪) 임기(臨沂) 출신.

545) 筠**爲文能**, **壓**强韻.(『梁書, 卷三十三, 列傳, 第二十七, 王筠』)→梁史稱王筠善押强韻.(『韻府羣玉, 趂韻』)→梁史稱王筠善押强韻.(『松南雜識』)

영리
伶俐

『자휘(字彙)』에서 "방언에 영리하고 지혜로운 것을 '영리(伶俐)'라고 한다"[546]라고 하였다.

지금은 총명한 사람을 '백영백리(百伶百俐)'라 한다.

횡설수설
橫說竪說

『고려사』에서 "포은(圃隱) 정몽주(鄭夢周)[547]가 경전(經典)을 강론(講論)함에 종횡(縱橫)으로 하여 모두 그 마땅함을 얻었다"라고 하였다.

지금은 와전되어 '말이 정선(精選)되지 않는 것'을 이른다.

의단
疑團

불서(佛書)[548]에서 말하였다.

규당(圭堂)이 "사람에게서 처분(處分)을 찾고 증거를 묻는 것은 '의단(疑團)'이 아직 존재하기 때문이다"[549]라고 말하였으니, 지금의 '의

---

546) 伶俐黠慧**也**.(『康熙字典, 伶』)→**方言謂**黠慧**曰**伶俐.(『松南雜識』)

547) 정몽주(鄭夢周) : 고려 말기의 충신·유학자(1337~1392). 초명은 몽란(夢蘭)·몽룡(夢龍), 자는 달가(達可), 호는 포은(圃隱). 오부 학당과 향교를 세워 후진을 가르치고, 유학을 진흥하여 성리학의 기초를 닦았다. 명나라를 배척하고 원나라와 가깝게 지내자는 정책에 반대하고, 끝까지 고려를 받들었다. 문집에 『포은집』이 있다.

548) 불서(佛書) : 전등록(傳燈錄)을 이름.

549) 圭堂曰, 從人覓處分, 問證據者, 疑團, 猶在也.(『韻府群玉, 疑團』)→**佛書**, 圭堂曰,

단(疑端)'[550]이라는 말이다.

엽등
躐等

『예기(禮記)』에서 "학문은 순서를 뛰어넘어서는 안된다[學不躐等]"[551]라고 하였다.

지금은 불차(不次)[552]를 이르니, '관질초천(官秩超遷)'[553]과 같은 의미의 말이다.

부용
附庸

『맹자(孟子)』에서 "제후(諸侯)에게 부속(附屬)되는 것을 부용(附庸)이라고 한다[附於諸侯曰附庸]"[554]라고 하였으니, 『시경(詩經)』에서,

산천(山川)과 토전(土田)과	錫之山川
부용(附庸)을 하사하도다	土田附庸[555]

라고 한 말이 이것이다.

지금은 남에게 붙는 것을 의미한다.

從人覓處分, 問證據者, 疑團, 猶在也.(『松南雜識』)

550) 의단(疑端) : 의심스러운 실마리.

551) 『禮記, 學記』.

552) 불차(不次) : 순서를 따르지 않는 인사 행정의 특례.

553) 관질초천(官秩超遷) : 관질(官秩)의 등급을 뛰어넘어서 올라감.

554) 『孟子, 萬章下』.

555) 『詩經, 魯頌, 閟宮』.

미봉
彌縫

『춘추좌씨전(春秋左氏傳)』에서 "편(偏)[556]을 앞에 세우고 오(伍)[557]를 뒤에 배치하여 오(伍)로써 편(偏)의 빈틈을 미봉한다[先偏後伍, 伍承彌縫]"[558]라고 하였는데, 「방두전(房杜傳)」[559]의 찬(贊)에서 "돕고 미봉한다[輔贊彌縫]"[560]라고 하였다.

지금 매사에 '미봉한다'는 말이 이것이다.

삭기
數奇

「이광전(李廣傳)」의 주석에서 "數의 음은 '삭'이니, 자주 흉노에게 패하여 때를 못 만나 불우하였다"[561]라고 하였다.

당시(唐詩)에서 "이광(李廣)은 공(功)이 없고 운수가 불우하였다[李廣無功緣數奇]"[562]라고 한 말이 이것이니, 또한 "단회종(段會宗)[563]이 충분히 안문(鴈門)에서의 불우함을 회복할 수 있다[足以復鴈門之踦]"[564]고 한 말

556) 편(偏) : 군사의 단위. 25대의 전차(戰車)를 편이라 한다.
557) 오(伍) : 군사의 단위. 5인(人)을 오라 한다.
558) **彌以中軍奉公爲魚麗之陳, 先偏後伍**, 伍承彌縫.(『春秋左傳, 桓公 五年』) → 伍承彌縫.(『松南雜識』)
559) 『당서(唐書), 방두전(房杜傳)』을 이름. '방두(房杜)'는 방현령(房玄齡)과 두여회(杜如晦)를 말한다.
560) 『唐書, 卷九十六, 列傳, 第二十一, 房杜』.
561) 孟康曰, 奇, 隻不耦也. 如淳曰, 數爲匈奴所敗, 爲奇不耦. 師古曰, 言廣命隻不耦合也. 孟說是矣.(『前漢書, 卷五十四, 李廣蘇建傳, 第二十四, 李廣』의 주석) → 李廣傳註, 數音朔, 數爲匈奴所敗, 爲奇不耦.(松南雜識』)
562) 왕유(王維)의 「노장행(老將行)」.
563) 단회종(段會宗) : 한(漢)나라 상규(上邽) 출신. 자는 자송(子松). 원제(元帝)·성제(成帝) 대에 뛰어난 전공이 있었다.
564) 『前漢書, 卷七十, 傳常鄭甘陳段傳, 第四十, 段會宗』.

과 같다.

지금은 '數'의 음을 '수'로 잘못 읽는다.

팔삭

八朔

우리나라에서 똑똑하지 못한 사람을 욕하는 말이니, 열 달[十朔]을 채우지 못하고 태어났다는 의미이다.

'팔(八)'은 중국 발음으로 '파'이다.

동갑

同甲

『주역(周易)』에서 "갑(甲)으로 먼저 사흘을 하며 갑(甲)으로 뒤에 사흘을 하여야 한다. 경(庚)으로 사흘을 먼저 하고 경(庚)으로 사흘을 뒤에 한다"565)라고 하였다.

「익봉전(翼奉傳)」에서 "달력이 갑경(甲庚)566)에 맞고 성품이 인의(仁義)에 맞는다"567)라고 하였다.

지금 같은 해에 태어난 사람을 '동갑(同甲)'이라고 한다. 송나라에 있었던 '동갑회(同甲會)'가 이것이다. '동경(同庚)'이라고도 한다.

---

* 應劭曰, 踦隻也, 會宗從沛郡下爲鴈門, 又坐法免爲踦隻不偶也.

565) **又蠱卦云**, 先甲三日 後甲三日 …… **又巽卦云**, 先庚三日 後庚三日.(『周易, 周易正義序』) → 先甲三日, 後甲三日. 先庚三日, 後庚三日.(『松南雜識』)

566) 『전한서(前漢書), 익봉전(翼奉傳)』의 장안(張晏)의 주석에서 "갑경(甲庚)은 모두 삼양(三陽)이다. 갑(甲)은 동방(東方)에 있으니 인(仁)이고 경(庚)은 서방(西方)에 있으니 의(義)다. 술(戌)는 공정(公正)이고 인오(寅午)는 염정(廉貞)이다"라고 하였다.

567) 歷中甲庚, **律得參陽**, 性中仁義.(『前漢書, 卷七十五, 眭兩夏侯京翼李傳, 第四十五, 翼奉』) → 歷中甲庚 性中仁義.(『松南雜識』)

팔불취
八不就

『골보(骨譜)』에서 "팔면(八面)으로 패(牌)를 이루지 못하는 것을 말한다"라고 하였다.

지금은 쓸모없는 사람을 욕하는 말이다.

설치
雪恥

『맹자(孟子)』에서 "양혜왕(梁惠王)이 태자(太子)를 위하여 설욕하고자 합니다"568)라고 하였다. 당 태종(唐太宗)의 시에서 "설욕(雪辱)하여 백왕(百王)에게 복수하고[雪恥酬百王]"569)라고 한 말이 이것이다.

568) 梁惠王曰, 晉國, 天下莫强焉, 叟之所知也, 及寡人之身, 東敗於齊, 長子死焉, 西喪地於秦七百里, 南辱於楚, 寡人恥之, 願比死者, 一洒之, 如之何則可.(『孟子, 梁惠王, 上』) → 梁惠王, 爲太子雪之.(『松南雜識』)

569) 『古今事文類聚別集, 卷三十一, 人事部, 詩話, 報讐』.

상구

桑龜[570]

본래 제갈각(諸葛恪)[571]의 말을 삼가는 경계인데, 지금은 '도리가 없다'는 것을 비유하는 말로 와전되었다.

우암(尤菴) 송시열(宋時烈)[572]이 귀양 가다가 주막의 벽에 적혀 있는 시를 보았다.

> 저자에 범이 있다는 말도 세 번 들으면 누구나 믿고
>
> 三傳市虎人皆信[573]
>
> 치마의 벌을 한 번 당기면 아버지도 의심하네
>
> 一掣裙蜂父亦疑[574]

---

570) 상구(桑龜) : 말을 삼가라는 뜻이다. 삼국(三國) 오(吳)의 손권(孫權) 때 영강(永康) 사람이 산에 들어가서 큰 거북 한 마리를 잡아왔는데, 거북이 사람의 말을 하므로 이상하게 여겨 오왕(吳王)에게 바치려 하였다. 밤에 월리(越里)에 이르러 큰 뽕나무에 배를 매어 두었다. 그런데 밤중에 뽕나무가 거북을 부르며 "괴로운가? 원서(元緖 : 거북의 별칭)야, 무슨 일인가?"라고 하니, 거북이 "내가 묶여 와서 삶기게 되었는데, 남산(南山)의 나무를 다 태워도 나를 익히지 못할 것이다"라고 하였다. 뽕나무가 "제갈각(諸葛恪)은 박식하니 반드시 괴롭힐 것이다. 이제 나 같은 것을 구해서 삶는다면 네가 견딜 수 있겠는가?"라고 하니, 거북은 "너는 내일 말을 조심하라. 화가 네게도 미칠 것이다"라고 하자, 뽕나무가 조용히 있었다. 마침내 거북이가 손권에게 이르자 으를 삶게 했는데 나무 1만 수레를 때도 거북은 말짱하였다. 제갈각이 "오래 묵은 뽕나무로 때야 익는다"라고 하기에, 거북을 바친 사람이 거북과 뽕나무의 대화를 말하였다. 그래서 그 뽕나무를 베어다가 삶았더니 거북이 곧 삶아졌다.

571) 제갈각(諸葛恪) : 삼국 시대 오(吳)나라 사람. 자는 원손(元遜). 형주(荊州) 목사가 되어 중외(中外)의 군사를 다스리다가 손준(孫峻)에게 피살되었다.

572) 송시열(宋時烈) : 조선 숙종 때의 문신·학자(1607~1689). 아명은 성뢰(聖賚). 자는 영보(英甫). 호는 우암(尤庵). 효종의 장례 때 대왕대비의 복상(服喪) 문제로 남인과 대립하고, 후에는 노론의 영수(領袖)로서 숙종 15년(1689)에 왕세자의 책봉에 반대하다가 사사(賜死)되었다. 저서에 『우암집』·『송자대전(宋子大全)』 등이 있다.

573) 거듭 언급이 되면서 사실처럼 믿어지게 된 허무맹랑한 참소(讒訴)를 말한다. 저잣거리에는 호랑이가 나오지 않는 것을 뻔히 알면서도, 사람들이 세 차례나 호랑이가 나타났다고 하면 모두들 그렇게 믿게 된다는 '삼인성호(三人成虎)'의 이야기를 이른다.

574) 주(周)나라 선왕(宣王)의 신하 윤길보(尹吉甫)의 아들 백기(伯奇)가 계모를 지성으로 섬기었는데, 계모는 벌의 독을 제거하여 자기 옷에 붙게 하고는 백기가 떼려 하자 큰

세상의 공명은 나무 기러기처럼 볼지니

世上功名看木鴈

좌중에서 담소할 때도 말을 삼갈 지어다

座中談笑愼桑龜[575]

그 말은 "마음속의 일을 친구에게 말하여 알게 하지 마라. 다른 날 정(情)이 시들해진 뒤엔 문득 큰 시비(是非)가 될 것이다"라는 경계인가 보다.

남명(南冥) 조식(曺植)[576]이 다음과 같은 시를 지었다.

사람이 바른 선비를 좋아하는 것은　　人之愛正士
호랑이 가죽을 좋아하는 것과 같아　　好虎皮相似
생전에는 죽이려 하다가　　生則欲殺之[577]
죽은 뒤에야 아름답다 칭송하네　　死後方稱美[578]

이 역시 생각이 있어 시로 표현한 듯하다.

소리를 지르면서 백기가 자기를 유혹한다며 길보에게 모함한 일이 있다.

575) **問**. **有人言先生自北南遷時**, **到嶺東村舍**, **有題詩句者**, **其**詩**曰**, 三傳市虎人皆信 一**撥**裙蜂父亦疑, 世上功名看木雁, 座中談笑愼桑龜.(『宋子大全, 卷五十一, 書, 答金延之, 別紙』)→**尤庵謫**, **見店壁有**詩**云**, 三傳市虎人皆信, 一**掣**裙蜂父亦疑, 世上功名看木雁, 座中談笑愼桑龜**云**.(『松南雜識』)

576) 조식(曺植) : 조선 시대의 학자(1501~1572). 자는 건중(楗仲 · 健中). 호는 남명(南冥). 여러 차례 벼슬이 내려졌으나 성리학 연구와 후진 양성에만 전념하였다. 저서에 『남명집』 · 『남명학기』 · 『파한잡기(破閑雜記)』가 있다.

577) 『松南雜識』와 『지봉유설』 · 『성호사설』에는 "生前欲殺之"으로 되어 있음.

578) 「우음(偶吟)」.

요행
徼幸

주(周) 무왕(武王)이 신발에 적기를,

다닐 때는 반드시 정도(正道)를 생각하고 行必慮正
요행(僥倖)을 바라지 마라 無懷僥倖[579]

라고 하였으니, 『중용(中庸)』에 "소인은 요행을 바란다[小人徼幸]"[580]라고 한 말이 이것이다.

중용
中庸

『중용(中庸)』에서 "군자(君子)는 중용(中庸)을 한다"[581]라고 하였고, 『한서(漢書)』에서 "천하의 중용(中庸) 호공(胡公)[582]이 있다"[583]라고 하니, 용렬(庸劣)이라는 의미로 칭해진 것의 시초인데, 명(明)나라의 호광(胡廣)[584] 역시 '중용(中庸)'으로 칭해졌다.

---

579) 書履曰, 行必慮正, 無懷僥倖.(『太平御覽, 卷五百九十, 文部六, 連珠, 銘』)

580) 小人**行險以**徼幸.(『中庸』) → 小人徼幸.(『松南雜識』)

581) **仲尼曰**, 君子中庸, **小人反中庸**.(『中庸』) → 君子中庸.(『松南雜識』)

582) 호공(胡公) : 한나라의 호광(胡廣)을 이름. 호광의 자는 백시(伯始). 남군(南郡) 화용(華容) 출신. 호광이 30여 년 동안 공대(公臺)에 있으면서 여섯 황제를 차례로 섬겼는데, 강직한 기풍이 없이 일을 좋게만 처리하며 어물쩍 넘겨 버렸으므로 당시에 "처리 못 할 일 있으면 백시에게 물어보라. 천하의 중용(中庸) 호공(胡公)이 있지 않나"라는 말이 유행하였다.

583) **及母卒, 居喪盡哀, 率禮無愆, 性溫柔謹, 素常遜言恭色達練事體明解朝章, 雖無謇直之風,屢有補闕之益, 故京師諺曰, 萬事不理問伯始**, 天下中庸有胡公.(『後漢書, 卷七十四, 鄧張徐張胡列傳第三十四, 胡廣傳』) → 天下中庸有胡公.(『松南雜識』)

584) 호광(胡廣) : 명(明)나라 길수(吉水) 출신. 자는 광대(光大). 성조(成祖) 대에 문연각대학사(文淵閣大學士)에 이르렀다. 시호는 문목(文穆).

야속
野俗

지금 '야박한 인정(人情)'을 '야박시속(野薄時俗)'이라고 하는데, 인정이 두터운 경우는 '탈속(脫俗)'이라고 한다.

고집
固執

『중용』에서 "선(善)을 택하여 굳게 지킨다[擇善而固執]"[585]라고 하였는데, 만약 선(善)을 택하지 못하면 자막(子莫)[586]의 집중(執中)이다.

우리나라에 '황고집(黃固執)'이란 사람이 있다. 또 우리나라 시에 "천하에 돌리기 어렵기가 닭고집[天下難回鷄固執]"이라고 하였다.

칠반천역
七般賤役

반계(磻溪) 유형원(柳馨遠)이 "지금의 조예(皁隷)는 옛날 도(徒)의 직임(職任)이다"라고 하였는데, 그 주석에서 말하였다.

『춘추좌씨전』에서 "선비의 신하가 조(皁)이고 조의 신하가 여(輿)이고 여의 신하가 예(隷)이다"라고 하였는데, 복건(服虔)[587]이 "조(皁)는

585) 擇善**而**固執**之者也**.(『中庸』)→擇善固執.(『松南雜識』)

586) 『맹자(孟子), 진심(盡心)』에서 "자막(子莫)은 이 중간을 잡았으니, 중간을 잡는 것이 도(道)에 가까우나, 중간을 잡고 저울질함이 없는 것은 한쪽을 잡는 것과 같다[子莫, 執中, 執中, 爲近之, 執中無權, 猶執一也]"라고 하였다. 자막(子莫)은 노(魯)나라의 현인(賢人)으로 양주(楊朱)의 불급(不及)과 묵적(墨翟)의 과(過)를 참작하여 중도(中道)를 주장하였지만, 권변(權變)이 없는 큰 병통이 있다.

조(造)이니 일을 조성(造成)한다는 의미이고, 여(輿)는 중(衆)이니 모든 일[衆事]을 실행한다는 의미이고, 예(隸)는 관리에게 예속 된다는 의미이다"라고 말하였다.[588]

『전률휘편(典律彙編)』에서 "칠반천역(七般賤役)[589]은 조례(皁隸)[590]·일수(日守)[591]·나장(羅將)[592]·조군(漕軍)[593]·수군(水軍)[594]·봉군(烽軍)[595]·역보(驛保)[596]이다"라고 하였다.

파연
罷輭

가의(賈誼)의 책문(策文)에서 "피폐하고 연약한 까닭에, 임무를 감당할 수 없습니다[坐罷軟不勝任]"[597]라고 하였다.

지금은 '쇠잔(衰殘)하고 무기력한 것'을 말한다.

---

587) 복건(服虔) : 후한의 학자. 영양(滎陽) 출신. 자는 자신(子慎). 정현(鄭玄)이 『춘추』를 주(註)할 때 도움을 준 일이 있음.

588) **按**今之皀隷, **卽**古徒之任也. 〈…… **又按**左傳, 士臣皁, 皁臣輿, 輿臣隷. 服虔**云**, 皁, 造也, 造成事也, 輿, 衆也, 擧衆事也. 隷, 隷屬於吏也.〉(『磻溪隨錄, 卷十八, 職官攷說下, 吏隷附』)→今之皀隷, 古徒之任也. 左傳, 士臣皁, 皁臣輿, 輿臣隷. 服虔**曰**, 皁造也, 造成事也, 輿衆也, 擧衆事也, 隷, 隷屬於吏也.(『松南雜識』)

589) 칠반천역(七般賤役) : 조선 시대에, 천한 계급이 종사하던 일곱 가지 천한 구실.

590) 조례(皁隷) : 서울의 각 관아에서 부리던 하인.

591) 일수(日守) : 조선 시대에, 지방 관아나 역에 속하여 잡무를 맡아보던 구실아치.

592) 나장(羅將) : 조선 시대에, 의금부에 속하여, 죄인을 문초할 때에 매질하는 일과 귀양 가는 죄인을 압송하는 일을 맡아보는 하급관리. 禁府羅將.

593) 조군(漕軍) : 고려·조선 시대에, 조선(漕船)에 승선하여 조운 활동에 종사하던 선원. ≒ 조졸(漕卒)·수부(水夫).

594) 수군(水軍) : 수군에 속한 병졸.

595) 봉군(烽軍) : 봉화를 올리는 일을 맡아보던 군사. ≒ 봉수군(烽燧軍)·봉졸(烽卒)·간망군.

596) 역보(驛保) : 조선 시대에, 역졸(驛卒)의 보인(保人)을 통틀어 이르던 말.

597) 『前漢書, 卷四十八, 賈誼傳, 第十八』.

당돌
唐突

『세설신어(世說新語)』에서 말하였다.

주의(周顗)[598]가 "어찌 못난 무염(無鹽)[599]을 새기고 그려서 서시(西施)[600]에게 당돌(唐突)하겠는가"라고 말하였다.[601]

지금은 '방자하다'는 의미의 말이 되었으나, 본래는 '당돌(搪突)'이다.[602]

근래에,

명산대천을 두루 다녀	周流名山大川
명월청풍에 당돌한다	唐突明月淸風

라는 말을 주련(柱聯)으로 만든 사람이 있다.

갈등
葛藤

『운부군옥(韻府群玉)』에서 "말에 갈등이 있다[話葛藤]"라고 하였으니, 세상에서는 '현격하게 배치되는 일'을 이른다.

---

598) 주의(周顗) : 진(晉)나라 사람. 자는 백인(伯仁).
599) 무염(無鹽) : 춘추 시대의 유명한 추녀.
600) 서시(西施) : 춘추 시대 월(越)나라의 유명한 미녀. 적국인 오(吳)나라 부차(夫差)의 총희(寵姬)가 되었는데, 부차가 이에 빠져서 국정을 피폐케 하여 월나라에 멸망당하였다.
601) 周曰, 何乃刻畫無鹽, **以**唐突西**子也**.(『世說新語, 卷下之下, 輕詆, 第二十六』) → 周**顗**曰, 何乃刻畫無鹽, 唐突西**施**.(『松南雜識』)
602) 당돌(搪突) : 무릅써 범함, 저촉(抵觸)의 의미. = 唐突・搪揬.

『고시기(古詩記)』[603]에서 말하였다.

어떤 사람이 동쪽들에서 등불이 비추는 집을 보고 찾아가서 투숙하였는데, 아침에 떠나면서 그 집의 소녀에게 이름을 묻자 다음과 같이 노래하였다.

길게 뻗친 칡 위의 등나무	連綿葛上藤
하나는 수(綏)[604]이고 또 하나는 긍(絙)[605]일세	一綏復一絙[606]

전설에서 "백두산(白頭山) 위에 칡 한 뿌리가 자라는데, 중국 쪽으로 퍼져 나가는 것은 등(藤)이 되고 우리나라 쪽으로 향하는 것은 칡이 되니, 본래 같은 뿌리이지만 각각 다른 식물이 된다"라고 하였다.

심상
尋常

『국어(國語)』[607]에서 "여덟 자가 심(尋)이고 심의 두 배가 상(常)이다"[608]라고 하였다. 손제(孫濟)[609]는 술을 좋아하여 "여덟 자[尋]나 열여섯 자[常] 가다가 앉은 곳에 남의 술빛 값아 줄 돈이 없다"[610]라고 했으

603) 고시기(古詩紀) : 명나라 풍유눌(馮惟訥)이 편찬한 책. 총 156권. 총집류(總集類)
604) 수(綏) : 수레에 탈 때 잡는 줄.
605) 긍(絙) : 굵은 동아줄.
606)〈幽明錄曰, 句章人, 至東野還, 暮不至門, 見路傍有小屋燈火, 因投寄止宿, 有一小女不欲與丈夫共宿, 呼隣家女自伴, 夜共彈琴箜篌至曉, 此人謝去, 問其姓字, 女不答, 彈琴而歌曰. 連綿葛上藤, 一綏復一絙, 欲知我姓名, 姓陳名阿登.〉(『古詩紀, 卷一百四十四, 外集第四, 鬼詩, 陳阿登彈琴歌』) → 人有東野見燈火投宿, 女子歌云, 連綿葛上藤, 一綏復一絙.(『松南雜識』)
607) 『국어(國語)』에 없는 내용임.
608) 八尺爲尋, 倍尋爲常.(『國語, 卷三, 周語下』의 주석)
609) 손제(孫濟) : 오(吳)나라 사람. 손권(孫權)의 조카.

니, 대개 일심(一尋) 일상(一常)의 거리를 출행(出行)한다는 말이다.

후대에는 '의례적'이라는 의미로 칭해졌다.

흥청
興靑

연산군(燕山君)이 운평(運平)[611]과 악공(樂工)을 설치하고 각 도(道)의 창기(娼妓)를 모아, 천과(天科) · 지과(地科) · 흥청(興靑)이란 이름으로 불렀다. 지금은 와전되어 '기방(妓房)에 들어가 노는 사람'을 일컫는다.

『강희자전(康熙字典)』에서 '婸'의 음은 '탕'이다"라고 하였는데, 그 주석에서 "음란한 놀이이다"[612]라고 하였다. 지금 '농탕(弄婸)[613]'이란 말은 여기서 유래하였다.

청루
靑樓

진(晉)나라 서주(西州)의 노래에서,

남쪽에는 붉은 문이 열렸고	南開朱門
북쪽으로 푸른 누대 바라본다	北望靑樓

라고 하였는데, 그 주석에서 "국윤(麴允)과 유씨(游氏)가 부호(富豪)이다"[614]

610) 孫**權姪**濟嗜酒曰, 尋常行坐處, 欠人酒債.(『韻府羣玉, 酒債』) → 孫濟嗜酒曰, 尋常行坐處, 欠人酒債.(『松南雜識』)

611) 운평(運平) : 조선 연산군 때에, 여러 고을에 널리 모아 둔 가무(歌舞) 기생. 이들 가운데서 대궐로 뽑혀 온 기생을 흥청(興淸)이라고 하였다.

612) 音蕩, **說文**, **放也**, **一曰**淫戲.(『康熙字典, 婸』) → 婸音蕩. **註**, 淫戲.(『松南雜識』)

613) 농탕(弄婸) : 농탕(弄蕩). 남녀가 음탕한 소리와 난잡한 행동으로 놀아 대는 짓.

라고 하였다. 당시(唐詩)에서 "청루가 큰 길가에 있네[青樓臨大道]",[615] "큰 길에 또 청루 있네[復有青樓大道中]"[616]라고 하여, 마침내 창가(娼家)의 별명(別名)이 되었으니, 유래가 오래되었다.

하우불이
下愚不移

본래 『논어(論語)』에 나오는 말인데,[617] 지금은 용렬(庸劣)한 사람에 대한 호칭이 되었다.

또 사마천의 『사기(史記)』에 이른바 '탑용(闒茸)'[618]이다.

게 잡아 물에 놓아주다
捉蟹放水

『구지필기(仇池筆記)』에서 "소식(蘇軾)이 게를 좋아하였는데, 훗날 누가 먹으라고 보내준 것이 있으면 모두 강에다 놓아주고 먹지 않았기 때문에 '고생'과 유사한 의미로 쓰인다"[619]라고 하였다.

은중감(殷仲堪)[620]이 요어(了語)[621]를 지어서 "고기를 깊은 연못에 던

---

614) 麴允, **金城人也**, 與游氏世爲豪**族**, 西州**爲之語曰**, ……南開朱門, 北**望**青樓.(『晉書, 卷八十九, 列傳, 第五十九, 麴允』) → 晉西州**謠云**, 南開朱門, 北**起**青樓, **註**, 麴允與游氏, 世爲豪**富也**.(『松南雜識』)

615) 우분(于濆)의 「청루곡(青樓曲)」.

616) 왕발(王勃)의 「임고대(臨高臺)」.

617) 『논어(論語), 양화(陽貨)』에 "공자께서 '오직 지극히 지혜로운 자와 하등의 어리석은 자는 변화시킬 수 없다[子曰, 唯上知與下愚不移]'고 말씀하셨다"라고 하였다.

618) 『史記, 卷八十四, 屈原賈生列傳, 第二十四』.

619) 東坡嗜蟹, 後有**見**餉者, 皆放之江中, 不以口腹故苦生類也. 仇池筆記.(『韻府羣玉, 東坡嗜蟹』) → 仇池筆記**云**, 東坡嗜蟹, 後有餉者, 皆放之江中, 不以口腹, 故苦生類也.(『松南雜識』)

지고 새를 날려 보낸다”622)라고 말하였다.

지금은 거의 성공한 일이 다시 실패하는 경우를 의미한다.

업은 아이 삼 년 찾기
負兒覓兒

『전등록(傳燈錄)』에서 “노새를 타고 노새를 찾고 소를 타고 소를 찾는다”623)라고 하였다.

지금의 “업은 아이 삼면에서 찾는다[負兒覓三面]”라는 말은 여기서 유래하여 와전된 듯하다.

상하사불급
上下寺不及624)

세상에 다음과 같은 이야기가 전해진다.

충주(忠州)에서 윗 절과 아랫 절에서 개 한 마리를 기르고 있었는

---

620) 은중감(殷仲堪) : 진(晉)나라 사람. 예장태수(豫章太守)와 형주자사(荊州刺史) 등을 지냈음.

621) 요어(了語) : 일종의 기지(機智)있는 농담으로 어이없는 상황을 만들어 이야기하는 것.

622) **桓南郡與殷荊州語次, 因共作**了語, **顧愷之曰, 火燒平原無遺燎, 桓曰, 白布纏棺竪旒旐, 殷曰,** 投魚深淵放飛鳥, **復作危語, 桓曰, 矛頭淅米劒頭炊, 殷曰, 百歲老翁攀枯枝, 顧曰, 井上轆轤臥嬰兒, 殷有一叅軍在坐云, 盲人騎瞎馬夜半臨深池, 殷曰,** 咄咄**逼人. 仲堪眇目故也.**(『世說新語, 卷下之下, 排調, 第二十五』)→**殷仲堪**, 了語**云**, 投魚深淵放飛鳥.(『松南雜識』)

623) 參禪有二病, 一是騎驢覓驢. …… 傳燈.(『韻府羣玉, 騎驢覓驢』)
大安禪師曰, 欲求識佛, 何者爲先. 百丈曰, 大似騎牛覓牛.(『韻府羣玉, 騎牛覓牛』)
→騎驢覓驢, 騎牛覓牛.(『松南雜識』)

624) 상하사불급(上下寺不及) : 위로도 아래로도 모두 미치지 못함. 또는 두 가지 일이 모두 실패하게 됨. ≒ 상하불급.

데, 개가 윗 절에서 내려오면 아랫 절에서는 윗 절에서 먹이를 주었다고 생각하고 먹이를 주지 않았고, 아랫 절에서 올라가면 윗 절에서도 똑같이 생각하였기에, 개가 끝내 먹이를 먹지 못하였다.

지금 '주인이 많은 객(客)'을 '두 절의 탄식[兩寺之歎]'이라고 한다.

거정
居停

송나라 정위(丁謂)[625]가 "거정(居停) 주인은 다시 말하지 마라[居停主人勿復言]"[626]라고 하였다.

지금 집 빌리는 것을 거정(居停)이라 하는 말은 여기서 유래하였다.[627]

동쪽에서 움직이고 서쪽에서 선다
東動西立

『설문해자(說文解字)』에서 '東'과 '動'은 음이 모두 '동(動)'이라고 하였고, '서(西)'는 우리나라에서 '서[立]'라 훈석하니, '동동서립(東動西立)'은 '만물이 동쪽에서 움직이고 서쪽에서 선다'는 의미이다. 남(南)은 우리나라에서 '낮[午]'이라고 훈석하지만 잘못 발음한 것이니, 해가 오방(午方)

---

625) 정위(丁謂) : 송나라 사람. 진종(眞宗)때에 참정(參政)을 지냈다. 당시 구준(寇準)이 정승으로 있었는데, 그에게 심히 아첨하였다. 일찍이 중서성(中書省)에서 회식하는데 구준의 수염에 국물이 묻었다. 정위가 일어나서 이를 털어 주니 구준이 웃으며 "참정은 나라의 대신인데 관장(官長)을 위하여 수염을 씻어 주는가?"라고 하니, 정위가 대단히 부끄러워하였다. 뒤에 구준을 참소하여 쫓아버리고 자기가 대신하였다.

626) 『宋史, 卷二百八十三, 列傳第四十二, 丁謂』.

627) 정위(丁謂)의 불의를 질책한 왕증(王曾)이 구준(寇準)에게 집을 빌려준 일이 있었기에, 정위가 왕증에게 '거정(居停) 주인'이라고 한 것임.

에서 이른다고 생각했기 때문이다. '北'은 패배(敗北)의 배(北)이니, '갈라진다'라는 의미이다.

많은 것을 양이라고 한다
衆多謂洋

『후청록(候鯖錄)』[628]에서 "산동(山東)에서는 '많음'을 양(洋)이라 한다"[629]라고 하였다.

지금 바다의 복판을 '양(洋)'이라 하니 또한 물이 많은 곳이다.

아청 · 다홍
雅青茶紅

산곡(山谷) 황정견(黃庭堅)의 시에 "아청색으로 진하게 물들인 것은 옛 책을 따른 것일세[漫染鴉青襲舊書]"[630]라고 하였는데, 우리나라에서 '아청(鴉青)'이라 하는 것은 갈가마귀 깃의 푸른 색과 같다는 말이다. '다홍(茶紅)'이라 하는 것은 산다화(山茶花)[631]의 붉은 색과 같다는 말이다. '초록(草綠)'이라고 하는 것은 풀의 푸른 색과 같다는 말인데, 우리나라에 '초록은 동색(同色)'이라는 말이 있지만, 공번(孔璠)이 제자인 이밀(李謐)에게 도리어 가서 배움을 청하였는데, "푸른색은 쪽풀에서 만들어지지만, 쪽풀은 푸른색보다 덜 푸르다"[632]라는 노래가 있었으니, 푸른색에도 농

628) 후청록(候鯖錄) : 송나라 조덕린(趙德麟)이 편찬한 책. 총 8권.
629) 洋者. 山東謂衆多爲洋.(『候鯖錄, 卷三』)
630) 「구범자묵염아청지 이수(求范子默染鴉青紙 二首)」.
631) 산다화(山茶花) : 동백꽃.
632) 李謐字永和, 涿郡人, 相州刺史安世之子, 少好學, 博通諸經, 周覽百氏, 初師事小學博士孔璠, 數年後, 璠還就謐請業, 同門生爲之語曰, 青成藍, 藍謝青, 師何常在明

담(濃淡)의 차이가 있나보다.

또 은(蒑)색은 운서(韻書)에서 "풀이름이니 일명은 초청색(草青色)이다"633)라고 하였으니, 지금의 담청색(淡青色)을 이른다.

자황

雌黃634)

진(晉)나라 왕연(王衍)635)이 경박하게 남과 약속하고 일에 따라 수시로 바꾸었기 때문에 사람들이 '입안의 자황(雌黃)'이라고 했으니, 잘못 쓴 글씨를 칠해 지운다는 말이다.

일습·두끼

一襲兩喫

「숙손통전(叔孫通傳)」636)에 "옷 일습(一襲)을 하사하였다"637)라고 하였으니, 지금 '일습'이란 말은 여기서 유래하였다.

經.(『魏書, 卷九十, 列傳, 逸士, 第七十八, 李謐』)→孔璠就李謐學, 有青成藍, 藍謝青之謠.(『松南雜識』)

633) 茱名, **一曰**草**色**青.(『洪武正韻, 卷三, 蒑』)→蒑**色**, **韻書云**, 茱名**也**, **又**草青**色**.(『松南雜識』)

634) 자황(雌黃) : 비소(砒素)와 유황(硫黃)의 혼합물인 황색의 결정체. 시문(詩文)의 첨삭(添削)에 쓰인다.

635) 왕연(王衍) : 진나라 때 재상. 자는 이보(夷甫). 석늑(石勒)에게 살해당했음.

636) 숙손통전(叔孫通傳) : 한(漢)나라의 학자 숙손통(叔孫通)의 전기. 숙손통(叔孫通)은 설현(薛縣) 사람으로, 일찍이 문학(文學)으로 명성이 있었다. 고조(高祖) 때에 천하가 평정되자, 숙손통이 제생(諸生)을 불러 야외(野外)에서 띠풀[蕝]을 묶어 위차(位次)를 표시하여 한 달 남짓 예악(禮樂)을 익히게 한 다음 고조에게 보이자, 고조가 이 모습을 보고 여러 신하들로 하여금 따라 익히게 하였다.

637) 賜**叔孫通帛二十匹**衣一襲.(『史記, 卷九十九, 劉敬叔孫通列傳, 第三十九, 叔孫通』)→賜衣一襲.(『松南雜識』)

한유의 글에 '아침에 한 사발 저녁에 한 사발[朝一盂, 暮一盂]'이란 말이 있으니, 지금의 '두끼[兩時]'라는 말이 이것이다. '끽(喫)'의 음이 '끼[其而]'로 와전되었다.

조호
雕虎

「사현부(思玄賦)」[638]에서 "호랑이를 조각하려고 하면서 코끼리를 연습함이여![執雕虎而試象兮]"라고 하였는데, 그 주석에 "'호랑이를 조각함[雕虎]'이란, 빈궁(貧窮)을 비유한 말이다"[639]라고 하였다.

지금은 '호랑이 같은 기세'를 일컫는 말로 와전되었다.

남루
藍縷

『춘추좌전』에서 "대나무로 만든 수레를 타고, 남루(藍縷)한 옷을 입고서 산림을 개척하였다[篳路藍縷, 以啓山林]"[640]라고 하였다.

양웅(揚雄)의 『방언(方言)』에서 "초나라 사람들은 옷이 떨어진 것을 '수첩(須捷)'이라고 하는데, '누열(褸裂)'이라고도 하고, '협사(挾斯)'라고도 한다"[641]라고 하였다. 곧, '현순백결(懸鶉百結)'[642]·'괘원괴납(掛猿壞

638) 후한(後漢) 장형(張衡)의 작품.

639) 執雕虎而試象兮〈**善曰**彫虎以喩貧, **試象以喩竭力.**〉(『文選, 卷十五, 志下, 思玄賦, 張平子』)→執雕虎而試象. **註**, 彫虎以喩貧**窮也**.(『松南雜識』)

640)『春秋左傳, 卷二十三, 宣公十二年』.

641) **褸裂須捷挾斯敗也**. **南**楚**凡**人, **貧**衣**被醜**敝, 謂**之**須捷, **或謂之**褸裂, **或謂之襤褸, 故左傳曰**, **篳路襤褸**, **以啓山林**, **殆謂此也**. **或**謂**之**挾斯, **器物敝**, **亦謂之挾斯**.(『方言』)→楚人衣敝謂須捷, **亦曰**褸裂, **又**謂挾斯.(『松南雜識』)

642) 현순백결(懸鶉百結): 거꾸로 매달린 메추라기처럼 수없이 옷을 꿰맴.

衲)[643]'과 같은 말이다.

후산(后山) 진사도(陳師道)의 시에서,

가난할 때도 남루한 옷은 남겨두며[644] 貧可有須捷
은총을 받아도 염이(扊扅)[645]를 잊지 말아야지 恩當記扊扅[646]

라고 하였다.

속화
束火

「괴통전(蒯通傳)」에서 "헌솜을 묶어 고기를 잃어버린 집에 가서 불씨를 구하였다"[647]라고 하였다.

지금 시골에서는 솜을 '속화(束火)'라고 하고, 목화씨를 제거하는 것을 '거핵(去核)'이라 한다. 또, 솜옷을 입는 것을 '협광(挾纊)'[648]이라 하는데, 『춘추좌전』에서 유래된 말이다.[649]

---

643) 괘원괴납(掛猿壞衲) : 거꾸로 매달린 원숭이처럼 해진 옷을 기움.
644) 가난하면 옷을 벗어 땔감·쌀과 바꾸어야하기에 남루한 옷조차 남겨둘 수 없다고 한다.
645) 염이(扊扅) : 빗장. 백리해(百里奚)의 아내가 지었다고 하는 고악부(古樂府) 「백리해사(百里奚詞)」에 부부가 이별할 때 빗장을 뽑아 불을 때 밥을 해 먹던 시절을 기억하라고 추궁하는 내용이 있다.
646) 「화황예구우(和黃預久雨)」.
647) **里婦, 夜亡肉, 姑以爲盜, 怒而逐之, 婦晨去過所善諸母, 語以事而謝之, 里母曰, 女安行, 我今令而家追女矣. 卽**束縕**請**火於亡肉家.(『前漢書, 卷四十五, 蒯伍江息夫傳第十五, 蒯通傳』) → 束縕**乞**火於亡肉家.(『松南雜識』)
648) 협광(挾纊) : 솜옷을 입음. 은혜에 감복하여 추위를 잊는다는 비유로도 사용됨.
649) 선공(宣公) 12년에 병사들이 추워 떨고 있을 때, 초나라 왕이 삼군(三軍)을 순찰하여, 병사들의 어깨를 두들겨 위로하고 격려하니 삼군의 병사들이 모두 솜옷을 입은 것 같은 생각을 갖게 되었다고 한다.

조박
糟粕

『설문해자(說文解字)』에서 "술찌끼이다"650)라고 하였다.

제(齊) 환공(桓公)이 책을 읽는데, 윤편(輪扁)이 "군주께서 읽는 책은 옛날 사람들의 술찌끼[糟粕]에 불과합니다"651)라고 하였다. 지금 모든 일에 대충 아는 것을 가리키는 말이다.

도곡(陶穀)의 시에 "해마다 모양만 본 떠 호리병박을 그리네[年年依樣葫蘆]"652)라고 하였다. 호리병박 또한 조박(糟粕)653)이다.

그림의 떡
畵餠

지금 '그림의 떡[畵餠]'이란 말은 헛된 이름만 있고 실상이 없는 것을

---

650) 酒滓也.(『說文解字, 糟』)

651) 桓公讀書**於堂上**, 輪扁**斲輪於堂下**, **釋椎鑿而上問桓公曰**, **敢問君之所讀者**, **何言耶**. **公曰**, **聖人之言也**. **曰聖人在乎**. **公曰**, **已死矣**. 曰, **然則**君之所讀者, 古人之糟粕**而已矣**.(『莊子, 天道』) → **齊**桓公讀書, 輪扁曰, 君之所讀者, 古人之糟粕.(『松南雜識』)

환공이 당(堂)에서 책을 읽고 있었는데, 윤편(輪扁)이 들어왔다. 윤편이 당 아래에서 수레바퀴를 깎아 만들다가 망치와 끌을 내려놓고 환공에게 무슨 책을 읽고 있냐고 물었다. 환공이 성인의 책을 읽고 있다고 대답하자, 윤편이 그 사람이 살아있느냐고 다시 물었다. 환공이 이미 죽었다고 대답하니 윤편이 "그렇다면 군주께서 읽고 있는 책은 술찌끼에 불과합니다"라고 말하였다.

652) 陶穀文翰, 爲一時冠, 後爲宰相者, 往往不由文翰, 而聞望皆出穀下, 穀不平, 乃俾其黨, 因事薦穀, 以爲穀久在詞禁, 宣力實多. 太祖笑曰, 頗聞翰林草制, 皆檢前人舊本, 改換詞語, 此乃俗所謂依樣畫葫蘆爾, 何宣力之有, 穀聞之, 乃作詩書於玉堂之壁云, 官職須從生處有. 才能不管用時無, 堪笑翰林陶學士, 年年依樣畫葫蘆. 太祖益薄其怨望, 決意不用. 東軒筆錄.(『古今事文類聚別集, 卷六, 詩話, 奪胎換骨, 依樣葫蘆』) → 陶穀詩, 年年依樣葫蘆.(『松南雜識』)

* 의양화호로(依樣畫葫蘆) : 의본화호로(依本畫葫蘆). 개변(改變)이나 창신(創新) 없이 단순히 모방하는 것을 비유하는 말.

653) 조박(糟粕) : 술찌끼. 폐물, 양분을 빼고 난 필요없는 물건을 비유한다.

일컫는다. '붉은데 쓴 장[紅不甘醬]'654)과 같은 말이다. 위(魏)나라 명제(明帝)가 노육(盧毓655)에게 내린 조서에서, "이름난 선비는 마치 땅에 그린 떡을 먹을 수 없는 것과 같다"656)라고 하였다. 세상에서 '그림의 떡[畵中餠]' 또는 '그림의 떡으론 굶주림을 구제할 수 없다[畵餠不可救飢]'라고 하는 말이 바로 이것이다.

또한, 산곡(山谷) 황정견(黃庭堅)의 「송왕랑(送王郎)」 시에서 "모래로 죽을 쑨들 끝내 배부르지 않네[炊沙作糜終不飽]"라고 하였다.

불서(佛書)에서 "모래를 쪄서 밥을 지은들 다만 뜨거운 모래라고 이름할 뿐이다"라고 하였다.

'증'을 훈석하여 '찜'이라고 한다
釋蒸音朕

우리나라에서 '증(蒸)'을 '찜[朕]'이라 훈석한 것은 오래되었다.

『위서(魏書)』에서 황제가 자신을 '짐(朕)'이라 호칭하자 고징(高澄)이 "짐(朕)! 짐(朕)! 개다리 찜[朕]"657)이라며 욕한 말이 이것이다. 돼지와 개를 찐 것을 '찜[朕]'이라고 하는 말은 여기에서 유래하였다. 고징의 의도는 황제[帝]를 '말린 고기[帝羓]' 쯤으로 여겼던 것인가? 불경스럽기 짝이 없다.658)

654) 홍불감장(紅不甘醬) : 붉은데 쓴 장이란 뜻으로 보기에는 그럴듯하나 실제는 그 반대인 물건이나 사람을 비유하여 이르는 말이다.

655) 노육(盧毓) : 삼국 시대 위(魏)나라 사람. 자는 자가(子家).

656) 魏明帝詔盧毓曰, 有名士如畫地爲餠, 不可啖食. **魏紀**.(『韻府羣玉, 畫餠』) → 魏明帝詔盧毓曰, 有名士如畫地爲餠, 不可啖食.(『松南雜識』)

657) **文襄嘗侍飮大擧觴曰, 臣澄勸陛下酒**, 帝**不悅曰, 自古無不亡之國**, 朕**亦何用此活**. **文襄怒曰**, 朕朕狗脚朕.(『魏書, 卷十二, 齊, 帝紀第十二, 孝靜紀, 八年』) → **高澄以**帝**稱**朕, **詬曰**朕朕狗脚朕.(『松南雜識』)

658) '짐(朕)'을 '찜'으로 욕한 것은 황제의 '제(帝)'자를 고기를 말린다는 뜻의 '제(帝)'자로 욕한 것과 같다는 의미이다.

윤필채
潤筆債

『수서(隋書)』에서 말하였다.

정역(鄭譯)[659]이 패국공(沛國公)에 제수되니, 고경(高熲)[660]이 희롱하며 "붓이 말랐네"라고 하였다. 그러자 정역이 대답하였다.

"지방으로 나가서 방목(方牧)이 되었다가 지팡이 짚고 돌아와서 한 푼도 벌지 못하였는데 무슨 수로 붓을 적셨겠느냐?"[661]

지금 남에게 글을 써주고 그 댓가를 취하는 것을 '윤필채(潤筆債)'라고 한다.

인사물
人事物

『운곡잡기(雲谷雜記)』[662]에서 말하였다.

지금 사람들이 물건을 서로 보내는 것을 '인사(人事)'라고 한다. 한유(韓愈)가 「평회서비(平淮西碑)」를 지어 한홍(韓弘)[663]에 보내니 한홍

659) 정역(鄭譯) : 수나라 사람. 자는 정의(正義). 형양(滎陽) 개봉(開封) 출신.
660) 고경(高熲) : 수나라 사람. 양제(煬帝) 때 태상(太常) 벼슬을 지냈다.
661) **上令內史令李德林立作詔書**, 高熲戲**謂譯**曰, 筆乾. **譯**答曰, 出爲方岳, 杖策言歸, 不得一**錢**, 何以潤筆.(『隋書, 卷三十八, 列傳第三, 鄭譯』) → **鄭譯拜爵國公**, 高熲戲曰, 筆乾. 答曰, 出爲方岳, 杖策言歸, 不得一**文**, 何以潤筆.(『松南雜識』)
662) 운곡잡기(雲谷雜記) : 송나라 때의 장호(張淏)가 편찬한 책. 총 4권. 잡가류(雜家類).
663) 한홍(韓弘) : 당나라 헌종(憲宗) 때의 장수. 회서(淮西)의 오원제(吳元濟)의 난을 정벌할 때 제군행영도통사(諸軍行營都統使)가 되어 군대를 통솔하여 회서를 평정하고 그 공으로 시중(侍中)을 겸하고 허국공(許國公)에 봉해졌다.

이 '인사물(人事物)'로 명주 오백 필을 보냈다[664]고 한다. '예물로 인사(人事)를 닦는다'는 말이다.

지금의 '인정전(人情錢)'[665]이란 말과 비슷하다.

한 푼의 가치도 없다
不直一錢[666]

『한서(漢書)』에서 "정불식(程不識)[667]이 한 푼의 가치도 없다고 비난하였잖소[毁程不識不直一錢]"[668]라고 하였다.

또, 진(秦)나라가 천금을 걸고 장이(張耳)[669]를 찾고 오백금을 걸고 진여(陳與)를 찾았다.[670]

---

664) 今人, 以物相遺, 謂之人事, 韓退之**奏**韓弘**人事物狀云**, **奉敕撰平淮西碑文**, **伏緣聖恩**, **以碑本賜韓弘等**, **今韓**弘寄**絹**五百匹.(『雲谷雜紀, 卷二』) → 今人以物相遺, 謂之人事, 韓退之**以撰淮碑遺**韓弘, 弘寄**人事物**五百匹**絹云**.(『松南雜識』)

665) 인정전(人情錢) : 고마운 뜻이나 선심으로 주는 돈.

666) 불치일전(不直一錢) : 한 푼의 가치도 없다는 뜻으로, 사람의 무능함을 조롱하는 말이다.

667) 정불식(程不識) : 전한 때의 명장으로 성품이 강직하고 청렴하였다. 문제(文帝) 때에 이광(李廣)과 함께 변방의 태수로서 흉노를 공격하러 출동할 때에 이광과는 달리 군대를 엄중하고도 분명하게 통솔하였다고 한다.

668) 한(漢)나라의 무안후(武安侯) 전분(田蚡)이 연나라 왕의 딸을 부인으로 맞아 연회를 베푸니 위기후(魏其侯) 두영(竇嬰)이 관부와 함께 갔다. 이때 관부는 무안후와 사이가 좋지 않았다. 술자리가 무르익자 무안후가 축배를 들자 좌중이 모두 엎드렸는데, 위기후가 축배를 드니 단지 친분이 있는 사람만 자리를 피할 뿐 반 정도는 좌석에 무릎을 붙이고 허리만 세우는 정도였다. 관부가 이것을 보고 불쾌하였다. 관부가 일어나서 차례대로 술잔을 올리다가 임여후(臨汝侯)에게 이르렀는데, 임여후가 한창 정불식(程不識)과 귓속말을 하고 있으면서, 자리를 피하지도 않았다. 관부가 화가 나서 임여후를 욕하길 "평소에는 정불식이 한 푼의 가치도 없다고 비방하더니 오늘은 어른이 축배를 권하는데도 계집애나 본받아 소곤소곤 귓속말을 한단 말인가?"라고 하였다.(『漢書, 竇田灌韓傳, 灌夫傳』)

669) 장이(張耳) : 한(漢)나라 대량(大梁) 출신. 진여(陳餘)와 막역한 사이였다.

670) 購**求有得**張耳千金陳餘五百金.(『史記, 卷八十九, 張耳陳餘列傳第二十九, 陳餘』)

송나라 말기 어떤 사람이 사방득(謝枋得)[671]을 전송하는 시에서,

지금 떠나가면 세 치 혀에 의지하겠지만	此去好憑三寸舌
다시 돌아오면 한 푼의 가치도 없으리라	再來不値一文錢[672]

라고 하였다.

노말
弩末

『삼국지(三國志)』[673]에서 "아무리 강한 쇠뇌로 쏜 살이라도 떨어질 쯤엔 얇은 비단 한 장[魯縞][674] 조차 뚫을 힘도 없다"[675]라고 하였다.

지금은 '어쩌지 못한다'라는 말이다.

→秦購張耳千金陳餘五百金.(『松南雜識』)

진(秦)나라가 위(魏)나라를 멸망시킨 지 여러 해 만에 이 두 사람이 위나라의 명사(名士)라는 소문을 듣고 장이를 찾아주는 사람에게는 1000금을, 진여를 찾아주는 사람에게는 500금을 주겠다라고 하였다. 이에 장이와 진여는 이름을 바꾸고 진(陳)나라로 가서 어떤 마을의 문지기 노릇을 하며 근근히 생활하였다. 이 두 사람은 서로 마주 보며 문을 지키고 있었는데, 어느 날 마을의 관리가 진여에게 잘못이 있다고 매질한 일이 일어났다. 진여가 반항하려고 하자, 장이가 진여의 발을 밟아 저지하며 그대로 매를 맞게 하였다. 관리가 떠나자, 장이는 진여를 꾸짖으며 "처음에 내가 공에게 무어라 했소? 지금 작은 치욕을 당하였다고 하여 일개 관리의 손에 죽으려 하시오?"라고 하였다. 그러자 진여가 이 말에 수긍하였다. 진(秦)나라가 조서를 내려 현상금을 걸고 이 두 사람을 찾았는데, 이 두 사람은 오히려 문지기의 직임을 이용하여 자신들을 찾는 명령을 거짓을 만들어 마을에 포고하였다.

671) 사방득(謝枋得) : 송나라의 충신. 호는 첩산(疊山), 자는 군직(君直).

672) 元紀曰, 參政魏天祐逼謝枋得之北行也. ……張子惠詩云, 此去好憑三寸舌 再來不値一文錢.(『淵鑑類函, 卷二百六十九, 人部二十八, 忠二』)→此去好憑三寸舌 再來不直一文錢.(『松南雜識』)

673) 『松南雜識』에는 '戰國策'으로 오기되어 있음.

674) 노호(魯縞) : 노(魯)나라에서 생산되던 백색 생견(生絹). 얇은 것을 유명함.

675) 彊弩之末, 勢不能穿魯縞.(『三國志, 蜀志, 卷五, 諸葛亮』)

박절
迫切

「논어집주서설(論語集註序說)」[676]에서 "성인의 말씀은 '박절(迫切)'하지 않다[聖人辭不迫切]"라고 하였다.

지금 '박절(迫切)'이란 말이 여기에서 유래하였다.

백척간두
百尺竿頭

불서(佛書)에 말하였다.

초현대사(招賢大師)의 게송(偈頌)에서,

백척간두(百尺竿頭)에서 진일보하면	百尺竿頭須進步
시방세계가 전신(全身)이 되리라	十方世界是全身[677]

라고 하였다.

논 · 무지 · 자래 · 탈
畓迚迲頉

지봉 이수광이 말하였다.

---

676) 『松南雜識』에는 '孟子序'로 오기되어 있음.

677) 招賢禪師, **初住鹿苑, 爲第一世**. …… **師示**偈曰, **百尺竿頭不動人, 雖然得入未爲眞**, 百尺竿頭須進步, 十方世界是全身.(『五燈會元, 卷四, 南嶽下三世, 南泉願禪師法嗣』) →招賢大師偈曰, 百尺竿頭須進步, 十方世界是全身.(『松南雜識』)

조선에서는 수전(水田)을 '답(畓 : 논)'이라 하고, 한 섬이 차지 않은 미곡을 '두(乧 : 마투리)'라고 하며, 섶단이 큰 것을 '겁(迲 : 자래)'이라고 하는데, 모두 의도적으로 만들어낸 글자이다.[678]

또, '탈났다'고 할 때의 '탈(頉)'[679]은 운서(韻書)에는 실려 있지 않고, '난만(爛熳)'의 '만(熳)'자는 소식(蘇軾)의 "또 봄바람 불어오니 난만(爛漫) 쾌청하네[又作春風爛漫晴]"[680]라는 시에서 처음 사용된다.

'卡'자는 『자휘보(字彙補)』에서 "음을 '잡'이라고 하였다. 초(楚)나라에서는 관문을 지키기 위해 제방을 세운 곳에 병사를 배치하니, 그것을 '수잡(守卡)'이라 불렀다"[681]라고 하였다. 지금 비변사(備邊司)의 문서에서 상하가 서로 통한다는 의미로 차용해서 쓴다. 또, '帀'자의 음은 면인데, 주석에서 "물건을 내기 걸고 상대하는 것을 이른다"[682]라고 하였으니, 소설(小說)에 많이 쓰이는 말이다. "대(襨)[683]를 입고 축을 읽고 향을 피운다[衣襨祝香]"라고 할 때의 '대(襨)'자 또한 옛날에는 없었는데, 지금 만들어진 글자이다. 또, '생(栍)'자는 '추생(抽栍)'[684] · '장생(長栍)'[685]이라는 말에 쓰이는데, 자전(字典)에는 없는 글자이다.

『토풍기(土風記)』에서 "왜국(倭國)에서는 십이간지(十二干支) 중에 '사

---

678) 我國**用字**, **以**水田爲畓, 米穀未滿石者爲乧, 柴束之大者爲迲, 皆意作也.(『芝峯類說, 卷七, 文字部, 字義』)→我國水田爲畓, 米穀未滿石者爲乧, 柴束之大者爲迲, 皆意作也.(『松南雜識』)

679) 탈(頉) : 뜻도 탈이다. 즉, 사고나 변고, 병, 핑계 등을 이른다.

680) 「설야독숙백선암(雪夜獨宿柏仙菴)」.

681) 字彙**補**, **從納切**, 音雜. 楚**屬關隘地方**, 設兵立塘, 謂之守卡.(『康熙字典, 卡』)→字彙, 音雜, 楚設兵立塘, 謂之守卡.(『松南雜識』)

682) **今人**, 賭物相**折謂之帀**.(『茶香室續鈔, 帀』)→賭物相**當之謂**.(『松南雜識』)

683) 대(襨) : 무당이 굿을 할 때 입는 옷.

684) 추생(抽栍) : 강경(講經) 시험을 보는 사람에게 찌를 뽑게 하는 것. 찌란 경서에 있는 글귀를 하나씩 써서 통에 넣어 강생들에게 뽑게 하는 대쪽을 가리킨다.

685) 장생(長栍) : 이수(里數)를 표시하기 위하여 길가에 세운 푯말. 사람의 얼굴을 새기고 잇수를 적어서 길가에 세워 놓음. 곧 장승.

(巳)'자를 '미(米)'라고 말한다"라고 하였다.

쌀을 이름하여 '수'라고 한다
名稻爲稤

'稤'자의 음은 '수' 또는 '숙'이다. 우리 조선에서는 쌀을 이름하여 '수(稤)'라고 하는데, 각 궁에 '숙궁(稤宮)'[686]이 있는 것이 그 예이다.

원결(元結)[687]의 시에서 "연꽃[水芸]을 바치며 서리맞은 메벼[秈]로 밥을 짓네[獻水芸兮飯霜秈]"[688]라고 하였다. '秈'의 음은 선이니 '올벼'로 『예기(禮記)』에서 말한 '가소(嘉蔬)'[689]와 비슷하다. '수운(水芸)'은 주석에서 '연꽃'이라고 하였다.[690]

'주'를 '수'라고 한다
謂酒爲酥

지봉 이수광이 말하였다.

천축국(天竺國)에서는 '주(酒)'를 '수(酥)'라고 하니, 조선에서 '주(酒)'를 '술[酥兒]'[691]이라고 하는 것과 같다. 중들은 술을 '반야탕(般若湯)'

---

686) 숙궁(稤宮) : 궁방(宮房)의 일을 맡아보는 사람을 말한다.

687) 원결(元結) : 당나라의 시인·문학자(723~772). 자는 차산(次山). 인격이 고결하고 백성의 고통에 깊은 관심을 보여 백거이(白居易) 등 후세의 사회 시인에게 영향을 주었다. 저서로 『원차산집』 등이 있다.

688) **獻**水芸兮**飯**霜秈.(『次山集, 卷五, 初祀』) → 薦水芸兮飼霜秈.(『芝峯類說, 卷十一, 文章部四, 唐詩』) → 薦水芸兮飼霜秈.(『松南雜識』)

689) 凡祭宗廟之禮 …… 稷曰明粢, 稻曰嘉蔬.(『禮記, 曲禮下』)

690) 元結**大靈祠**詩**曰**, **木孫爲梋兮木母椟**, **又曰**薦水芸兮飼霜秈. **按韻府群玉**, 荷**曰**水芸, 秈音仙. **本草蒙筌曰秈**, 早稻**也**.(『芝峯類說, 卷十一, 文章部四, 唐詩』) → 元結詩, 薦水芸兮飼霜秈, 秈音仙, 早稻, **亦似禮云嘉蔬也**, 水芸**註**荷**也**.(『松南雜識』)

이라고 하니, 대개 은어(隱語)를 사용하여 불법의 계율을 피하려는 것이다.[692]

살펴보건대, 운서(韻書)에서 "백주(白酒)를 '수(醙)'라고 한다"[693]라고 하였다.
『진서(晉書)』에서 말하였다.

유담(劉惔)이 항상 말하기를 "하충(何充)[694]이 술 마시는 것을 보면 사람으로 하여금 집에서 빚은 술을 모조리 마시고 싶게 한다"라고 말하였다.[695]

소식(蘇軾)의 시에서 "직접 맨 다리로 촌주[村釀]를 사오네[自遣赤脚沽村釀]"[696]라고 하였다

지금 '가양(家釀)'·'촌양(村釀)'이란 말이 여기에서 유래하였다.

칠을 나단이라 하다
七謂羅端

경원산(慶原山) 위에 일곱 개의 돌이 줄지어 서 있으니, '칠보석(七寶

691) 술[酥兒] : '아(兒)'자는 중국 발음으로 '얼'이 되므로, '술'이라고 발음하는 것이다.
692) **小說曰**, 天竺國, 謂酒爲酥, 如我國以酒爲酥兒**也**. **又**僧謂**酒爲**般若湯, **非出釋典**, **蓋**廋辭以避法戒**耳**.(『芝峯類說, 卷十六, 語言部, 方言』)→天竺國, 謂酒爲酥, 如我國以酒爲酥兒, 僧謂般若湯, **盖**廋辭以避法戒**也**.(『松南雜識』)
693) 白酒.(『廣韻, 醙』)→白酒**曰醙**.(『松南雜識』)
694) 하충(何充) : 진(晉)나라의 인물. 자는 차도(次道)·여강(廬江)·첨인(灊人).
695) **惔每云**, 見次道飮**令**人欲傾家釀.(『晉書, 卷七十七, 列傳第四十七, 何充』)→**晉劉眞長**云, 見**何**次道飮, **使**人欲傾家釀.(『松南雜識』)
696) 「송벽향주 여조명숙교수(送碧香酒與趙明叔敎授)」.

石)'이라 부른다. 오랑캐 말에 '칠(七)'을 '나단(羅端)'이라 하는데, 그 때문에 '나단산(羅端山)'이라는 이름이 붙었다.

물을 용이라 하다
謂水爲龍

오랑캐 말로 '물[水]'을 '용'이라 한다. '노룡현(盧龍縣)'의 주석[697]에서 "노(盧)는 검다는 뜻이다"라고 하였으니 곧, 검은 색 화살[盧矢][698]의 '검다[盧]'라는 의미와 같다. 흑룡강(黑龍江)의 용(龍)은 대개 흑수말갈(黑水靺鞨)[699]의 수(水)와 의미가 같은 것이 그 예이다.[700]

지금 사람들이 술에 물이 많은 것을 '용다(龍多)'라고 하니, 여기에서 유래하였다. 영남지역에서는 '용(龍)'을 '수리(水螭)'라고 훈석한다.

이판령 · 쌍개암
伊板雙介

단천(端川)[701]의 마천령(摩天嶺)은 옛날에 '이판령(伊板嶺)'이라 불렀다.

---

697) 노룡(盧龍): 수명(水名). 심괄(沈括)의 『몽계필담(夢溪筆談)』에 "북쪽 사람들은 '물(水)'을 '용(龍)'이라고 하니, '노룡(盧龍)'은 곧 '검은 물'이라는 뜻이다"라고 하였다.

698) 노시(盧矢): 『서경(書經), 문후지명(文侯之命)』에 "검은 색 활[盧弓] 하나, 검은 색 화살[盧矢] 백 개"라는 말이 있다.

699) 흑수말갈(黑水靺鞨): 말갈족 일곱 부락 중의 하나로 '흑수부(黑水部)'라고 부르기도 한다. 흑룡강 유역에 거주하기 때문에 '흑수말갈'이라 이름 하였다.

700) **按**胡語謂水爲龍, 故**中朝永平府**, **有**盧龍縣, **釋義曰**盧黑也, **謂黑水也**, **然則所謂**黑龍江, 蓋**亦以水而名**, **如**黑水靺鞨, 是也.(『芝峯類說, 卷十六, 語言部, 方言』)→胡語謂水爲龍, 故盧龍縣, **註**盧黑也, **卽盧矢之盧也**. 黑龍江, 蓋黑水靺鞨, 是也.(『松南雜識』)

701) 단천(端川): 오랫동안 여진이 점거하였는데, 고려 예종(睿宗) 2년에 윤관(尹瓘)이 여진을 축출하고 성을 쌓아 복주방어사를 두었다가 4년에 성을 철거하고 그 땅을 여진에게 돌려주었다. 뒤에 원나라에 함몰되어 독로올(禿魯兀)이라 일컫던 것을 공민왕이

여진(女眞) 사람들은 소를 '이판(伊板)'이라 한다. 옛날에 어떤 사람이 산 아래에서 송아지를 팔았다. 그 어미 소가 송아지를 찾아 고개를 넘어가니 소 주인이 뒤따라가서 곧 길이 되었다 하여 '이판령(伊板嶺)'이라 이름하였는데, 길성현(吉城縣)에까지 뻗어 있다.

기이한 바위가 바다 가운데 우뚝 서 있는데 무지개 모양의 문처럼 생겼다 하여 '천도(穿島)'[702]라고 부르는데 작은 배가 그 가운데로 드나든다.

여진 사람들은 구멍을 '쌍개(雙介)'라고 하므로 '쌍개암(雙介岩)'[703]이라 이름하였다.

복아몰리
卜兒沒里

『격치총서(格致叢書)』[704]에서 "몽고에서는 성기[腎]를 '복아(卜兒)'라고 한다"[705]라고 하였으니, 마치 불서(佛書)에서 천신(天神)이 부처에게 옥녀(玉女)를 바쳐서 시험하려고 하니, 부처가 "혁낭(革囊)[706]에 온갖 더러운 것을 담고 있으니, 네가 온들 어떻게 하겠느냐?"[707]라고 말한 것과 같다.

수복하였다. 조선 태종 13년에 지금의 이름으로 고쳤다.

702) 천도(穿島) : 강원도 흡곡현(歙谷縣)에 있는 섬이다. 섬에 구멍이 있어서 남북으로 통한다.

703) 『신증동국여지승람(新增東國輿地勝覽)』의 기록에 따르면 쌍개암(雙介岩)은 회령도호부(會寧都護府)에 있었는데, 높이는 10여 길이고 중간에 구멍 두 개가 있어서 물이 언제나 솟아난다고 한다.

704) 격치총서(格致叢書) : 명나라의 호문환(胡文煥)이 편찬한 책.

705) **按**格致叢書, 蒙古謂腎曰卜兒.(『芝峯類說, 卷十六, 語言部, 方言』) → 格致叢書**曰**, 蒙古謂腎曰卜兒.(『松南雜識』)

706) 혁낭(革囊) : 불교에서 사람의 몸을 이르는 말.

707) **四十二章經**, **天神獻**玉女**於**佛, 佛**曰**, **此是**革囊**盛**衆穢**耳**.(『後漢書, 卷六十下, 襄楷傳』) → **天神獻**玉女, **欲**以**試**佛, 佛言革囊衆穢, 爾來何爲.(『韻府羣玉, 革囊』) → 玉女欲以試佛, 佛言革囊衆穢, 爾來何爲.(『松南雜識』)

또, 『운부군옥(韻府群玉)』에서 "거란(契丹) 사람들은 '강[河]'을 '몰리(沒里)'라 한다"라고 하였는데, 우리나라에서 '물'이라 하는 것과 발음이 또한 비슷하다.[708]

살펴보건대, 손목(孫穆)의 『계림유사(鷄林類事)』에서 말하였다.

고려에서는 '수(水)'를 '물[沒]'이라 하고 '정(井)'을 '우물[烏沒]'이라 하며, '열수(熱水)'를 '익은 물[泥根沒]'이라고 하며 '냉수(冷水)'는 '식은 물[時根沒]'이라고 한다.[709]

이격
籬隔

『송서(宋書), 사첨전(謝瞻傳)』에서 말하였다.

사첨(謝瞻[710])이 아우 사회(謝晦[711])의 세력이 조야(朝野)에서 막강한 것을 보고, 문정(門庭[712])을 울타리로 막고[籬隔] "나는 이런 꼴을 차마 볼 수가 없다"[713]라고 말하였다.

---

708) 又韻**府群**玉, 契丹謂河曰沒里, **此則與**我國俗音相**同**.(『芝峯類說, 卷十六, 語言部, 方言』) → 又韻玉, 契丹謂河曰沒里, 我國音亦相**似**.(『松南雜識』)

709) 水曰沒 …… 井曰烏沒 …… 熟水曰泥根沒, 冷水曰時根沒.(『說郛, 雞林類事』) → **又**孫穆雞林類事, 高麗方言, 謂水曰沒, 井曰烏沒, 熟水曰泥根沒, 冷水曰時根沒.(『康熙字典, 沒』) → **按**孫穆鷄林類事**曰**, 高麗方言, 謂水曰沒, 井曰烏沒, 熟水曰泥根沒, 冷水曰時根沒.(『松南雜識』)

710) 사첨(謝瞻) : 남조 송(宋)의 인물. 사령운(謝靈運)의 족형.

711) 사회(謝晦) : 남조 송(宋)의 인물. 자는 의명(宣明). 우위장군(右衛將軍)으로서 공을 세웠으나, 무제(武帝)가 죽고 문제(文帝)가 즉위하자 살해되었음.

712) 문정(門庭) : 대문이나 중문 안에 있는 뜰.

713) 汝遂勢傾朝野, 此豈門戶之福邪. 乃籬隔門庭曰, 吾不忍見此.(『宋書, 卷五十六, 列傳, 第十六, 謝瞻』) 宋謝瞻, 見弟晦勢傾朝野, 乃籬隔門庭曰, 吾不忍見此.(『韻府羣玉, 籬隔』) → 宋謝瞻, 見弟晦勢傾朝野, 乃籬隔門庭曰, 吾不忍見此.(『松南雜識』)

지금 절교하여 왕래하지 않는 것을 '담을 쌓는다'라고 하는 말이 여기에서 유래하였다.

『회남자(淮南子)』에서 "행동이 서로 맞고 취향이 같으면 천리나 떨어진 사이라도 서로 어울릴 것이나[相從], 행동이 서로 맞지 않고 취향이 다르면 대문을 마주보고 있어도 왕래하지 않는다"[714]라고 하였으니, 지금 '상종(相從)'이란 말은 여기에서 유래하였다.

인사불상
人事不祥

『순자(荀子)』에서 말하였다.

> 어리면서 어른을 섬기려 하지 않고, 미천하면서 귀인을 섬기려 하지 않으며, 못났으면서 어진 사람을 섬기려 하지 않는 것을 사람으로서 '세 가지 길하지 못한 일[三不祥]'이라고 한다.[715]

지금 '인사불상(人事不祥[716])'이란 말이 여기에서 유래하였다.

---

714) 淮南子, 行合趣同, 千里相從, 行不合趣不同, 對門不**相**通.(『佩文韻府, 趣同』)→淮南子**曰**, 行合趣同, 千里相從, 行不合趣不同, 對門不通.(『松南雜識』)

715) **人有三不祥**, 幼而不**肯**事長, 賤而不**肯**事貴, 不肖而不**肯**事賢, 是**人之**三不祥**也**.(『荀子, 非相篇』)→幼而不事長, 賤而不事貴, 不肖而不事賢, 是**謂**三不祥.(『松南雜識』)

716) 인사불상(人事不祥) : 사람으로서 세 가지 부실한 일을 말하니, 곧 '삼불상(三不祥)'을 가리킨다.

환야자
幻爺子

『송와잡기(松窩雜記)』[717]에서 말하였다.

중국의 칠가령(七家嶺)에 무덤이 있으니 '환야산(幻爺山)'이라 부르는데, 통역 하는 사람이 말해주었다.

"어떤 사람이 아들을 낳았는데, 말을 잘 듣지 않아서 동쪽을 말하면 서쪽을 향하고 북쪽을 물으면 남쪽을 가리켰다 합니다. 그 아버지가 병이 들어 죽게 되자 자식에게 '반드시 나를 높은 산봉우리 위에 묻어다오'라고 당부하였습니다. 평지에 묻히고 싶었기 때문에 반대로 말한 것이었죠. 그 아들은 '돌아가실 때 하신 말씀이니 따르지 않을 수가 없구나'라고 하며, 이곳에다 장사를 지냈습니다. 그 아비[爺]의 의중을 바꾸어[變幻] 따랐던 까닭에 그런 이름이 붙은 것입니다."

못된 자식이 아비의 유언을 좇아 물속에다 장사지내고 모래를 쌓아 무덤을 만든 이야기와 유사하다.

지금 세상에서 남에게 욕을 내뱉을 때, 반드시 '환야(幻爺) 새끼!'라고 한다. 지금은 와전되어 '홀야자(忽爺子)'라고 한다.[718]

---

717) 송와잡기(松窩雜記) : 실제 책 이름은 『송와잡설(松窩雜說)』이며, 조선 선조 때, 이기(李墍)의 잡기(雜記)이다. 고려말부터 조선 선조때까지의 명사(名士)의 사적 · 일화 및 기담(奇談) · 설화 등을 수록하였다. 『대동야승』에도 실려 있다.

718) 松窩雜說云, 中原七家嶺**之西五里許高峰之上**有墓, **名**曰幻爺山, 譯者言**昔**有人生子不順, 言東**則**向西, 問北**則**指南, **使之採薪則負石而來**, **使之取水則束火而至**, 其父病**且**死, 囑**其子**曰, **死**必葬我於高峯之上, 蓋欲得平地**而葬**故反言之, 其子乃曰, 臨死之言, 不可不從, 乃葬**于**此, 以**其**變幻其**父**之旨故名, 與**古之**狼子從其父**將絶之言**, 葬父於水中, 築沙爲塋者**同矣**, **余意**今俗詈人, 必曰幻爺之子, **疑以此也**.(『芝峯類說, 卷十六, 語言部, 諧謔』) → 松窩雜說**曰**, 中原七家嶺有墓曰幻爺山, 譯者言, 有人生子不順, 言東向西, 問北指南, 其父病死, 囑之曰, 必葬我於高峯之上, 蓋欲得平地, 故反言之, 其子乃曰, 臨死之言, 不可不從, 乃葬**於**此, 以變幻其**爺**之旨故名**之**, 與**狠**子從父末命, 葬於水中, 築沙爲塋者, **相類**, 今俗詈人, 必曰幻爺之子, **今訛爲忽爺子**.(『松南

얼무적
孼無嫡[719]

세상에서 '특별히 엄정하게 등분(等分)이 없는 것'을 말한다. 혹은 산만하다는 말이다. 대개 적자의 천출(賤出)을 '서자(庶子)'라고 하고, 서자의 천출을 '얼자(孼子)'라고 한다. 얼자(孼子)의 적자(嫡子)도 서자인 까닭에 '얼무적(孼無嫡)'이라 한다. 또한, '고리 떡에는 안팎이 없다[環餠無表裏]'라는 말과 같다.

조룡대
釣龍臺

지봉 이수광이 말하였다.

옥봉(玉峯) 백광훈(白光勳)[720]은 시를 잘 짓기로 유명하였다. 마음껏 유람하다가 공주(公州)을 지날 때였다. 본현의 사또가 성대하게 준비를 하고 마중을 나왔으며, 기생들도 성장(盛粧)을 하고 기다리고 있었는데, 막상 도착하고 보니, 풍채와 생김새가 몹시 보잘 것 없는 일개 처사였다. 기생이 비웃으며 말하였다.

"지금 백공(白公)을 보니 바로 조룡대(釣龍臺)[721]로군요."

'조룡대(釣龍臺)'란 대개 유명한 곳에 실제로는 볼만한 것이 없다는

雜識』)

719) 얼무적(孼無嫡) : 매사에 분명하지 아니함을 이르는 말이다.

720) 백광훈(白光勳) : 조선 선조 때의 시인(1537～1582). 자는 창경(彰卿). 호는 옥봉(玉峯). 시재(詩才)가 뛰어나 최경창·이달과 함께 '삼당(三唐)'이라 불렸고, 이산해(李山海)·최립(崔岦) 등과 함께 '팔문장(八文章)'의 칭호를 들었다. 문집에 『옥봉집』이 있다.

721) 조룡대(釣龍臺) : 충청남도 부여 백마강 가에 있는 바위. 당나라 장수 소정방(蘇定方)이 이 바위에 걸터앉아 백제 무왕(武王)의 화신인 용을 낚았다는 전설이 있다.

뜻이므로 그렇게 말한 것이다.[722)]

구율

彀率[723)]

본래 『맹자(孟子)』에서 유래한 말이다.[724)] 지금은 법식(法式)을 말한다. '탄솔(坦率)'[725)] · '초솔(草率)'[726)] · '진솔(眞率)'의 '솔(率)'자와는 음이 다르다.

그러나 『세설신어(世說新語)』에 다음과 같은 내용이 있다.[727)]

사마태부(司馬太傅)가 사거기(謝車騎)에게 물었다.

"혜자(惠子)[728)]는 책이 다섯 수레나 되었건만 어찌 한 마디도 현묘한 경지로 들어간 것이 없는가?"[729)]

---

722) 白玉峯有詩名, **嘗**薄遊公山, **主**倅**宿戒**供**具**, 出迎于五里亭, 妓輩皆盛粧以待, 及**白公**至, **則乃**一布衣, 儀**觀**埋沒, **不足以動**人, **相與冷笑**, 妓**有一人**曰, 今見白公, 乃釣龍臺也, **聞者大噱**, 蓋**釣龍臺雖稱勝**地, 實無可觀故云.(『芝峯類說, 卷十六, 語言部, **諧謔**』) → 白玉峯**光勳**, 有詩名, 薄遊公山, **本**倅**盛**供出迎, 妓輩盛粧以待, 及至, 一布衣, 儀**貌甚**埋沒, 妓**笑**曰, 今見白公, 乃釣龍臺也, 蓋**盛**地, 實無可觀故云.(『松南雜識』)

723) 구율(彀率) : ① 활을 잡아당기는 정도. ② 규칙의 범위.

724) 『맹자(孟子), 진심장(盡心章)』에서 "맹자께서 '큰 목수가 졸공(拙工)을 위하여 먹줄과 먹통을 고치거나 폐하지 않으며, 예(羿)가 활을 잘 못 쏘는 이를 위하여 활 당기는 원칙을 바꾸지 않는다'고 말씀하였다[孟子曰, 大匠, 不爲拙工, 改廢繩墨, 羿不爲拙射, 變其彀率]"라고 하였다.

725) 탄솔(坦率) : 성품이 너그럽고 대범하며 솔직함을 이르는 말.

726) 초솔(草率) : 거칠고 엉성하여 볼품이 없음을 이르는 말.

727) 司馬太傅問謝車騎, 惠子其書五車, 何以無一言入玄. 謝曰, 故當是其妙處不傳.(『世說新語, 文學』)

728) 혜자(惠子) : 전국 시대 송나라의 학자. 혜시(惠施)라고도 한다. 명가(名家)에 속하는 학자로서 언변이 뛰어났으며, 장주(莊周)와 교유하였고, 위나라의 혜왕과 양왕을 섬기었다. 저서에 『혜자(惠子)』가 있다.

729) 혜시(惠施)의 저술은 매우 방대하였지만, 궤변을 일삼았다. 그는 '계란에 털이 있다' · '닭의 발은 셋이다' · '말이 알을 낳는다' · '개가 양으로 변할 수 있다' · '불은 뜨

사거기(謝車騎)가 대답하였다.

"그렇기 때문에 그 현묘한 곳이 전해지지 못한 것은 마땅합니다."730)

구처
區處

「황패전(黃覇傳)」에서 "갖추어 구처(區處)한다[具爲區處]"731)라고 하였는데, 그 주석에서, "구처(區處)는 분별하고 처치한다는 의미이다"732)라고 하였다.

구별 · 분별
區別分別

고부(古賦)에서 "풀과 나무를 살펴 구별하네[候草木而區別之]"733)라고 하였다.

『전등록(傳燈錄)』에서 "큰 소 수레와 흰 소 수레를 어떻게 구별(區別)합니까?"734)라고 하였다.

『유마경(維摩經)』에서 "꽃은 분별하는 것이 없는데, 어진 사람에게서

겁지 않다'·'눈은 보지 못한다'·'거북이가 뱀보다 길다'는 등의 궤변을 주장하였다.(『世說新語, 政事』)

730) **司馬太傅問謝車騎**, 惠子**其書**五車, **何以**無一言入玄, **謝曰**, **故**當是其妙處不傳.(『世說新語, 卷上之下, 文學第四』)→惠子五車, 無一言入玄, 當是其妙處不傳**也**.(『松南雜識』)

731) 『前漢書, 卷八十九, 循吏傳, 第五十九, 黃覇』.

732) 分別**而**處置也.(『前漢書, 卷八十九, 循吏傳, 第五十九, 黃覇』)→分別處置也.(『松南雜識』)

733) 반고(班固)의 「유통부(幽通賦)」.

734) 傳燈錄, **法達念法華經三千部**, **問六祖經說**, **三車**大牛車白牛車, 如何區別.(『佩文韻府, 門外覓』)→傳燈錄**曰**, 大牛車白牛車, 如何區別.(『松南雜識』)

저절로 분별이 생겨난다"[735]라고 하였다.

지금 '구별(區別)'과 '분별(分別)'이란 말이 바로 이것이다.

성재(誠齋) 양만리(楊萬里)[736]의 시에서,

매일 아패(牙牌)[737]를 올려서	排日上牙牌
꽃이 피는 순서를 기록하였네	記花先後開[738]

라고 하였다.

색책
塞責[739]

공손홍(公孫弘)의 상소문에서 "병들어 죽어서 색책(塞責)할 수 없을까 염려됩니다"[740]라고 하였다.

지금 '색책(塞責)'이라는 말이 여기에서 유래하였다.

---

735) 花無所分別, 仁者自生分別.(『山堂肆考, 卷一百四十六, 釋教』) → 花無所分別, 仁者自生分別.(『松南雜識』)
*「결습(結習)」條의 주석 참조.

736) 양만리(楊萬里) : 남송의 학자・시인(1124~1206). 자는 정수(廷秀), 호는 성재(誠齋). 남송 사대가의 한 사람으로 경쾌하고 자유롭고 활달한 시체(詩體)가 특징이다. 저서에 시집 『강호집(江湖集)』・『퇴휴집(退休集)』・『성재역전(誠齋易傳)』 등이 있다.

737) 아패(牙牌) : 상아(象牙)나 골각(骨角)으로 만들어 일을 기록하는 첨패(簽牌).

738) 排日**上牙**牌, 記花先後開.(『誠齋集, 卷三十六, 甲寅二月十八日牡丹初發』) → 排日**掛無**牌, 記花先後開.(『松南雜識』)

739) 색책(塞責) : 책임을 다하다.

740) 恐病死無以塞責.(『前漢書卷, 五十八, 公孫弘卜式兒寬傳, 第二十八, 公孫弘』)

망발
妄發

『전한서(前漢書)』에서 "내가 오랫동안 가의(賈誼)를 보지 못하였다"라고 하였다.[741] 지금 또 '망발(妄發)'이라고도 하고, 또 '망거(妄擧)'라고도 하는 말은 『거가필용(居家必用)』에서 "재주와 덕이 걸맞지 않은데도 보증하여 천거하는 것을 일컫는다"라고 하였다.[742]

생경
生梗

『시경(詩經)』에서 "지금에 이르러 병들게 하였는가?[至今爲梗]"[743]라고 하였다.

두보(杜甫)의 시에서 "무슨 마음으로 혐원(嫌怨)을 기록할까?[何心記榛梗]"[744]라고 하였다. 또, "북도 기녀(妓女)의 행동거지가 생경(生硬)하다"[745]라고 하였다.

---

741) 久不見賈生.(『前漢書, 卷四十八, 賈誼傳, 第十八』) → 久不見賈生.(『前漢紀, 卷八, 孝文二』) → 久不見賈生.(『松南雜識』)
* 가의가 장사에 귀향갔다가, 1년이 지나 소환되어 효문제를 알현하였다. 황제는 마침 신의 강복을 받고서, 정전(正殿)에 앉아 있었다. 황제는 귀신에 대해서 감지한 바가 있어, 그에게 귀신의 본질에 관해서 물었다. 가의는 이에 귀신에 관한 이치를 상세히 말해주었다. 밤이 깊도록 효문제는 바싹 다가앉아 이야기를 들었다. 가의가 설명을 다 마치자, 황제가 말하기를, "짐이 오래도록 가의를 만나지 못하여, 내가 그보다 낫다고 여겼는데, 이제 보니 가생에게는 미치지 못하겠구려"라고 하였다.

742) **妄擧**, 謂才德不稱**捏合**保薦者.(『居家必用, 吏學指南, 詐妄』) → 謂才德不稱**而**保薦者.(『松南雜識』)

743) 『詩經, 桑柔』.

744) 「고우부사상국곡강장공구령(故右仆射相國曲江張公九齡)」.

745) 北都**有**妓**女美色而**擧止生硬, **土人謂之生張**.(『墨客揮犀, 卷三』) → 北都妓擧止生硬.(『松南雜識』)

막릉
摸棱[746)]

『조야첨재(朝野僉載)』에서 "소미도(蘇味道)[747)]는 혹 섭화(燮和)[748)]의 도리를 묻는 사람이 있으면, 다만 손으로 상 모서리만 이리저리 더듬었기 때문에 '소막릉(蘇摸棱)'이라 불렸다"라고 하였다. 그 주석에 "'摸'의 음은 '막'[749)]이고, '릉(棱)'은 네모나게 각진 나무이다. '머리를 숙이고 자리만 문지른다[俛首刮席]'[750)]라는 의미와 같다.

지금은 '원전(圓轉)'[751)]을 일컫는 말로 잘못 쓰이는데, '摸'의 음은 '모'이다.

장본
張本

운서(韻書)에서 "장본(張本)은 후에 일어날 일의 발단이다"라고 하였다. 지금은 '모든 일의 일어날 실마리[凡事苗脈]'를 의미한다.

---

746) 막릉(摸棱):『구당서(舊唐書), 소미도전(蘇味道傳)』에는 '摸稜'으로 되어 있다. 일을 처리하면서 우유부단하게 가부(可否)를 분명히 표시하지 않는 것을 말한다.

747) 소미도(蘇味道): 당나라 때의 악성(欒城) 출신. 어려서부터 영민하고 문사(文辭)에 솜씨가 있었다. 소미도는 대각의 옛일을 많이 알아서 천상을 보고 사람의 길흉에 대한 점을 잘 쳤다. 그러나 일을 결정할 때에는 책상 모서리의 양끝을 더듬으며 모호하고 분명하지 않게 처리하여, 당시 사람들이 그를 '막릉수(摸稜手)'라고 불렀다.

748) 섭화(燮和): 음양의 기운을 고르게 한다는 뜻으로 재상의 임무를 이르는 말.

749) '摸'가 이리저리 더듬는다는 뜻을 가질 때는 '막'으로 발음한다.

750)『後漢書, 卷四十一, 劉玄劉盆子列傳, 第一, 劉玄傳』.
　*『松南雜識』에는 '俛首刮席'으로 오기되어 있음.

751) 원전(圓轉): 둥글게 빙빙 돎. 거침없이 순조롭게 진행됨. 글뜻이 순하게 통함.

식자우환
識字憂患

소식(蘇軾)의 시에서 "인생에서 문자를 아는 것이 우환의 시작이네[人生識字憂患始]"[752]라고 하니, 바로 매순(梅詢)[753]의 "문자를 모르니 쾌활하네[不識文字便快活]"이다.

장기
長技

「조착전(兆錯傳)」에서 "중국의 장기(長技)가 다섯 가지이고, 흉노(匈奴)의 장기(長技)가 세 가지이다"[754]라고 하였다. 지금 '장기(長技)'[755]라는 말이 여기에서 유래하였다.

장물
長物[756]

왕공(王恭)[757]이 대자리를 왕침(王忱)에게 주고 나서 말하였다.
"내 평생 장물(長物)이 없다."[758]

---

752) 人**生**識字憂患始.(『東坡詩集註, 卷二十八, 石蒼舒醉墨堂』) → 人**間**識字憂患始.(『松南雜識』)
753) 매순(梅詢) : 송나라 때의 선성(宣城) 출신. 자는 창언(昌言).
754) 匈奴之長技三, 中國之長技五.(『前漢書, 卷四十九, 爰盎鼂錯傳, 第十九, 鼂錯) → 中國之長技五, 匈奴之長技三. 晁錯傳.(『韻府羣玉, 長技』) → 兆錯傳**曰**, 中國之長技五, 匈奴之長技三.(『松南雜識』)
755) 장기(長技) : 가장 잘하는 재주.
756) 장물(長物) : 남아도는 물건.
757) 왕공(王恭) : 진(晉)나라 때 인물. 자는 효백(孝伯).
758) 忱訪之, 見恭所坐六尺簟, 忱謂其有餘, 因求之, 恭輒以送焉, 遂坐薦上, 忱聞而大

지금 '장물(長物)'이란 말이 여기에서 유래하였다.

솔 심고 정자 바란다
栽松望亭

다음과 같은 당시(唐詩)가 있다.

비록 노인의 집 앞을 지나지만	雖過老人宅[759]
노인의 마음을 알 수가 없구나	不解老人心[760]
무슨 일로 석양 아래에서	何事殘陽裏
소나무 심고 그늘을 바라는걸까?	栽松欲待陰[761]

지금 '솔 심고 정자 바란다[栽松望亭]'[762]라는 말이 실은 여기에서 유래하였다.

또, "어진 선비를 천거하는 것은 마치 복숭아나무와 오얏나무를 심으면, 봄에는 그 꽃을 보고, 여름에는 그 그늘 덕을 보고, 가을에는 그 열매를 먹는 것과 같다. 반면 소인을 천거하는 것은 마치 가시나무를 심으면 봄에는 그 꽃을 보지 못하고, 여름에는 그 그늘 덕을 못보며, 가을에는 그 가시를 얻는 것과 같다"라고 한다.

驚, 恭曰吾生平無長物.(『晉書, 卷八十四, 列傳, 第五十四, 王恭』)→王恭, 以簟贈王忱曰, 吾生平無長物.(『松南雜識』)

* 왕침(王忱)이 왕공(王恭)을 방문하였을 때 일이다. 왕침은 왕공이 6자짜리 대자리에 앉아 있는 것을 보고 대자리가 남는 것이 있으리라 생각하고 달라고 하니, 왕공이 바로 보내주었다. 그리고 자신은 대신 거적에 앉았다. 이 이야기를 들은 왕침은 크게 놀랐는데, 왕공이 "나는 평생 남아도는 물건이 없다"라고 말하였다.

759) 『松南雜識』에는 '我過老人宅'으로 되어 있음.

760) 『松南雜識』에는 '不識老人心'으로 되어 있음.

761) 이단(李端)의 「관인로재송(觀鄰老栽松)」.

762) 재송망정(栽松望亭) : '소나무 심고 정자를 기다린다'는 말로 한 일에 대한 효과를 보기에는 까마득하다는 뜻의 속담이다.

십상팔구
十常八九

『진서(晉書)』에서 말하였다.

양호(羊祜)가 올린 상소문에서 "천하의 일은 뜻대로 되지 않는 것이 '열에 언제나 여덟 아홉[十常八九]'[763)]입니다"라고 하였다.

낭자
狼藉

『설문해자(說文解字)』에서 "풀을 엮지 않은 것이 '낭자(狼藉)'이다[艸不編狼藉]"라고 하였다. 지금은 가지런하게 정리되어 있지 않은 것을 이른다. 소식(蘇軾)[764)]이 「적벽부(赤壁賦)」에서 "술잔과 쟁반이 낭자(狼藉)하다[杯盤狼籍]"라고 한 말이 이것이다.

낭패
狼狽

「주발전(周勃傳)」[765)]에서 "낭패(狼狽)가 의지할 곳을 잃었다[狼狽失據]"

---

763) 십상팔구(十常八九) : 십중팔구(十中八九)와 같은 말이다. 열 가운데 여덟 아홉은 다 그러하다는 말로 거의 다 그러한 것을 말한다.

764) 『松南雜識』에는 '구양수의 글[歐文]'로 오기되어 있다.

765) 주발전(周勃傳) : 한(漢)나라의 인물 주발(周勃)의 전기. 고조(高祖)를 도와 천하를 안정시키고 강후(絳侯)에 봉해졌다. 고조가 일찍이 "유씨(劉氏)를 편안하게 할 사람은 주발일 것이다"라고 하였다. 여후(呂后)가 죽고 여러 여씨(呂氏)들이 반란을 일으키자 진평(陳平)과 모의하여 그들을 죽이고 난을 평정하였다. 문제(文帝) 때 우승상(右丞相)에 봉해졌다.

라고 하였는데, 그 주석에서 "패(狽)는 앞다리가 없어 낭(狼)과 붙어서 가나니, 낭(狼)이 없으면 갈 수 없다"라고 하였다.

관단

款段

「마원전(馬援傳)」에서 "하택거(下澤車)[766]를 타고 관단마(款段馬)를 몬다"[767]라고 하였는데, 그 주석에서 "관(款)은 완(緩)과 같으니, 모양이 작고 느릿한 것을 말한다"[768]라고 하였다.

엽주

獵酒[769]

『속세설신어(續世說新語)』에서 말하였다.

후오대(後五代)[770] 시대에 한(漢)나라의 상사(常思)[771]는 종사(從事)가 오면 노하여 "필시 술을 먹으러 온게지[獵酒]"[772]라고 말하였다.

---

766) 하택거(下澤車) : 소(沼)나 택(澤)을 다니기에 편하도록 폭이 좁은 바퀴통과 가벼운 몸체로 되어 있는 수레이다. 택거(澤車)라고도 한다.

767) 乘下澤車御款段馬.(『後漢書, 卷五十四, 馬援列傳, 第十四, 馬援傳』)

768) 款猶緩也, 形段遲緩.(『後漢書, 卷五十四, 馬援列傳, 第十四, 馬援傳』의 주석) → 款猶緩也, **言**形段遲緩**也**.(『松南雜識』)

769) 엽주(獵酒) : 아는 사람을 찾아다니며 술을 우려 마심. 또는 그 술. ≒ 주렵(酒獵).

770) 후오대(後五代) : 당나라가 망한 뒤부터 송나라가 건국되기 이전까지의 과도기에 중원(中原)에 흥망한 다섯 왕조. 후량(後梁)·후당(後唐)·후진(後晉)·후한(後漢)·후주(後周)를 이른다.

771) 상사(常思) : 오대(五代) 후한의 인물. 태원(太原) 출신. 자는 극공(克恭).

772) 有從事**欲求謁見者**, 思**覽刺而**怒曰, **彼**必是來獵酒**也**.(『舊五代史, 卷一百二十九, 周書, 第十九, 列傳, 九, 常思』) → **漢常思**, 有從事**來**, 思怒曰, 必是來獵酒.(『松南雜識』)

향우
嚮隅

『한서(漢書), 형법지(刑法志)』에서 "온 집안에서 술을 마시는데 한 사람이 구석을 보고 슬피 우니, 온 집안의 사람들이 즐겁지 않았다"[773]라고 하였으니, 지금 '한 잔 술에 눈물 흘린다[一盃酒涕出]'라는 말이 여기에서 나왔다.

여명
黎明

지봉(芝峰) 이수광(李睟光)이 말하였다.

여명(黎明)은 어둠과 밝음이 서로 섞인 상태이니, '매상(昧爽)'이란 말과 같다. '지명(遲明)'은 아직 밝지 않았을 때이고, '궐명(厥明)'·'질명(質明)'은 이미 밝았을 때이다. '질(質)'은 '바르다[正]'의 의미이다.[774]

---

773) 滿堂**而**飮酒, **有**一人鄕隅**而**悲泣, 則一堂**皆爲之**不樂.(『前漢書, 卷二十三, 刑法志, 第三』) → 滿堂飮酒, 一人鄕隅悲泣, 則一堂不樂.(『松南雜識』)

774) **黎明語出呂后紀. 徐廣曰, 黎猶比也, 將明之時, 此說恐誤. 蓋黎黑也**, 黑與明相雜, 猶**云**昧爽, **宋程大昌攷古編云**遲明, 未及**乎**明也, 厥明質明則已**曉也**, **尹海平言質明, 乃將明之時, 未能變色而相質問也**, **然**質釋義正也, **程說亦未失矣**.(『芝峯類說, 卷七, 文字部, 字義』) → 黑與白相**雜**, 猶**云**昧爽**也**, 遲明, 未及明也, 厥明質明則已**明矣**, 質釋義正也.(『松南雜識』)

소선
少選

『여람(呂覽)』[775]에서 "제비를 옥광주리로 덮어 두었다가 잠시 뒤[須臾]에 열어 보았다"[776]라고 하였는데, 그 주석에서 "소선(少選)은 잠시[須臾]이다"[777]라고 하였다.

또 한상(韓湘)[778]의 「은비비시(殷匕匕詩)」에서,

준순주(逡巡酒)[779] 빚을 줄을 알고	解造逡巡酒
경각화(頃刻花)[780] 피어나게 한다네	能開頃刻花[781]

라고 하였으니, '구각(晷刻)'과 '소선(少選)'의 의미는 다르면서도 같다. 또 '천연(遷延)'[782]은 『춘추좌전(春秋左傳)』에서 "진(晉)나라 사람들이 '천연(遷延)의 전역(戰役)'이라고 하였다[晉人謂之遷延之役]"[783]라고 한 말이 이

---

775) 여람(呂覽) : 『여씨춘추(呂氏春秋)』를 가리킴.

776) **覆**以**玉**筐, 少選**發而**視之.(『呂氏春秋, 音初』) → 以**王**筐, 少選**而發**視之.(『松南雜識』)

777) 少選, 須臾.(『呂氏春秋, 音初』의 주석)

778) 한상(韓湘) : 당나라 사람. 세상에 전하기를 도술(道術)을 배워 신선이 된 팔선(八仙)의 한 명이라고도 하고 또 한상자(韓湘子)라고도 하며 한유(韓愈)의 조카라고도 한다. 「한선전(韓仙傳)」에서 한상(韓湘)의 조부는 한중경(韓仲卿), 부친은 한회(韓會)로 어려서부터 도술을 배웠다고 한다. 한상이 그의 숙부 한유를 신선으로 만들고자 하였는데, 마침 한유가 형부시랑(刑部侍郎)에 배임되어 동료들과 축하잔치를 베풀 때 한상 역시 그 자리에 가서 한유에게 관직을 버리고 도술을 배울 것을 권유하였으나, 한유는 이단(異端)이라고 배척하고 따르지 않았다고 한다.

779) 준순주(逡巡酒) : 술 이름. 한상(韓湘)이 도술(道術)에 능해서 뒷걸음질 치며 머뭇거리며 도는 사이에 빚던 술이 익었던 까닭에 이렇게 이름하였다고 한다. 『太平廣記』에 보인다.

780) 경각화(頃刻花) : 순식간에 피어난 꽃이라는 의미. 한상(韓湘)이 술 한 순배 돌 정도의 짧은 시간에 꽃이 피게 하였다고 한다.

781) 解造逡巡酒, 能開頃刻花.(『說郛, 卷一百十二, 韓仙傳』) → 能開頃刻花, 解造逡巡酒.(『松南雜識』)

782) 천연(遷延) : 각퇴(卻退).

783) 晉人謂之遷延**之**役.(『春秋左傳, 襄公十四年』) → 晉謂秦遷延役.(『松南雜識』)

것이다.

창졸
倉卒

『서경잡기(西京雜記)』[784]에서 말하였다.

진광한(陳廣漢)이 "갑자기 오는 객[倉卒客]은 있어도 갑자기 오는 주인은 없다"[785]라고 말하였다.

기양
技癢[786]

두보(杜甫)의 시에서 정건(鄭虔)을 애도하여 "『회최(薈蕞)』[787]는 어찌 재주를 쓰고 싶어 안달한 것이랴?[薈蕞何技癢]"[788]라고 하였다.

반악(潘岳)[789]의 부(賦)에서 "다만 마음만 괴롭고 재주를 발휘할 수 없

784) 서경잡기(西京雜記) : 진(晉)나라의 갈홍(葛洪)이 지은 책. 전한(前漢)의 천자(天子)와 후비(后妃) 및 저명한 사람의 일화, 궁중의 제도와 풍습 따위에 관한 기록이다. 6권.
785) 廣漢**曰**, 有倉卒客, 無倉卒主人.(『類說, 卷四, 西京雜記, 算術』) → **陳**廣漢**言**, 有倉卒客, 無倉卒主人.(『松南雜識』)
786) 기양(技癢) : 지니고 있는 재주를 쓰지 못하여 마음이 간질간질함.
787) 회최(薈蕞) : 당나라의 정건(鄭虔)이 지은 책.
788) 『杜詩詳註, 卷十六, 故著作郎貶台州司戶滎陽鄭公虔』.
789) 반악(潘岳) : 서진(西晉)의 문인(247~300). 자는 안인(安仁). 어려서부터 기동(奇童)이라 일컬어져서 수재(秀才)로 천거되었다. 태시(泰始) 연간에 무제(武帝)가 몸소 밭을 간 일을 찬양하는 부(賦)를 지어 이름이 세상에 알려졌다. 하양령(河陽令)으로 부임하여 정무에 부지런하였고 고을 안에 복숭아와 오얏을 가득 심어 사람들의 칭송을 받았다. 여러 벼슬을 거쳐 급사황문시랑(給事黃門侍郎)이 되었지만 성격이 급하고 경박하여 세상의 이익을 좇았다. 또한 용모가 뛰어나 그가 낙양의 거리를 마차를 타고 가면 부인들이 과일을 던져 마차에 가득해지곤 하였다. 문장은 특히 애뢰(哀誄)에 뛰어났는

어 안달하네"[790]라고 하였는데, 그 주석에서 "재주가 있어서 참을 수 없는 것이 가려운 듯하다"라고 하였다. 지금 '기양이 시킨 일[技癢所使]'이란 말이 여기에서 나왔다.

송시(宋詩)에 또 "재주를 뽐내려는 양 온갖 새들 지저귀네"[791]라고 하였다.

취미
臭味

『춘추좌씨전(春秋左氏傳)』에서 말하였다.

> 계무자(季武子)[792]가 "초목(草木)에 비유하자면 과군(寡君)[793]은 임금에 대해서 임금의 취미(臭味)[794]와 같습니다"[795]라고 말하였다.

지금은 '동심(同心)'을 이른다.

『여씨춘추(呂氏春秋)』에서 "어떤 사람이 대단히 심한 악취가 나서 그의 형제와 처첩이 함께 살 수가 없었다. 스스로 괴로워하며 바닷가에 살았는데 어떤 사람이 그 냄새를 좋아하여 밤낮 따라다니며 떠나지 않

데 망도시(亡悼詩) 3수가 세상에 전해진다. 권세가인 가밀(賈謐)의 집에 드나들며 아첨하다가 뒤에 손수(孫秀)의 무고로 주살되었다.

790) 潘岳**射雉**賦, 徒心煩而技癢. **注**, 有技不能自忍, 如**癢**也.(『四六標準, 卷三十八, 學職, 謝張學諭』)→潘岳賦, 徒心煩而技癢, **註**, 有技不能自忍, 如**痒**也.(『松南雜識』)

791) 技癢**新**禽百種啼.(『景文集, 卷十八, 春宴行樂家園』)→**宋詩亦云**, 技癢**訴**禽百種啼.(『松南雜識』)

* 송기(宋祁)의 작품.

792) 계무자(季武子) : 춘추 시대 노(魯)나라 계손숙(季孫宿)의 시호(詩號).

793) 과군(寡君) : 신하가 다른 나라 임금에게 본국의 임금을 지칭할 때 사용하는 말.

794) 『춘추좌씨전(春秋左氏傳)』에서 '臭味'를 '同類'로 주석하였음.

795) 譬於草木, **寡君在君**, 君之臭味也.(『春秋左氏傳, 襄公八年』)→譬於草木, **寡君在君**, 君之臭味也.(『松南雜識』)

았다"[796]라고 하였다.

단금
斷金

『주역(周易)』에서 "마음을 같이 하는 사람의 말은 쇠붙이를 끊을 듯 날카롭다[同心之言, 其利斷金]"[797]라고 하였다. 지금 '막역지교(莫逆之交)'를 '단금지교(斷金之交)'[798]라고 하는 말이 바로 이것이다.

오월비상
五月飛霜

『백공육첩(白孔六帖)』에서 말하였다.

연(燕)나라 혜왕(惠王)이 추연(鄒衍)[799]을 버렸을 때, 추연이 하늘을 우러러 통곡을 하자 유월에도 서리가 내렸다.[800]

---

796) 人有大臭者, 其**親戚**兄弟妻妾**知識**無**能**與居**者**. 自苦而居海上, **海上**人有說其臭者, 晝夜隨**之**而**弗能**去.(『呂氏春秋, 卷十四, 孝行覽, 第二, 遇合』) → 人有大臭者, 其兄弟妻妾, 無與居, 自苦而居海上, 人有悅其臭者, 晝夜隨而**不**去.(『松南雜識』)

797) **二人同心**, 其利斷金, 同心之言, **其臭如蘭**.(『周易, 繫辭上』) → 同心之言, 其利斷金.(『松南雜識』)

798) 단금지교(斷金之交) : 쇠붙이도 끊을 만큼 마음이 철석 같은 교정(交情). 지극히 친밀한 우의(友誼).

799) 추연(鄒衍) : 전국 시대 제나라의 사상가. 직하(稷下)에서 수학하여 직하 선생이라 불리며, 맹자의 영향을 받아 음양설과 오행설을 혼합한 음양오행설을 제창하였다. 연(燕)의 소왕(昭王)을 가르쳤다.

800) **淮南子曰**, **鄒衍事**燕惠王, **盡其忠貞**, **左右譖之**, **王**弃衍, 衍仰天而哭, **感**霜降.(『白孔六帖, 卷二, 霜, 災異五月降霜』의 주석) → 燕惠王棄鄒**衍**, 衍仰天而哭, **六月**霜降.(『松南雜識』)

장열(張說)의 「옥잠(獄箴)」에서 "필부(匹夫)도 분(憤)을 품으면 유월에 서리가 내린다[匹夫結憤六月飛霜]"[801]라고 하였다.[802]

지금 "필부(匹婦)도 원한을 품으면 오월에 서리가 내린다"라고 하는 말이 바로 이것이다.

과갈
瓜葛[803]

『진서(晉書)』[804]에서 "왕도(王導)[805]가 아들 왕열(王悅)[806]과 바둑을 두다가 길을 다투게 되자 왕도가 '우리는 과갈(瓜葛)의 관계가 있는데, 어찌 이럴 수 있느냐?'"[807]라고 하였으니, 바로 '가부(葭莩)'이다.

수로인로
樹老人老

속담에 "나무가 늙으면 과일을 남기고, 사람이 늙으면 자식을 남긴다

801) 匹夫**結憤**六月飛霜.(『張燕公集, 卷十二, 獄箴』)→匹夫**含寃**六月飛霜.(『松南雜識』)

802) 匹夫結憤六月飛霜. 張說獄箴. 鄒衍事燕惠王盡忠, 王信譖棄衍, 衍仰天而哭, 六月霜降. 白帖.(『韻府群玉, 五月霜』)→白帖曰, 燕惠王棄鄒衍, 衍仰天而哭. 六月霜降. 張說獄箴云, 匹夫含寃六月飛霜.(『松南雜識』)

803) 과갈(瓜葛) : 오이와 칡의 넝쿨이 서로 엉클어져 뻗는다는 의미인데, 전하여 인척(姻戚)관계를 이름.

804) 『松南雜識』에는 '世說新語'로 되어 있음.

805) 왕도(王導) : 진(晉)나라 사람. 임기(臨沂) 출신. 자는 무홍(茂弘). 어려서부터 풍모(風貌)와 감식안이 있었으며, 식견과 도량이 청원(清遠)하였다. 출장입상(出將入相)의 자질로 많은 공을 세워 태부(太傅)의 지위에 이르렀다. 졸시는 문헌(文獻).

806) 왕열(王悅) : 진(晉)나라 사람. 자는 장예(長豫). 약관(弱冠)부터 명망이 있었다. 부모를 지극히 섬겼기에 왕도(王導)가 그를 매우 아꼈다고 한다.

807) 導**嘗**共悅奕棋爭**道**, 導笑曰, 相與有瓜葛, 那得爲爾邪.(『晉書, 卷六十五, 列傳, 第三十五, 王悅』)→導共悅奕棊, 爭**導**, 導笑曰, 相與有瓜葛, 那得爲爾邪.(『松南雜識』)

[樹老傳果, 人老傳子]"라고 하였다. 또 "과일은 고향을 떠나면 귀해지지만 사람은 고향을 떠나면 천해진다[果離鄕則貴, 人離鄕則賤]"라고 하였다.

춘한노건
春寒老健[808)]

지봉(芝峰) 이수광(李睟光)이 말하였다.

'봄 추위 · 가을 더위 · 노인네 건강', 이 세 가지는 오래가지 못하는 것으로 본래는 구양수(歐陽脩)의 말이다.[809)]

'건(健)'의 음은 지금 '골'로 와전되었다.

백문불여일견
百聞不如一見

당나라 선종(宣宗)이 가도(賈島)에게 "백번을 듣고도 경(卿)이 있는 줄 몰랐소[百聞不知有卿]"라고 하였는데, 그 주석에서 "방언(方言)에 백번 듣는 것이 한번 보는 것만 못하다[百聞不如一見]"라고 하였다.

지금 또 항상 하는 말에 "실제로 보니 듣던 바에 미치지 못한다[所見不逮所聞]"라고 하는 것은 정세익(鄭世翼)[810)]이 최신명(崔信明)[811)]의 시를

808) 춘한노건(春寒老健) : 봄추위와 늙은이의 건강이라는 뜻으로, 사물이 오래가지 못함을 비유적으로 이르는 말.

809) **世言**春寒秋熱老健三者, **終始**不久長之物**也**, **今俗喜用此言**, **蓋**本於歐**矣**.(『芝峯類說, 卷十六, 語言部, 俗諺』) → 春寒秋熱老健三者, 不久長之物, 本於歐**陽之語**.(『松南雜識』)

810) 정세익(鄭世翼) : 당나라의 인물. 형양(滎陽) 출신. 무덕(武德) 연간에 관직이 만년승

물에 던져 버린 고사에서 유래하였다.

일 한 가지를 만드는 것이 일 한 가지를 줄이는 것만 못하다
生一事, 不如除一事

"일 한 가지를 만드는 것이 일 한 가지를 줄이는 것만 못하다[生一事不如除一事]"는 본래는 야율초재(耶律楚材)[812]의 말로, 진실로 후세에 시무(時務)의 계책(計策)을 알아야 하기 때문에 표(表)로 써서 제출하였다.

당나라 육상선(陸象先)[813]이 "천하는 본래 아무 일이 없는데 어리석은 사람이 뒤흔들어 번거롭게 한다"라고 하였는데, 대개 『노자(老子)』의

(萬年丞) · 양주녹사참군(揚州錄事參軍)에 이르렀다. 정관(貞觀) 연간에 비방에 연좌되어 준주(雋州)에 유배되어 죽었다.

811) 최신명(崔信明) : 당나라의 인물, 익도(益都) 출신. 수나라 대업(大業) 연간에 요성령(堯城令)이 되었다. 두건덕(竇建德)이 그를 초청하였으나 응하지 않고 태항산(太行山)으로 떠났다. 정관(貞觀) 연간에 부름에 응하여 진천령(秦川令)으로 일생을 마쳤다.
최신명과 정세익의 만남에 대한 일화는 다음과 같다.
처음에는 최신명이 시로 자부하였다. 정세익(鄭世翼)이 우연히 최신명을 강가에서 만나 "그대에게 '단풍지니 오강이 차구나[楓落吳江冷]'라는 구절이 있다고 들었소. 나머지를 좀 보여주시오"라고 하자 최신명이 흔쾌히 여러 편을 꺼내어 보여주었다. 그러나 정세익이 끝까지 다 보지도 않고 말하기를 "본 것이 들은 것에 미치지 못하는구나[所見不逮所聞]"라고 하고 나머지를 물에 던져버리고 배를 타고 떠났다고 한다.

812) 야율초재(耶律楚材) : 원나라 때 거란(契丹)인. 자는 진경(晉卿). 호는 담연거사(湛然居士) 또는 옥천노인(玉泉老人). 본래 요동(遼東) 단왕(丹王)의 후예로 여러 책을 널리 통달하고 천문(天文) · 지리(地理) · 율력(律曆) · 술수(術數) · 의복(醫卜) · 석로(釋老)의 설에 정통하였다. 금(金)나라 말기에 개주동지(開州同知)가 되었다. 태조(太祖)가 연(燕)을 정벌한 뒤 그를 불러서 주변에 두고 정벌을 할 때마다 점을 치게 하였다. 태종(太宗) 때 중서령(中書令)에 제수되어 여러 풍습을 모두 몽고풍(蒙古風)으로 고치니 원(元)나라의 국가제도는 모두 야율초재(耶律楚材)가 정한 것이다. 죽은 뒤 태사(太師) · 광녕왕(廣寧王)에 추증되었다. 시호는 문정(文正)이다. 저서에 『담연거사집(湛然居士集)』이 있다.

813) 육상선(陸象先) : 당나라 때 명신. 여러 지방관을 지내면서 선정으로 명성이 높았다. 그는 초명(初名)이 경초(景初)였는데, 예종(睿宗)이 특별히 그에게 상현(象賢)의 뜻을 부여하여 이 이름을 하사했다고 한다.

"작은 생선을 삶는다[烹小鮮]"[814]라는 말에서 나왔다고 하니 또 일리가 있다.

의론이 정해질 때 오랑캐는 이미 강을 건넜다
議論定時, 虜已渡江[815]

『송사(宋史)』에서 말하였다.

거란(契丹)이 송나라를 책망하여 "너희 조정의 의론이 정해지기를 기다리고 있을 때, 우리는 이미 황하를 건넜다"[816]라고 하였다.

지금은 늘 쓰면서도 원래의 의미를 알지 못한다.

호랑이를 그리려다 개를 그림
畵虎不成

마원(馬援)이 "고니를 새기다가 완성하지 못하면 그래도 오리와 비슷하게 되지만, 호랑이를 그리다가 완성하지 못하면 도리어 개와 비슷해진다"[817]라고 말하였다.

---

814) 하상공(河上公)의 주석에서 "작은 생선을 삶을 때는 내장을 제거할 필요가 없고 비늘을 제거할 필요가 없나니 감히 잘못 건드렸다가는 문드러질까 걱정되기 때문이다. 그러므로 나라를 다스릴 때도 번다하게 하면 난리가 생긴다"라고 하였다.

815) 규장각본 『松南雜識』에는 없는 내용임.

816) **金人嘗語**宋**使**曰, **待汝家**議論定時, 我已渡河矣.(『宋史紀事本末, 卷十三, 羣奸之竄』) → **契丹**責宋曰, **爾朝**議論定時, 我已渡河矣.(『松南雜識』)

817) **効伯高不得, 猶爲謹勅之士, 所謂**刻鵠不**成**, 尙類鶩者**也**. **効季良不得, 陷爲天下輕薄子, 所謂**畵虎不成, 反類狗**者也**.(『後漢書, 卷五十四, 馬援列傳, 第十四, 馬援傳』) → 刻鵠不**得**, 尙類鶩者, 畵虎不成, 反類狗.(『松南雜識』)

지금은 남을 본받으려다 제대로 완성하지 못한 것을 이른다.

예백
曳白

당나라 묘진경(苗晉卿[818])이 과거를 주관하였을 때의 일이다.

불학무식한 장석(張奭)을 장원급제시키자, 안록산(安祿山)이 "총애받는 장의(張倚)의 아들 장석(張奭)입니다"라고 황제에게 말하였다. 황제가 친림(親臨)한 시험에서 장석은 답안지를 종일 끌어안고 한 자도 쓰지 못하니, 그를 일러 '예백(曳白)'이라고 하였다.[819]

지금은 와전되어 타백(拖白[820])이라고 한다.

급할 때 관세음보살 외운다
臨急誦世音

『위서(魏書)』[821]에서 "노경유(盧景裕[822])가 구금되었을 때, 관세음(觀世音)을 외우자 목에 채워져 있던 칼[枷]과 쇠사슬[鎖]이 저절로 풀렸다"[823])

---

818) 묘진경(苗晉卿) : 당나라 인물. 호관(壺關) 출신. 자는 원보(元輔).

819) 李林甫爲尙書, 專國政, 以銓事委晉卿及宋遙, 然歲命它官同較書判覈才實, 天寶二載, 判入等者, 凡六十四人, 分甲乙丙三科, 以張奭爲第一, 奭御史中丞倚之子, 倚新得幸於帝, 晉卿欲附之, 奭本無學, 故議者囂然不平, 安祿山因間言之, 帝爲御花蕚樓, 覆實中裁十一二, 奭持紙終日, 筆不下, 人謂之曳白.(『唐書, 卷一百四十, 列傳, 第六十丑, 崔苗二裴呂, 苗晉卿』) → 苗晉卿主選, 祿山言, 張倚子奭于持上, 及面試, 持紙終日, 不成一字, 謂之曳白.(『松南雜識』)

820) 타백(拖白) : 과거 보는 사람이 백지의 시권을 냄. 당나라 장석(張奭)이 무식하여 한 줄의 글도 짓지 못하고 백지를 낸 데서 유래하였다.

821) 『松南雜識』에는 '北齊史'로 되어 있음.

822) 노경유(盧景裕) : 후위(後魏) 사람. 자는 중유(仲孺). 어렸을 때의 자는 백두(白頭). 경학(經學)을 전공하여 일찍이 주역(周易) · 상서(尙書) · 효경(孝經) · 논어(論語) · 예기(禮記) 등의 주석을 하였다. 대영산(大寧山)에 은거하였다.

라고 하였다. 지금 중이나 속인(俗人)이나, 다급할 때면 반드시 '관세음보살(觀世音菩薩)'이라고 외우는 것이 여기에서 나왔다.

그러나 소설(小說)에 이른바 "평생 시주 한번 안하고 급하면 부처다리 안는다[平生不施主, 急來抱佛脚]"라고 하였다. 또 혹 자기는 고작 실오라기 힘을 베풀어 주고 남에게는 산더미같은 보답을 바라는 자가 또한 많다.

청보구시
靑褓狗矢

『오대사(五代史)』에서 말하였다.

> 풍연사(馮延巳)[824]가 재상이 되자 손성(孫晟)[825]이 그를 경멸하여 사람들에게 항상 말하였다.
> "황금 주발과 옥 술잔에 개똥을 담는 것이 옳은가?"[826]

지금 '푸른 포대기의 개똥[靑褓狗矢]'이라는 말이 여기에서 나왔다.

---

823) 景裕**之敗也**, 繫**晉陽**獄, **至心**誦**經**, 枷鎖自脫.(『魏書, 卷八十四, 列傳, 儒林, 第十七二, 盧景裕』) → 北齊盧景裕, 繫獄, 誦觀世音, 枷鎖自脫. 史.(『韻府群玉, 自脫枷鎖』) → 北齊**史**, 盧景裕, 繫獄, 誦觀世音, 枷鎖自脫.(『松南雜識』)

824) 풍연사(馮延巳) : 오대 남당(南唐) 사람. 광릉(廣陵) 출신. 일명은 연사(延嗣). 자는 정중(正中). 시호는 충숙(忠肅). 집권 후에 당을 만들어 사욕을 추구하여 국가 기강을 문란케 하였다.

825) 손성(孫晟) : 오대(五代) 남당(南唐) 사람. 밀주(密州) 출신. 초명은 손봉(孫鳳). 어렸을 때 여산(廬山)에 들어가 도사(道士)가 되었지만 나중에 유가(儒家)로 돌아왔다. 주수은(朱守殷)의 판관(判官)이 되었다가 그가 패하여 죽은 뒤 오(吳)나라로 달아나 이승(李昇)에게 가담하였다. 후에 주세종(朱世宗)에게 살해되었다. 남당(南唐)에서 노국공(魯國公)에 추증되었다.

826) 馮延巳**並**爲**昪**相, 晟**輕延巳**, **爲人常**曰, **金椀玉盃**, **而盛**狗屎, 可乎.(『五代史, 卷三十三, 死事傳, 第二十一, 孫晟』) → 馮延巳爲相, **孫**晟曰, **玉盃金椀**, **乃貯**狗屎, 可乎.(『松南雜識』)

소설(小說)에서 "준마는 항상 멍청이를 태우고 가고, 미인은 쫌팽이와 자는 경우가 허다하다"라고 하였다.

귀문관

鬼門關[827)]

지금 '사경(死境)'을 말한다. 교지국(交趾國)[828)]에 귀문관(鬼門關)이 있는데 장기(瘴氣)가 많다. 속담에 "만약 귀문관(鬼門關) 밖으로 나가면 열에 아홉은 살아 돌아오지 못한다"라고 하였다.

이덕유(李德裕)[829)]의 「폄애주시(貶厓州詩)」에서,

애주는 어느 곳에 있는가	厓州在何處
이 몸 귀문관을 나가는데	身度鬼門關

라고 하였다.[830)]

---

827) 귀문관(鬼門關) : 변방의 험악한 땅을 말한다. 지금 광동성 경산현(瓊山縣) 등의 땅 및 광서성 북류현(北流縣) 일대이다.

828) 교지국(交趾國) : 월남(越南) 동쪽 일대에 세워졌던 나라를 말한다. 이곳 사람들이 잘 때 머리는 밖을 향하게 하고 발은 안에 두고 서로 교차하게 하기 때문이다.

829) 이덕유(李德裕) : 당나라의 인물. 찬황(贊皇) 출신. 자는 문요(文饒). 어려서부터 학식이 높았고 절개가 있었다. 경종(敬宗) 때 절서관찰사(浙西觀察使)가 되었다. 당시 황제가 소인을 가까이하고 놀기를 좋아하자 「단의육잠(丹扆六箴)」을 올려 건의하였다. 문종(文宗) 때 배도(裴度)가 그에게 재상의 자질이 있다고 천거하였으나, 우승유(牛僧儒) 등이 꺼려하여 막았다. 무종(武宗) 때 회남절도사(淮南節度使)로 들어가 재상이 되었는데, 국정을 맡은 6년 동안 번진(藩鎭)의 침입을 물리쳐 위엄과 권위가 더해졌고 위국공(衛國公)에 봉해졌다. 선종(宣宗)이 즉위하자 그를 꺼려하는 자들의 참소를 입어 폄작되어 죽었다. 저서에 『차유구문(次柳舊聞)』·『회창일품집(會昌一品集)』이 있다.

830) 交趾, 有鬼門關, **其南**多瘴**癘**, **去者**, **罕得生還**, 諺**曰**, 鬼門關, 十**人**去, 九不還, **唐**李德裕貶崖州, **經此賦**詩**云**, **一去一萬里**, **千人千不還**, 崖州在何處, **身**度鬼門關.(『古今事文類聚, 前集, 卷三十一, 仕進部, 鬼門關』)

容州北流縣南, **兩石相對**, **號**鬼門關, **卽**交趾**地也**. **其南**多瘴**癘**, **去者**, **罕得生還**. 諺**曰**, 鬼門關, 十去, 九不還. **唐**李德裕, 貶崖州, **經此賦**詩, **一去一萬里**, **千人千不還**,

아양
啞羊

불서(佛書)에서 혀로 설법(說法)을 말하지 못하는 중을 "아양승(啞羊僧)"이라고 하는데, 지금은 말에 도리가 없고 한갖 시끄럽게 떠벌리기만 일삼는 자를 '아양(啞羊)'이라고 하니 이것이다.

중무소주
中無所主

『공자가어(孔子家語)』에서 "어리석은 사람[庸人]은, 마음에는 일의 마무리를 신중히 하는 규칙을 두지 않고, 입으로는 훈격(訓格)의 말[831]을 하지 않으며, 어진 이를 가려서 그 몸을 맡기지 않고, 힘써 행하여 스스로 정(定)하지 않으며, 작은 것만 알고 큰 것에는 어두워 힘쓸 대상을 모르고, 외물 따르기를 물 흐르듯이 하여 잡을 바를 알지 못한다"[832]라고 한 말이 이것이다.

崖州在何處, 生度鬼門關.(『山堂肆考, 卷八十一, 仕進, 生度鬼門』)
→交趾, 有鬼門關, 多瘴, 諺**云**, 鬼門關, 十去, 九不還, 李德裕貶崖州詩, **厓**州在何處, **生**度鬼門關.(松南雜識』)

831) 훈격(訓格)의 말: 행위의 준칙(準則)으로 삼을 만한 가치가 있는 가르침의 말.

832) 庸人者, 心不存愼終之規, 口不吐訓格之言, 不擇賢以**託**其身, 不力行以自定, 見小闇大, **而不知所務**, 從物如流, 不知**其**所執.(『家語, 卷一, 五儀解, 第七』)→庸人者, 心不存愼終之規, 口不吐訓格之言, 不擇賢以**記**其身, 不力行以自定, 見小闇大, 從物如流, 不知所執.(『松南雜識』)

호의

狐疑[833]

「괴철전(蒯徹傳)」[834]에서 "여우처럼 의심 많은 맹분(孟賁)이 반드시 오는 용부(庸夫)만 못하다"[835]라고 하였는데, 호의(狐疑)의 주석에서 "여우의 성질은 의심이 많다[狐性多疑]"[836]라고 하였다.

『한서(漢書)』의 '유예(猶豫)'와 '유여(猶與)'의 주석에서 "유(猶)는 짐승의 이름이다. 성질이 의심이 많아서 어떤 소리를 들으면 미리 나무에 올라간다"[837]라고 하였다. 또 '유(猶)'는 '冘'으로도 쓰는데 음은 '음'이다.[838]

지금 의심이 많은 것을 '호의(狐疑)'라고 하는 말이 여기에서 나왔다.

---

833) 호의(狐疑) : 사람이 일에 임해 결정을 못하는 것이 마치 의심 많은 여우와 같다고 생각해서 생긴 말.

834) 괴철전(蒯徹傳) : 전국 시대 초나라의 유세가 괴철의 전기. 괴통(蒯通)의 본명. 초한(楚漢) 때의 변사(辯士)로 범양(范陽) 출신. 궤생(蕢生)이라고도 한다. 사가들이 무제(武帝)의 이름을 피휘하여 '괴통(蒯通)'이라고 쓴 것이다. 한나라는 괴철의 계책을 이용하여 연나라와 조나라의 30여 성을 함락하였다. 한신(韓信)이 그의 계책을 이용하여 제나라를 정벌할 때 한(漢)나라를 배반하고 자립하라고 했지만 그의 말을 듣지 않았다. 한신이 여후에게 참수되게 되자 괴철의 말을 듣지 않은 것을 탄식하였다. 저서로 『준영(雋永)』이 있으니, 전국 시대의 유세하는 이들의 권변(權變)을 모으고 자서를 붙인 것이다.

835) 孟賁之狐疑, 不如庸夫之必至**也**.(『史記, 卷九十二, 淮陰侯列傳, 第三十二』)
孟賁之狐疑, 不如**童子**之必至.(『前漢書, 卷四十五, 蒯伍江息夫傳, 第十五, 蒯通』)
漢書, 蒯**通**傳, 孟賁之狐疑, 不如庸夫之必至 (『佩文韻府, 必至』)
→蒯**徹**傳, 孟賁之狐疑, 不如庸夫之必至.(『松南雜識』)

836) 『後漢書, 卷五十四, 馬援列傳, 第十四』.

837) 猶, 獸名**也**. …… **此獸**, 性多疑**慮**, **常居山中**, **忽**聞有聲, **卽恐有人且來害之**, **每**豫上樹.(『前漢書, 卷三, 高后紀, 第三』의 주석)→猶, 獸名. 性多疑, 聞有聲則豫上樹.(『松南雜識』)

838) 漢書, **代王**猶豫**未定**, 猶獸名, 性多疑, 聞有聲則豫上樹, **猶又**作冘, 音淫. 蒯**通曰**, **猛虎之猶與**, **不如蜂蠆之致蠚**, 孟賁之狐疑, 不如**童子**之必至史.(『韻府羣玉, 猶與』)
→蒯**徹傳**, 孟賁之狐疑, 不如**庸夫**之必至. **註**, **狐性多疑**. 漢書, 猶豫**及猶與**, **註**, 猶獸名, 性多疑, 聞有聲則豫上樹. **又猶**作冘, 音淫.(『松南雜識』)

말똥에 구르더라도 이승이 즐겁다
轉糞世樂

삼연(三淵) 김창흡(金昌翕)이 어떤 사람에게 보내는 답서(答書[839])에서 "속담에 '비록 말똥에 구르더라도 이승이 즐겁다'라고 하였습니다"[840] 라고 하니, 바로 송나라 시인이 "인간 세상의 지극한 바람은 돼지똥 말똥에 붙어있다[人間榮願[841]付苓通]"[842]라고 한 의미인가?

대추를 보고도 먹지 않으니 사람이 늙는다
見棗不食人老

한(漢)나라 악부사(樂府詞)[843]에서,

대추나무 밑에 사람들 어찌 그리 많이 모였나	棗下纂纂
붉은 열매가 다닥다닥 늘어졌네	朱實離離
시들시들 떨어지면	宛其落矣
마른가지로 변하는 법	化爲枯枝
사람이 살아서 즐길 수 없다면	人生不能行樂
죽어서도 어떤 시호가 근사하리	死亦何以諡爲似[844]

라고 하였다.

---

839) 「답이상경(答李尙卿)」.

840) **俗語曰**, 雖**在**馬糞**壞中**, **斯**世爲樂.(『三淵集, 卷十九, 答李尙卿』) → **有諺云**, 雖**轉於**馬糞, **此**世爲樂.(『松南雜識』)

841) 『松南雜識』에는 適으로 되어 있음.

842) 왕안석(王安石)의 「등소모산(登小茅山)」.

843) 반악(潘岳)의 「생부(笙賦)」.

844) 棗下**纂纂**, 朱實離離, 宛其**落矣**, 化爲枯枝, 人生不能行樂, 死何以**虛**諡爲.(『文選, 卷十八, 笙賦』) → 棗下**蓁蓁**, 朱實離離, 宛其**死意**, 化爲枯枝, 人生不能行樂, 死**亦**何以諡爲**似**.(『松南雜識』)

지금 '대추를 보고도 먹지 않으니 사람이 늙는다'라고 하는 말이 여기에서 나왔다.

고래 싸움에 새우등 터진다
鯨戰蝦死

이 말은 『율곡전서(栗谷全書)』에 있다.[845)]

지금 두 강자가 서로 싸워 약자가 상해(傷害)를 입을 경우를 일컫는다. '잉어가 뛰면 가물치는 춤춘다[鯉躍鮦舞]'라는 말과는 다르다.

족제비 · 쥐 · 고양이 · 호랑이
鼬鼠猫虎

운서(韻書)에서 "강동(江東)에서는 '생(鼪 : 족제비)'을 '유(鼬 : 족제비)'라고 한다"[846)]라고 하였다. 지금은 '서(鼠 : 쥐)'를 '유(鼬 : 족제비)'라고 한다. 또 고양이[貓]의 모습이 호랑이[虎]와 비슷한 까닭에 고양이를 '호양(虎樣)'이라고 한다.

누구도 보지 못한 용 그리기를 좋아함
好畵未見龍

한(漢)나라 장형(張衡)이 "화공(畵工)은 개나 말 그리기를 싫어하고 귀신 도깨비 그리기를 좋아한다"[847)]라고 하였다.

---

845) 李銖可謂蝦死於鯨戰也.(『栗谷先生全書, 卷之三十, 經筵日記, 萬曆六年戊, 今上十一年』)

846) 江東, 呼**鼬鼠**曰**鼪**.(『韻府羣玉, 鼪』) → 江東, 呼**鼪**曰**鼬**.(『松南雜識』)

지금의 "누구도 보지 못한 용을 그리기 좋아하고, 누구나 보아서 잘 아는 뱀을 그리기 싫어한다"라고 하는 말이 실로 여기에서 나왔다.

귀신을 쫓을 때는 '두두'
逐鬼豆豆

『동국여지승람(東國輿地勝覽)』에서 "경주(慶州)의 비형랑(鼻荊瑯)과 길달(吉達)[848]의 고사에서 유래하였다"[849]라고 하였다.

---

847) 惡圖**犬**馬, **而**好**作**鬼魅.(『後漢書, 卷八十九, 張衡列傳, 第四十九, 張衡傳』)→好畫鬼魅, 惡**作犬**馬.(『松南雜識』)

* 개와 말은 누구나 보아서 아는 동물이기에 사실에 가깝게 그리지 않으면 비난을 받기 십상이기 때문에 화공들이 그리기 싫어한다. 반면 귀신 도깨비는 현실에 존재하지 않기에 아무렇게나 그려도 되기 때문에 화공이 선호한다는 말이다.

848) 『松南雜識』에는 '吉建'으로 오기되어 있음.

849) 『삼국유사(三國遺事)』에서 말하였다.

진지왕(眞智王)이 사량부(沙梁部)의 도화랑(桃花娘)이 아름답다는 말을 듣고, 궁중으로 불러들여 가까이하려 하자, 도화랑이 "저에게는 남편이 있으니, 비록 죽을지라도 배반할 수 없습니다"라고 말하였다. 임금이 농담으로 "남편이 없다면 되겠느냐?"라고 말하니, "그렇습니다"라고 대답하였다. 그해에 임금이 죽고 2년 뒤에 그녀의 남편도 죽었다. 열흘 뒤의 밤에 임금이 평상시처럼 그녀의 방에 와서 이르기를, "네가 전날 허락한 바 있는데, 이제 남편이 없으니 되겠구나"라고 말하고 7일 동안 머물러 있다가 홀연히 보이지 않았다. 여자가 드디어 임신하여 아들을 낳으니, 이름이 비형(鼻荊)이다. 진평왕(眞平王)이 거두어 궁중에서 길렀는데, 15세가 되자 밤마다 월성(月城)을 날아 넘어가서 서쪽으로 황천(荒川) 언덕에 이르러 귀신들과 놀다가, 여러 절의 새벽 종소리를 듣고는 흩어지는 것이었다. 임금이 용사(勇士)를 시켜 엿보게 하여 그것을 알고 비형에게 "네가 귀신들을 거느리고 논다 하는데 참말이냐?"라고 물어 하니, "그렇습니다"라고 대답하였다. "그렇다면 네가 귀신들을 시켜서 신원사 북쪽 도랑에 다리를 놓게 하여라"라고 하니, 비형이 그들을 시켜 돌을 다듬어 하룻밤 사이에 큰 다리를 놓았으므로 '귀교(鬼橋)'라고 이름을 붙였다. 임금이 또 "귀신들 중에 인간 세계에 나와서 정치를 도울만한 자가 있느냐?"라고 물어 보니, "길달(吉達)이라는 자가 쓸 만합니다"라고 대답하였다. 이튿날 비형이 길달을 데리고 와서 함께 뵈었다. 임금이 길달에게 벼슬을 내리고 일을 시키니 과연 충직(忠直)하기가 비길 데 없었다. 그때 각간(角干) 임종(林宗)이 아들이 없으므로, 임금이 길달을 후사(後嗣)로 삼으라 하였다. 임종은 길달에게 흥륜사(興輪寺)에 누문(樓門)을 창건(創建)하게 하고, 이름을 길달문(吉達門)이라 하였다. 하루는 길달이 여우로 변하여 도망가기에, 비형이 귀신을 시켜 잡아

닭을 부를 때는 '주주'
呼鷄朱朱

『풍속통(風俗通)』에서 "닭은 본래 주씨 노인이 가금(家禽)으로 변화시킨 것이다. 그래서 모이를 줄 때 '주주(朱朱)'라고 부른다"[850]라고 하니, 바로 승(僧) 보지(寶誌)가 이른바 "손에 모이를 쥐고 닭에게 줄 때 주주(朱朱)라고 부릅니다"[851]라고 한 것이다.

『집운(集韻)』에서 "喌의 음은 '주'이니 닭을 부르는 소리이다"[852]라고 하였다.

축계옹(祝鷄翁)이 닭을 잘 기른 까닭에 닭을 부를 때 '축축(祝祝)'이라고 한다.[853]

양웅(揚雄)의 『방언(方言)』에서 "계림(桂林)에서는 닭을 일러 '종(鏦)'이라고 한다"[854]라고 하였는데, 그 주석에서 "'鏦'의 음은 '종'이다"[855]라

죽였다. 그 뒤부터는 귀신들이 비형의 이름을 들으면 두려워하여 달아났다. 그때 사람이 노래를 지어 "성제(聖帝)의 혼이 아들을 낳은 비형랑(鼻荊郎)의 집이로다. 날거나 달리는 모든 귀신들은 이곳에 머물지 마라"라고 하였다. 경주의 풍속에 지금도 이 가사를 문에 붙여서 귀신을 쫓는다. 이것이 동경 두두리(豆豆里)의 시초이다.(『新增東國輿地勝覽, 第二十一卷, 慶尙道, 慶州府』)

850) 風俗通, 雞本朱**氏**翁所化, 故呼**雞曰**朱朱.(『佩文韻府, 朱朱』) → 風俗通**曰**, 雞本朱翁所化, 故**嗛食**呼朱朱.(『松南雜識』)

851) **有沙門寶公者, 不知何處人也. 形貌醜陋, 心識通達, 過去未來, 預覩三世, 發言似讖, 不可解, 事過之後, 始驗其實, 胡太后聞之, 問以世事, 寶公曰**, 把**粟**與雞, **呼**朱朱. **時人莫之能解, 建義元年, 后爲尒朱榮所害, 始驗其言**.(『洛陽伽藍記, 卷四, 城西』) → 僧寶誌所謂, 把棗與鷄, 喚朱朱.(『松南雜識』)

* 중 보공(寶公)이 예언을 잘하므로 호태후(胡太后)가 그를 불러 세사(世事)에 대하여 물었더니 "손에 모이를 쥐고 닭에게 줄 때 주주(朱朱)라고 외칩니다"라고 대답하였는데, 당시 사람들은 그 말의 의미 알 수 없었다. 후에 태황후는 이주영(爾朱榮)에게 시해를 당하였다. '주주(朱朱)'란 '이주영(爾朱榮)'을 암시하는 말이었다.

852) **喌喌**, 呼雞聲.(『集韻, 喌咮』) → **咮音周**, 呼鷄聲.(『松南雜識』)

853) 祝鷄翁, 善養鷄, 故呼祝祝.(『康熙字典, 鷄』)

* 축계옹이 닭을 기를 때 닭마다 이름을 붙여 주었는데, 그 이름을 부르면 닭이 왔다고 한다.

854) 桂林**之中**謂**之割**雞, **或**曰鏦.(『方言』) → 桂林謂鷄曰鏦.(『松南雜識』)

고 하였다. 지금 병아리를 부르는 소리이다.

돼지를 부를 때는 '오래'
呼猪烏來

『만수시화(漫叟詩話)』에서 "물가에 사는 사람들은 집집마다 돼지를 기르는데 돼지를 부를 때마다 오귀성(烏鬼聲)을 내는 까닭에 그것을 일러 오귀(烏鬼)라고 한다"[856]라고 하였다.

지금 돼지를 부를 때 '오래(烏來)'라고 하는 것이 여기에서 나왔다.

새를 쫓을 때는 '후예'
逐鳥后羿

지금 새를 쫓는 소리를 반드시 '후예(后羿)'[857]라고 하는 것은 쏘겠다는 의미이다. 짐승을 쫓는 소리를 반드시 '두어(杜禦)'라고 하는 것은 바로 '불불(狒狒)'[858]의 속명(俗名)이니, 불불이 온갖 짐승을 보고 웃으면서 그것들을 잡아먹기 때문이다.

---

855) 音從.(『方言』)

856) 漫叟詩話, 川人**嗜猪肉**, 家家養猪, 每呼猪, 作烏鬼聲, 故謂之烏鬼.(『佩文韻府, 烏鬼』)→漫叟詩話**曰**, 川人家家養猪, 每呼猪, 作烏鬼聲, 故謂之烏鬼.(『松南雜識』)

857) 후예(后羿) : 하(夏)나라의 명궁(名弓). 태강(太康)을 폐위하고 나라를 빼앗아 국호를 유궁(有窮)이라 칭하였는데, 후에 그 신하 한착(寒浞)에게 피살되었다.

858) 불불(狒狒) : 원숭이류에 속하는데 비비(費費)라고도 하고 토루(吐嘍)·산도(山都)·효양(梟羊)이라고도 함. 얼굴은 개와 비슷하며 황색털이 나있다. 크기는 삼척 정도이고 사람을 보면 웃는다. 교광(交廣) 및 남강군(南康郡) 등지의 산에 살고 있는데 큰 것은 길이가 한 길이나 된다.

계란을 '날'이라고 함

謂卵曰涅

양웅(揚雄)의 『방언(方言)』에서 "북연(北燕)의 조선(朝鮮) 열수(洌水) 사이에서 닭이 알을 품고 있는데, 아직 부화하지는 않고 막 변화하는 때를 '날(涅)'이라고 한다"[859]라고 하였다. 그 주석에서 "날(涅)은 변화이다"라고 하였다.

지금 우리나라에서는 와음(訛音)되어 '알(謁)'이라고 한다.

올나조

兀那鳥

『수호지(水湖志)』에서 "이것은 그 좆[鳥]의 가게"라고 하였다. 대개 중국 방언에 성기[腎頭]를 '조(鳥)'이라고 하니 형체가 서로 비슷하기 때문이다. 지금 늘 하는 욕에 '좆[鳥]같다'라는 말과 '소옥자(小屋子)의 머리 같다'라는 말이 여기에서 나왔다.

또 세상에서 여자의 성기[溺門]를 '씹[濕]'이라고 한다. 그런 까닭에 '조(燥 : 좆)', '습(濕 : 씹)'을 음문(陰門)과 양물(陽物)로 여기는 사람도 있는데, 말을 만들어 내는 자들이 "앉으면 감춰지고[坐藏之] 걸으면 감춰진다[步藏之]"[860]라고 하는 말은 모두 의미를 조작한 것이다.

또한 『풍속통(風俗通)』에서 "보통 사람들이 욕하는 말로 '죽은 당나귀[死驢]'라고 한다"[861]라고 하였으니, '추악하다'라는 의미이다.

바로 『수호전』에서 이른바 '대머리 당나귀[禿驢]'[862]라는 말인데, 그

---

859) **涅化也**, 燕朝鮮洌水之間, **曰涅**, **或曰譁**, **雞**伏卵而未孚始化之時, 謂**之**涅.(『方言, 三』) → **北**燕朝鮮洌水之間, 伏卵而未孚始化之時, 謂涅.(『松南雜識』)

860) '자지'와 '보지'의 어원에 대한 이야기.

861) 風俗通**曰**, 凡人相罵曰死驢, 醜惡之稱也.(『淵鑑類函, 死驢』) → 風俗通, 凡人相罵曰死驢, 醜惡之稱也.(『松南雜識』)

주석에서 "하물(下物)이다"라고 하였다.

물다무려
物多無慮

본래 『한서(漢書), 성제기(成帝記)』에서 유래한 말로 꾀와 생각을 쓰지 않고도 그 수를 알 수 있다는 의미이다. 「화식전(貨殖傳)」의 "집에서 헤아리지 않는다[家亦不訾]"[863]라는 말과 같다.

일향
一向[864]

『오대사(五代史)』에서 말하였다.

요(遼)의 임금이 "한(漢)의 아이들이 어떻게 편안히 자겠는가?"라고 말하였다.[865]

그 주석에서 "향(向)은 상(晌)이다"라고 하였다. 지금 말 중에 '일양(一様)'과 '여일(如一)'은 '일향(一向)'을 의미하는 것이니, 여기에서 유래하였다.

---

862) 魯智深道, 不看長老面, 灑家直打死你那幾個禿驢.(『水滸傳』 第四回)

863) 『前漢書, 卷九十一, 貨殖傳, 第六十一』.

864) 일향(一向) : ① 일향면(一向眠). 편안히 잠. 사람이 불안하면 전전반측(輾轉反側)하지만, 편안하면 한 방향으로 자기 때문에 생긴 말. ② '한결같이'의 의미.

865) 漢兒**争**得一向臥**邪**.(『舊五代史, 卷一百三十七, 外國, 列傳一』) → 漢兒**何**得一向眠.(『資治通鑑, 卷二百八十四, 後晉紀五, 齊王中』) → 漢兒何得一向眠.(『松南雜識』)

파측
回測

운서(韻書)의 '파(叵)'의 주석에서 '불가(不可)'[866]라고 하였으니, 바로 '알 수 없다'라는 의미이다.

『삼국지(三國志)』에서 "대이아(大耳兒) 유비(劉備)가 가장 알 수 없다[大耳兒最叵]"[867]라고 한 말이 이것이다.

내도
內刀

『당서(唐書)』에서 "이의부(李義府)[868]는 웃음 속에 칼이 있다"[869]라고 하였다. 지금은 '사람 중에 겉으로 친한 척하지만 속으로 멀리 하는 자가 몰래 남을 해치는 것'을 '속에 칼이 있다'라고 하니, 여기에서 유래하였다.

살풍경
殺風景

당나라 이상은(李商隱)의 『잡찬(雜纂)』[870]에서 "맑은 샘에 발 씻기 · 꽃

---

866) 叵. 說文, 不可也.(『韻府羣玉, 叵』) → 韻書, 叵. 註, 不可.(『松南雜識』)

867) 여포(呂布)가 한 말임.

868) 이의부(李義府) : 당나라 사람. 고종 때 이부상서가 되었다. 이의부는 태도가 부드럽고 공손하였다. 다른 사람들과 이야기를 나눌 때 항상 웃음을 머금고 있으면서 몰래 상대방을 해쳤기 때문에 당시 사람들이 '의부의 웃음 속에 칼을 품고 있다'라고 하였다. 또 유순한 듯하면서 남들을 해쳤기 때문에 '인간의 탈을 쓴 살쾡이'라고 하였다.

869) 義府笑中有刀.(『舊唐書, 卷八十二, 列前, 第三十二, 李義府』)

870) 잡찬(雜纂) : 경구집(警句集). 1권. 9세기 만당기(晩唐期)의 시인 이상은(李商隱)의 편저라고 하지만, 이설(異說)도 있다. 인간심리나 세속의 진리를 단적으로 나타낸 멋있

위에 잠뱅이 널어 말리기 · 산을 등지고 누각 짓기 · 거문고 태워 학 구워먹기 · 꽃 보면서 차 마시기 · 소나무 아래에서 벽제(辟除)하기를 '살풍경(殺風景)'이라고 한다"[871]라고 하였지만, 위(衛)나라 의공(懿公)은 학 때문에 나라가 망하였고,[872] 방관(房琯)[873]은 거문고 때문에 죄를 입었으니, 또한 풍류의 죄과(罪過)이다.

지금은 또 '몰풍경(沒風景)'이라고도 한다.

도끼가 앞에 있다
斧鉞在前

두목(杜牧)[874]이 지은 「원십육위(原十六衛)」에서,

도끼와 자귀는 앞에 있고	斧鉞在前
관작과 포상은 뒤에 있네	爵賞在後

는 말을 불과 몇 마디로 처리한 것이다. 예를 들면, '어울리지 않는 것－뚱뚱한 신부', '재미가 없는 것－꽃놀이에 술이 없는 일', '병든 의사', '백정의 염불' 등이다.

871) 殺風景, 謂淸泉濯足, 花上曬**褌**, 背山起樓, 燒琴煮鶴, 對花啜茶, 松下喝道. 李義**山**雜纂.(『韻府羣玉, 殺風景』)

李**商隱**雜纂, 殺風景, 謂淸泉濯足, 花上曬**褌**, 背山起樓, 燒琴煮鶴, 對花啜茶, 松下喝道.(『佩文韻府, 殺風景』) → **唐**李**義府**雜纂**曰**, 淸泉濯足, 花上曬褌, 背山起樓, 燒琴煮鶴, 對花啜茶, 松下喝道, 謂殺風景.(『松南雜識』)

872) 위나라 의공(懿公)은 학을 매우 좋아하였는데, 학 중에는 수레를 타고 다니는 것도 있었다. 오랑캐가 쳐들어와 전쟁을 할 때에 군사들이 모두 "학을 시켜서 싸우게 하십시오, 학이 봉록과 지위를 가지고 있으니 우리들이 어떻게 싸우겠습니까?"라고 하였다. 결국 위나라는 크게 져서 망하고 말았다.

873) 방관(房琯) : 당나라의 인물. 자는 차율(次律). 일찍부터 명망이 있어 현종(玄宗) · 숙종(肅宗)의 신임을 받았으며 또 스스로도 고담준론(高談峻論)으로 세상일을 다 아는 체했지만, 실은 일을 모르고 사람을 잘 쓰지 못하여 진도사(陳濤斜) 싸움에서 군사 4만 명을 잃는 패전을 하는 등 실패가 많았다.

874) 두목(杜牧) : 당나라 말기의 시인(803～852). 자는 목지(牧之). 호는 번천(樊川). 두보(杜甫)에 상대하여 소두(小杜)라 부르며, 시풍은 호방하면서도 청신(淸新)하며, 특히 칠언 절구에 뛰어났다. 작품에 「아방궁부(阿房宮賦)」 · 「산행(山行)」 등이 있다.

라고 하였다.

지금은 엄숙하고 위엄 있는 것을 일러 '도끼가 앞에 있다'라고 한다.

바람 잡고 그림자 잡음
捕風捉影

『한서(漢書), 교사지(郊祀志)』[875]에 나오는 말로, 얻을 수 없는 것을 의미한다.[876]

지금의 '박을 차고 바람 잡는다[佩瓢捉風]'라는 말은 여기에서 유래하여 변한 듯하다.

옹색
擁塞

두보의 시에서 "병들어 옹색(擁塞)하게 골짜기에 누워 있네[臥病擁塞在峽中]"[877]라고 하였다.

지금은 답답하고 한스러운 것을 말한다.

---

875) 『松南雜識』에는 '谷永傳'으로 오기되어 있음.

876) 『한서(漢書), 교사지(郊祀志)』에서, "그 말을 들으면 귀에 가득하여 그런 일을 만날 수 있을 것 같지만, 찾아보면 넓고 텅비어서 바람을 잡아매고 그림자를 붙잡는 것 같아서 마침내 얻을 수 없다[聽其言, 洋洋滿耳, 若將可遇, 求之, 盪盪如係風捉景, 終不可得]"라고 하였다.

877) 「모춘(暮春)」.

승재
僧齋

지봉 이수광이 말하였다.

우리나라 풍속에 제삿날이 되면 절에서 재(齋)를 마련하였기 때문에 민간에서 제삿날을 '승재(僧齋)'라고 하였으며, 왕실에서도 그대로 따라서 행하다가, 조선 중종 병자년(1516) 때 정암(靜庵) 조광조(趙光祖)[878]의 주청으로 비로소 금하였다. 그러나 지금 여염가(閭閻家)에서는 여전히 행하는 사례가 있다.[879]

제사에 쓰고 난 개 허수아비
已陳之芻狗

『장자(莊子)』에서 말하였다.

제사에 사용하기 전의 개 허수아비는 상자에 담겨지고 수놓은 보자기에 싸입니다. 시동(尸童)과 축관(祝官)은 재계(齋戒)를 하고 개 허수아비를 제사에 씁니다. 다 쓰고 나면 길가는 사람들이 그것의 머리와 등을 짓밟고, 꼴 베는 사람들이 가져다 땝니다.[880]

---

878) 조광조(趙光祖) : 조선 중종 때의 문신·성리학자(1482~1519). 자는 효직(孝直). 호는 정암(靜庵). 시호는 문정(文正). 부제학·대사헌을 지냈다. 김종직의 학통을 이은 사림파의 영수로서, 급진적인 개혁을 추진하다가 훈구파 남곤 일파가 일으킨 기묘사화 때에 죽임을 당하였다. 저서에 『정암집』이 있다.

879) 東**方人**, 遇忌辰, 設齋於僧寺, 故俗謂諱日爲僧齋, 國朝**遇先王后忌日**, **亦循俗行之**, **至**中廟丙子, 始**罷忌辰齋**, **蓋己卯諸賢之所建白也**. 今**士大夫**家**一從禮文**, **而國家忌辰祭**, **猶用素膳**, **疑亦仍舊而然**.(『芝峯類說, 卷十七, 人事部, 祭祀』)→東**俗**, 遇忌辰, 設齋於僧寺, 故俗謂諱日爲僧齋, 國朝**行之**, **我**中廟丙子, **以趙靜庵請**始**禁之**, **然**今閭**閻**家, **尙或行之**.(『松南雜識』)

지금은 이미 사용한 물건을 지칭한다.

민조
憫祖

전희백(錢希白)의 『동미지(洞微志)』에서 말하였다.

태평흥국(太平興國)[881] 연간에 이수충(李守忠)[882]이 바다를 지나 경주(瓊州)에 이르러서 양하거(楊遐擧)라는 노인을 만났다. 그의 나이가 여든 하나였는데, 그의 9대 조부가 들보 위의 닭 둥지에 살면서 말도 하지 않고 먹지도 않고 있었다.[883]

지금 영남사람으로 이렇게 오래 산 자가 있는데, 손자들이 모두 근심하고 위태롭게 여기기 때문에 지금 근심스런 일을 '민조(憫祖)'라고 한다.

---

880) **師金**曰, **夫**芻狗之未陳也, 盛以篋衍, 巾以文繡, 尸祝齋戒, **以將之**, 及其已陳也, 行者踐其首脊, 蘇者取**而**爨之**而已**.(『莊子, 天運』) → 芻狗之未陳也, 盛以篋衍, 巾以文繡, 尸祝齋戒, 及其已陳也, 行者踐其首脊, 蘇者取爨之.(『松南雜識』)

881) 태평흥국(太平興國) : 송나라 태종(太宗)의 연호(976~983).

882) 이수충(李守忠) : 원나라 사람. 지평양부(知平陽府)로 있을 때, 금(金)나라가 쳐들어와 성이 함락되자 포로가 되었다. 금나라에서 높은 관직을 주겠다고 유혹하였으나 끝까지 굴복하지 않고 불에 타 죽었다.

883) 太平興國中, 李守忠**爲承旨**, **奉使南方**, 過海至瓊州, **界**道逢一翁, **自稱**楊遐擧, 年八十一, **邀守忠**, **詣所居**, **見其父曰**, **叔連年一百二十二**, **又見其祖曰**, **宋卿年一百九十五**, **語次**, **見**梁上一鷄窠中, **有一小兒頭下視**, **宋卿曰**, 此**吾前**代祖也, 不語不食, **不知其年**, **朔望取下子孫列拜而已**.(說郛, 卷三十九, 洞微志』) → 錢希白洞微志, 太平興國中, 李守忠, 過海至瓊州, **界**逢一翁, **自稱**楊遐擧, 年八十, **邀守忠**, **見其父曰**, **叔連年百二十二**, **祖宋卿年百九十五**, 梁上雞窠中, **小兒出頭下視**, **宋卿曰**, **此**九代祖, 不語不食, **不知其年**, **朔望取下子孫列拜而已**.(『韻府羣玉, 小兒雞窠』) → 錢希白洞微志云, 太平興國中, 李守忠, 過海至瓊州, 逢一翁楊遐擧, 年八十一, **其**九代祖, **在**梁上鷄窠中, 不語不食.(『松南雜識』)

지근

地近

지금은 나이가 든 것을 칭하는데, 장차 땅에 묻힐 날이 멀지 않았다는 의미이다.

약간

若干

『예기(禮記)』에서 "약간(若干) 척(尺)의 옷을 입습니다"[884]라고 하였는데, 그 주석에서 "수가 정해지지 않은 것을 말하니, '약(若)'은 '같다[如]'는 의미이고 '간(干)'은 '구하다[求]'라는 의미이다"라고 하였다.[885]

왕검(王儉)[886]의 문집서(文集序)[887]에서 "남긴 글 여간권(如干卷)"[888]이라고 하였고, 『춘추좌전』에서 "약이인(若而人)"이라고 하였으니 모두 약간이라는 말이다.

약개

若箇

『강희자전(康熙字典)』에서 "방언으로 약개(若箇)·저개(這箇)·올적(兀的)

884) 『禮記, 曲禮第二』.

885) 服衣若干尺**矣**. 〈若如也, 未定之辭數.〉(『禮記大全, 曲禮第二』)→數未定之辭. 禮**記**云, 服衣若干尺. …… 若如也, 干求也.(『韻府羣玉, 若干』)→禮云, 服衣若干尺, **註**, 數未定之辭, 若如也, 干求也.(『松南雜識』)

886) 왕검(王儉) : 남제(南齊)사람. 자는 중보(仲寶). 예학을 좋아하고 특히 『춘추』에 뛰어났다. 벼슬이 상서좌복야에 이르렀다.

887) 임방(任昉)의 「왕문헌집서(王文憲集序)」.

888) **是用綴緝**遺文, **永貽世範**, **爲如干集**如干卷.(『文選, 卷四十六, 王文憲集序」)→遺文如干卷.(『松南雜識』)

을 아도(阿堵)[889]라고 한다"[890]라고 하였다.

약간건
若干件

『육서고(六書故)』[891]에서 "세상에서 물건의 수를 '약간건(若干件)'이라고 부른다"[892]라고 말하였다.

문구
文具

「순경전(荀卿傳)」에서 말하였다.

추연(鄒衍)[893]의 학술은 우활(迂闊)하고 광대(廣大)하면서 변론이 굉장하고, 추석(鄒奭)은 문리(文理)를 완비하였지만 시행하기 어려웠다. 그래서 제나라 사람들이 노래 부르기를,

하늘을 이야기하는 추연(鄒衍) 談天衍
용을 아로새기는 추석(鄒奭) 雕龍奭

---

889) 모두 '이것' · '저것' · '그것'으로 쓰이는 지 시대명사.

890) 方語, 若箇這箇兀的曰, 阿**堵**.(『康熙字典, 堵』) → 方語, 若箇這箇, 兀的曰, 阿**睹**.(『松南雜識』)

891) 육서고(六書故) : 송나라의 대통(戴侗)이 편찬한 책. 육서(六書)의 글자 뜻을 밝힌 것으로, 수(數) · 천문 · 지리 · 사람 · 동물 · 식물 · 공사(工事) · 잡(雜) · 의(疑)의 아홉 부분으로 나누었다.

892) 六書故, 俗號物數曰, 若干件.(『音韻述微, 件』)

893) 추연(鄒衍/騶衍) : 전국 시대 제나라의 사상가. 직하(稷下)에서 수학하여 직하 선생이라 불리며, 맹자의 영향을 받아 음양설과 오행설을 혼합한 음양오행설을 제창하였다. 연(燕)의 소왕(昭王)을 가르쳤다.

기름통을 불에 쬐는 듯한 순우곤(淳于髡)[894] 炙轂輠髡

이라고 하였다.[895]

그 주석에서 "과(輠)는 수레 위에 기름을 담아 두는 통이다. 이것을 불에 쬐기를 비록 다하여도 여전히 남은 기름이 있어서 흘러내림이 마치 지혜가 다하지 않는 것과 같다는 의미이다"[896]라고 하였다.

지금은 외양만 꾸미고 내실이 없어 돛대와 밀랍[桅蠟]같은 자를 '문구(文具)'라고 하는 말이 여기에서 유래하였다.

증이파

甑已破

『후한서(後漢書)』에서 "맹민(孟敏[897])이 시루를 짊어지고 가다가 떨어뜨려 깨뜨렸는데도 돌아보지도 않고 가버렸다"[898]라고 하였다.

---

894) 추연은 오덕(五德)의 시종(始終)・천지의 광대함・하늘과 관련된 일들을 주로 말했기 때문에 '하늘을 이야기한다[談天]'라고 하였고, 추석은 추연의 문장을 배워서 용의 무늬를 새기를 것처럼 문장 수식에 능하였기 때문에 '용을 새긴다[雕龍]'라고 하였고, 순우곤은 언변이 유창하기에 '수레바퀴 기름통에서 기름이 흘러나오는 것처럼 끝이 없다'라고 비유한 것이다.

895) **騶**衍之術, 迂大而**閎**辯, 奭**也**文具難施, **淳于髡久與處時有得善言**, 故齊人頌曰, 談天衍, 雕龍奭, 炙轂**輠**髡.(『史記, 卷七十四, 孟子荀卿列傳, 第十四』) → **鄒**衍之術, 迂大而**宏**辯, **鄒**奭文具難施, 故齊人頌曰, 談天衍, 雕龍奭, 炙轂**輠**髡.(『松南雜識』)

896) 輠**者**, 車**之**盛膏器**也**, 炙之雖盡, **猶**有餘流**者**, **言淳于髡**智不盡**如炙輠**也.(『史記, 卷七十四, 孟子荀卿列傳, 第十四』의 주석) → 輠車**上**盛膏器, **言**炙之雖盡, **尤**有餘流, **如**智不盡也.(『松南雜識』)

897) 맹민(孟敏) : 한(漢)나라 사람. 자는 숙달(叔達). 성품이 강직하고 결단력이 있었다. 일찍이 태원(太原)에 살 때에 시루를 짊어지고 가다가 땅에 떨어뜨렸는데, 뒤도 돌아보지 않고 가버렸다. 곽태(郭泰)란 사람이 그 이유를 묻자 "시루가 이미 깨어졌을 것이니 돌아본들 무슨 소용이 있겠는가?"라고 대답하였다. 곽태가 매우 기특하게 여기고, 유학(遊學)을 하도록 권하니 10년만에 세상에 이름이 알려졌다고 한다.

898) 孟敏, **字叔達鉅鹿楊氏人也**. **客居太原**, 荷甑**墮地**, 不顧而去. **林宗見而問其意**, **對**

지금은 이미 지나간 일을 말한다.

망양
望洋

『장자(莊子)』에서 "하백(河伯)이 북해(北海)에 이르러 바다를 바라보고 북해의 신 약(若)을 우러러 보고 탄식하였다"[899]라고 하였다.

지금은 광양(洸洋)[900]한 것을 말할 때 사용한다.

야단
惹端

본래 소설(小說)의 '분쟁의 단서를 야기하다[惹起鬧端]'라는 말에서 유래하였는데, 지금은 '분쟁'을 의미한다.

曰, 甑已破矣.(『後漢書, 卷九十八, 郭符許列傳, 第五十八, 郭太傳』) → 孟敏, 荷甑**破**, 不顧而去.(『松南雜識』)

899) **秋水時至, 百川灌河, 涇流之大, 兩涘渚崖之間, 不辯牛馬. 於是焉**河伯**欣然自喜, 以天下之美爲盡在己. 順流而東行,** 至**於**北海, **東面而視, 不見水端, 於是焉河伯始旋其面目,** 望洋向若而歎.(『莊子, 秋水』) → 河伯, 至北海, 望洋向若而歎.(『松南雜識』)
* 하백(河伯)은 전설상의 황하(黃河)의 신이고, 약(若)은 전설상의 북해의 신이다. 『장자』에 다음과 같은 이야기가 있다. 가을이 되어 물이 불어서 모든 냇물이 황하로 흘러들어 양편 언덕의 소나 말을 구별할 수 없을 정도가 되었다. 하백은 세상의 아름다운 것들이 모두 자기에게 갖추어져 있다고 여기고 동해를 따라 북해에 이르렀다. 북해에 이른 하백은 물가가 보이지 않는 북해를 바라보고 북해의 신 약(若)을 우러러보면서 자기의 소견이 좁았음을 탄식하였다고 한다.

900) 광양(洸洋) : 물이 끝없이 넓은 모양을 말하는데, 학설이나 의론이 심원하고 광대함을 비유한다.

밀양전
密陽戰

지금 승패가 결정나지 않는다는 의미로 사용되니 임진왜란 때 생긴 말이다.

개미 쳇바퀴 돌 듯
蟻環篩輪

본래는 "하늘의 운행이 개미가 맷돌 위를 도는 것 같다[天旋蟻磨]"901) 라는 말에서 나왔다. 또 '방아를 돌리는 노새는 지나온 발자국을 밟고 돈다'라는 말과 비슷하다.

소식의 시에,

우습도다! 삶을 꾀함이 졸렬함이여	應笑謀生拙
뱅뱅 방아 돌리는 노새와도 같구나	團團如磨驢902)

라고 한 말이 이것이다.

바늘방석
針氈

『진서(晉書)』에서 "두석(杜錫)903)이 민회태자(愍懷太子)의 중윤(中允)이

901) 천선의마(天旋蟻磨) : 오른쪽으로 도는 맷돌 위를 개미가 왼쪽으로 도는 것에 해와 달의 운행을 비유하여 이르는 말.

902) 應笑謀生拙, 團團**如**磨驢.(『東坡全集, 卷十二, 伯父送先人下第歸蜀詩云, 人稀野店休安枕, 路入靈關穩跨驢, 安節將去, 爲誦此句, 因以爲韻, 作小詩十四首, 送之』) → 應笑謀生拙, 團團**似**磨驢.(『松南雜識』)

되어서 자주 간언을 하자, 태자가 두석이 앉는 자리의 방석 속에 바늘을 넣어두니, 찔려서 피가 흘렀다"[904]라고 하였다. 지금의 '바늘방석[針方席]'이란 말이 여기에서 유래하였다.

소식(蘇軾)의 「천거임고정(遷居臨皐亭)」에서,

칼 섞인 쌀에 위험한 밥이 있고	劒米有危炊
바늘 놓인 방석에 편한 자리 없네	鍼氈無穩坐[905]

라고 하였다.

근저
根柢

『노자(老子)』에서 "깊은 뿌리, 튼튼한 뿌리[深根固柢]"라고 하였다. 두보의 시에서 "사림(詞林)에 근저(根柢)가 있다[詞林有根柢]"[906]라고 하였고, "동방삭(東方朔)은 지론에 근거가 없다"[907]라고 하였으니, 지금의 '근저(根柢)'가 이것이다.

---

903) 두석(杜錫) : 진(晉)나라 사람. 두예(杜預)의 아들. 자는 세하(世嘏). 성품이 강직하고 충정이 있었으며, 민회태자에게 자주 간언을 하였는데 언사가 간절하였다고 한다. 벼슬이 상서 좌승(尙書左丞)에 이르렀다.

904) 錫**字世嘏**, **少有盛名**, **起家**, **長沙王乂文學**, **累遷**太子中**舍人**, **性亮直忠烈**, 屢諫**愍懷太子**, **言辭懇切**, 太子**患之**, **後**置針**著**錫**常所**坐處氈中, 刺之流血.(『晉書, 卷三十四, 列傳, 第四, 杜預』) → 錫**爲愍懷**太子中**允**, 屢諫, 太子置針錫坐處氈中, 刺之流血.(『松南雜識』)

905) 「천거임고정(遷居臨皐亭)」.

906) 「증비서감강하리공옹(贈祕書監江夏李公邕)」.

907) 朔**皐**不根持論.(『前漢書, 卷六十四上, 嚴朱吾丘主父徐嚴終王賈傳, 第三十四上, 嚴助』) → 東方朔持論不根.(『松南雜識』)

익어인
溺於人

주나라 무왕(武王)의 「관반명(盥盤銘)」에서,

사람에 빠지느니	與其溺于人也
차라리 연못에 빠지리	寧溺于淵
연못에 빠지면	溺于淵
헤엄쳐 나올 수 있지만	猶可游也
사람에 빠지면	溺于人
구원될 수가 없다	不可救也[908]

라고 하였다. 『예기(禮記)』에서 "군자는 입에 빠지고, 소인은 재물에 빠진다"[909]라고 하였다.

지금 사람을 사랑하는 것을 '그 사람에게 빠졌다'라고 하는 말이 여기에서 유래하였다.

내대
褦襶[910]

『고악부(古樂府)』[911]에서,

지금 물정 모르는 사람이	尋常褦襶子

908) 盥槃**之**銘曰, 與其溺**于**人也, 寧溺**于**淵, **溺于**淵, 猶可游也. 溺**于**人, 不可救也.(『大戴禮記, 卷六, 武王踐阼, 第五十九』)→盥槃銘曰, 與其溺**於**人也, 寧溺**於**淵, **於**淵, 猶可游也. 溺**於**人, 不可救也.(『松南雜識』)

909) 小人溺於水, 君子溺於口.(『禮記, 緇衣』)→君子溺於口, 小人溺於貨.(『松南雜識』)
* '小人溺於貨'는 『예기(禮記)』에 없는 내용임.

910) 내대(褦襶): 햇볕을 가리기 위해서 쓰는 갓으로 어리석고 미련한 사람을 지칭한다.

911) 진(晉)나라 정효(程曉)의 「삼복시(三伏詩)」. 「조열객시(嘲熱客詩)」라고도 함.

더위를 무릅쓰고 남의 집에 가니 觸熱到人家
주인이 객이 왔단 말을 듣고 主人聞客來
인상 쓰니 이를 어찌할꼬 嚬蹙奈此何[912]

라고 하였다. 자곡자(炙轂子) 왕예(王叡[913])는 "내대(褦襶)는 삿갓이다"라고 하였다.

『집운(集韻)』에서는 "일이 밝지 않은 것을 가리킨다"[914]라고 하였다.

지금은 몰지각(沒知覺)하면서 어떤 일을 하려고 하는 사람을 '내대자(褦襶子)'라고 한다.

마류의 손짓
馬留揮手[915]

『동강시화(桐江詩話)』에서 말하였다.

원우(元祐 : 1086~1093) 연간에 왕경량(王景亮)이 결사(結社)를 하고 사대부들을 조롱하고 다니다가 도리어 '저자관(猪觜關 : 돼지 주둥이)'이라고 불렸다.[916] 여혜경(呂惠景[917])이 경동(京東) 찰방(察訪)이 되었는데,

---

912) 尋常褦襶子, 觸熱到人家, 主人聞客來, 迫蹙奈此何. 古樂府. 炙轂子云, 褦襶, 笠子**也**. 集韻云, 不曉事之稱.(『韻府群玉,觸熱』) → 古樂府**云**, 尋常褦襶子, 觸熱到人家, 主人聞客來, 迫蹙奈此何. 轂子云, 褦襶, 笠子. 集韻云, 不曉事之稱**也**.(『松南雜識』)
*『松南雜識』에는 '迫蹙奈此何'로 되어 있음.

913) 왕예(王叡) : 당나라 원화(元和 : 806~819)연간 이후에 활동한 시인. 호는 자곡자(炙轂子).

914) 襶. 褦襶不曉事.(『集韻』) → 不曉事之稱也.(『松南雜識』)

915) 『松南雜識』에는 '馬曹揮手'로 오기되어 있음.

916) 왕경량(王景亮)은 사람의 모양에 따라 별명 붙이기를 좋아하였는데, 나중에는 도리어 자신이 '저자관(猪觜關)'이라고 불리게 되었다. 이후로 멋대로 다른 사람을 무고하거나 멸시하는 사람을 가리키게 되었다.

917) 여혜경(呂惠景) : 송나라 사람. 자는 길보(吉甫). 왕안석의 추천으로 태자중윤이 되었고, 왕안석이 신법을 반포하는데 참여하였다.

그가 말할 때 두 손으로 손짓을 하고 휘저으니 "설법하던 마류(馬留)[918]가 찰방이 되었네"라고 비웃었다. 소지(邵篪)는 전각(殿閣)에 올라갈 때 방귀를 잘 꼈는데, 동평(東平)의 지사(知事)가 되어 나갔다. 소지는 코가 높고 수염이 말려 있기 때문에 "고약한 냄새 풍기던 사자(獅子)가 주지사가 되었네"라고 비웃었다. 마침내 여혜경이 결사를 분쇄하였다고 한다.[919]

지금 말하는 자 중에 손을 휘젓는 자는 이 마류(馬留)와 같다.

학무
鶴舞

당나라 주흥(周興)[920]이 죄인을 국문할 때에 '선학쇄시(仙鶴曬翅 : 선학 날개 쬐기)', '호손전다(胡孫碾茶 : 원숭이 연자방아로 차 갈기)'라는 이름의 고문이 있었다.[921] 지금의 죄수를 결박하는 것을 '학춤[鶴舞]'이라고 하는

918) 마류(馬留) : '원숭이'를 달리 이르는 말.

919) 元祐間, 王景亮, 結一社, 嘲士大夫, 號猪嵴關, 呂惠卿察訪京東, 語話喜以雙手指畫, 嘲曰說法馬**留**爲察訪. **時**邵篪上殿氣洩, 出知東平**郡**, 高鼻捲髯, 嘲曰湊氛獅子作知州, 惠卿發以**它**事, 擧社虀粉. 桐江詩話.(『韻府群玉, 猪嵴關』) → 桐江詩話**曰**, 元祐間, 王景亮, 結一社, 嘲士大夫, 號猪嵴關, 呂惠卿察訪京東, 語話喜以雙手指畫, 嘲曰說法馬**曹**爲察訪. 邵篪上殿氣洩, 出知東平, 高鼻捲髯, 嘲曰湊氛獅子作知州, 惠卿發以**它**事, 擧社虀粉.(『松南雜識』)

920) 주흥(周興) : 당나라의 유명한 혹리(酷吏). 측전무후 때에 추관시랑(秋官侍郞)이 되어 매우 가혹하게 옥사를 처리하였다. 그가 후에 모반에 연루되어 국문을 당할 때에, 유명한 혹리인 내준신(來俊臣)이 그에게 "죄수들이 자백을 하지 않으니 어떻게 하면 좋겠는가?"라고 물었다. 그러자 주홍이 "모두 큰 항아리에 넣어서 숯으로 달구면 자백할 것이오"라고 대답하였다. 내준신이 주흥에게 항아리에 들어가라고 하자, 놀라서 죄를 자백하였다고 한다.

921) 周興**爲周秋官侍郞**, **性慘毒**, **推劾殘忍**, **法外苦楚**, **無所不爲**, **栲縛罪人**, 有仙鶴曬翅猢猻碾茶**鬼拽鑽牛拔橛**之名, **時人呼爲牛頭夜叉**.(『事文類聚, 仕進部, 拷罪立名』) → **唐**周興, **鞫獄**, 有仙鶴曬翅猢猻碾茶之名.(『松南雜識』)

말이 여기에서 유래하였다.[922]

『후한서(後漢書)』[923]에서 "상서(尙書) 이하는 자주 제예(提曳)를 당하였다"[924]라고 하였다.

지금 '휘예(揮曳)'의 벌은 유래가 오래되었다.

천착
穿鑿

『당서(唐書)』에서 문종(文宗)이 "천착(穿鑿)하는 학문으로, 단지 다르고 같음을 추구할 뿐이다"[925]라고 하였다.

지금 '천착(穿鑿)'이란 말은 여기에서 유래하였다.

거저척시
籧篨戚施

본래는 대자리 이름으로, 몹쓸 병[곱사병]을 비유하니 「신대(新臺)」시에서 노래하였다.[926] 또 진사도(眞師道)의 시에서,

---

922) 죄수를 심문하는 것을 '학춤을 추인다'라고 한다.

923) 『松南雜識』에는 '漢明帝紀'로 되어 있음.

924) 尙書以下, **至**見提拽.(『後漢書, 卷七十一, 第五鍾離宋寒烈傳, 第三十一, 鍾離意傳』) → 尙書以下, **數**見提拽.(『松南雜識』)

925) 穿鑿之學, 徒爲**異同**.(『唐書, 卷二百, 列傳, 第一百二十五, 儒學下, 啖助』) → 穿鑿之學, 徒爲**穿鑿**.(『松南雜識』)

* 文宗喜經術, 宰相李石因言士匄春秋可讀, 帝曰, 朕見之矣, 穿鑿之學, 徒爲異同, 但學者如浚井得美水而已, 何必勞苦旁求然後爲得邪.(『唐書, 卷二百, 列傳, 第一百二十五, 儒學下, 啖助』)

926) '신대(新臺)'는 위(衛)나라 선공(宣公)이 만든 누대 이름이다. 춘추 시대 위나라 선공이 아들 급(伋)을 위해서 제(齊)나라 여인을 맞이하게 하였다. 그런데 그 여인이 아름답다는 말을 듣고 자기가 취하기 위해 신대를 지은 후에 부인으로 맞이하였다. 그래서

때에 맞게 한 번 굽히고 펴고 해야 하니　　時須一俛仰
그대는 거저(籧篨)를 빌려야겠구려　　君可貸籧篨[927]

라고 하였다.

지금은 매사에 굴신(屈伸)할 수 없는 것을 말한다.

삭멸
削蔑

『주역(周易)』에서 "정도(貞道)를 멸하여 흉하도다[蔑貞, 凶]"[928]라고 하였는데, 그 주석에서 "멸(蔑)은 깎는다는 의미"라고 하였다. 초(楚)나라 속담에 "깎아 없앤다"라는 말이 있다.[929]

지금의 '깎아서 없앤다[削蔑]'라는 말은 여기에서 유래하였다.

나라 사람들이 그를 미워하여 '신대'라는 시를 지어 풍자하였다.
『시경, 국풍, 신대(新臺)』은 다음과 같다.
신대(新臺)가 선명도 하니　　新臺有泚
하수(河水)가 넘실넘실 흐르도다　　河水瀰瀰
연완(燕婉)을 구했는데　　燕婉之求
거저(籧篨)가 적지 않도다　　籧篨不鮮
신대(新臺)가 높기도 하니　　新臺有洒
하수(河水)가 넘실넘실대도다　　河水浼浼
연완(燕婉)을 구했는데　　燕婉之求
거제(籧篨)가 끊이지 않도다　　籧篨不殄
고기 그물을 설치했는데　　魚網之設
기러기가 걸렸도다　　鴻則離之
연완(燕婉)을 구했는데　　燕婉之求
척시(戚施)를 얻었도다　　得此戚施

927) 「차운소공제구양숙필식재(次韻蘇公題歐陽叔弼息齋)」.

928) 『周易, 剝, 初六』.

929) 蔑貞凶, **易**. 蔑, 削也. 楚俗, 有削蔑之言.(『韻府群玉, 削蔑』) → **易曰**, 蔑貞凶. **註**, 蔑, 削也. 楚俗, 有削蔑之言.(『松南雜識』)

거재두량
車載斗量

『삼국지(三國志)』에서 말하였다.

조자(趙咨)[930]가 위(魏)나라 왕에게 대답하였다.
"저와 같은 '무리는 수레에 싣고 말로 될 정도[車載斗量]'[931]입니다."[932]

지금은 흔하고 많은 것을 말한다.

빈빈
彬彬

『한서(漢書), 유림전(儒林傳)』에서 "이로부터 빈빈(彬彬)한 문학지사(文學之士)가 많아졌다"[933]라고 하였다.

지금은 광색(光色)[934]이 있는 것을 '빈빈(彬彬)'이라고 하니, 여기에서 유래하였다.

---

930) 조자(趙咨) : 삼국 시대 오나라의 인물. 자는 덕도(德度). 남양(南陽) 출신으로 박문다식(博聞多識)하고 응대와 변설에 능하였다.

931) 거재두량(車載斗量) : '수레에 싣고 말로 된다'라는 뜻으로, 물건이나 인재 따위가 많아서 그다지 귀하지 않음을 이르는 말.

932) **又曰**, **吳如大夫者**, **幾人**. 咨**曰**, **聰明特達者**, **八九十人**, 如**臣**之比, 車載斗量, **不可勝數**.(『三國志, 吳志, 卷二, 吳主傳』의 주석) → **趙**咨**對魏主語**, 如**咨**之比, 車載斗量.(『松南雜識』)

933) **制曰**, **可**, 自此**以來**, **公卿大夫士吏**, 彬彬多文學之士矣.(『前漢書, 卷八十八, 儒林傳, 第五十八』) → 自此, 多彬彬文學之士矣.(『松南雜識』)

934) 광색(光色) : 광채(光彩)와 색택(色澤).

공공
鞏鞏

제(齊)나라 방언에 불로 말린 것을 '공(鞏)'이라고 한다.[935)]

지금 불로 말리거나 얼어서 딱딱해진 것 따위의 물건을 '공공(鞏鞏)'이라고 하는 말은 여기에서 유래하였다.

이이
爾爾

『진서(晉書)』에서 말하였다.

필탄(畢坦)이 질보(郅輔)에게 말하였다.

"왕이 만약에 장방(張方[936)])의 모반에 대해서 묻거든 경은 다만 '예! 예![爾爾]'라고만 대답하십시오."[937)]

또 완함(阮咸)이 "탈속(脫俗)하지 못하고 애오라지 또 이 같을 뿐이오"[938)]라고 하였다.

지금 매사가 이렇고 이러한 것을 '이이(爾爾)'라고 하는 말이 여기에

---

935) 煎儦鞏, 火乾也. 凡以火而乾五穀之類, 自山而東齊楚以往, 謂之熬, 關西隴冀以往, 謂之儦, 秦晉之間, 或謂之聚, 凡有汁而乾, 謂之煎, 東齊, 謂之鞏.(『方言, 七』)→方言, 齊謂火乾爲鞏.(『韻會擧要, 鞏』)→齊方言, 火乾爲鞏.(『松南雜識』)

936) 장방(張方) : 진(晉)나라의 무인. 재용(材勇)이 뛰어나 하간왕(河間王)에게 총애를 받았으나, 모반죄로 질보(郅輔)에게 살해당하였다.

937) 垣**迎說**輔曰, **張方欲反**, **人謂卿知之**, **主君問卿**, **何辭以對**. **輔驚曰**, **實不聞方反**, **爲之若何**. **垣曰**, 王若問, 卿但言爾爾, **不然必不免禍**.(『晉書, 卷六十, 列傳, 第三十, 張方』)→**畢**垣**謂郅**輔曰, 王若問**張方反**, 卿但言爾爾.(『松南雜識』)

938) **答**曰, 未能免俗, 聊復爾**耳**.(『晉書, 卷四十九, 列傳, 第十九, 阮咸』)→**阮咸**曰, 未能免俗, 聊復爾**爾**.(『松南雜識』)

서 유래하였다.

매매

梅梅

「옥조(玉藻)」에서 "상주가 쳐다보는 모습이 흐릿하다"[939]라고 하였는데, 그 주석에서 "매매(梅梅)는 살펴보지 않는 모습이다"[940]라고 하였다.

지금 마주 대하면서도 성의가 없는 것을 '매매(梅梅)'라고 하는 말은 여기에서 유래하였다.

돌돌

咄咄

『세설신어(世說新語)』에서 "석숭(石崇)이 손님을 위하여 팥죽을 쑤어 순식간에 마련해내었다[石崇咄嗟便辦]"[941]라고 하였다.

지금 '돌(咄)'은 '갑작스럽다'는 의미로 와전되었다.

『후한서』에서 "쯧쯧! 자릉(子陵)[942]이여[咄咄子陵]"[943]라고 하였고, "은호(殷浩)[944]가 허공에 '咄咄怪事(돌돌괴사)'[945] 넉 자를 종일 썼다"[946]라고 하였

---

939) 視容**瞿瞿**梅梅.(『禮記, 玉藻』) → 視容梅梅.(『松南雜識』)

940) 梅梅, 猶昧昧, 瞻視不審.(『禮記, 玉藻』) → 不審貌.(『松南雜識』)

941) 石崇**爲客**, **作豆粥**, 咄嗟便辦.(『世說新語, 卷下之下, 排調第二十五』) → 石崇咄嗟便辦.(『松南雜識』)

942) 자릉(子陵) : 후한의 은자인 엄광(嚴光)의 자(字).

943) 『後漢書, 卷一百十三, 逸民列傳, 第七十三, 嚴光傳』.

944) 은호(殷浩) : 진(晉)나라 때 학자 · 정치가. 자는 심원(深源). 『노자(老子)』와 『주역』을 좋아하였으며 벼슬이 상서령(尙書令)에 이르렀다.

945) 돌돌괴사(咄咄怪事) : '쯧쯧 괴이한 일이로고.' 진(晉)나라의 은호(殷浩)가 출방(黜放)된 후 입으로 원망하는 말을 하지 않고, 다만 허공에 '咄咄怪事' 4자를 종일 썼다고 한다. 실의(失意)나 원망(怨望)의 상태를 형용하는 말로 사용된다. 돌돌서공(咄咄書空).

다.

지금 세간에서는 '아까워 혀를 찬다'라는 말로 쓴다.

요료
了了

『송서(宋書)』에서 "팽성왕(彭城王)이 지혜로운[了了] 영사(令史)[947]를 찾았는데, 대법흥(戴法興)을 얻어 기실(記室)[948]로 삼았다"[949]라고 하였다.

하하
荷荷

양(梁)나라 무제(武帝)가 후경(侯景)[950]에게 곤액을 당하였는데, 오랜 병에 입이 써서 꿀을 찾았지만 얻지 못하였기에 '하하(荷荷)!'[951]라 하고 마침내 죽었다.[952]

지금은 어떻게 할 수가 없어서 웃는 것을 '하하(荷荷)'라고 하니 '허허

946) 『晉書, 卷七十七, 列傳, 第四十七, 殷浩』.

947) 영사(令史): 한(漢)나라 때는 난대상서(蘭臺尙書)의 속관으로 문서를 처리하였음. 송(宋)·원(元) 때는 서리(胥吏)를 통칭하였다.

948) 기실(記室): 표장(表章)·서기(書記)·격문(檄文) 등을 담당하던 벼슬.

949) 彭城王**義康**, **於尙書中**, 覓了了令史, 得法興**等五人**, **人以法興**爲記室.(『宋書, 卷九十四, 列傳, 第五十四, 恩倖, 戴法興』) → 彭城王, 覓**一**了了令史, 得**戴**法興爲記室.(『松南雜識』)

950) 후경(侯景): 양(梁)나라의 인물. 무제(武帝) 때에 하남왕(河南王)으로 봉해졌으나, 뒤에 그를 배반하고 대성(臺城)을 함락시킨 후 간문제(簡文帝)를 옹립하였다. 얼마 뒤에 그를 죽이고서 스스로 '한제(漢帝)'라고 칭하였지만, 얼마 안 가서 왕승변(王僧辯) 등에게 패하였다.

951) 하하(荷荷): 의성어. 원한(怨恨)이 맺혀서 내는 소리.

952) **疾久**口苦, 索蜜不得, **再曰**荷荷, 遂**崩**.(『南史, 卷七, 梁紀中, 第七』) → **梁武帝**, **爲侯景所困**, 口苦, 索蜜不得, 荷荷, 遂**殂**.(『松南雜識』)

(詡詡)'거리는 억지웃음과 같다. 억지로 웃는 분노는 눈을 부릅뜨는 것보다도 심하다.

답답
沓沓

『맹자』에서 "예예(泄泄[953])는 답답(沓沓)과 같다[泄泄, 猶沓沓也]"[954]라고 하였으니, 대개 맹자 당시의 방언이다.[955]

지금은 답답하게 막힌 것을 의미한다.

파파
巴巴

『정자통(正字通)』에서 말하였다.

이족(夷族)의 말로 노인을 '파파[八八]'라고 하는데, '파파(巴巴)'라고도 한다. 후세 사람들은 '부(父)'자를 덧붙여 '파(爸)'자를 만들었다. 촉(蜀)지방에서는 노인을 '파(波)'라고 한다. 송기(宋祁[956])는 "'파(波)'는 의당 '파(皤)'로 써야 한다"라고 하였다. 황정견(黃庭堅)은 호를 부파(涪皤)라고 하였다.[957]

---

953) 예예(泄泄) : 주희는 "게으르고 느슨하며 기뻐하여 따르는 모양이다"라고 하였다.
954) 『孟子, 離婁上』.
955) **沓沓**, **卽泄泄之意**, 蓋**孟子**時**人**語**如此**.(『孟子, 離婁上』의 주석) → 蓋**當**時**方**語.(『松南雜識』)
956) 송기(宋祁) : 송나라의 문신·학자. 공부상서(工部尙書)·한림학사 승지(翰林學士承旨) 등을 지냈으며, 구양수(歐陽脩)와 함께 『당서(唐書)』를 찬수(撰修)하였다. 저서로 『송경문집(宋景文集)』이 있다. 시호는 경문(景文).
957) 夷語稱老者, 爲八八, 或巴巴, 後人因加父, 作爸字, 蜀謂老爲波. 宋景文, **謂波**當作

추추
諈諈

『이아(爾雅), 석언(釋言)』에서 "누(諈)는 위류(諉纍)이다[諈, 諉累也]"[958]라고 하였는데, 그 주석에서 "서로 일을 맡겨 누를 끼치는 것 것을 '누위(諈諉)'라고 한다"[959]라고 하였다.

지금은 다만 '누누(累累)'라고 한다. '諈'의 음은 '누'이다.

남을 책망할 땐 분명하다
責人則明

송나라의 범순인(范純仁[960])이 "남을 꾸짖을 땐 분명하고, 자신을 용서할 땐 흐리멍텅하다"[961]라고 하였다.

지금은 스스로 반성하는 데 어두운 것을 이른다.

함은 짜다, 고는 맵다
醎煮苦猛

우리나라말로 '함(醎)'자를 '짜다[煮]'라고 하고, '고(苦)'자를 '맵다[맹(猛)]'라고 하고, '전(氈)'자를 '노리다[虜]'라고 하고, '성(腥)'자를 '비리다[비(肥)]'라고 한다. '감(甘)'자를 '달다[多那]'라고 하니, 위(胃)는 잘 받아들

皤. **黃**山谷**貶涪**, 號涪皤.(『正字通』)→夷語稱老者, 爲八八, 或巴巴, 後人因加父, 作爸字, 蜀謂老爲波. 宋景文**曰**當作皤. 山谷號涪皤.(『松南雜識』)

958) 『爾雅注疏, 卷二, 釋言, 第二』.

959) 注. 以事相屬, 累爲諈諉.(『爾雅注疏, 卷二, 釋言, 第二』)

960) 범순인(范純仁) : 송나라의 재상. 자는 요부(堯夫). 시호는 충선(忠宣).

961) **人雖至愚**, 責人則明, **雖有聰明**, 恕己則昏.(『戒子通錄, 卷六, 戒子弟言, 范忠宣』)→責人則明, 恕己則昏.(『松南雜識』)

이는 성질이 있는데 달면 달수록 더 잘 받아들인다.

『예기(禮記)』에서 "단 맛은 간을 맞추는 바탕이 되고, 흰색은 채색의 바탕이 된다"[962]라고 하였다. 정(鄭)나라 방언으로 '쾌(快)'를 '고(苦)'라고 하며, 오(吳)나라에서는 '냉(冷)'을 '청(凊)'이라고 한다.

『양주이물지(凉州異物志)』에서 "고창(高昌)사람들은 '죽(粥)'을 '나도(羅闍)'라고 한다"[963]라고 하였다.

말살

抹摋

지봉 이수광이 말하였다.

> 손으로 문질러서 던져 버린다고 말하는 것과 같다. 소설(小說)에서 "마사(摩挲)는 말살(末殺)과 같다"라고 하였으니 손을 올렸다 내렸다 한다는 의미이다.[964]

한유(韓愈)가 지은 「맹교묘지(孟郊墓誌)」[965]에서 "그는 문장에는 매우 능란하였지만 세상과 더불어 말살(抹殺)되었다"[966]라고 하였는데, 그 주석에 "말살은 쓸어 없애는 것이다"라고 하였다.[967]

---

962) 甘受和, 白受采.(『禮記, 禮器』) → 白受采, 甘受和.(『松南雜識』)

963) 高昌僻土, 有異於華, 寒服冷水, 暑啜羅闍, 羅闍, 郡人呼粥也.(『說郛, 凉州記, 寒服暑啜』) → 高昌人, 呼粥謂羅闍.(『松南雜識』)

964) 如言以手磨擦而抛棄之也. **樊川詩, 荊璧橫抛擲, 是也. 又**小說云, 摩挲, 猶末殺也, 手上下之言也.(『芝峯類說, 卷七, 文字部, 字義』) → 如言以手磨擦而抛棄之也. 小說云, 摩挲, 猶末殺也, 手上下之言也.(『松南雜識』)

965) 원제목은 「정요선생묘지명(貞曜先生墓誌銘)」.

966) 唯其大翫於辭, 而與世**揉擾**. 〈一作末摋, 一作末摋.〉(『五百家注昌黎文集, 卷二十九, 貞曜先生墓誌銘』) → 惟其大翫於辭, 而與世抹摋.(『松南雜識』)

967) 韓愈孟郊墓誌, 惟其大翫於辭而與世抹摋. 註掃滅也.(『康熙字典, 摋』)

결안
結案

『거가필용(居家必用)』에서 말하였다.

「등통전(鄧通傳)」에서 '경결(竟結)'이라고 하였으니, 그 재판을 판결하는 것을 의미한다.968)

천진
天眞

『황제내경소문(黃帝內經素問)』969)에 「상고천진론(上古天眞論)」편이 있다. 또 천진(天眞)과 천을(天乙)은 처음 생겨난 참된 원기이다. 두보(杜甫)의 시에서 "술을 좋아하여 천진(天眞)을 드러내었네[嗜酒見天眞]"970)라고 하였다.

소식(蘇軾)의 시에서,

열 아름 들이 뚱뚱한 뱃속에	便便十圍腹
서사(書史)만 든 것이 아니네	不但貯書史971)

라고 하였다.

---

968) 鄧通傳曰, 竟結, 謂結其公案也.(『居家必用, 辛集, 結案』)

969) 황제내경소문(黃帝內經素問) : 황제내경(黃帝內經)은 중국의 가장 오래 된 의서(醫書). 진나라・한나라 때에 편찬되었다고 전하며 황제와 명의(名醫)의 문답 형식으로 고대 중국의 의술과 신체관을 기술하였다. 소문(素問)과 영추(靈樞)의 2부로 되어 있는데, 소문은 자연 철학의 처지에서 병리학설을 주로 다루었고, 영추는 침구에 관한 내용을 다루었다. 18권. ≒ 내경(內經).

970) 「기이십이백이십운(寄李十二白二十韻)」.

971) 便便十圍腹, 不但貯書史.(『東坡全集, 卷十六, 送顧子敦奉使河朔』) → 十圍貯腹貯天眞.(『松南雜識』)

지금의 '천진(天眞)'이라는 말은 여기에서 시작되었다.

빙탄
氷炭

홍희문(洪希文)[972]의 시에 "얼음과 숯을 내 마음 속에 두지 말라[毋以氷炭置我腸]"[973]라고 하였으니, 물과 불이 서로 상극인 것과 같다. 또한 "향기 나는 풀과 구린내 나는 풀은 같은 그릇에 담을 수 없다[薰蕕不同器]"[974]라는 말과 같다.

주착
鑄錯

『오대사(五代史)』에서 "위박 절도사(魏博節度使) 나소위(羅紹威)가 주전충(朱全忠)[975]에게 가산을 바쳐 탕진한 일을 후회하면서 "여섯 주(州) 마흔 세 현(縣)의 쇠붙이를 모아도 이 한 개의 줄[錯][976]을 주조하지 못할 것이다"[977]라고 하였다.

---

972) 홍희문(洪希文) : 원나라의 시인. 자는 여질(汝質). 보전(莆田) 출신.
973) 홍희문(洪希文)의 「청금가(聽琴歌)」.

*『松南雜識』에는 한유의 시로 오기되어 있음.
974) 『孔子家語, 致思』.
975) 주전충(朱全忠) : 오대(五代) 후량(後梁)의 건국자(852~912). 재위 기간은 907~912. 본명은 주온(朱溫). 묘호는 태조(太祖). 황소(黃巢)의 난에 참가하여 그 부장(部將)이 되었으나, 882년 형세의 불리함을 간파하고 관군에 항복하여 당의 희종(僖宗)으로부터 전충(全忠)이라는 이름을 하사받았다. 그 후 당의 소종(昭宗)을 살해한 뒤 애제(哀帝)를 세우고, 다시 907년에 애제로부터 제위를 양수(讓受)받아 양(梁)나라를 세우고 개봉(開封)을 수도로 정하였다.
976) 착(錯) : 착(錯)은 옥석(玉石)을 가공하는 공구인 '줄'인 동시에 '착오(錯誤)'의 뜻도 있으므로, 나소위가 자신이 아군을 죽이는 큰 착오를 저질렀다는 의미이다.

소식(蘇軾)[978]의 시에서,

모르겠네. 몇 고을의 쇠붙이를 모아서	不知幾州鐵
이 한 개의 거대한 줄을 만들었는지	鑄此一大錯[979]

라고 하였다.

지금 일을 그르치는 것을 '주착(鑄錯)'이라고 한다.

뇌동
雷同[980]

『예기(禮記)』에서 "뇌동(雷同)하지 말라"[981]라고 하였는데, 주석에서 "백 리를 '동(同)'이라고 한다"라고 하였으니, 아마도 우레 소리는 백 리를 벗어나지 못하는가보다.

---

977) 紹威雖去其逼, 而魏兵自是衰弱, 紹威悔之, 謂人曰, 合六州四十三縣鐵, 不能爲此錯也.(『資治通鑑, 卷二百六十五, 唐紀, 八十一, 昭宗聖穆景文孝皇帝, 下之下』)

羅紹威帥魏博, 以牙軍驕恣盡殺之, 由此勢弱, 爲梁祖所制, 乃曰, 聚六州四十三縣鐵, 鑄一箇錯, 不成也.(『古今事文類聚別集, 卷十八, 聚鐵鑄錯』)

→魏博帥羅紹威, 悔納朱全忠曰, 聚六州四十三縣鐵, 打此一箇錯, 不成也.(『松南雜識』)

978) 『松南雜識』에는 '韓愈'로 오기되어 있음.

979) 「증전도인(贈錢道人)」.

980) 중복된 내용임. 『松南雜識』에 "在上重出"이라는 말이 제목인 '雷同' 밑에 첨기되어 있음.

981) 毋勦說, 毋雷同.(『禮記, 曲禮上』)

각로
閣老

『국사보(國史補)』[982]에서 "재상(宰相)을 '당로(堂老)'라고 한다"라고 하였다.

『당서(唐書), 양관전(楊綰傳)』에서 "중서성(中書省) 사인(舍人) 중에 나이가 많은 자를 '각로(閣老)'로 삼았다"[983]라고 하였다.

명나라 태조는 삼공(三公)을 설치하지 않고 삼공의 일을 행하는 사람을 '각로'라고 하였는데, 지금 청나라가 그 호칭을 그대로 따라서 마침내 청나라 재상의 호칭이 되었으니, 바로 '좌각로(左閣老)' · '우각로(右閣老)'가 이것이다.

오랑캐
兀良介

우리나라 북도(北道) 야인(野人) 중에 오랑캐[兀良介]가 있기 때문에 '호(胡)'자의 훈음이 되었다.

어떤 사람은 "고신씨(高辛氏)[984]의 딸이 누대에 살면서 개로 하여금 지키도록 하였는데, 그 개를 남편으로 삼아서 오랑캐 종족을 낳았기 때문에 외랑개[外郎犬]라고 불렀다"라고 하였다.

또한 짐승[慫生] 수(獸)라고 하는 말과 비슷하다.

---

982) 국사보(國史補) : 당나라 이조(李肇)가 편찬한 책. 총 3권이다. 당나라 개원(開元)에서 장경(長慶) 연간까지의 잡사(雜事)를 기록하였음. 당국사보(唐國史補)

983) 中書舍人**兼修國史故事舍人**年久者爲閣老.(『唐書, 卷一百四十二, 楊綰, 列傳, 第六十七, 李楊崔柳韋路』)→中書舍人年久者爲閣老.(『松南雜識』)

984) 고신씨(高辛氏) : 태고 시대의 제왕으로 황제의 증손이라 하는데 고신은 호이며 이름은 곡(嚳)이라고 전하며, 제곡(帝嚳) 고신씨라고도 한다.

동이
東夷

연암(燕巖) 박지원(朴趾源)이 "중국 사람들은 물건을 잃어버리면 '동이(東夷)'라고 하니 동이가 훔쳐 갔다는 말이다. '동(東)'자의 중국음은 '등'이다"[985]라고 하였다.

지금 도둑을 '양상군자(樑上君子)'라고 하는 것은 진식(陳寔)이 들보 위에 있는 도둑을 보고 자손들을 불러 훈계한 것에서 유래하였다.[986]

선우 · 가한
單于可汗

『한서(漢書)』에서 말하였다.

> 흉노(匈奴)는 '천(天)'을 '기련(祈連)'이라고 하고, '천자(天子)'를 '탱리고도(撑犁孤塗)'[987]라고 한다. 또 '광대하여 하늘을 본뜬 것'을 '선우(單于)'라고 하고, '황후(皇后)'를 '알지(閼氏)'라 하며, '효(孝)'를 '약제(若鞮)'라고 하고, '현(賢)'을 '도기(屠耆)'라고 한다. 그래서 항상 '태자(太子)'를 '좌도기왕(左屠耆王)'이라 한다.[988]

---

985) 有失物**則**曰東夷, 謂東夷偸去也, **麗音離**, 東, 頭登切.(『燕巖集, 卷十四, 別集, 熱河日記, 口外異聞, 麗音離東頭登切』) → **華人**有失物曰東夷, 謂東夷偸去也. 東**字**, **華音**頭登切.(『松南雜識』)

986) 후한(後漢)의 진식(陳寔)이 밤에 들보 위의 도둑을 발견하고 자손들을 불러 훈계하기를 "무릇 사람은 스스로 힘쓰지 않아서는 안 된다. 착하지 못한 사람도 본래 악한 것이 아니고 버릇이 습성이 되어 마침내 그렇게 된 것이니, 저 양상(樑上)의 군자가 그러하다"라고 하자 도둑이 듣고 놀라서 떨어졌다고 한다.

987) 『松南雜識』에는 '撑黎孤塗'로 되어 있음.

988) 匈奴謂天爲撑犁, 謂子爲孤塗, 單于者, 廣大之貌也, 言其象天單于然也, 置左右賢, 王左右谷蠡, 左右大將, 左右大都尉, 左右大當戶, 左右骨都侯, 匈奴謂賢曰, 屠耆, 故常以太子爲左屠耆王.(『前漢書, 卷九十四上, 匈奴傳, 第六十四上』) → 匈奴謂天曰祈

'대장(大將)'을 '좌살(左殺)' · '우살(右殺)' 또는 '흡후(翕侯)'라고 한다.

『북사(北史)』에서 "유연(柔然)[989]의 왕 사륜(社崙)이 '두대가한(豆代可汗)'이라고 자칭하였다"[990]라고 하였고, "돌궐(突厥)은 황후를 가하돈(可賀敦)이라 부른다"[991]라고 하였으니, 그들의 방언은 이루 다 기록할 수 없지만, '선우(單于)'라는 호칭은 두만(頭曼)[992]으로부터 시작되었고, '가한(可汗)'이란 호칭은 유연(柔然)에서 시작되었다.

지금의 청(淸)이 만주족(滿洲族)이었을 때는 다만 '한(汗)'으로 칭했으니, 역시 천자(天子)의 호칭이다.

애매 · 논찬
崖埋論贊

『속자치통감장편(續資治通鑑長編)』에서 "하(夏)나라[993]의 조원호(趙元昊)는 어릴 때 이름이 애매(崖埋)이니, 강족(羌族)의 말로 '아낌[惜]'을 '애(崖)'라 하고 '부귀(富貴)'를 '매(埋)'라 한다"[994]라고 하였다.

連, 天子曰撑黎孤塗. 又廣大象天之稱曰單于, 皇后曰閼氏, 孝曰若鞮, 賢曰屠耆, 故常以太子爲左屠耆王.(『松南雜識』)

989) 유연(柔然) : 종족의 이름. 성씨는 욱구려씨(郁久閭氏). 처음에는 탁발씨(拓跋氏)에 속하였다가 사륜(社崙)이 유연가한(柔然可汗)이 되면서 내외몽고(內外蒙古) 지방을 영유하였다. 그 뒤에 후위(後魏)에게 패하고, 이어 돌궐(突厥)에게 멸망당하였다. 북조(北朝)에서는 '연연(蠕蠕)'이라고 칭하였고, 남조(南朝)에서는 '예예(芮芮)'라고 칭하였다.

990) 社崙 …… 自號**丘豆伐可汗**.(『魏書, 卷一百三, 列傳, 第九十一, 蠕蠕』)
社崙 …… 自號豆代可汗.(『北史, 卷九十八, 列傳, 第八十六, 蠕蠕』)
→元魏史, **柔然王**社崙, 自**稱**豆代可汗.(『松南雜識』)

991) 突厥 …… **自號伊利可汗**, **猶古之單于也**, 號其妻爲可賀敦.(『北史, 卷九十九, 列傳, 第八十七, 突厥』)→突厥, 皇后曰可賀敦.(『松南雜識』)

992) 두만(頭曼) : 흉노(匈奴)의 선우(單于). 아들 묵특[冒頓]에게 살해되었다.

993) 하(夏)나라 : 서하국(西夏國)을 가리킨다. 송나라 때 서북방의 당항족(黨項族)이 세운 나라로, 송나라에 대해 신하로 칭하다가 1038년에 조원호(趙元昊)에 의해 건국되었다. 1227년까지 존속하였다.

또 토번(吐藩)에서는 '강한 영웅[强雄]'을 '찬(贊)'이라 하기 때문에 군장(君長)을 '논찬(論贊)' 또는 '농찬(弄贊)'이라 한다.[995] 또 돌궐에서는 대신(大臣)을 '엽호(葉護)'라고 한다.[996]

「서역전(西域傳)」에서 파사국(波斯國)[997] 사람들은 왕을 '의찬(醫嚝)'이라 부른다"[998]라고 하였다.

또 『영애승람(瀛涯勝覽)』[999]에서 "점성국(占城國)[1000]에서는 국왕(國王)을 '방리마합찰랄(芳喙馬哈札剌)'이라고 부른다"[1001]라고 하였다.

아노 · 약통
雅魯若統

송나라 여정(余靖)[1002]의 「사거란시(使契丹詩)」[1003]에서,

---

994) 昊小名**葉邁**, 羌語, **謂**惜爲崖, 富貴爲埋.(『續資治通鑑長編, 卷一百十, 仁宗』)→夏趙元昊小名崖埋, 羌語, 惜爲崖, 富貴爲埋. 長編.(『韻府群玉, 崖埋』)→長編, 夏趙元昊小名崖埋, 羌語, 惜爲崖, 富貴爲埋.(『松南雜識』)

995) 其俗, 謂彊雄曰贊, 丈夫曰普, 故號君長曰贊普.(『唐書, 卷二百十六上, 列傳, 第一百四十一上, 吐蕃』)→吐蕃, 謂强雄曰贊, 故君長曰論贊曰弄贊. 唐本傳.(『韻府群玉, 贊普』)→吐蕃, 謂强雄曰贊, 故君長曰論贊曰弄贊.(『松南雜識』)

996) 突厥 …… 大臣**曰**葉護.(『唐書, 卷二百十五上, 列傳, 第一百四十上, 突厥』)→突厥, 大臣**謂**葉護.(『松南雜識』)

997) 파사국(波斯國) : 페르사(Persra), 즉 지금의 이란(Iran).

998) 波斯**國** …… 國人號王曰醫嚝.(『魏書, 卷一百二, 列傳, 第九十, 西域』)→波斯國人號王曰醫嚝.(『松南雜識』)

999) 영애승람(瀛涯勝覽) : 명나라 마관(馬觀)이 찬한 책으로, 19국의 경계 · 지역 · 풍속 · 특산물 등을 정리한 일종의 지리서.

1000) 점성국(占城國) : Champa. 2세기에서 15세기 사이에 인도차이나 남동 기슭에 있던 참(Cham)족의 나라.

1001) 瀛涯勝覽, 占城國, 呼國王爲芳喙馬哈札剌.(『康熙字典, 喙』)

1002) 여정(余靖) : 송나라의 문신. 자는 안도(安道). 범중엄(范仲淹)이 귀양갈 때 상서(上書)하여 다투다가 파직당했음. 시호는 양공(襄公).

1003) 여정(余靖)이 거란에 사신으로 가서 거란의 어휘를 사용하여 지은 시이다.

미천한 신은 재배(再拜)하고 만세(萬歲)를 축원하노니 微臣雅魯祝若統
성수(聖壽)와 숭고(崇高)함이 모두 영원할 것입니다　聖壽鐵擺俱不忒[1004)]

라고 하였다. 이것은 진(秦)나라 오랑캐 말로, '아노(雅魯)'는 '재배(再拜)', '약통(若統)'은 '만세(萬歲)', '철파(鐵擺)'는 '숭고(嵩高)'이다. 또 '취락(聚落)'을 '이리간(伊里干)'이라고 한다.

불도징(佛圖澄)[1005)]이 "군대가 출동하면 유요(劉曜)를 사로잡는다[秀支替戾岡僕谷劬禿當]"라고 하였다. 이것은 갈족(羯族)의 말로, 수지(秀支)는 '군대'이고, 체려강(替戾岡)은 '출동', 복곡(僕谷)은 '유요(劉曜)', 구독당(劬禿當)은 '사로잡다[捉]'라는 뜻이다.[1006)]

만족(蠻族)의 말에 '낙물혼(落勿渾)'은 '몰염치(沒廉恥)'이고, '애막리(愛莫離)'는 '숙연(宿緣)'이다. 또 설준(薛俊)[1007)]의 『일본기어(日本寄語)』에서 "'별[星]'을 '부니(付泥)'라고 하고, '금(金)'을 '공조니(空措泥)'라고 하고, '은(銀)'을 '실록해니(失祿楷泥)'라고 하고, '배[船]'를 '부니(浮泥)'라고 한다"[1008)]라고 하였다.

한어
漢語

반계(磻溪) 유형원(柳馨遠)이 말하였다.

1004) 微臣雅魯拜舞祝若統**福祐**, 聖壽鐵擺嵩高俱可忒**無極**.(『中山詩話』)

1005) 불도징(佛圖澄): 진(晉)나라의 고승. 천축국(天竺國) 출신. 현술(玄術)에 능하였다 한다.

1006) 澄曰, **相輪鈴音云**, 秀支替戾岡僕谷劬禿當. 此羯語也. 秀支, 軍也, 替戾岡, 出也, 僕谷, 劉曜, **胡位也**, 劬禿當, 捉也, **此言軍出捉得曜也**.(『晉書, 卷九十五, 列傳, 第六十五, 藝術』)→**佛圖**澄曰, 秀支替戾岡僕谷劬禿當. 此羯語也. 秀支, 軍也, 替戾岡, 出也, 僕谷, 劉曜, 劬禿當, 捉也.(『松南雜識』)

1007) 설준(薛俊): 명나라 인물. 정해(定海) 출신. 저술에 『일본고략(日本考畧)』 등이 있다.

1008) 薛俊日本寄語, 星曰付泥, 金曰空措泥, 銀曰失祿楷泥, 船曰浮泥.(『康熙字典, 泥』)

세종(世宗) 때 우리말 사용을 금지하고 만물(萬物)의 명칭(名稱)을 모두 중국말로만 사용하게 했으나, 그래도 여전히 전습되어 볼 만한 것이 있었다. 예를 들면 당직(當直)을 '당디', 가사(家事)를 '갸스', 하처(下處)를 '하츄', 동(銅)을 '퉁', 두회(頭盔)[1009]를 '투퀴', 대홍(大紅)[1010]을 '다홍', 자적(紫的)[1011]을 'ᄌᆞ디', 아청(鴉青)[1012]을 '야칭', 가적(假的)[1013]을 '갸디', 망건(網巾)을 '망건', 단령(團領)[1014]을 '퉌뎡', 첩리(帖裡)[1015]를 '텨리', 뇌포(腦包)[1016]를 'ᄡᅩᄡᅩ', 전량(錢糧)[1017]을 '쳔량', 감결(甘結)[1018]를 '간계', 첩자(帖子)를 '텨즈'라고 하는 따위이다.[1019]

종을 숭으로 교를 요로 잘못 읽다
崇崧翹蕘

『시경』에서 "복록이 와서 높이 쌓이도다[福祿來崇]"[1020]라고 하였는데, '崇'의 음은 '종'이지만, 지금은 숭산(崧山)의 '숭'으로 발음한다. 의

1009) 두회(頭盔) : 투구.
1010) 대홍(大紅) : 도자기의 겉면에 입히는 잿물의 하나. 적홍(赤紅)보다 짙다.
1011) 자적(紫的) : 자주색.
1012) 아청(鴉青) : 검은빛을 띤 푸른빛.
1013) 가적(假的) : 가짜.
1014) 단령(團領) : 조선 시대에 깃을 둥글게 만든 관복.
1015) 첩리(帖裡) : 철릭. 무관이 입던 공복(公服). 직령(直領)으로서, 허리에 주름이 잡히고 큰 소매가 달렸는데, 당상관은 남색이고 당하관은 분홍색이다.
1016) 뇌포(腦包) : 남바위. 중국발음 '나오빠오'에서 유래한 말.
1017) 전량(錢糧) : 전곡(錢穀).
1018) 감결(甘結) : 상급 관아에서 하급 관아에 보내던 공문. 오늘날의 훈령(訓令)과 같다. ≒ 관칙(關飭), 예칙(禮飭).
1019) 禁鄕談, 則府中上下於凡物名, 皆以漢語, 不得用鄕談, 今其制雖廢, 而尙有傳習之可見者. 如當直曰當당直디, 家事曰家갸事스, 下處曰下하處츄, 銅曰銅퉁, 頭盔曰頭투盔퀴, 大紅曰大다紅홍, 紫的曰紫ᄌᆞ的디, 鴉青曰鴉야青칭, 假的曰假갸的디, 網巾曰網망巾긴, 團領曰團퉌領링, 帖裡曰帖텨裡리, 腦包曰腦ᄡᅩ包ᄡᅩ, 錢糧曰錢쳔糧량, 甘結曰甘간結계, 帖子曰帖텨子즈之類.(『磻溪隨錄, 卷二十五, 續篇上, 言語』)
1020) 『詩經, 大雅, 鳧鷖』.

가(醫家)의 약(藥) 중에 '연교(連翹)'[1021]라는 것이 있는데, '翹'의 음은 '교'이지만, 지금은 추요(芻蕘)의 '요'로 발음한다. '茶'의 본음은 '차'인데도 '다'로 독음하고, '槐'의 본음은 '회'인데도 '괴'로 독음하는 것과 같으니, 이런 예는 매우 많다.

대저 우리나라의 성음(聲音)은 팔도(八道)의 언어 중에 앞이 높고 뒤가 낮은 것도 있고, 뒤가 높고 앞이 낮은 것도 있다. 조금 다르면서 크게 같은 것은, 누구나 옷을 입고 밥을 먹는 본성(本性)과 같고, 크게 다르면서 조금 같은 것은 초(楚)나라 사람에게 종아리를 치면서 제나라 말을 하도록 요구하는 일과 같다. 그러나 불경(佛經)에 이른바 "사람이 물을 마시면 찬지 따뜻한지를 스스로 아는 것과 같다[如人飮水冷暖自知]"라는 것인데, 도홍경(陶弘景)[1022]이 만 권의 책을 읽었지만 한 가지 일도 알지 못하여 깊이 부끄러워한 것[1023]은 어째서인가? 『자양어록(紫陽語錄)』[1024]의 뜻을 가만히 취하고, 양웅(揚雄)의 『방언(方言)』의 기록처럼 대략 만들었지만 빠뜨린 것이 없을 수 없으니, 읽는 자는 우선 취사선택할 일이다.

1021) 연교(連翹) : 개나리의 열매를 한방에서 이르는 말. 해열·해독 작용이 있어 염증성 질환과 종기를 치료하거나 이뇨시키는 데 쓰인다.

1022) 도홍경(陶弘景) : 남북조(南北朝) 시대의 도사(道士). 제(齊)나라 고제(高帝) 때 제왕시독(諸王侍讀)을 지내다가 뒤에 구용(句容)의 구곡산(句曲山)에 은거하였는데, 양(梁) 무제(武帝)가 즉위한 후 나라의 큰 일이 있을 때는 반드시 그에게 자문하였으므로 산중재상(山中宰相)으로 불렸다.

1023) 梁陶弘景, 讀書萬卷, 一事不知, 以爲深耻.(『古今事文類聚別集, 卷四, 儒學部, 讀書萬卷』) → 陶弘景, 讀書萬卷, 一事不知, 以爲深耻.(『松南雜識』)

1024) 자양어록(紫陽語錄) : 주자어록(朱子語錄).

근취편(近取篇)[1]

연곡지하(輦轂之下) : 임금이 타는 수레 밑이라는 뜻으로, 서울을 의미한다.

진토지중(塵土之中) : 사람들이 모여 사는 세상을 의미한다.

권재족하(權在足下) : 권한은 오직 족하에게 있다는 말로, 편지에서 상대편[足下]의 도움을 청할 때 씀.

낙재기중(樂在其中) : 즐거움은 그 가운데 있다는 뜻.

유속헐후(猶屬歇後) : 오히려 대수롭지 않은 일에 속한다. 다른 것보다는 오히려 쉽다는 뜻으로, 앞으로 더욱 어려운 일이 있음을 이르는 말.

역재축중(亦在逐中) : 또한 쫓겨나는 사람 속에 있다.

요간돌출(腰間突出) : 허리둘레가 튀어나오다.

안전막동(眼前莫童) : 못생긴 아이라도 늘 곁에 두면 저절로 정이 붙음

1) 『松南雜識』에는 표제어만 있는데, 본 역서에서 그에 해당하는 의미를 풀어 제시하였음.

을 이르는 말.

장무환령(將無還令) : 장수는 명령을 돌이키지 않는다.

읍각부동(邑各不同) : 고을마다 동일하지 않다는 뜻으로 ①규칙이나 풍속이 각 고을마다 같지 않음. ②사람마다 의견이 서로 같지 않음을 이르는 말.

각소기장(各其所長) : 각각 자신만의 장점이 있다.

대상부동(大相不同) : 조금도 비슷하지 않고 크게 다름.

관동자별(冠童自別) : 어른과 아이는 절로 분별이 있다.

인마역동(人馬亦同) : 사람과 말이 또한 같다. 같은 경우에 닥쳤을 때 미물(微物)이라도 소홀히 대하지 말아야 함을 이르는 말.

대소부적(大小不敵) : 큰 것과 작은 것은 대적할 수 없다.

고금부동(古今不同) : 모습이나 형편 따위가 예전과 지금이 서로 같지 않음.

금시초견(今時初見) : 지금 처음 보다.

첨의순동(僉意詢同) : 모든 사람의 의견이 모두 같음.

노성지인(老成之人) : 노련하고 성숙한 사람.

해제지동(孩提之童) : 어린 아이.

주사청루(酒肆青樓) : 주막과 기생집.

추월춘풍(秋月春風) : 가을 달과 봄바람.

육리청산(六里青山) : 주인 없는 땅. 무주공산(無主空山).

사면춘풍(四面春風) : '사방의 봄바람', '두루 춘풍'이라는 말로 언제 어떠한 경우(境遇)라도 좋은 낯으로만 남을 대함.

지성감천(至誠感天) : 지극한 정성이 있으면 하늘도 감동한다.

호령생풍(號令生風) : 호령에 바람이 일어난다는 말로, 호되게 꾸짖음을 의미한다.

간어제초(間於齊楚) : 제(齊)나라와 초(楚)나라에 끼어있다는 말로, 위급한 상황을 의미한다.

겁어위풍(怯於威風) : 기세가 등등함에 겁을 먹음.

진정소회(眞情所懷) : 마음 속에 품은 생각.

졸난변통(猝難變通) : 뜻밖에 일을 당해 조처할 방도가 없음.

전불고견(全不顧見) : 전혀 돌보아 주지 않음.

고집불통(固執不通) : 굳게 지켜 변통(變通)하지 않음.

우열난분(優劣難分) : 우열(優劣)을 분간하기 어려움.

허실상몽(虛實相蒙) : 허실이 분명하지 않은 것. 허실이 서로 다른 것.

섬섬옥수(纖纖玉手) : 가늘고 고운 손.

파파노옹(皤皤老翁) : 머리가 하얗게 센 노인.

순환지리(循環之理) : 순환(循環)하는 이치.

불식지공(不息之功) : 천지의 운행처럼 쉬지 않고 노력함.

방휼지세(蚌鷸之勢) : 방합(蚌蛤)과 도요새가 서로 물고 있는 형세.

견마지충(犬馬之忠) : 개와 말처럼 충직하다는 뜻으로, 자신의 충성을 겸손하게 이르는 말.

일비지력(一臂之力) : 한 팔뚝의 미약한 힘이란 뜻으로, 자신의 힘을 겸손하게 이르는 말.

백족지충(百足之蟲) : 발이 많은 벌레는 죽어도 넘어지지 않는다[百足之虫, 至死不僵]라는 말로, 도움을 많이 받는 자는 쉽게 쓰러지지 않음을 비유한다.

일필휘쇄(一筆揮洒) : 글씨를 단숨에 죽 내려씀. 일필휘지(一筆揮之).

오색영롱(五色玲瓏) : 오색(五色)이 영롱하다는 말로, 아름다운 사물을 뜻함.

사근취원(捨近取遠) : 가까운 것을 버리고 먼데서 취한다는 말로, 일의 순서를 바꾸어 한다는 의미.

자초지종(自初至終) : 처음부터 끝까지의 과정.

청출어람(青出於藍) : 쪽에서 나온 푸른 물감이 쪽보다 더 푸르다는 말로, 제자가 스승보다 낫다는 의미.

어변성룡(魚變成龍) : 고기가 변하여 용이 된다는 말로, 곤궁하던 사람이 부귀해 지거나 보잘 것 없던 사람이 큰 인물이 된다는 의미.

사생존망(死生存亡) : 죽고 살고 존재하고 없어짐.

화복길흉(禍福吉凶) : 재앙과 복과 좋은 운과 나쁜 운.

무처부당(無處不當) : 마땅하지 않은 곳이 없음.

유령시종(惟令是從) : 오직 명하는 대로 따름.

삼전삼배(三戰三北) : 세 번 싸워 세 번 패배함.

백발백중(百發百中) : ① 백 번 쏘면 백 번 적중함. ② 무슨 일이나 틀림없이 잘 맞음.

초잠식지(稍蠶食之) : 점점 잠식(蠶食)해 감.

약마복중(弱馬卜重) : 약한 말에 무거운 짐을 실었다는 뜻으로, 재주와 힘이 넉넉하지 못한 사람이 능력에 벅찬 일을 맡음.

역지이사(易地而思) : 처지를 바꾸어 생각함.

겸인지용(兼人之勇) : 혼자서 능히 몇 사람을 당해 낼만 한 용기. 여러 사람의 용력(勇力)을 겸한 듯 출중함.

광일지구(曠日持久) : 헛되이 세월을 보내며 날짜만 끈다는 의미.

지원극통(至寃極痛) : 지극히 원통함.

만사여생(萬死餘生) : 만 번 죽다 남은 생명.

일장춘몽(一場春夢) : 한바탕의 봄 꿈이라는 말로, 허무한 인생을 비유함.

의원시행(依願施行) : 원하는 대로 시행(施行)함.

특위방송(特爲放送) : 특별히 석방하여 돌려보냄.

위력성당(威力成黨) : 여럿이 떼 지어 으르고 협박함. 울력성당. 완력성당.

백지늑봉(白地勒捧) : 빈 땅에 억지로 세금을 징수함. 강제로 받아냄.

행선인사(行船人事) : 배가 흐르듯 정처 없는 인사(人事).

범간일용(凡干日用) : 모든 것을 일상에서 구함.

임대책중(任大責重) : 임무는 크고 책임은 무거움.

언청계용(言聽計用) : 남의 말을 듣고 계책을 씀. 남의 인격이나 계책을 깊이 믿어 그가 하자는 대로 함을 이르는 말. ≒ 언청계종.

첩첩심산(疊疊深山) : 첩첩의 깊은 산중.

누루중총(累累衆塚) : 겹겹의 많은 무덤.

황홀난측(恍惚難測) : 황홀하여 헤아리기 어려움.

산란무통(散亂無統) : 흩어지고 어지러워 통일성이 없음.

중간조종(中間操縱) : 중간에서 조종함.

사면충동(四面衝動) : 사방이 충동(衝動)함. '충동'은 어떤 일을 하도록 부추기거나 마음을 흔듦.

금석상약(金石相約) : 금석(金石)처럼 굳은 약속.

호발부동(毫髮不動) : 조금도 동요하지 않음.

가빈친로(家貧親老) : 집은 가난하고 어버이는 늙었다는 말로, 매우 어려운 상황을 뜻함.

연부역강(年富力强) : 나이는 젊고 힘은 충분하다는 말로, 가능성이 무궁함을 뜻함.

명면각지(名面各知) : 같은 사람인 줄 모르고 이름은 이름대로 얼굴은 얼굴대로 따로따로 앎.

행색수상(行色殊常) : 행색이 보통과는 달라 의심스럽다는 말.

구어안사(拘於顔私) : 안면(顔面)과 사정(私情)에 구애됨.

시약심상(視若尋常) : 예사롭게 봄.

백척간두(百尺竿頭) : 백 척 장대의 끝이라는 말로, 매우 위급한 상황을 비유함.

일촌간장(一寸肝腸) : 한 치의 간과 창자라는 말로, 매우 애달픈 마음을 비유함.

조중안면(稠中顔面) : 많은 사람 가운데 아는 사람.

동일심장(同一心腸) : 마음 속이 동일하다는 말로, 뜻이 통한다는 의미.

동취서대(東取西貸) : 동에서 구하고 서에서 빌린다는 뜻으로, 여러 곳에서 빚을 짐을 이르는 말. ≒동대서걸(東貸西乞)·동서대취(東西貸取)·동추서대(東推西貸).

백공천창(百孔千瘡) : '수없이 많은 구멍과 상처투성이'라는 말로, 여러 가지 폐단으로 엉망진창이 되었다는 의미.

남부여대(男負女戴) : 남자는 지고 여자는 인다는 말로, 떠돌아다니는 가난한 삶을 비유함.

거재두량(車載斗量) : 수레에 싣고 말로 된다는 뜻으로, 물건이나 인재 따위가 많아서 그다지 귀하지 않음을 이르는 말.

주색지도(酒色之徒) : 주색(酒色)에 빠진 무리.

의식지향(衣食之鄕) : 생활이 넉넉한 지방.

사생동고(死生同苦) : 죽거나 살거나 고생을 함께 함.

오매불망(寤寐不忘) : 자나 깨나 잊지 못함.

선발제인(先發制人) : 먼저 나서면 남을 제압한다는 말.

속성질망(速成疾亡) : 빨리 이루면 빨리 망한다는 말.

일면여구(一面如舊) : 한 번 만나도 오랜 친구 같다는 말.

중구난방(衆口難防) : 여러 사람의 입에서 나온 소문은 막기 어렵다는 말.

풍년화자(豊年化子) : 풍년의 거지라는 말로, 모든 사람이 다 이익을 보는 데 혼자만 빠진 경우를 의미함.

오후한량(午後閑良) : ① 대낮의 건달이라는 말로, 할 일없이 어슬렁대는 사람을 비유함. ② 배고픈 차에 음식을 마구 먹는 짓. ≒ 한량음식(閑良飮食).

고루거각(高樓巨閣) : 높은 누대와 큰 전각으로, 높고 크게 지은 집이라는 의미.

접옥연장(接屋連墻) : 지붕이 닿고 담이 이어졌다는 말로, 가구가 많다는 의미.

종두지미(從頭至尾) : 머리에서 꼬리까지라는 말로, 처음부터 끝까지라는 의미.
자하달상(自下達上) : 아래에서 위로 통한다는 말.
가문혁혁(家門赫奕) : 혁혁하게 빛나는 가문.
관고판탕(官庫板蕩) : 관가의 창고가 텅 비었다는 말.
인중승천(人衆勝天) : 사람이 많으면 하늘도 이길 수 있다는 말로, 많은 사람의 힘이 크다는 의미.
적반하장(賊反荷杖) : 도적이 오히려 몽둥이를 들었다는 말로, 잘못한 사람이 도리어 성을 내는 경우를 비유한 말.
망지소조(罔知所措) : 몸 둘 곳을 알지 못한다는 말.
불언가상(不言可想) : 말하지 않아도 상상할 수 있다는 의미.
중간인실(中間闉失) : 중간에 운이 막혀 차질이 생김.
백인등장(百人等狀) : 여러 사람이 이름을 잇대어 써서 관청에 올려 하소연함. 또는 그 일.
상궁지조(傷弓之鳥) : 활에 상한 새는 구부러진 나무만 보아도 놀란다는 말로, 한 번 혼이 난 일로 늘 의심과 두려운 마음을 품는 것을 이르는 말.
패군지장(敗軍之將) : 패전한 장수.
초지인사(稍知人事) : 세상사를 조금 밖에 알지 못한다는 말.
불성모양(不成貌樣) : 모양이 제대로 이루어지지 아니함. 몹시 가난하여 살림이나 복색 따위가 말이 아님.
여염즐비(閭閻櫛比) : 민가가 즐비함.
의관선명(衣冠鮮明) : 의관이 곱고 깨끗함.
장중득실(場中得失) : 과거장의 운. ① 평소 잘하던 사람이 과거 시험장에서 낙방하고 잘못하는 사람이 급제를 하는 수가 있듯이 일이 생각한 바와 같이 이루어지지 아니함을 이르는 말. ② 거의 다 되어 가던 일이 별안간 뜻대로 되지 아니함을 이르는 말.

등하불명(燈下不明) : 등불 아래가 어둡다는 말로, 가까운 곳에 소홀하기 쉽다는 비유.

십목소시(十目所視) : 열개의 눈이 지켜보고 있다는 말로, 매우 신중하게 행동해야 함을 비유함.

고장난명(孤掌難鳴) : 하나의 손바닥으로는 소리가 나지 않는다는 말로, 상대 없이 혼자만으로는 어떤 일을 일으키기 어렵다는 의미.

각자도생(各自圖生) : 각자 삶을 도모한다는 말.

불선거행(不善擧行) : 맡은 일을 잘 이행하지 못함.

처분적당(處分適當) : 처분이 적당함.

영구준행(永久遵行) : 규정이나 약속 따위를 오래오래 지켜나감.

면목가증(面目可憎) : 얄미울 정도로 못생긴 얼굴.

은위병행(恩威幷行) : 은혜와 위엄을 함께 행함.

팽두이숙(烹頭耳熟) : 머리를 삶으면 귀도 익는다는 말로, 중요한 한 가지 일이 해결되면 나머지 부수적인 일도 따라서 해결된다는 비유.

건목수생(乾木水生) : '마른 나무에 물 날까'라는 말로 원인이 없는 결과는 없다는 비유.

새옹득실(塞翁得失) : 새옹(塞翁)의 득실, 앞으로 일어날 일은 예측할 수 없다는 뜻.

초로인생(草露人生) : 풀잎의 이슬과 같이 덧없는 인생. 조로인생(朝露人生).

훼장삼척(喙長三尺) : ① 주둥이가 석 자나 길어도 변명할 수 없다는 뜻으로, 허물이 드러나서 숨겨 감출 수가 없음을 이르는 말. ② 말을 거침없이 잘 한다는 비유.

족과평생(足過平生) : 평생을 넉넉히 지낼 만 하다는 말.

득불보실(得不補失) : 얻은 것보다 잃은 것이 더 많다는 의미. 얻은 것으로 그 잃은 것을 매워 채우지 못한다는 뜻으로, 손해가 됨을 이르는 말.

숙불환생(熟不還生) : 한 번 익힌 음식은 날것으로 되돌아갈 수 없어 그대로 두면 쓸데없다는 뜻으로, 장만한 음식을 남에게 권할 때 쓰는 말.

설상가상(雪上加霜) : 눈 위에 서리가 더해진다는 말로, 불운이나 재앙이 이어짐을 비유함.

사중구생(死中求生) : 죽기로 싸워야 살 수 있다는 말.

골골무가(汨汨無暇) : 골몰하여 조금도 겨를이 없음.

근근득생(僅僅得生) : 겨우 겨우 살아감.

한중다사(閑中多事) : 한가한 가운데 일이 많음.

절처봉생(絶處逢生) : 극도로 위태한 곳에서 살길을 찾음.

흑두재상(黑頭宰相) : 나이가 젊은 재상.

백면서생(白面書生) : 글만 읽고 세상 경험이 없는 얼굴이 흰 서생.

노사숙유(老士宿儒)[2] : 나이가 많고 학문이 깊은 선비.

명공거경(名公巨卿) : 명성이 있고 지위가 높은 벼슬아치.

춘치자명(春雉自鳴) : 봄 꿩은 절로 운다는 말로, 시키거나 요구하지 않아도 제 할 일을 한다는 의미. 또는 때가 되면 일이 저절로 이루어진다는 비유.

화호불성(畵虎不成) : 호랑이를 그리려 하다가 온전히 이루지 못한다는 뜻으로, 서투른 솜씨로 일을 하려다가 오히려 그르친다는 말. 또는 소양이 없는 사람이 호걸인 채 하다가 도리어 망신당함을 비유한 말.

인지위덕(忍之爲德) : 인내가 덕성이 됨.

---

2) 『松南雜識』에는 '老師宿儒'로 되어 있음.

박이불정(駁而不精) : 뒤섞여 순정(純精)하지 않음.

귀배괄모(龜背刮毛) : 거북 등에서 털을 깎는다는 말로, 불가능한 일을 비유함.

묘항현령(猫項懸鈴) : 고양이 목에 방울 달기. 매우 어려운 일을 비유함.

면면상고(面面相顧) : 말없이 서로 얼굴만을 바라봄.

사사언청(事事言聽) : 일마다 말하는 대로 잘 들어줌.

잔산단록(殘山短麓[3]) : 비바람에 깎여 나지막한 산과 짧은 산기슭.

반혜곡경(盤蹊曲徑) : 굽은 길. 부정한 방법을 비유하는 말.

유한지물(有限之物) : 한정이 있는 물건.

무인지경(無人之境) : 사람이 없는 지경.

여출일구(如出一口) : 같은 입에서 나온 듯 의견이 일치함.

점입가경(漸入佳境) : 점점 좋은 경치로 들어간다는 말로, 갈수록 볼 만함.

공불승사(公不勝私) : 공(公)이 사(私)를 이기지 못한다는 말로, 공적인 일에 사사로운 정이 끼이게 마련이라는 의미.

사불범정(邪不犯正) : 그릇됨이 바름을 범(犯)하지 못한다는 말로, 정의가 반드시 이긴다는 의미.

파죽지세(破竹之勢) : 대나무를 쪼개 듯 거침없는 형세.

결승지정(結繩之政) : 옛날 결승문자(結繩文字)를 쓰던 시대의 정치라는 말로, 번거롭지 않은 간단하고 쉬운 정치.

건순노치(搴脣露齒) : 입술이 들리면 이가 들어난다는 말로, 서로 이해관계가 밀접한 사이에 어느 한 쪽이 망하면 다른 한 쪽도 그 영향을 받아 온전하기 어려움을 의미함.

병풍상성(病風喪性) : 풍을 앓아 실성함.

종말강좌(從末降坐) : 끝에서부터 낮은 서열로 앉음.

이차전령(以次傳令) : 차례로 명령을 전함.

---

3) 『松南雜識』에는 '殘山斷麓'으로 되어 있음.

굴지계일(屈指計日) : 손꼽아 날을 헤아림.
부수청령(俯首聽令) : 머리를 숙여 명령을 들음.
동동촉촉(洞洞屬屬) : 매우 공경(恭敬)하고 삼가하여 조심스러운 모양.
전전긍긍(戰戰兢兢) : 두려워하고 삼가함.
주사야탁(晝思夜度) : 밤낮으로 생각하고 헤아림.
좌수우응(左酬右應) : 이쪽저쪽으로 부산하게 상대함.
사구일상(四口一賞) : 노비의 불법 점유를 고발하면 4분의 1을 상으로 주던 제도.
삼판양승(三板兩勝) : 승부를 가릴 때 세 판 가운데 두 판을 이기는 쪽이 승리함.
주판지세(走坂之勢) : 비탈길을 달리는 것처럼 거침없는 형세.
향우지탄(向隅之歎) : 방 모퉁이를 향하는 탄식이라는 말로, 좋은 기회를 만나지 못한 것을 탄식함.
선견지명(先見之明) : 사리(事理)를 미리 예측하는 명철(明哲)함.
후시지탄(後時之嘆) : 때늦은 탄식.
혈기소재(血氣所在) : 혈기(血氣) 때문에 생긴 일이란 말로, 이성의 통제가 되지 않음을 의미함.
명맥소관(命脈所關) : 목숨과 관계된 일.
전례소재(前例所在) : 전례(前例)에 있는 일.
후폐소관(後弊所關) : 훗날 폐단이 생길 우려가 있는 일.
여사이이(如斯而已) : 이 같은 정도일 뿐.
불일기단(不一其端) : 그 단서가 한 둘이 아니라는 말.
천리직소(擅離直所) : 숙직하는 곳을 마음대로 이탈함.
야기요단(惹起鬧端) : 소란한 일의 단서를 야기함.
일신양역(一身兩役) : 한 몸으로 두 가지 일을 함.
시위소찬(尸位素餐) : 시동(尸童)처럼 헛되게 자리만 차지하고 공밥을 먹음.

언비천리(言飛千里) : 발 없는 말이 천리를 감.

진합태산(塵合太山) : 티끌모아 태산.

급어성화(急於星火) : 성화(星火)보다 급함. 대단히 급함.

적여구산(積如邱山) : 산처럼 쌓임.

수화상극(水火相克) : 물과 불은 상극이라는 말로, 서로 원수같이 지냄을 비유함.

골육상잔(骨肉相殘) : 혈육끼리 서로 해침.

불원천리(不遠千里) : 천리 길을 멀다 여기지 않음.

미달일간(未達一間) : 모든 일에 다 밝고 익숙하여도 오직 한 부분만은 서투름.

치인다소(癡人多笑) : 어리석은 사람은 웃음이 많음.

음자호산(淫者好酸) : 음란한 사람은 신 음식을 좋아함.

대동지역(大同之役) : 모든 사람이 다 같이 하는 부역.

자중지란(自中之亂) : 자기편에서 혼란이 생김.

간상탄로(奸狀綻露) : 간악함이 탄로남.

수각황란(手脚荒亂) : 손발을 어지러이 휘두른다는 말로, 급작스러운 일에 어찌할 바를 모르고 허둥거림.

김적이적(金的李的) : 김가 이가. 어중이 떠중이.

차한피한(此漢彼漢) : 이놈 저놈. 어중이 떠중이.

삼령오신(三令五申) : 세 번 명령하고 다섯 번 반복하여 신신당부함.

천호만환(千呼萬喚) : 수없이 여러 번 부름.

협창회음(挾娼會飮) : 기생을 끼고 모여 술 마심.

여노사환(如奴使喚) : 노비처럼 부림.

유리개걸(流離丐乞) : 이리 저리 떠돌아다니며 빌어먹음.

미봉만환(彌縫漫漶) : 그때그때 겨우 맞추어 나가고 흐리멍텅함.

심망의촉(心忙意促) : 마음이 바쁘고 생각이 촉박함.

혼비백산(魂飛魄散) : 혼백이 날아 흩어진다는 말로 몹시 놀람.

숙습난방(熟習難防) : 몸에 밴 버릇은 고치기 어려움을 이르는 말. .
지사위한(至死爲限) : 죽을 때가 되어서야 끝이 남.
어노막변(魚魯莫辨) : '어(魚)'자와 '노(魯)'자도 분간하지 못한다는 말로, 지극히 어리석음을 비유함.
빙탄상반(氷炭相反) : 얼음과 숯은 상극이라는 말로, 조화되지 못하는 사이.
의관문물(衣冠文物) : 어떤 나라의 제도와 문화를 의미함.
숙속다반(菽粟茶飯) : 콩·조·차·밥처럼 평소 쉽게 접할 수 있는 물건을 뜻하는 말.
이래이거(移來移去) : 옮겨 왔다 옮겨 감.
공행공반(空行空返) : 행하는 것이 없으면 자기에게 돌아오는 이득도 없음.
선악상반(善惡相半) : 선악은 함께 존재함. 선과 악이 서로 반씩 섞여 있음.
공사양편(公私兩便) : 관청과 개인 양쪽이 다 편리함.
홍안박명(紅顔薄命) : 미인은 운명이 기구함.
백수잔년(白首殘年) : 늙어서 머리가 세고 살 날이 얼마 안 남았음.
공공여야(空空如也) : 하나도 아는 것 없이 무지한 모양.
재재개연(在在皆然) : 어느 곳이나 모두 그러하다는 의미.
어거족의(於渠足矣) : 그것에 만족함.
유소겸연(有所歉然) : 부족함도 있게 마련.
물무부대(物無不對) : 만물에는 반드시 짝이 있음.
사비우연(事非偶然) : 우연한 일은 없음.
인정소재(人情所在) : 인정에 관계된 일.
사리당연(事理當然) : 사리의 당연함.
범백소여(凡百掃如) : 모든 일이 빗자루로 쓸어낸 듯 깨끗이 해결됨.
수쇄묘연(收殺杳然) : 수습할 방법이 아득함.

언지장야(言之長也) : 자세히 말하려면 길어짐.

심불재언(心不在焉) : 마음이 없음.

진담누설(陳談陋說) : 진부한 이야기와 비루한 말.

적수공권(赤手空拳) : 빈 손과 맨 주먹이란 말로, 아무것도 갖지 않은 빈털터리.

안비막개(眼鼻莫開) : 눈 코 뜰 사이 없이 몹시 바쁨.

피골상연(皮骨相連) : 피부와 뼈가 서로 닿을 정도로 수척함.

처신불공(處身不恭) : 처신이 공손하지 못함.

동병상련(同病相憐) : 같은 병을 앓은 사람은 서로 불쌍히 여김. 같은 처지에 놓인 사람끼리 서로 동정함.

탈유완급(脫有緩急) : 뜻밖에 급한 일이 생기면.

선위주선(善爲周旋) : 주선을 잘함.

관저복통(官猪腹痛) : 관가 돼지의 배앓이 보듯 무관심함.

주마가편(走馬加鞭) : 달리는 말에 채찍질 한다는 말로, 빨리 진행되는 일에 속도를 더함.

공과상반(功過相半) : 공과 허물은 함께 존재함.

문무겸전(文武兼全) : 문무를 겸비함.

수무촌철(手無寸鐵) : 수중에 돈 한 푼 없음. 또는 손에 조그마한 쇠붙이(무기)도 없음.

낭핍일전(囊乏一錢) : 주머니에 한 푼도 없는 빈털터리.

교주고슬(膠柱鼓瑟) : 아교로 안족(雁足)을 고정시키고 거문고를 연주한다는 뜻으로 융통성이 없음을 비유함.

월진승선(越津乘船) : 나루 건너 배타기. 때 지나 하는 불필요한 행동.

비여소지(非汝所知) : 네가 알 바가 아님.

지차불선(止此不羨) : 이 정도에서 그만두고 부러워하지 마라.

금의환향(錦衣還鄕) : 비단옷을 입고 고향으로 돌아간다는 말로, 출세하여 귀향함을 비유.

백일승천(白日昇天) : 대낮에 신선이 되어 하늘로 올라감.
필지어서(筆之於書) : 다짐을 하거나 잊지 않기 위하여 글로 기록해 둠.
부지어천(付之於天) : 하늘에 맹세함.
백약무효(百藥無效) : 백약이 효험이 없음.
인명재천(人命在天) : 사람의 목숨은 하늘에 달렸음.
융동성서(隆冬盛暑) : 혹독한 추위와 심한 더위.
명산대천(名山大川) : 유명한 산과 큰 강.
함포고복(含哺鼓腹) : 실컷 먹고 배를 두드린다는 말로, 태평성대를 비유함.
안토중천(安土重遷) : 고향에서 떠나기를 좋아하지 않음.
조득모실(朝得暮失) : 아침에 얻고 저녁에 잃는다는 말로, 얻은 지 얼마 되지 않아 곧 잃어버림을 비유.
식소사번(食少事煩) : 먹은 것은 적고 일은 많음.
무소기탄(無所忌憚) : 어떤 것도 꺼릴 바가 없다.
불가형언(不可形言) : 형언할 수 없다.
교하질쉬(橋下叱倅) : 다리 아래서 원을 꾸짖는다. 감히 본인 앞에서는 불평이나 의견을 말하지 못하고 본인 없는 데서 쓸 데 없이 투덜거린다는 뜻.
묘전필언(墓前畢言) : 입찬소리는 무덤 앞에 가서 하라.
자작지얼(自作之孽) : 스스로 만든 재앙.
무근지언(無根之言) : 근거 없는 말.
가식지물(可食之物) : 먹을 만한 것.
선입지견(先入之見) : 선입견(先入見). 선입관(先入觀).
생전사후(生前死後) : 죽기 전(살아 있는 동안)과 죽은 후.
시이사변(時異事變) : 세월이 달라지고 사물이 변함.
약자선수(弱者先手) : 바둑이나 장기 따위에서 수가 낮은 사람이 먼저 두는 일을 말한다.

부아삼면(負兒三面) : 업은 아기 삼이웃 찾는다. '부아멱삼면(負兒覓三面)'과 같은 말.

각궁반장(角弓反張) : ① 물건이 뒤틀어진 형태. ② 중풍으로 반신불수가 되거나 얼굴이 비뚤어진 형태.

계주광면(稧酒廣面) : 곗술로 광면하기. 계주생면(契酒生面). 여러 사람의 것을 마치 자기 것인양 생색내는 것을 말한다.

교작명목(矯作名目) : 명목을 바로잡다.

손실체면(損失體面) : 체면을 잃다.

양질호피(羊質虎皮) : 속은 양이고 거죽은 범이다. 실속 없이 겉만 꾸미는 일을 이른다.

어두귀면(魚頭鬼面) : 물고기 대가리에 귀신 낯짝. '몹시 괴상하게 생긴 얼굴'을 이른다.

홍안백발(紅顏白髮) : 붉은 얼굴에 센 머리

춘한노건(春寒老健) : 봄추위와 늙은이의 건강. '사물이 오래가지 못함'을 뜻함.

수요장단(壽夭長短) : 오래 삶과 일찍 죽음.

부귀빈천(富貴貧賤) : 부귀와 빈천.

혈육지신(血肉之身) : 피와 살을 가진 몸.

애자지원(睚眦之怨) : 한 번 슬쩍 흘겨보는 정도의 원망. 원망이 매우 미미한 것을 이른다.

기의유재(其意有在) : 의도가 있음.

불심상원(不甚相遠) : 크게 틀리지 않고 서로 비슷함.

식부중육(食不重肉) : 밥보다 고기를 많이 먹지 않는다.

수불석권(手不釋卷) : 손에서 책을 놓지 않는다. 늘 글을 읽는다는 뜻이다.

양양자득(揚揚自得) : 뜻을 이루어 뽐내며 거들먹거림.

다다익선(多多益善) : 많으면 많을수록 더욱 좋다.

배은망덕(背恩忘德) : 은혜를 배반하고 덕을 잊음.

개과천선(改過遷善) : 잘못을 고치고 착하게 됨.
모우미성(毛羽未成) : 새의 깃이 덜 자라서 아직 날지 못한다. 사람이 아직 어린 것을 비유한다.
숙맥불변(菽麥不辨) : 콩인지 보리인지 구별하지 못한다. '어리석고 못난 사람'을 비유한 말.
창씨고씨(倉氏庫氏) : (고대 중국에서 창씨와 고씨가 대대로 곳집을 맡아보았다는 데에서) 어떤 사물이 오래도록 변함이 없는 것을 말한다.
산전수전(山戰水戰) : 산에서의 싸움, 물에서의 싸움. '세상의 온갖 고난을 겪음'을 비유한 말.
소일지탄(少一之嘆) : 기쁜 일이 있을 때의 사소한 근심과 걱정.
불역지전(不易之典) : 언제까지나 고쳐지지 않을 규정을 말한다.
무전대풍(無前大豊) : 전례가 없는 큰 풍년.
추후마련(追後磨鍊) : 사후처리. 뒤미처 처리함.
무불통지(無不通知) : 무엇에든지 환히 통해서 모르는 것이 없음을 말한다.
재소난면(在所難免) : 어떤 처지나 일에서 벗어나기가 어려움.
사문결박(私門結縛) : 권세 있는 집안에서 사람을 사사로이 잡아들여 자유를 얽매던 일을 말한다.
한사결곤(限死決棍) : 거의 죽을 정도로 곤장을 치다.
불수다언(不須多言) : 여러 말 할 필요가 없다.
자당별론(自當別論) : 응당 별도로 논하다.
특기여사(特其餘事) : 보통 일. 흔히 있는 일. 중요하지 않은 일.
초불거론(初不擧論) : 애당초 거론할 것이 없다.
막차위심(莫此爲甚) : 이보다 심할 수는 없다.
비소가론(非所可論) : 논할 만한 것이 못됨.
호노한복(豪奴悍僕) : 고분고분하지 않고 몹시 드센 하인.

약자잔손(弱子殘孫) : 의지할 데 없이 고단(孤單)한 자손.

무성무취(無聲無臭) : 소리도 냄새도 없음.

전자전손(傳子傳孫) : 대대로 전함.

불비지혜(不費之惠) : 자기에게는 해가 될 것이 없어도, 남에게는 이익이 될 만한 은혜.

난망지은(難忘之恩) : 잊기 어려운 은혜.

지여부지(知與不知) : 아는 것과 모르는 것.

청약불문(聽若不聞) : 듣고도 못 들은 체함.

계란유골(鷄卵有骨) : 곯은 계란이란 뜻으로 운이 없는 사람을 일컫는 경우.

맹인직문(盲人直門) : 소경이 문을 바로 찾는다. 우매한 사람이 어쩌다가 이치에 맞는 일을 하였을 경우에 이르는 말이다.

철중쟁쟁(鐵中錚錚) : 여러 쇠붙이 가운데서도 유난히 맑게 쟁그랑거리는 소리가 난다는 뜻으로, 같은 무리 가운데서도 가장 뛰어난 사람을 이르는 말.

오역운운(吾亦云云) : 나도……, 나도 말한 것이다.

소양지판(霄壤之判) : 천양지차(天壤之差)·천양지판(天壤之判)과 같은 말로, 하늘과 땅처럼 큰 차이가 나는 것을 말한다.

노주지분(奴主之分) : 종과 주인의 나뉨이라는 뜻으로, 매우 거리가 있어 바뀌어 설 수 없는 대인 관계를 이르는 말.

신구상계(新舊相繼) : 새 것과 옛 것이 서로 이어지다.

경조상문(慶弔相問) : 경사에 서로 축하하고 흉사에 서로 위문하는 것을 말한다.

도성덕립(道成德立) : 도가 이루어지고 덕이 세워지다.

명정언순(名正言順) : 명분이 바르고 말이 사리에 맞다.

자목지임(字牧之任) : 백성을 돌보아 다스리는 책임이라는 뜻으로, '수령(守令)'을 달리 이르는 말. ≒자목지관.

주석지신(柱石之臣) : 기둥과 주춧돌 같이 나라에 없어서는 안 될 중요한 신하.

적모난측(賊謀難測) : 도적의 꾀는 헤아리기 어렵다.

주관무인(主管無人) : 어떤 일을 책임지고 관리하는 사람이 없다.

명기위적(明其爲賊) : 분명 그가 도적이다.

방약무인(傍若無人) : 곁에 아무도 없는 듯하다. 거리낌 없이 함부로 행동하는 것을 뜻한다.

감사지졸(敢死之卒) : 죽는 것을 두려워하지 않는 용감한 병졸.

재생지인(再生之人) : 다시 살아난 사람. 죽을 고비를 넘긴 사람을 뜻한다.

호흡불통(呼吸不通) : 숨이 막혀 통하지 않는다.

전측수인(轉側須人) : 잠을 설치며 누군가를 기다림.

족불리지(足不履地) : 발이 땅에 닿지 않는다. 몹시 빨리 걸어가는 것을 뜻한다.

명장경인(鳴將驚人) : 울면 사람을 놀라게 할 수 있다. 자중(自重)하고 있지만, 큰 일을 할 수 있는 것을 뜻한다.

관대장자(寬大長者) : 남에게 관대하고 덕망이 있는 사람.

반복소인(反覆小人) : 이랬다 저랬다 하는 소인배. 언행이 자주 바뀌어 종잡을 수 없는 사람을 뜻한다.

백전노졸(百戰老卒) : 많은 전투를 치른 노련한 병사. 세상일을 많이 겪어 모든 일에 노련한 사람을 비유한 말.

절대가인(絶代佳人) : 세상에서 비길 사람이 없을 만큼 빼어난 미인.

오가소립(吾家所立) : 자기가 도와서 출세시켜 준 사람.

자성제인(子誠齊人)[4] : 견문이 좁고 고루한 사람을 이른다.

진심갈력(盡心竭力) : 마음과 힘을 다하다.

---

4) 제(齊)나라의 공손추가 관중(管仲)과 안자(晏子)만이 훌륭하다고 알고 있기에 맹자가 공손추에게 “자네는 참으로 제나라 사람이로다[子誠齊人也]”라고 하였다. 『孟子, 公孫丑』

분골쇄신(粉骨碎身) : 뼈가 가루가 되고 몸이 부서진다. 있는 힘을 다하여 노력하는 것을 뜻한다.

기주호색(嗜酒好色) : 술을 즐기고 색을 밝히다.

패가망신(敗家亡身) : 가산을 탕진하고 몸을 망친다.

월만즉휴(月滿則虧) : 달이 차면 곧 기울어진다.

물구즉신(物久則神) : 사물이 오래 묵으면 조화를 부린다.

노실색시(怒室色市) : 집 안에서의 노여움을 저자에서 터뜨리다. 다른 나라나 다른 사람에게 화풀이하는 것을 뜻한다.

곡돌사신(曲突徙薪) : 굴뚝을 구부러지게 내고 땔나무를 멀리 옮김. 재앙이나 화를 미연에 방지하는 것을 뜻한다.

상풍패속(傷風敗俗) : 부패하고 어지러워진 풍속.

혹세무민(惑世誣民) : 세상을 미혹되게 하고 백성을 속이다.

유해무익(有害無益) : 해만 될 뿐 이익은 없다.

농가성진(弄假成眞) : 실없이 한 것이 참으로 한 것과 같이 됨.

지어지앙(池魚之殃) : 연못의 고기가 재앙을 입다. 연못의 물로 불을 끄니 물이 줄어 고기가 죽는다는 뜻으로, 엉뚱한 사람이 재앙을 입는 것을 말한다.

송양지인(宋襄之仁) : 착하기만 하여 쓸데없는 아량을 베풀다. 춘추 시대 송(宋)나라 양공(襄公)이 쓸데없이 어진 체하다가 싸움에 패배하였다는 고사에서 유래함.

안명수쾌(眼明手快) : 눈썰미가 있고 솜씨가 좋아 일처리를 시원스레 함.

계궁력진(計窮力盡) : 꾀가 다하고 힘을 모두 써 버렸다는 뜻으로, 더는 어찌할 도리가 없음을 이르는 말.

양수집병(兩手執餠) : 두 손에 떡을 쥐었다. 택일하기가 어려움을 이르는 말.

만구일담(萬口一談) : 만 개의 입이 한 가지를 이야기하다. 여러 사람의 의견이 일치하는 것을 말한다.

마권찰장(磨拳擦掌) : 주먹을 문지르고 손바닥을 비비다. 힘을 모아 돌진할 기회를 기다리는 모양.

명목장담(明目張膽) : 눈을 밝게 하고 담력을 키움. 두려워하거나 피하지 않고 대담한 것을 뜻한다.

계저주면(鷄猪酒麪) : 닭고기 · 돼지고기 · 술 · 밀가루. 한방에서 풍증(風症)에 금하는 네 가지 상극되는 음식물.

신수어염(薪水魚鹽) : 땔나무 · 물 · 물고기 · 소금. 식생활을 위한 생활 필수품을 통틀어 이르는 말.

염불급타(念不及他) : 다른 생각을 할 겨를이 없음.

문불가점(文不加點) : 글에 점 하나 더할 것이 없다. 글이 아주 좋아서 흠잡을 것이 없다는 뜻이다.

감언이설(甘言利說) : 달콤하고 이로운 말. 남의 비위를 맞추는 말을 뜻함.

사사망념(邪思妄念) : 좋지 못한 갖가지 망령된 생각.

역자이교(易子而敎) : 자식을 바꾸어 가르치다.

승기자염(勝己者厭) : 자기보다 나은 사람을 싫어하다.

사승습장(死僧習杖) : 죽은 중의 볼기를 친다. 저항력이 없는 사람에게 폭력을 가하는 것을 말한다.

노승발검(怒蠅拔劍) : 파리 잡자고 칼 뽑기. 보잘 것 없는 작은 일에 큰 계책을 씀을 비유하여 이르는 말. 견문발검(見蚊拔劍)과 같은 말.

본비아토(本非我土) : 본래 내 땅이 아니다. 본디 내 것이 아니라는 뜻으로, 뜻밖에 얻은 물건은 잃어버려도 과히 섭섭할 것이 없음을 이르는 말. ≒ 본비아물(本非我物).

여득천금(如得千金) : 천금을 얻은 듯 흡족하게 여긴다는 뜻.

자다철주(自多掣肘) : 스스로 한정 짓는 일이 많음.

불승한심(不勝寒心) : 더 이상 한심할 수 없다.

요두전목(搖頭轉目) : 머리를 흔들고 눈알을 굴린다. 행동이 침착하지 못함을 이르는 말이다.

절치부심(切齒腐心) : 이를 갈고 속을 썩임. 몹시 분함을 이른다.

매몰태과(埋沒太過) : 지나치게 볼품 없음.

산망막심(酸妄莫甚) : 까불거리고 망령된 짓이 매우 심하다.

제구미비(諸具未備) : 여러 도구가 완비되지 못함.

무료태심(無聊太甚) : 매우 무료함.

불선불후(不先不後) : 앞도 아니고 뒤도 아닌 하필 지금이라는 의미로 공교롭게도 꼭 좋지 아니한 때를 만난다는 뜻.

유왕유심(愈往愈甚) : 가면 갈수록 더욱 심해진다.

형각도존(形殼徒存) : 겉으로 드러나 보이는 껍데기만 남아 있다.

이목번다(耳目煩多) : 남의 이목이 번거로울 정도로 많다.

세서성문(細書成文) : 잔글씨로 글을 쓰다. 글씨를 잘게 쓴 문서나 기록을 말함.

호사다마(好事多魔) : 좋은 일에는 탈이 생기기 쉽다는 말.

무소부지(無所不至) : 이르지 않는 곳이 없음. 다 이르러 있다는 말이다.

막감수하(莫敢誰何) : 어느 누구도 감히 어쩌지 못함. 감히 무어라 말하지 못함.

전사삭지(前仕削之) : 전의 벼슬을 박탈함.

부생기하(浮生幾何) : 정처없는 인생 얼마나 되는가. 덧없는 인생을 일컫는 말.

어언지간(於焉之間) : 어언간(於焉間). 어느덧. 어느 사이.

무가내하(無可奈何) : 어쩔 도리가 없다.

지은보은(知恩報恩) : 남의 은혜를 알고 그 은혜를 갚다.

이와전와(以訛傳訛) : 거짓말이 자꾸 더해져서 거짓말로 전해짐.

절장보단(絶長補短) : 긴 것을 잘라 짧은 것에 보탠다. 알맞게 한다는 뜻으로 쓰이기도 하고, 장점으로 부족한 점을 보충한다는 뜻으로 쓰이기도 한다.

손상익하(損上益下) : 윗사람에게 해를 끼쳐서 아랫사람을 이롭게 하다.
임시처변(臨時處變) : 뜻밖의 변화에 임시로 대처함.
승상접하(承上接下) : 윗사람을 받들고 아랫사람을 거느려 그 사이를 잘 주선하는 것을 말한다.
산계야목(山鷄野鶩) : 산꿩과 들오리. 성미가 괄괄하여 다잡을 수 없는 사람을 비유한 말이다.
노류장화(路柳墻花) : 아무라도 꺾을 수 있는 길가의 버들과 담 밑의 꽃이란 뜻. 기생을 비유하는 말이다.
야불담귀(夜不談鬼) : 밤에는 귀신 이야기를 하지 아니함.
명약관화(明若觀火) : 불을 보듯이 명백하다.
수간모옥(數間茅屋) : 두 서너 칸 밖에 안 되는 띳집. 검소한 집을 의미함.
만경창파(萬頃蒼波) : 끝없이 넓은 바다나 호수의 푸른 물결.
상전벽해(桑田碧海) : 뽕밭이 변하여 푸른 바다가 된다. 세상일이 덧없이 바뀜을 이른다.
평지풍파(平地風波) : 평지에 풍파가 인다. 뜻밖에 일어나는 분쟁을 비유한 말.
급격물실(急擊勿失) : 급히 공격해서 기회를 놓치지 말아야 한다.
불공자파(不攻自破) : 적의 진지나 성 따위가 공격하지 않았는데도 스스로 파괴됨을 이르는 말이다.
만패불청(萬敗不聽) : 수없이 실패해도 남의 말을 듣지 않음.
일언가파(一言可破) : 한 마디로 잘라 말해도 능히 판단해 내는 것을 말한다.
걸불병행(乞不幷行) : 비렁뱅이질은 여럿이 함께 하지 않는다. 요구하는 사람이 많으면 얻기가 힘들다는 뜻이다.
뇌불가파(牢不可破) : 견고하여 부술 수 없다. 의지가 굳거나 태도가 확고하여 흔들림이 없음.
한진서퇴(寒進暑退) : 추위가 오면 더위가 물러난다는 뜻으로 순환의 이치를 비유한 말.

묘사유파(卯仕酉罷) : 벼슬아치가 묘시(卯時 : 오전 5시~7시)에 출근하여 유시(酉時 : 오후 5시~7시)에 퇴근하는 일을 말한다.

대천입지(戴天立地) : 하늘을 이고 땅위에 서 있다. 세상에 살고 있다는 뜻이다.

만산편야(漫山遍野) : ① 산과 들에 가득하다. ② 사람이 많음을 비유적으로 이르는 말.

안이수지(安而受之) : 편안히 받아들임. 거부감 없이 수용함.

유가설야(猶可說也) : 오히려 말할 수 있다.

백이사지(百爾思之) : 이리저리 여러 가지로 생각함.

양이차야(良以此也) : 진실로 이때문임.

십고일상(十瞽一相) : 열 사람의 소경에 하나의 막대. 어떤 물건이 여러 곳 혹은 여러 사람에게 다 같이 긴요하게 쓰이는 것을 뜻한다.

구세동거(九世同居) : 9대가 한 집에 산다. 집안이 화목하다는 뜻이다.

산지사방(散之四方) : 사방으로 흩어지다.

재차일거(在此一擧) : 단판으로 결판을 내야 할 형세를 뜻한다.

조걸위학(助桀爲虐) : 걸왕을 부추겨 포악하게 한다. 못된 사람을 부추겨 악한 짓을 더하게 만든다는 뜻이다.

연목구어(緣木求魚) : 나무에 올라가 물고기를 구한다는 뜻으로 불가능한 수단으로 목적을 이루려고 하는 어림석음을 비유함.

신정지초(新政之初) : 새 정치를 베푼 지 얼마 되지 않은 때를 뜻한다.

구병지여(久病之餘) : 오래 앓은 병의 후유증.

승평일구(昇平日久) : 태평한 날이 오래 지속되다.

의식유여(衣食有餘) : 옷과 음식이 넉넉하다.

불학무식(不學無識) : 배우지 못하여 아는 것이 없다.

오자락서(誤字落書) : 글자를 잘못 쓰거나 빠뜨리고 쓰다.
구상유취(口尙乳臭) : 입에서 아직도 젖내가 난다는 뜻으로, 어리거나 유치한 짓을 하는 사람을 얕잡아 하는 말.
목불지서(目不知書) : 보고도 글을 알지 못한다는 뜻으로 무식하다는 의미.
도청도설(道聽塗說) : 길에서 듣고 길에서 말한다. 길거리의 뜬소문을 이르는 말.
문동답서(問東答西) : 동쪽을 물으면 서쪽을 답한다. 동문서답(東問西答).
비문비무(非文非武) : 문(文)도 아니고 무(武)도 아니다. 이도저도 아니어서 어중간하다.
가동가서(可東可西) : '가이동가이서(可以東可以西)'의 준말. 이렇게 할만도 하고, 저렇게 할 만도 하다.
신음신음(呻吟呻吟) : 시름시름 앓음.
주저주저(躊躇躊躇) : 머뭇거리고 망설이는 모양.
무론시비(無論是非) : 옳고 그름을 막론하고.
부지거처(不知去處) : 간 곳을 알지 못한다.
수훼수보(隨毁隨補) : 훼손되는 대로 뒤이어 보수하다.
내한내서(耐寒耐暑) : 추위와 더위를 견디다.
욕속부달(欲速不達) : 빨리 하려고 서두르면 도리어 일을 이루지 못한다.
이실직고(以實直告) : 사실 그대로 바로 고하다.
봉시불행(逢時不幸) : 공교롭게도 불행한 때를 만나는 것을 이른다.
무빙가고(無憑可考) : 의거하여 상고할 만한 것이 없다.
종고시행(從古施行) : 예전에 하던 대로 따라서 행함.
다전선고(多錢善賈) : 밑천이 넉넉하면 장사를 잘할 수 있음을 이르는 말. ≒ 장수 선무(長袖善舞).
심장적구(尋章摘句) : 옛 사람이 지은 글귀에서 이 구절 저 구절 따오는 것을 말한다.

안빈낙도(安貧樂道) : 가난함을 편안하게 여기고 도를 즐긴다.

서기지망(庶幾之望) : 거의 될 듯한 희망.

가시지도(可施之道) : 시행할 만한 방법.

불유여력(不有餘力) : 여력이 없다. 있는 힘을 다 쏟아서 힘이 남아 있지 않다는 말이다.

선실기도(先失其道) : 어떤 일을 하는 데 있어 먼저 그 방법을 그르침.

무고작산(無故作散) : 아무 허물도 없는데 벼슬을 떼임.

유궐물보(有闕勿補) : 결원이 생기더라도 충원하지 말 것. 결손이 있더라도 보충하지 말 것.

기양소사(技癢所使) : 지니고 있는 재주를 쓰지 못해 안달이 나서 빚어진 일. 또는 그런 마음을 참지 못해 하는 일.

정신소도(精神所到) : 정신이 이르는 곳.

비성여뇌(鼻聲如雷) : 코 고는 소리가 우레 같다.

면색여토(面色如土) : 안색이 흙빛이란 뜻으로 질린 표정.

방방곡곡(坊坊曲曲) : 동네마다.

가가호호(家家戶戶) : 집집마다.

지록위마(指鹿爲馬) : '사슴'을 가리켜 '말'이라고 하다. 윗사람을 농락하여 권세를 마음대로 부리는 것을 뜻한다.

주장락토(走獐落兎) : 노루를 쫓다가 생각지도 아니한 토끼가 걸려들었다는 뜻으로, 뜻밖의 이익이 생김을 이르는 말.

이역부득(移易不得) : 달리 변통할 도리가 없다.

변통무로(變通無路) : 변통할 길이 없다.

망망대양(茫茫大洋) : 멀고 아득하게 펼쳐진 바다.

탄탄대로(坦坦大路) : 높낮이가 없이 넓고 평평하게 죽 뻗친 큰 길.

유수불업(遊手不業) : 일정한 직업 없이 놂. 혹은 그런 사람.

추신무로(抽身無路) : (어떤 자리에서) 몸을 빼낼 방법이 없다.

조강지처(糟糠之妻) : 가난할 때 함께 고생한 본처.

죽마지교(竹馬之交) : 대나무 말을 타고 놀던 사귐이란 뜻으로 어린 시절부터 절친한 친구.
안고수비(眼高手卑) : 안목은 높으나 재주가 비천하다. 뜻은 크지만 재주가 없어서 이루지 못함을 이르는 말.
외친내소(外親內疏) : 겉으로는 친한 척하면서 속으로는 멀리하다.
양비대담(攘臂大談) : 팔을 걷어붙이고 큰 소리를 치다.
박장대소(拍掌大笑) : 손뼉을 치며 크게 웃는다.
엄이투령(掩耳偸鈴) : 귀 가리고 방울 훔치기. 나쁜 짓을 하면서 그것을 굳이 생각하지 않으려 한다는 뜻이다.
동족방닉(凍足放溺) : 언 발에 오줌 누기. 한 때 도움이 될 뿐 곧 효력이 없어져 더 나쁘게 되는 것을 이르는 말.
신출귀몰(神出鬼沒) : 귀신처럼 자유자재로 나타났다 사라졌다 함.
의노복소(醫老卜少) : 의원은 늙어야 용하고 점쟁이는 어려야 용하다.
자서제질(子婿弟姪) : 아들 · 사위 · 아우 · 조카.
남녀노소(男女老少) : 남자 · 여자 · 늙은이 · 젊은이
백령백리(百伶百俐) : 여러 가지 일에 매우 영리하다.
능대능소(能大能小) : 모든 일에 두루 능하다. 또는 남들과 사귀는 수완이 매우 좋다.
작사도방(作舍道傍) : 길가에 집을 짓자니 오가는 사람들이 말을 많이 한다. 무슨 일을 할 때, 의견이 분분하여 결정짓지 못하는 것을 비유한 말이다.
출인의표(出人意表) : 보통 사람의 생각을 뛰어넘다.
층암절벽(層巖絶壁) : 겹겹이 쌓인 바위와 깎아지른 낭떠러지.
기화이초(琪花異草) : 고운 꽃과 이상한 풀.
만고풍상(萬古風霜) : 오랜 세월 많은 고생을 겪음.
적년공부(積年工夫) : 여러 해 동안 공부하다.
생불여사(生不如死) : 삶이 죽음만 못하다. 몹시 곤란한 지경에 빠져 있

음을 말한다.

유불여무(有不如無) : 있어도 없음만 못하다.

차탈피탈(此頉彼頉) : 이리저리 핑계 대다.

전무후무(前無後無) : 이전에도 없었고 앞으로도 있을 수 없다.

막상막하(莫上莫下) : 가리기 어려울 만큼 서로 차이가 거의 없음을 이르는 말.

약존약무(若存若無) : 있는 듯 없는 듯하다.

유구무언(有口無言) : 입이 있어도 할 말이 없다. 변명할 말이 없다는 뜻.

장수선무(長袖善舞) : 소매가 길면 춤을 잘 출 수 있다. 재물이 넉넉하면 성공하기 쉽다는 말. ≒ 다전선고(多錢善賈).

적비심력(積費心力) : 힘과 정력을 많이 허비함.

전파인구(傳播人口) : 사람의 입으로 퍼짐.

준준무식(蠢蠢無識) : 굼뜨고 어리석어 아무것도 알지 못한다.

첩첩이구(喋喋利口) : 조잘조잘 말만 잘 하는 것을 뜻한다.

백분일이(百分一二) : 백 가운데 하나, 둘.

십상팔구(十常八九) : 열에 여덟, 아홉 정도로 거의 예외가 없음.

속수무책(束手無策) : 손을 묶은 것처럼 어찌할 도리가 없어 꼼짝 못함.

전의고주(典衣沽酒) : 옷을 전당 잡히고 술을 사다.

대경소괴(大驚小怪) : 하찮은 일에 지나치게 놀라거나 괴이하게 여김.

동치서주(東馳西走) : 여기저기 분주하게 다니다.

조인광좌(稠人廣坐) : 많은 사람이 빽빽하게 모인 넓은 자리.

회빈작주(回賓作主) : 손이 주인 노릇함. 주장하는 사람을 제쳐놓고 제 마음대로 일을 처리하거나, 남의 의사를 무시하고 방자하게 구는 일을 뜻한다.

소부동념(少不動念) : 마음이 조금도 움직이지 않는 것을 말한다.

중무소주(中無所主) : 마음에 일정한 줏대가 없다.

은반위수(恩反爲讐) : 은혜를 도리어 원수로 갚다.

객반위주(客反爲主) : 손님이 도리어 주인행세를 하다. 주객전도(主客顚倒)와 같은 말이다.

징갱취해(懲羹吹虀) : 국에 덴 놈 염교 보고도 분다. 한 번 크게 혼이 난 뒤에는 그와 조금만 비슷한 경우를 당하여도 공연히 겁을 낸다는 뜻이다.

실마치구(失馬治廐) : 말 잃고 마굿간 고친기.

배반낭자(杯盤狼藉) : 술잔과 그릇이 어지럽게 흩어져 있다.

의상남루(衣裳藍縷) : 옷이 남루하다.

영실어민(寧失於民) : 죄 없는 사람을 죽이기보다는 차라리 법을 집행하지 않겠다는 뜻. 『書經, 大禹謨』

무출기우(無出其右) : 재능과 지혜가 매우 뛰어나 능가할 사람이 없다.

우수마발(牛溲馬勃) : 우수(牛溲)는 차전초(車前草)의 별명(別名). 마발(馬勃)은 버섯의 종류. 모두 지극히 흔한 것으로, 보잘 것 없는 글이나 말을 비유해서 쓴다.

서절구투(鼠竊狗偸) : 쥐나 개 같은 좀도둑.

기구지업(箕裘之業) : 선대에서부터 전해져 내려오는 가업.

계옥지수(桂玉之愁) : 계수나무보다 비싼 장작과 옥보다 귀한 밥으로 생활하는 근심이라는 뜻으로, 다른 나라에 살면서 겪는 괴로움을 비유적으로 이르는 말. 계옥지간(桂玉之艱).

삼배박주(三盃薄酒) : 묽은 술 석 잔이란 뜻으로 보잘 것 없는 음식.

만반진수(滿盤珍羞) : 상에 가득히 차린 귀하고 맛있는 음식.

여인일판(如印一板) : 한 판에서 박아낸 것 같다. 조금도 서로 다른 점이 없이 똑같은 것을 말한다.

부실원수(不失元數) : 본래의 분수를 잃지 아니하다.

부재다언(不在多言) : 여러 말 할 것 없이 바로 결정짓다.

구충기수(苟充其數) : 구차하게 그 숫자만 채우고 있다.

무상무벌(無賞無罰) : 상도 없고 벌도 없다.

이포역포(以暴易暴) : 횡포한 사람으로 횡포한 사람을 바꾼다. 나쁜 사람을 갈아치운다면서 또 나쁜 사람을 들여세운다는 뜻이다.

내정돌입(內庭突入) : 남의 집안에 허락도 없이 불쑥 들어가다.

쇄문도주(鎖門逃走) : 문을 걸어 잠그고 몰래 달아나다.

주마간산(走馬看山) : 달리는 말 위에서 산천을 구경한다. 이것저것 천천히 살펴보지 못하고 바삐 서둘러 대강대강 보고 지나치는 것을 뜻한다.

착해방수(捉蟹放水) : 잡은 게 물에 놓아준다. 애를 써서 이룬 일을 제 스스로 허사가 되게 만든다는 뜻이다.

부채여산(負債如山) : 빚이 산더미 같다.

용전여수(用錢如水) : 돈 쓰기를 물 쓰듯이 한다.

화전충화(花田衝火) : 꽃밭에 불을 지른다. 젊은이의 앞길을 막거나 그르치는 것을 뜻한다.

일어탁수(一魚濁水) : 물고기 한 마리가 물을 흐리게 한다. 한 사람의 잘못으로 여러 사람이 피해를 입게 된다는 뜻이다.

사풍세우(斜風細雨) : 비껴 부는 바람과 가늘게 내리는 비.

행운유수(行雲流水) : 떠 가는 구름과 흐르는 물. 일의 처리가 막힘이 없거나 마음씨가 시원시원한 것을 뜻한다. 아무 집착 없이 상황에 순응하여 행동함을 비유.

신입고출(新入故出) : 새 것이 들어오고 묵은 것이 나가다.

외빈내부(外貧內富) : 겉보기에는 가난한 듯하지만, 실제로는 부유함.

반낭주대(飯囊酒袋) : 밥 주머니와 술 주머니. 무위도식하는 사람.

염장미부(鹽帳米簿) : 소금 장부. 쌀 장부.

흥옹풍입(興甕風入) : 세워 놓은 옹기에 바람 든다.

신목웅부(信木熊浮) : 믿는 나무에 곰이 핀다. 꼭 믿고 있었던 일이 뜻밖에 낭패를 본다는 뜻이다.

기회부진(期會不進) : 기약한 모임에 나아가지 못함.

음식여류(飮食如流) : 음식이 물 흐르는 듯하다는 뜻으로 음식이 대단히 많음을 이름.

승천입지(升天入地) : 하늘로 솟고 땅 속으로 꺼지다. 자취를 감추거나 사라진다는 뜻이다.

배산임류(背山臨流) : 산을 등지고 강을 바라보는 지세(地勢).

무족가관(無足可觀) : 볼 만한 가치가 없다. 사람 됨됨이가 보잘 것 없음.

유지미취(有志未就) : 뜻은 있지만 나아가지 못함.

불취지돌(不炊之突) : 아니 땐 굴뚝에 연기 나랴? 원인 없는 결과 없음을 비유한 말.

이발지시(已發之矢) : 이미 시위를 떠난 화살. 이미 벌인 일이라 그만두기 어려운 처지를 뜻한다.

전소미문(前所未聞) : 전에는 들어본 적이 없다. 매우 놀라운 일이나 새로운 것을 두고 이르는 말.

후홀여시(後忽如是) : 이처럼 뒷전으로 여기고 홀시한다.

교언영색(巧言令色) : 남의 비위를 맞추는 솜씨 좋은 말과 좋은 낯빛.

연옹지치(吮癰舐痔) : 종기의 고름을 빨고, 치질 앓는 밑을 핥는다. 방법을 가리지 않고 천박하게 아첨하는 것을 뜻한다.

녹의홍상(綠衣紅裳) : 연두저고리와 다홍치마. 젊은 여인의 고운 옷차림을 뜻한다.

단순호치(丹脣皓齒) : 붉은 입술과 하얀 이. 여자의 매우 아름다운 얼굴을 뜻한다.

수용산출(水湧山出) : 물이 샘솟듯 하고 산이 솟구친다. 풍부한 시상(詩想)으로 시문을 짓는 재주가 비상한 것을 뜻한다.

토붕와해(土崩瓦解) : 흙이 무너지고 기와가 깨지다. 사물이 여지없이 무너져 수습할 수 없이 되는 것을 뜻한다.

불문곡직(不問曲直) : 옳고 그름을 묻지 않다.
시하도리(是何道理) : 이것은 무슨 도리인가?
부상대고(富商大賈) : 자본이 넉넉하여 장사를 크게 하는 상인.
탐관오리(貪官汚吏) : 탐욕스럽고 부패한 관리.
피차무간(彼此無間) : 피차간에 차이가 없음.
수유불리(須臾不離) : 잠시라도 떨어질 수 없음.
어공어사(於公於私) : 공적인 것과 사적인 것을 아울러 이르는 말.
이차이피(以此以彼) : 이러거나 저러거나. 어떻게 되든지.
신언서판(身言書判) : 인물을 선택할 때 표준으로 삼던 네 가지 조건. 즉, 신수 · 말씨 · 문필 · 판단력을 가리킨다.
행동거지(行動擧止) : 몸을 움직여서 하는 모든 짓.
이식위천(以食爲天) : 먹는 것을 하늘처럼 여긴다. 사람이 살아가는 데 먹는 것이 가장 중요하다는 뜻이다.
욕사무지(欲死無地) : 죽으려 해도 죽을 땅이 없다. 매우 분하고 원통한 것을 뜻한다.
요피부득(要避不得) : 피하려 하여도 피할 수가 없다.
황공무지(惶恐無地) : 두려워 몸 둘 곳이 없다. 황공해서 몸 둘 바를 모르겠다는 뜻이다.
회과자책(悔過自責) : 허물을 뉘우쳐 스스로 책망하다.
치신무지(置身無地) : 몸 둘 곳이 없다. 황송하거나 부끄러워 몸 둘 바를 모르겠다는 뜻.
불시이사(不是異事) : 괴이한 일이 아니다.
무부여지(無復餘地) : 다시 더할 여지가 없다.
치지도외(置之度外) : 내버려두고 문제로 삼지 않는다.
귀어허지(歸於虛地) : 애써 한 일이 헛노릇이 되었다는 뜻이다.
사고무친(四顧無親) : 사방을 돌아보아도 친척이 없다. 의지할 만한 데가 전혀 없음.

일패도지(一敗塗地) : 싸움에 한 번 패하여 간과 뇌가 땅에 쏟아진다. 여지없이 패하여 재기불능이 되는 것을 뜻한다.

이석추호(利析秋毫) : 이로움이라면 가을 터럭도 쪼갠다는 뜻으로 사소한 이해까지 밝힘, 또는 아주 인색함.

등전고지(謄傳故紙) : 옛 종이에 써서 전함.

자재물론(自在勿論) : 그 자체로 논할 필요 없는 속성을 지니고 있음.

추차가지(推此可知) : 이 일로 미루어 보아 다른 일을 알 수 있음.

용혹무괴(容或無怪) : 설사 그렇더라도 괴이할 것이 없음.

양약부지(佯若不知) : 알고 있으면서 거짓으로 모르는 체 함.

작취미성(昨醉未醒) : 어제 마신 술이 아직도 깨지 않음.

자과부지(自過不知) : 자신의 잘못을 알지 못함.

일동일정(一動一靜) : 하나하나의 모든 행동이나 동정. 모든 동작.

일희일비(一喜一悲) : 한편으론 기쁘고 한편으론 슬프다. 기쁜 일과 슬픈 일이 번갈아 일어남.

구우일모(九牛一毛) : 아홉 마리 소 가운데 하나의 털. 매우 많은 것 가운데 섞인 아주 적은 것을 뜻한다.

십인일시(十人一匙) : 열 사람이 밥 한 술씩 보태다. 열 사람이 밥 한 술씩만 보태어도 한 사람이 먹을 밥은 된다는 뜻으로 여러 사람이 힘을 합하면 한 사람쯤은 구제하기 쉽다는 말이다. 십시일반(十匙一飯).

무과어차(無過於此) : 이보다 지나침이 없다.

정당기시(正當其時) : 바로 그 시기에 꼭 맞다는 뜻이다.

삼순구식(三旬九食) : 삼십 일에 아홉 끼니. 가난해서 끼니를 많이 거른다는 뜻이다.

천재일시(千載一時) : 천 년 만에 한 번 오는 때. 좀처럼 만나기 어려운 기회를 뜻한다.

엄동설한(嚴冬雪寒) : 몹시 추운 겨울. 혹독한 추위.

방춘화시(方春和時) : 봄이 한창 화창한 때를 뜻한다.

흘가휴의(迄可休矣) : 알맞은 정도에서 그만두라. 정도에 지나침을 경계하라는 뜻이다.

독선안지(獨先安之) : 홀로 먼저 어디로 가는가?

언즉시야(言則是也) : 말인즉 옳다.

의자궐지(疑者闕之) : 의심스러운 일은 억지로 채근할 필요가 없다는 뜻이다.

애지중지(愛之重之) : 아끼고 귀중하게 여긴다는 뜻이다.

전지도지(顚之倒之) : 엎어질 듯 넘어질 듯 급히 달아난다는 뜻이다.

근자득지(勤者得之) : 부지런한 자가 얻는다.

좌이식지(坐而食之) : 가만히 앉아서 하는 일 없이 먹기만 한다. 무위도식함.

표이출지(表而出之) : 겉으로 두드러지게 나타나거나 또는 그렇게 드러내는 것을 뜻한다.

결자해지(結者解之) : 맺은 사람이 풀어야 한다. 일을 저지른 사람이 그 일을 해결해야 한다는 뜻이다.

호화자제(豪華子弟) : 호화로운 집안의 자제.

고량지미(膏粱旨味) : 기름진 고기와 좋은 곡식으로 만든 맛있는 음식.

좌불안석(坐不安席) : 앉아 있어도 자리가 편안하지 않다. 괴롭거나 걱정스러워서 한 자리에 오래 앉아 있지 못한다는 뜻이다.

식불감미(食不甘味) : 음식을 먹어도 맛있는 줄 모른다. 근심걱정으로 음식 맛을 모른다는 뜻이다.

술자지능(述者之能) : 글이 잘 되고 못됨은 저술한 사람의 재주에 달렸다. 일이 잘 되고 못되는 것은 그 사람의 수단이 능하고 능하지 못한 데 달렸다는 뜻이다.

성인지미(成人之美) : 남의 아름다움을 이루어주도록 도와줌. 남의 뛰어난 점을 도와 더욱 빛나게 한다는 뜻이다.

대경대법(大經大法) : 공명정대한 원리와 법칙.

진선진미(盡善盡美) : 착하고 아름다움이 극진하다. 더할 수 없이 착하고 아름답다는 뜻이다.

반상락하(半上落下) : 반쯤 올라가다 아래로 떨어진다. 처음에는 정성껏 하다가 중도에 그만두어 버린다는 뜻이다.

장두은미(藏頭隱尾) : 머리를 감추고 꼬리를 숨긴다. 일의 전말을 똑똑히 밝히지 않는다는 뜻이다.

인면수심(人面獸心) : 사람의 얼굴을 하였으나 마음은 짐승 같다. 사람의 도리를 지키지 못하고 배은망덕하거나 행동이 흉악하고 음탕한 사람을 가리켜 하는 말이다.

용두사미(龍頭蛇尾) : 머리는 용인데 꼬리는 뱀. 시작은 거창하나 뒤로 갈수록 흐지부지 해진다는 뜻이다.

동서분주(東西奔走) : 동분서주(東奔西走)와 같은 말로, 여기저기 분주하게 다닌다는 말이다.

좌우고시(左右顧視) : 이쪽저쪽을 돌아보다. 이리저리 생각하면서 망설이며 일을 결정짓지 못한다는 뜻이다.

백악구비(白惡具備) : 모든 악이 다 갖추어짐.

하우불이(下愚不移) : 하등의 바보로 매우 어리석어 어찌해 볼 도리가 없는 사람.

유지가야(猶之可也) : 그래도 괜찮다.

언감내이(焉敢乃爾) : 어찌 감히 이럴 수 있느냐.

안감망야(安敢望也) : 어찌 감히 바랄 수 있으랴.

박부득이(迫不得已) : 급박하여 부득이하다. '일이 매우 급해서 어찌 할 수 없이'라는 뜻이다.

오호만의(嗚呼晚矣) : 아! 늦었구나.

흠선이이(歆羡而已) : 부러울 뿐.

빙공영사(憑公營私) : 공적인 것을 빙자하여 사적인 이득을 꾀한다는 뜻이다.

존본취리(存本取利) : 본전은 남겨두고 이자만 취한다. 옛날 돈놀이 방식의 한 가지로 곡식이나 돈 따위를 꾸어 주고 해마다 본전은 그대로 남겨 둔 채 이자만 받는다.

화사첨족(畵蛇添足) : 뱀을 그리는데 발을 그려 넣다. 안 해도 될 쓸데없는 일을 덧붙여 하다가 도리어 일을 그르친다는 뜻이다.

숙호충비(宿虎衝鼻) : 잠자는 호랑이 코 찌르기.

재재법전(載在法典) : 법전에 명문(明文)으로 실려 있다.

모몰염치(冒沒廉恥) : 염치없음을 무릅쓰다. 염치없는 줄 알면서도 이를 무릅쓰고 일을 한다는 뜻이다.

무위이화(無爲而化) : 애써 공들이지 않아도 저절로 잘 이루어진다는 뜻. 노자(老子)의 사상으로 성인의 덕이 클수록 백성들이 스스로 잘 감화되는 일을 말한다.

구차소치(苟且所致) : 구차한 행동이 초래한 것.

생환고토(生還故土) : 살아서 고향으로 돌아가거나 돌아오다.

간작대사(看作大事) : 큰 일로 간주하다.

어우야담(於于野談) : 어우(於于) 유몽인(柳夢寅)이 지은 야담집의 이름.

고려공사(高麗公事) : '고려공사삼일(高麗公事三日)'의 준말. 고려의 법령이 사흘만에 바뀐다는 뜻으로 한 번 시작한 일이 오래 계속되지 못하는 것을 비꼰 말이다.

조화중물(造化中物) : 조화 속 물건.

차제간사(次第間事) : 차례대로 되어 가는 일을 뜻한다.

사소지물(些少之物) : 사소한 물건

등한지사(等閒之事) : 등한한 일.

불우지비(不虞之備) : 뜻밖의 일에 대해 미리 준비한다는 뜻이다.

무망지사(无妄之事) : 뜻밖에 도래한 일.

빈자소인(貧者小人) : 가난한 사람은 소인이 되기 쉽다. 가난한 사람은 남에게 굽힐 일이 많아서 기를 펴지 못하므로 옹졸한 사람이 되기 쉽다는 뜻이다.

부즉다사(富則多事) : 재물이 많으면 일도 많다.

소매평생(素昧平生) : 듣지도 보지도 못해서 평생 동안 서로 모르는 채로 지낸다는 뜻이다.

공제국사(共濟國事) : 함께 나라 일을 이룸.

호래척거(呼來斥去) : 오라고 불러놓고 가라고 내쫓는다. 사람을 불러놓고는 다시 가라며 내쫓는다는 뜻이다.

취생몽사(醉生夢死) : 술 취한 채 살고 꿈속에서 죽는다. 취몽(醉夢) 속에서 살고 죽는다는 말로 어떤 의지도 없이 한 세상을 흐리멍덩하게 보낸다는 뜻이다.

불기이회(不期而會) : 기약하지 않았는데도 만나다. 뜻하지 아니한 기회에 우연히 만나는 것을 뜻한다.

유아이사(由我而死) : 나로 인해서 죽다.

장신장의(將信將疑) : 한 편으론 믿고 한 편으론 의심함. 반신반의하다.

반생반사(半生半死) : 반쯤은 죽고 반쯤은 살다. 거의 죽게 되어 생사를 알 수 없는 지경에 이르렀다는 뜻이다.

낙이망반(樂而忘返) : 즐거워서 돌아오기를 잊다.

좌이대사(坐而待死) : 앉아서 죽기를 기다린다. 어찌 해 볼 도리가 없어 운명에 맡긴다는 뜻이다.

송구영신(送舊迎新) : 묵은 해를 보내고 새해를 맞이하다.

호생오사(好生惡死) : 살기를 좋아하고 죽기를 싫어하다.

천신만고(千辛萬苦) : 천 가지의 고생과 만 가지의 괴로움. 마음과 몸을 갖가지로 수고롭게 하고 애쓰게 한다는 뜻이다.

십생구사(十生九死) : 구사일생(九死一生)과 같은 말. 여러 차례 죽을 고

비를 겪고 겨우 살아나는 것을 뜻한다.

웅창자화(雄唱雌和) : 수컷이 울면 암컷이 화답한다는 뜻으로 일 하는 데 손이 서로 잘 맞는다는 뜻이다.

조삼모사(朝三暮四) : 간사한 꾀로 남을 속이고 농락하는 것을 뜻한다.

양상화매(兩相和賣) : 두 사람의 매매가 서로 조화롭다. 물건을 사고파는 데 있어서 양편이 서로 양보하여 흥정을 원만히 한다는 뜻이다.

만불근사(萬不近似) : 조금도 비슷하지 않다는 뜻이다.

비리호송(非理好訟) : 이치에 닿지 않는데, 송사(訟事)를 일으키기 좋아한다는 뜻이다.

능견난사(能見難思) : 눈으로 볼 수는 있지만 생각하기는 어렵다. 눈으로 볼 수는 있으나 보통의 이치로는 그 내용을 미루어 짐작할 수 없다는 뜻이다.

천태만상(千態萬狀) : 천차만별의 상태. 모든 사물이 제각기 다른 모습을 하고 있는 것을 뜻한다.

일언반사(一言半辭) : 한 마디의 말과 반 마디의 말. 아주 짧은 말을 뜻한다.

청년과부(青年寡婦) : 이십 세에서 삼십 세 사이의 젊은 과부를 뜻한다.

황구소아(黃口小兒) : 젖내 나는 어린 아이. 젊고 미숙한 사람을 얕잡아 이르는 말이다.

금일금일(今日今日) : 오늘오늘 하다. 어떤 일이 임박함을 일컫는 말.

여차여차(如此如此) : 이러이러하다.

유유상종(類類相從) : 같은 부류끼리 서로 오가며 사귐.

매매여차(每每如此) : 번번이 이와 같다.

부침지려(浮沈之慮) : 성쇠에 대한 염려.

점개지자(沾漑之資) : 적시고 물을 대는 재물이란 뜻으로 은혜를 베풀 수 있는 재물이라는 말.

속수지례(束脩之禮) : 속수는 한 묶음의 마른 고기란 뜻으로 처음으로 스승에게 입문할 때 가지고 가던 예물.

윤필지자(潤筆之資) : 윤필료(潤筆料)와 같은 말. 남에게 시문이나 서화를 써 달라고 청할 때 주는 사례금을 뜻한다.

염지지물(染指之物) : 분에 넘치게 가지는 남의 물건. 또는 다 먹혀 곧 없어지는 것.

호구지자(糊口之資) : 입에 풀칠할 정도의 재물. 겨우 먹고 살아갈 만한 돈.

파기상준(破器相準) : 깨진 그릇 맞추기. 이미 글러진 일은 다시 수습하기 어렵다.

취모멱자(吹毛覓疵) : 털을 불어가며 흠집을 찾는다. 억지로 남의 결점을 캐어서 들추어내는 것을 뜻한다.

이무급의(已無及矣) : 이미 저질러진 일.

가승언재(可勝言哉) : 말로 다 할 수 있겠는가?

복과재생(福過災生) : 복이 지나치면 도리어 재앙이 생긴다.

고진감래(苦盡甘來) : 고생 끝에 낙이 온다는 뜻이다.

자금위시(自今爲始) : 지금부터 시작하다.

종고이래(從古以來) : 옛날부터.

신조판삽(身操版鍤) : 몸소 판(흙을 쌓을 때 쓰는 도구)과 삽을 잡음. 솔선수범하여 군졸들과 일을 같이 함.

좌굴관개(坐屈冠蓋) : 앉아서 고관들이 찾아오게 함.

활인지불(活人之佛) : 사람을 살리는 부처. '사람을 살리는 부처는 골골마다 있다[活人之佛洞洞有之]'라는 속담의 준말. 즉, 아무리 곤란한 환경에서라도 도와주는 사람은 어디에나 있다는 뜻이다.

모리지배(牟利之輩) : 부당하게 이익을 꾀하는 행위를 하는 사람. 또는 그러한 무리를 뜻한다.

우이송경(牛耳誦經) : 쇠귀에 경 읽기. 둔한 사람은 아무리 일러주어도 알아듣지 못한다는 뜻이다.

마두납채(馬頭納采) : 혼인하는 날에 채단(采緞)을 보내는 일. 또는 그 채단을 뜻한다.

입미속신(粒米束薪) : 낟알과 한 단의 땔감. 변변치 않은 살림살이를 이르는 말.

박주산채(薄酒山菜) : 맛이 변변치 못한 술과 산나물. 남에게 대접하는 술과 안주를 겸손하게 이르는 말이다.

명심불망(銘心不忘) : 마음에 깊이 새겨두고 잊지 않는다.

괄목상대(刮目相對) : 눈을 비비고 다시 보다. 남의 학식이나 재주가 갑자기 향상된 것에 감탄하며 새롭게 인식하는 것을 뜻한다.

타수가득(唾手可得) : 손에 침만 뱉고도 해낼 수 있다는 뜻으로 어렵지 않게 일이 이루어짐을 기약할 수 있다.

응구첩대(應口輒對) : 묻는 대로 곧 대답한다.

불상통섭(不相統攝) : 서로 간섭하지 않는다.

망자존대(妄自尊大) : 분별도 못하고 함부로 제 잘난 체 한다는 뜻이다.

대동소이(大同小異) : 거의 같고 조금 다르다. 비슷비슷하다는 뜻이다.

시근종태(始勤終怠) : 처음에는 부지런하다가 나중에는 게을러지다.

대리소관(大利所關) : 큰 이익이 관련된 일.

만전불패(萬全不敗) : 완전한 일에는 실패하는 법이 없음.

겸노상전(兼奴上典) : 노비를 겸한 상전. 종이 할 일까지 몸소 하는 가난한 양반을 뜻한다.

사인낭패(使人狼狽) : 남을 낭패시킴.

어차어피(於此於彼) : 이렇게 하든지 저렇게 하든지. 또는 이렇게 되든지 저렇게 되든지.

비일비재(非一非再) : 한 가지 두 가지가 아니다.

훼가출송(毁家出送) : 한 고을이나 한 동네에서 풍속을 어지럽힌 사람의 집을 없애고 동네 밖으로 내쫓던 일을 뜻한다.

헐가방매(歇價放賣) : 싼 값에 팔아버리다.

명존실무(名存實無) : 이름만 있고 실속이 없다.

사반공배(事半功倍) : 노력은 적게 들였지만 성과는 많다는 뜻이다.

기강소재(紀綱所在) : 기강이 달려 있는 일.

기구불체(器具不逮) : 기구가 부족함.

관형찰색(觀形察色) : 모습을 보고 낯빛을 살펴보다.

동공일체(同功一體) : 같은 공로를 세워 같은 지위에 있다. 일의 공효가 서로 같다.

천생배필(天生配匹) : 하늘이 맺어준 배필.

태평세계(太平世界) : 평화스러운 세상.

염우소재(廉隅所在) : 염치가 달린 일.

조습불계(燥濕不計) : 마르거나 진 것을 따지지 않음. 조건을 따질 형편이 아님.

출장입상(出將入相) : 나가서는 장수고, 들어와서는 재상이다. 문무겸전하여 장상(將相)의 벼슬을 두루 지낸다는 뜻이다.

선참후계(先斬後啓) : 군율을 어긴 사람을 먼저 처형한 후에 임금에게 아뢰던 일을 뜻한다.

벽항궁촌(僻巷窮村) : 외진 곳의 가난한 마을.

경년열세(經年閱歲) : 여러 해를 지내다.

입추지지(立錐之地) : 송곳 하나를 세울 만한 땅. 매우 좁아 조금도 여유가 없다는 뜻이다.

건령지세(建瓴之勢) : 높은 곳에 있는 물동이의 물이 쏟아지는 기세. 세찬 기세를 뜻한다.

연심세구(年深歲久) : 세월이 아주 오래되다.

풍마우세(風磨雨洗) : 바람에 갈리고 비에 씻기다.

단장취의(斷章取義) : 문장을 끊어내어 뜻을 취하다. 남의 시문 중에서

작자의 본뜻이나 전체의 뜻을 고려하지 않고 자기가 필요한 부분만을 끊어내어 빌려 쓰는 일을 말한다.

과공비례(過恭非禮) : 지나친 공손은 예의가 아니다. 공손이 지나치면 오히려 예의에 어긋난다는 뜻이다.

당국자미(當局者迷) : 그 일을 직접 맡아보는 사람이 도리어 실정에 어둡다는 뜻이다.

반도이폐(半途而廢) : 일을 하다가 중도에 그만두다.

창졸지간(倉卒之間) : 급작스러워 미처 어찌할 수도 없는 사이.

몽매지외(夢寐之外) : 꿈꾸고 잠자는 시간 이외에 깨어있을 때.

일람첩기(一覽輒記) : 한 번 보고 곧 기억하다. 기억력이 좋아서 한 번만 보아도 잊지 않는다는 뜻이다.

후생가외(後生可畏) : 자기보다 뒤에 태어난 사람을 두려워할 만하다.

부급종사(負笈從師) : 책 상자를 지고 스승을 따른다. 먼 곳에 있는 스승에게 배우러 간다는 뜻이다.

출류발췌(出類拔萃) : 같은 부류 가운데에서 두드러지게 뛰어난 것을 뜻한다.

남혼여가(男婚女嫁) : 아들을 장가들이고 딸을 시집보낸다. 자녀의 혼인을 뜻한다.

공성신퇴(功成身退) : 공적을 이룬 후에 그 자리에서 물러나다.

지징무처(指徵無處) : 세금이나 빚을 받아낼 길이 없다는 뜻이다. 지징(指徵)은 세금을 바칠 사람이나 환자(還上)를 갚을 사람이 도망하였거나 죽었을 경우에, 그의 가까운 친척이나 이웃에게 물려 받는 일.

여수동죄(與受同罪) : 주고받는 것이 죄가 동일하다. 도둑질한 물건을 주는 사람이나 받는 사람이나 다 죄가 같다는 뜻이다.

작작유유(綽綽有裕) : 빠듯하지 않고 여유가 있다. 여유작작하다.
혈혈무의(孑孑無依) : 홀몸으로 의지할 곳이 없다.
질지이심(疾之已甚) : 너무 심하게 미워함.
신지무의(信之無疑) : 믿어 의심치 않는다.
피불존언(皮不存焉) : 가죽도 남아 있지 않다. 남은 것이 아무 것도 없음.
증이파의(甑已破矣) : 시루는 이미 깨어졌다. 그르친 일을 뉘우쳐도 소용이 없다는 뜻이다.
자장격지(自將擊之) : 스스로 거느리고 나아가 공격하다. 남에게 시키지 않고 자신이 손수 한다는 뜻이다.
멸이가의(蔑以加矣) : 그 위에 더할 나위가 없다.
통이계지(統以計之) : 모두 합쳐서 셈한다는 뜻이다.
사과반의(斯過半矣) : 이에 반을 넘었다.
계불입량(計不入量) : 꾀나 계획이 들어맞지 않는다.
사부달의(辭不達意) : 말이나 글이 생각을 온전히 표현하지 못함.
기사회생(起死回生) : 거의 죽을 뻔하다가 다시 살아난다는 뜻이다.
전화위복(轉禍爲福) : 화가 바뀌어 복이 되다. 좋지 못한 일이 계기가 되어 도리어 다른 좋은 일을 보게 된다는 뜻이다.
임갈굴정(臨渴掘井) : 목 마른 사람이 우물 판다. 가장 절실하게 필요로 하는 사람이 제일 먼저 그 일을 서두른다는 뜻이다.
할육충복(割肉充腹) : 제 살을 베어 배를 채운다. 친족의 재물을 빼앗는다는 뜻이다.
요금정옥(腰金頂玉) : 허리에 금을 차고 이마에 옥장식을 함. 귀인을 이르는 말.
신사복곡(身絲腹穀) : 몸에는 옷을 걸치고 배에는 곡식을 채움.
좌관성패(坐觀成敗) : 일의 성패를 앉아서 방관하다.
사귀신속(事貴神速) : 일을 하는 데에는 신속함을 중요하게 여긴다는 뜻이다.

좌정관천(坐井觀天) : 우물 속에 앉아 하늘을 본다. 견문이 매우 좁은 것을 말한다.

입향순속(入鄕循俗) : 다른 지방에 가서는 그 지방의 풍속을 따른다는 뜻이다.

난형난제(難兄難弟) : 누구를 형이라 하고 누구를 아우라 해야 할지 분간하기 어렵다. 누가 더 낫다고 할 수 없을 정도로 둘이 서로 비슷하다는 뜻이다.

비승비속(非僧非俗) : 중도 아니고 속인도 아니다. 이것도 저것도 아닌 어중간한 것을 뜻한다.

단불요대(斷不饒貸) : 단연코 용서하지 아니함.

영물복속(永勿復屬) : 영원히 다시 복직시키지 마라. 복속(復屬)은 내보냈던 아전을 다시 복직시키는 일.

단독일신(單獨一身) : 일가 친척 하나 없는 홀몸.

수다가속(數多家屬) : 많은 식구.

오일경조(五日京兆) : 재임 기간이 5일 밖에 안 되는 경조윤이란 뜻으로 일이 오래가지 못한다는 뜻이다. 한(漢)나라 때의 장창(張敞)이 벼슬에 올랐다가 며칠 만에 물러났다는 고사에서 유래하였다.

삼한갑족(三韓甲族) : 우리나라에서 옛날부터 대대로 문벌이 매우 높은 집안을 말한다.

소소반반(昭昭斑斑) : 밝게 문채 나는 모양.

밀밀촉촉(密密簇簇) : 빽빽함.

사생관두(死生關頭) : 죽느냐 사느냐하는 매우 위태한 고비를 뜻한다.

진퇴유곡(進退維谷) : 나아가거나 물러서거나 오직 골짜기라는 뜻으로 나아갈 수도 없고 물러설 수도 없이 궁지에 몰려 있음을 뜻한다.

투필반무(投筆反武) : 붓을 던지고 무관으로 돌아가다. 문필 생활을 그만두고 무예에 종사한다는 뜻이다.

득롱망촉(得隴望蜀) : 농(隴)나라를 얻으니 촉(蜀)나라도 원한다. 사람의 욕심은 한이 없다는 뜻이다. 한(漢)나라 광무제(光武帝)가 농(隴)을 평정한 뒤에 다시 촉(蜀)을 쳤다는 고사에서 유래하였다.

앙천대소(仰天大笑) : 하늘을 쳐다보고 크게 웃는다. 어이가 없어서 큰 소리로 껄껄 웃는다는 뜻이다.

등산질욕(登山叱辱) : 산에 올라가서 마구 욕한다. 욕을 당한 그 자리에서는 아무 말도 못하고 딴 곳에 가서 화풀이한다는 뜻이다.

항자불살(降者不殺) : 항복한 사람은 죽이지 않는다.

수즉다욕(壽則多辱) : 오래 살면 그만큼 욕되는 일을 많이 당한다는 뜻이다.

궁교빈족(窮交貧族) : 곤궁한 벗과 가난한 친척.

웅주거목(雄州巨牧) : 땅이 넓고 산물이 많은 고을. 또는 그 고을의 원을 뜻한다.

여세추이(與世推移) : 세상의 변화에 따라 함께 변하다.

도인이목(塗人耳目) : 길거리 사람들의 이목.

동구하갈(冬裘夏葛) : 겨울에는 가죽 옷을 입고 여름에는 갈옷을 입는다. 상황의 변화에 맞춰 적응함.

조반석죽(朝飯夕粥) : 아침에는 밥 먹고, 저녁에는 죽 먹는다. 몹시 가난한 살림을 뜻한다.

좌석미난(坐席未煖) : 앉은 자리가 따뜻해질 겨를이 없다. 한 군데에 오래 있지 못하고 자주 옮겨 다닌다는 뜻이다.

이력부족(履歷不足) : 지금까지 닦아 온 학업이나 직업 따위의 경력이 부족하다.

유유도일(悠悠度日) : 하는 일없이 세월만 보내는 것을 뜻한다.

신신부탁(申申付託) : 거듭거듭 부탁하다.

진지적견(眞知的見) : 참된 지식과 정확한 견해. 확실하게 아는 견문을 뜻한다.

잠소암삭(潛銷暗鑠) : 알지 못하는 사이에 슬그머니 줄어 없어진다는 뜻이다.

우순풍조(雨順風調) : 비와 바람이때에 맞고 그 양과 세기도 적절하다는 뜻이다.

연풍민락(年豊民樂) : 풍년이 들고 백성은 즐거워함.

소탐대실(小貪大失) : 작은 것을 탐내다가 큰 것을 잃는다.

척애독락(隻愛獨樂) : 혼자 사랑하고 홀로 즐거워 함.

만실우환(滿室憂患) : 한 집안에 병을 앓는 사람이 많다는 뜻이다.

일생행락(一生行樂) : 평생을 즐겁게 삶.

연지상좌(延之上坐) : 윗자리에 끌어 앉힘.

속지고각(束之高閣) : 묶어서 높은 선반에 얹어 둔다. 필요 없어 한쪽에 치워놓고 쓰지 않는다는 뜻이다.

아가사창(我歌查唱) : 내가 부를 노래를 사돈이 부른다. 나에게 책망 들어야 할 사람이 도리어 나를 책망한다는 뜻이다.

오비이락(烏飛梨落) : 까마귀 날자 배 떨어진다. 공교롭게도 어떤 일이 동시에 일어나 의심을 받게 된다는 뜻이다.

전심치지(專心致志) : 마음을 한결같이 하고 뜻을 지극히 하다. 다른 생각은 하지 않고 오로지 한 일에만 마음을 써서 뜻한 바를 이룬다는 의미이다.

절식복약(節食服藥) : 음식을 절제하며 약을 복용하다.

금지옥엽(金枝玉葉) : 황금으로 된 나뭇가지와 옥으로 만든 잎. 임금의 자손이나 집안을 높여 부르거나 귀여운 자손을 이르는 말이다.

고관대작(高官大爵) : 높은 벼슬. 혹은 그 벼슬아치.

조해문자(粗解文字) : 글자를 대충 깨치어 알다.

적성권축(積成卷軸) : 문서나 편지 따위가 무더기로 많이 쌓이다.

선후도착(先後倒錯) : 앞뒤 순서가 뒤바뀌다. 먼저 할 일과 나중에 할 일이 서로 뒤바뀌었다는 뜻이다.

상하현격(上下懸隔) : 상하의 사이가 많이 벌어져 있다. 차이가 매우 심하다는 뜻이다.

자수성가(自手成家) : 자신의 손으로 집안을 이루다. 물려받은 재산 없이 스스로의 힘으로 어엿한 한 살림을 이룩하는 일을 뜻한다.

오비삼척(吾鼻三尺) : 내 코가 석 자다. 내 사정이 급해서 남을 돌볼 겨를이 없다는 뜻이다.

양언이결(兩言而決) : 할 것인지 말 것인지를 두 가지 말 중에 하나로 결판내라는 의미.

만뢰구적(萬籟俱寂) : 밤이 깊어 모든 소리가 그치고 아주 고요해지다.

여풍과이(如風過耳) : 바람이 귀에 스치는 것 같다. 남의 말이나 의견을 귀담아 듣지 않는다는 뜻이다.

부운종적(浮雲蹤迹) : 뜬구름에 종적이라는 의미로 떠돌아 다녀 종적이 일정하지 않다는 뜻이다.

박물군자(博物君子) : 온갖 사물에 대해 많이 아는 사람을 뜻한다.

슬갑도적(膝甲盜賊) : 남의 시문의 글귀를 훔쳐서 조금 손질하여 제 것으로 써먹는 사람을 뜻한다.

신출모귀(晨出暮歸) : 새벽에 나와서 저녁에 들어가다.

동파서벽(東破西劈) : 동쪽으로 깨지고 서쪽으로 갈라짐.

유능제강(柔能制剛) : 부드러운 것이 굳센 것을 제어할 수 있다. 부드러움으로 강함을 이길 수 있다는 뜻이다.

조불려석(朝不慮夕) : 아침에 저녁 일을 생각하지 못한다. 형세가 급하고 딱하여 당장을 걱정할 뿐, 앞일을 헤아릴 겨를이 없다는 뜻이다.

일구난설(一口難說) : 한 마디로 말하기 어렵다.

만사무석(萬死無惜) : 만 번 죽는다 해도 가여울 것이 없다. 죄가 매우 무거워 용서할 여지가 없다는 뜻이다.

의관지인(衣冠之人) : 예모를 갖추거나 의관을 차려 입은 벼슬아치.

담부지역(擔負之役) : 짐을 메고 지는 일.

기슬지류(蟣蝨之類) : 서캐와 이 같은 무리. 비천한 사람을 뜻한다.

편복지역(蝙蝠之役) : 박쥐 구실. 자기의 이익만 차리기 위하여 이리저리 유리한 쪽에만 붙는 기회주의적 행동을 뜻한다.

선공후사(先公後私) : 공적인 일을 먼저 하고 사적인 일은 뒤에 한다. 사사로운 일이나 이익보다 공사(公事)나 공익(公益)을 앞세운다는 뜻이다.

징일여백(懲一勵百) : 한 사람을 징계하여 여러 사람을 독려하다.

도불습유(道不拾遺) : 길에 떨어진 것은 줍지 않는다. 길에 떨어진 물건은 주워가지 않을 정도로 물자가 풍부하거나 법을 엄격히 지킴.

야불답백(夜不踏白) : 밤에 흰 것은 밟지 마라. 밤길을 갈 때에 바닥이 희게 보이는 것은 물이니 밟지 말고 비켜가라는 뜻이다.

기성안혼(技成眼昏) : 재주를 다 배우니 눈이 어둡다. 오랫동안 애써 공부하고 나니 이미 늙어서 써먹을 수 없게 되었다는 뜻이다.

세답족백(洗踏足白) : 상전의 빨래에 종의 발뒤꿈치가 희어진다. 남의 일을 하여 얻어지는 소득을 뜻한다.

입수지물(入手之物) : 손에 들어온 물건.

자신지책(資身之策) : 제 한 몸의 생활을 꾸려 나갈 계책.

만무시리(萬無是理) : 절대로 이럴 리 없음.

감수기책(甘受其責) : 꾸지람을 달게 받다.
고식지계(姑息之計) : 임시변통이나 또는 한때의 미봉으로 일시적인 안정을 얻기 위한 꾀를 뜻한다.
불심지책(不審之責) : 잘 살피지 못한 책임.
우로지은(雨露之恩) : 비와 이슬의 은혜. 자연의 혜택이나 넓고 큰 은혜를 뜻한다.
하해지택(河海之澤) : 강과 바다처럼 넓고 큰 은혜.
여합부절(如合符節) : 부절을 맞추듯이 서로 꼭 들어맞다.
필유묘맥(必有苗脈) : 일에는 반드시 원인이 있음. 묘맥(苗脈)은 광묘(礦苗)나 광맥(礦脈)이라는 의미로 근원을 비유함.
선망후실(先忘後失) : 앞에도 잊고 뒤에도 잊는다는 뜻으로 자꾸만 잘 잊어버린다는 뜻이다.
일거양득(一擧兩得) : 한 가지 일로 두 가지 이득을 얻다.
관기동정(觀其動靜) : 그 동정을 관찰하다.
망유기극(罔有紀極) : 기강이 없음.
무타도리(無他道理) : 다른 도리가 없다.
유하공덕(有何功德) : 무슨 공덕이 있겠는가?
뇌정벽력(雷霆霹靂) : 천둥과 벼락이 격렬하게 치다. 혹은 그러한 천둥과 번개를 뜻한다.
비사주석(飛沙走石) : 모래가 날리고 돌멩이가 구른다. 바람이 세차게 분다는 뜻이다.
박물세고(薄物細故) : 아주 자질구레하고 변변하지 못한 사물이나 일을 뜻한다.
거괴대특(巨魁大慝) : 악당의 우두머리.
안색불변(顔色不變) : 안색이 변하지 않음.
담소자약(談笑自若) : 근심이나 놀라운 일을 당하였을 때에도 보통 때와 같이 웃고 이야기한다는 뜻이다.

월조지혐(越俎之嫌) : 자기에게 주어진 직분이나 권한 따위를 넘어 부당하게 남의 일을 간섭한다는 혐의. 음식을 만드는 사람이 부엌에서 식칼을 제대로 쓰지 못한다고 하여 제사 지내는 사람이 도마를 뛰어넘어 대신할 수 없다는 데서 유래한다.

견기이작(見機而作) : 낌새를 알아채고 미리 조치한다는 뜻이다.

인명지중(人命至重) : 사람의 목숨이 가장 귀하다.

천은망극(天恩罔極) : 임금의 은혜가 끝없이 두텁다.

상거초간(相距稍間) : 서로 떨어져 있는 거리가 멀지 않다.

도로무익(徒勞無益) : 헛되이 애만 쓰고 아무런 이득이 없다.

양입위출(量入爲出) : 수입을 헤아려 지출하다.

탐다무득(貪多務得) : 많은 것을 탐하고 얻으려고 애씀.

선병자의(先病者醫) : 먼저 앓은 사람이 그 병에 경험이 있어서 뒤에 앓는 사람을 고칠 수 있다. 어떤 일을 먼저 경험한 사람이 남을 가르칠 수 있다는 뜻이다.

근묵자흑(近墨者黑) : 먹을 가까이 하는 사람은 검어진다. 나쁜 사람과 가까이 지내면 나쁜 버릇에 물들기 쉽다는 뜻이다.

추호불범(秋毫不犯) : 매우 청렴해서 남의 것을 추호도 범하지 않는다는 뜻이다.

천의난측(天意難測) : 하늘의 뜻은 헤아리기 어렵다.

여형약제(如兄若弟) : 형제처럼 친하다.

호의호식(好衣好食) : 좋은 옷을 입고, 좋은 음식을 먹는다.

이체지관(已遞之官) : 이미 갈린 관원.

차래지식(嗟來之食) : 굶주림을 불쌍히 여겨 불러와서 먹게 하는 음식이란 뜻으로 마지못해 아무렇게나 주는 음식이란 말이다.

용구축신(用舊蓄新) : 옛 것은 쓰고 새 것은 축적해 둠.
양선은악(揚善隱惡) : 선함은 드러내 알리고 악함은 덮어 감춤.
유주영준(有酒盈樽) : 술동이에 술이 가득 참.
무면불탁(無麵不飥) : 밀가루가 없으면 수제비를 만들 수 없음. 조건이 갖춰지지 않으면 일을 할 수 없음.
금석지전(金石之典) : 쇠나 돌처럼 변함없는 가치를 지닌 법전.
토목지역(土木之役) : 토목공사.
조족지혈(鳥足之血) : 새 발의 피. 매우 적은 분량을 뜻한다.
추호지말(秋毫之末) : 가을 짐승의 털끝. 매우 미세한 것을 의미함.
옥하사론(屋下私論) : 지붕 아래의 사사로운 논의. 쓸데없이 사사로운 이야기를 뜻한다.
노상백활(路上白活) : 조선 시대에 지방을 순시하는 벼슬아치에게 길에서 직접 억울함을 하소연 하던 일. 편역을 들어 달라고 여러 사람에게 부탁을 하거나 하소연함을 뜻한다. ≒ 노상발괄.
붕우책선(朋友責善) : 벗끼리 좋은 일을 하도록 권하다.
남녀유별(男女有別) : 남녀 간에 구별이 있다.
견물생심(見物生心) : 어떠한 물건을 보면 그것을 가지고 싶은 마음이 생긴다는 뜻이다.
봉인즉설(逢人則說) : 만나는 사람마다 이야기하여 소문을 널리 퍼뜨린다는 뜻이다.
사불여의(事不如意) : 일이 뜻대로 되지 않는다는 뜻이다.
어불성설(語不成說) : 말이 사리에 조금도 맞지 않는다는 뜻이다.
고담준론(高談峻論) : 뜻이 높고 바르며 엄숙한 말을 뜻한다.
광언망설(狂言妄說) : 이치에 맞지 않고 도리에 어긋나는 말을 뜻한다.
중언부언(重言復言) : 거듭 반복해서 말하다. 이미 한 말을 자꾸 되풀이해서 말한다는 뜻이다.

횡설수설(橫說竪說) : 조리가 없이 말을 이러쿵저러쿵 지껄이다.

성경현전(聖經賢傳) : 성인(聖人)이 남긴 글인 경(經)과 현인(賢人)이 남긴 글인 전(傳).

음담패설(淫談悖說) : 음탕하고 덕의에 벗어나는 상스러운 이야기를 뜻한다.

낙미지액(落眉之厄) : 눈앞에 닥친 재앙을 뜻한다.

종신지질(終身之疾) : 죽을 때까지 고칠 수 없는 병을 뜻한다.

위방불입(危邦不入) : 위태로운 나라에는 들어가지 않는다.

아궁불열(我躬不閱) : 내가 직접 보지 못할 일.

토사호비(兎死狐悲) : 토끼가 죽으면 여우가 슬퍼한다는 뜻으로 동류(同類)의 불운을 슬퍼함을 비유함.

송무백열(松茂栢悅) : 소나무가 무성하면 잣나무가 기뻐한다는 뜻으로 벗이 잘 된 것을 기뻐함을 비유함.

목후이관(沐猴而冠) : 원숭이가 관을 씀. 겉모습을 잘 차렸으나 본질은 숨길 수 없음의 비유.

현순백결(懸鶉百結) : 거꾸로 매달린 메추라기처럼 수없이 기운 옷이라는 뜻.

진진상인(陳陳相因) : 오래된 곡식이 곳집 속에서 묵어 쌓임. 케케묵어 새로운 것이 없음을 비유한 말.

면면부절(緜緜不絶) : 면면히 이어져 끊이지 않음.

폭주병진(輻湊幷臻) : 수레바퀴가 바퀴통에 모이듯 사물이 한 곳으로 많이 모임을 비유함.

낙역부절(絡繹不絶) : 왕래가 끊이지 않는다는 뜻으로, 연속되며 끊이지 않음을 비유함.

여산적치(如山積峙) : 산처럼 많이 쌓여있음.

전군함몰(全軍陷沒) : 모든 군사가 몰사함.

태강즉절(太剛則折) : 지나치게 강하면 꺾임.

욕교반졸(欲巧反拙) : 솜씨 좋게 하려다 도리어 졸렬하게 됨.
출몰경향(出沒京鄕) : 서울과 시골을 오르내리며 나타났다 사라졌다 함.
천연세월(遷延歲月) : 일을 그때 그때 하지 아니하고 세월을 끌어 감.
금의옥식(錦衣玉食) : 비단 옷에 옥 같은 밥이라는 뜻으로 호화로운 생활을 비유함.
선풍도골(仙風道骨) : 신선의 풍채와 도인의 골격이라는 뜻으로, 고상한 풍채를 비유함.
재승덕박(才勝德薄) : 재주는 뛰어나지만 덕이 적음.
언과기실(言過其實) : 말이 그 실상을 지나침.
시시비비(是是非非) : 옳은 것을 옳다하고 그른 것을 그르다 함.
허허실실(虛虛實實) : 허를 찌르고 실을 꾀하는 계책.
비조즉석(非朝則夕) : 아침이 아니면 저녁이라는 뜻으로, 시기가 매우 임박함을 비유한 말.
유명무실(有名無實) : 이름만 있고 실상은 없음.
변화불측(變化不測) : 변화는 예측할 수 없음.
시종여일(始終如一) : 처음과 끝을 한결같이 함.
대서특서(大書特書) : 특히 드러나게 큰 글자로 씀.
차일피일(此日彼日) : 이날 저날 하고 자꾸 기한을 미루는 모양.
노말지세(弩末之勢) : 커다란 활이 퉁기는 힘이라는 뜻으로 건잡을 수 없는 기세로 뻗어 나오는 세력을 비유한 말.
함하지물(頷下之物) : 턱 아래의 물건. 함하물(頷下物). 남이 먹다 남긴 음식. 턱찌꺼기.
이왕지사(已往之事) : 이미 지난 일.
난득지물(難得之物) : 얻기 어려운 물건.
종풍이미(從風而靡) : 풀이 바람 따라 스러지듯 윗사람의 교화를 따르는 백성.
솔구이발(率口而發) : 입에서 나오는 대로 함부로 말함.

명불허득(名不虛得) : 명예는 헛되이 얻은 것이 아니라는 뜻으로, 명예가 퍼질 만한 실제의 조건이 있음을 비유한 말.
어불택발(語不擇發) : 삼가지 아니하고 함부로 말함.
부지불각(不知不覺) : 알지도 못하고 깨닫지도 못함.
불생불멸(不生不滅) : 죽지도 살지도 아니하고 겨우 목숨만 붙어 있음.
예불가폐(禮不可廢) : 예(禮)는 폐할 수 없음.
시불가실(時不可失) : 때는 한번 가면 다시 돌아오지 않는다는 뜻으로, 때를 놓쳐서는 안 됨을 이르는 말.
부인여자(婦人女子) : 부인과 여자.
아동주졸(兒童走卒) : 아이와 심부름하는 하인.
부월당전(斧鉞當前) : 도끼가 앞에 있다는 뜻으로 죽음을 눈 앞에 둠을 비유한 말.
이험일절(夷險一節) : 평안할 때나 위험할 때나 한결같은 절개.
희공망상(希功望賞) : 공과 상을 바람.
피흉취길(避凶就吉) : 흉함을 피하고 길한 데로 나아감.
일각삼추(一刻三秋) : 일각(一刻)이 삼추(三秋) 같다는 뜻으로 매우 지루함을 비유함.
홍로점설(紅爐點雪)[5] : 붉게 단 화로에 눈이 녹듯 수양이 되어 사욕을 용이하게 극복함을 비유한 말.
호생지덕(好生之德) : 살리기를 좋아하는 마음, 즉 인심(仁心)을 비유한 말.
등기지물(等棄之物) : 버리는 것과 같은 물건.
안하무인(眼下無人) : 눈 아래 사람이 없다는 뜻으로, 교만·방자하여 모든 사람을 업신여김을 비유한 말.
구외불출(口外不出) : 말을 입 밖에 내지 않음.
상고시행(相考施行) : 서로 비교하여 시행함.

5) 『松南雜識』에는 '洪爐點雪'으로 오기되어 있음.

분부퇴출(分付退出) : 분부하여 물러나게 함.
장읍불배(長揖不拜) : 길게 읍하고 절하지 않음.
두문불출(杜門不出) : 문을 닫고 나가지 않음.
설왕설래(說往說來) : 서로 번갈아 변론함.
수문수답(隨問隨答) : 묻는대로 대답함.
호유장단(互有長短) : 서로 장단점이 있음.
불무활협(不無闊狹) : 남을 도와주려는 마음이 없지 않음. 혹은 일을 주선하는 능력이 없지 않음.
석양산로(夕陽山路) : 석양의 산길.
추풍낙엽(秋風落葉) : 가을 바람에 지는 낙엽.
후래삼배(後來三盃) : 뒤에 오면 술 석잔. 술자리에서 늦게 온 사람은 거푸 석 잔의 술을 마셔야 한다는 뜻.
세불양립(勢不兩立) : 비슷한 두 세력이 공존할 수 없음.
노갑이을(怒甲移乙) : 갑 때문에 화난 것을 을에게 풂.
문일지십(聞一知十) : 하나를 들으면 열을 앎.
지로문행(知路問行) : 아는 길도 물어 감.
과문불입(過門不入) : 아는 이의 문 앞을 지나면서도 들르지 아니함.
기칙불원(其則不遠) : 그 원칙이 멀지 않음.
앙망불급(仰望不及) : 우러러 바라보아도 미칠 수 없음.
막지기고(莫知其故) : 그 까닭을 알지 못함.
유공불급(惟恐不及) : 오직 미칠 수 없을까 두려워 함.
착족무처(着足無處) : 발 붙일 곳이 없음.
조수불급(措手不及) : 일이 몹시 급하여 손을 댈 여지가 거의 없음.
전공가석(前功可惜) : 애써 하던 일을 중도에서 그만두거나 또는 헛되이 되었을 때, 그 전에 들인 정성이 아깝다는 말.
후회막급(後悔莫及) : 이미 잘못된 뒤에 아무리 후회하여도 어찌할 수 없음.

여개방차(餘皆倣此) : 이미 알고 있는 사실로 미루어 보아 다른 나머지 도 다 이와 같음.
타불가급(他不暇及) : 다른 것은 미칠 겨를이 없음.
명하사(名下士) : 문예 또는 학문 분야에서 명망이 높은 선비.
부가옹(富家翁) : 부잣집 늙은이.
원천강(袁天綱) : 유명한 점술가인 원천강(袁天綱[6])의 예언이 꼭 들어맞 듯, 일이 확실하고 의심할 것 없음.
이허중(離虛中) : 『주역(周易)』 리(離)괘의 가운데 효가 '음[--]'임을 형상하여 가운데 딸을 가리킨다.
허다반(許多般) : 흔히 볼 수 있을 만큼 많음.
백망중(百忙中) : 몹시 바쁜 가운데.
가가례(家家禮) : 집집마다 다른 고유의 예법.
처처동(處處同) : 곳곳이 다 같음.
언필칭(言必稱) : 말할 때마다 반드시.
원불봉(願不逢) : 만나지 않기를 기원함.
무족정(無足鼎) : 발이 없는 솥. 즉, 신이 없어서 바깥출입을 하지 못하는 사람을 비유한 말.
자명종(自鳴鐘) : 저절로 울리는 종. 즉, 시계를 이르는 말.
고소원(固所願) : 진실로 바라는 바.
사무송(使無訟) : 송사가 없게 함. 서로 의견을 조율하여 시비가 없도록 함.
부족책(不足責) : 책망할 것이 못됨.
야무방(也無妨) : 별로 해로울 것이나 걱정할 것이 없음.
도필리(刀筆吏) : 문서의 기록을 맡은 아전. 도필아전(刀筆衙前)과 같은 말.
풍류랑(風流郎) : 풍치가 있고 멋있는 사나이.
비부지(非不知) : 모르는 것이 아님.

6) 원천강(袁天綱) : 당나라 고조 때 점술에 뛰어난 사람.

막능당(莫能當) : 무엇으로도 능히 대적할 수 없음.
자손계(子孫計) : 자손을 위한 계책.
도행장(桃杏腸) : 복숭아씨와 살구씨라는 뜻으로 서로 분간할 수 없는 것에 대한 비유.
무적수(無敵手) : 적수가 없음.
여반장(如反掌) : 손바닥을 뒤집듯이 쉬움.
대관절(大關節) : 중요한 관건.
의구양(依舊樣) : 예전과 같음.
무계관(無係關) : 관계가 없음.
불분명(不分明) : 분명치 않음.
불청객(不請客) : 청하지 않았던 손님.
문재승(聞齋僧) : 재를 들은 중. 즉, 매우 좋아하는 일을 하거나 원하는 일을 하게 되어 신난 사람.
이여이(易與耳) : 해내기 쉬움.
근피지(謹避之) : 삼가 피함.
선우지(善遇之) : 잘 대우함.
아간지(兒看之) : 아이의 눈으로 봄.
거대수(擧大數) : 대체적인 수를 들어 보임.
소만사(掃萬事) : 만사를 다 제쳐 놓음.
병좌우(屛左右) : 좌우를 물리침.
무피차(無彼此) : 이러나저러나.
명화적(明火賊) : 밤중에 횃불을 밝혀 들고 다니는 도적.
무두귀(無頭鬼) : 참형 당은 사람의 영혼.
권정례(權停禮) : ① 절차를 다 밟지 아니하고 진행하는 의식. ② 임금이 본디 참석하는 조정의 축하 의식에 임금이 나오지 아니한 채 임시방편으로 거행하던 식(式).
시유재(時遺在) : 현재 남아 있는 것.

만부당(萬不當) : 아주 부당함.
팔불취(八不就) : 어느 모로나 쓸데가 없다는 뜻으로 몹시 어리석은 사람.
은군자(隱君子) : ① 부귀와 공명을 구하지 않고 숨어사는 사람. ② 은근짜, 남몰래 매음하는 여자.
무명씨(無名氏) : 이름이 세상에 알려지지 않은 사람. 이름을 잘 알지 못하는 사람을 높여 이르는 말.
대방가(大方家) : 한 부문에서 권위가 있는 사람.
실사구(實事句) : 실재 일에 대한 문구.
여민락(與民樂) : 조선 세종 때 창제된 악곡의 하나. 임금의 거둥이나 진연(進宴) 때 연주되었으며, 한문가사로 된 「용비어천가(龍飛御天歌)」의 125장 중에서 제1·2·3·4장과 그 마지막의 졸장(卒章)만을 가사로 하여 노래하였다.
대인난(待人難) : 약속한 때에 오지 않는 사람을 기다리기란 매우 안타깝다는 뜻.
당구내(當句內) : 그 구절 안.
별안간(瞥眼間) : 눈 깜짝할 동안. 아주 짧은 동안.
사무상(事務上) : 사무적으로.
가부간(可否間) : 옳거나 그르거나. 되든 안되든 간에.
소종래(所從來) : 지내 온 근본 내력.
상미만(尙未晩) : 아직 늦지 아니함.
비오도(非吾徒) : 우리 무리가 아님.
잉구관(仍舊貫) : 고치지 않고 이전대로 함.
살풍경(殺風景) : ① 보잘것없이 메마르고 스산한 풍경. ② 매몰차고 흥취가 없음. 너무 비속하여 흥이 깨짐. ③ 살기를 띤 광경.
항다반(恒茶飯) : 늘 먹는 차와 밥. 예사로움.
행불행(幸不幸) : 다행과 불행.
선불선(善不善) : 선함과 불선함.

망기본(忘其本) : 근본을 잊음.
종자원(從自願) : 원하는 대로 들어줌.
소존성(燒存性) : 어느 물건을 태우되 아주 재가 되어 형체를 알아볼 수 없게 하지 않고 그 물건이 무엇인가를 알아 볼 수 있도록 검게 태운 것을 말한다.
비상천(飛上天) : 하늘로 날아 올라감.
불복일(不卜日) : 혼사나 장사 따위를 급히 치르느라고 날을 가리지 아니하는 것을 이르는 말.
물한년(勿限年) : 햇수를 한정하지 아니함. 일정한 햇수의 기한이 없음.
가자제(佳子弟) : 훌륭한 자제라는 뜻으로, 남을 높여서 그의 아들을 이르는 말.
악소년(惡少年) : 불량소년.
파락호(破落戶) : 재산이나 세력이 있는 집안의 자손으로서 집안의 재산을 몽땅 털어먹는 난봉꾼을 이르는 말.
한잡인(閑雜人) : 관계도 볼일도 없는 사람.
풍락목(風落木) : 바람에 꺾이거나 저절로 죽은 나무. 풍절목(風折木)과 같다.
노상인(路上人) : 길가는 사람.
수인사(修人事) : ① 인사를 차림. ② 사람으로서 할 수 있는 일을 다하고 천명을 기다림[修人事待天命].
한기신(限己身) : 한종신(限終身). 죽을 때까지.
일당백(一當百) : 한 사람이 백 사람을 당해냄.
고여금(古如今) : 예나 지금이나 같음.
의전례(依前例) : 전례에 의함.
제잡담(除雜談) : 여러 말할 것이 없음.
숙수단(熟手段) : 익숙한 수단.
생면목(生面目) : 처음으로 대하는 얼굴.

세하증(歲下甑) : 세 밑 시루.

궤상육(几上肉) : 도마 위에 오른 고기. 어찌할 수 없는 막다른 처지에 빠진 것을 비유.

무뢰배(無賴輩) : 일정한 직업이 없이 방탕하고 불량한 짓을 하는 무리.

유신객(有信客) : 신의 있는 손님.

몰지각(沒知覺) : 전혀 지각이 없음.

무소식(無消息) : 소식이 없음.

보부족(補不足) : 부족한 것을 보충함.

면부작(免不作) : ① 흉작(凶作)을 모면함. ② 졸작(拙作)을 모면함.

도부동(道不同) : 여러 사람이 닦는 도가 같지 않음.

연상약(年相若) : 나이가 비슷함.

자기뇨(自己溺) : '자기의 오줌'을 약으로 이르는 말.

일포식(一飽食) : 한번 배불리 먹음.

별포서(別鋪敍) : 별다른 전개.

소곡절(小曲折) : 세세한 곡절.

태조계(太早計) : 너무 일찍 세운 계책.

본색출(本色出) : 본색이 드러남.

천연(天然) : 자연스러움.

뇌동(雷同) : 아무 생각없이 남의 의견을 따름. 천둥소리가 나면 만물이 이에 응한다는 뜻에서 나온 말.

침체(沈滯) : 가라앉음.

소통(疏通) : 막히지 않고 통함.

호군(犒軍) : 군사들에게 음식물을 풀어 먹여 위로하는 일

속공(屬公) : 주인이 없는 물건이나 금제품(禁制品)·범법물(犯法物)·범장물(犯贓物) 등을 국가의 소유로 귀속시키던 일.

허위(虛僞) : 거짓.

몽롱(朦朧) : ① 사물이 분명하지 아니한 모양. ② 어두침침한 모양. ③

정신이 흐리멍덩한 모양.

초초(草草) : ① 근심하는 모양. ② 바쁜 모양. ③ 허둥지둥하는 모양.

총총(匆匆) : ① 바쁜 모양. ② 환한 모양. ≒ 怱怱.

난만(爛熳 / 爛漫) : ① 물건이 충만하여 넘치는 모양. ② 광채가 발산되는 모양. ③ 흩어져 사라지는 모양. ④ 잘 자는 모양. ⑤ 꽃이 만발한 모양.

휘황(輝煌) : 광채가 눈부시게 빛남.

골몰(汨沒) : ① 물속에 잠김. ② 세상에 나타나지 못함. ③ 한 가지 일에만 몰두함.

등양(騰揚) : 세력이나 지위가 높고 이름을 드날림.

취재(取才) : 재주를 시험하여 사람을 뽑음.

관광(觀光) : ① 여기저기 돌아다니며 구경을 함. ② 과거에 응시하여 임금의 빛나는 성덕(盛德)을 봄.

슬축(瑟縮) : 오므라들어 펴지지 아니함.

목강(木强) : ① 순박하나 고집이 있음. ② 억지가 세고 만만하지 않음.

반백(斑白) : 흰 것과 검은 것이 반반 섞인 머리털. 또는 그런 노인.

노창(老蒼) : ① 나이가 들어 보임. ② 늙은이.

자저(趑趄) : ① 머뭇거리는 모양. ② 가기 힘든 모양.

방황(彷徨) : 일정한 방향이나 목적이 없이 이리저리 돌아다님.

창졸(倉卒) : ① 허둥지둥함. ② 몹시 급함.

장황(張皇) : ① 세력을 펴 왕성하게 함. 장대함. ② 매우 길고 번거로움.

한만(閑漫) : 대수롭지 않음.

창황(蒼黃) : 파래졌다 노래졌다 하는 모양. ≒ 창황(蒼惶). 황급한 모양.

모호(模糊) : 흐리마리하여 분명하지 아니함.

소상(昭詳) : 분명하고 자세함.

우활(迂闊) : 사정에 어둡고 실용에 적합하지 아니함.

황당(荒唐) : 언행이 거칠고 주책없음.

노숙(老熟) : 오래 경험을 쌓아 익숙함.
천생(天生) : ① 타고난 성질. ② 하늘로부터 타고남.
조달(早達) : ① 나이 젊어서 높은 지위에 오름. ② 어려도 어른 같이 보임.
숙성(夙成) : 일찍 이루어짐.
자세(子細) : ① 상세함. ② 번거로움. 자세(仔細).
정녕(丁寧) : ① 대하는 태도가 친절함. ② 충고하거나 알리는 태도가 매우 간곡하며 여러 번 되풀이함.
찬조(贊助) : 찬동하여 도와줌.
제성(提醒) : 잊어버린 것을 깨우침.
포장(鋪張) : ① 과장. ② 베풀어 놓음. ③ 선양(宣揚).
영성(零星) : 정수에 차지 않는 수. 조금. 영락(零落).
농락(籠絡) : 남을 자기 수중에 넣고 마음대로 조종함.
경영(經營) : ① 집을 지을 때 토지를 측량하여 터를 잡음. ② 방침을 세워 사업을 함.
용탑(茸闒) : 어리석고 둔함.
총명(聰明) : 귀 밝고 눈 밝음. 현명함.
백도(白徒) : ① 과거에 합격한 일이 없거나 벼슬을 하지 못한 사람. ② 평시에 훈련을 한 일이 없는 군사.
청맹(靑盲) : 청맹과니. 보기에는 눈이 멀쩡하지만 앞을 볼 수 없는 눈, 또는 그런 사람.
골수(骨髓) : 뼈와 골. 심중. 요점.
고황(膏肓) : 심장과 격막 사이의 부분. 침이나 약으로 고치지 못하는 부분.
우람(愚濫) : 어리석어 분수를 모르고 외람됨.
노망(老妄) : 늙어서 망령을 부림.
공극(孔劇) : 몹시 지독함.
맹랑(孟浪) : 허탄함. 엉터리.

규각(圭角) : 홀의 모서리. 언어와 행동이 모져서 남과 맞지 아니함.

갈등(葛藤) : 칡이나 등나무 같이 넝쿨 진 식물. 전하여 간사한 것, 분란을 비유.

자부(自負) : 자기가 자신의 가치 및 능력을 믿음.

가증(可憎) : 얄미움.

승소(僧梳) : 중의 빗. 필요 없는 물건을 비유함.

화병(畵餠) : 그림의 떡. 아무 소용없는 것을 비유함.

재간(才幹) : 재능과 국량.

경륜(經綸) : ① 천하를 다스림. ② 경영하고 처리함.

여구(如舊) : 모양이나 상태가 옛날 같음.

일신(一新) : 아주 새롭게 함.

주밀(周密) : 무슨 일에든지 빈 구석이 없고 자세함. 생각이 찬찬함.

은근(殷勤) : ① 친절함. 공손함. ② 남녀 간의 애정.

용이(容易) : 쉬움.

지난(持難) : 일을 얼른 처리하지 아니하고 어물어물 미루어 감. 꺼림칙하게 여기거나 미루어 감.

호자(呼字) : 자(字)를 부름.

모년(冒年) : 나이를 속임.

지탱(支撑) : 버팀. 배겨남.

안돈(安頓) : ① 사물이나 주변 따위가 잘 정돈됨. 또는 정돈을 함. ② 마음이나 생각 따위를 정리하여 안정되게 함

사속(斯速) : 아주 빠름.

태완(太緩) : 아주 느즈러짐.

수분(守分) : 본분을 지킴. 분수를 지킴.

지본(知本) : 근본을 앎.

인기(隣妓) : 곁의 기생.

사돈(査頓) : 사돈.

과만(瓜滿) : 임기가 참.
사태(沙汰) : 산이나 언덕 또는 높은 곳이 무너져 내려 앉는 현상.
추탁(推托/推託) : ① 다른 일로 핑계함. ② 천거하여 일을 맡김.
방차(防遮) : ① 막아서 못하게 함. ② 막아서 가림.
간정(乾淨) : 일 처리를 잘 하여 후환이 없음. 뒤처리가 깨끗함.
점화(點火) : 불을 켬.
조박(糟粕) : 학문 · 서화 · 음악 등에서 옛 사람이 다 밝혀 낸 찌끼를 비유한 말.
회자(膾炙) : 회와 구운 고기라는 뜻으로 널리 사람의 입에 오르내림을 비유한 말.
포장(褒奬) : 칭찬하여 장려함. 포양(褒揚).
위자(慰藉) : 위로하고 도와줌.
계륵(鷄肋) : 그다지 가치는 없으나 버리기는 아까운 물건.
낭자(狼藉) : ① 여기저기 흩어져 어지러움. ② 나쁜 소문이 파다함.
파사(婆娑) : ① 춤추는 소매가 날리는 모양. ② 몸이 가냘픈 모양. ③ 초목의 잎이 떨어지고 가지가 성긴 모양.
온자(蘊藉) : 도량이 넓고 온후함.
우합(偶合) : 우연히 맞음. 우중(偶中).
상좌(相左) : 말과 뜻이 서로 어긋나 다름.
구기(拘忌) : 좋지 않게 여기어 피하거나 꺼림.
식가(式暇) : 관원에게 주는 규정된 휴가. 집안의 기제사 등이 있을 때에 주었다.
무엄(無嚴) : 삼가고 어려워함이 없음. 버릇없이 함부로 굶.
불사(不似) : 닮지 않음.
자류(者流) : 이것. 이 유파(流派).
이여(爾汝) : 너나들이. 서로 너니 나니하고 부르며 터놓고 지내는 사이.
제발(濟拔) : 제발, 간절히 바라건대의 뜻.

부조(扶助) : 잔칫집·상가 등에 돈·물건을 보냄.
확삭(矍鑠) : 늙어도 기력이 정정함.
영오(穎悟) : 남보다 뛰어나게 총명함.
치지(差池) : 들쭉날쭉하여 가지런하지 아니함.
천로(淺露) : 얕아서 드러남.
촉이(屬耳) : 귀를 기울여 정성스럽게 들음. 경청(傾聽)함.
박두(迫頭) : 가까이 닥쳐옴.
박일(迫溢) : 급박하게 닥침.
위여(偉如) : 위대함.
초두(初頭) : ① 처음 무렵. ② 일의 첫머리.
말초(末梢) : ① 나뭇가지의 끝. ② 사물의 말단. ③ 사소한 일.
전형(典型) : ① 기준이 되는 형. ② 같은 부류의 특징을 가장 잘 나타내고 있는 본보기. ③ 자손이나 제자의 모양이나 행동이 그 조상이나 스승을 닮은 틀.
변모(弁髦) : 변(弁)은 치포관(緇布冠)으로 관례(冠禮)를 행하기 전에 잠시 쓰는 갓, 모(髦)는 총각의 더펄머리. 관례가 끝나면 모두 소용없게 되므로 무용지물(無用之物)의 비유로 쓰임.
기념(曁念) : 이미 진작부터 갖고 있던 생각.
부리(附麗) : 들러붙음.
소탈(疎脫) : 예절·형식에 얽매이지 않고 언행이 수수함.
지리(支離) : 서로 갈라져 흩어진 상태.
명의(命意) : ① 우의(寓意). ② 용의(用意). ③ 그림이나 문장의 주제를 결정함 또는 그 주제.
황미(況味) : 경황(景況)과 정미(情味).
냉소(冷笑) : 쌀쌀한 태도로 업신여겨 비웃음.
괄시(恝視) : 업신여겨 하찮게 대함.
요행(僥倖) : ① 행복을 바람. ② 뜻밖에 얻은 행복.

애매(曖昧) : 희미하여 분명치 않음.

추생(抽牲) : 강경(講經) 시험을 보는 사람에게 찌를 뽑게 함. 찌는 경서에 있는 글귀를 하나씩 써서 통에 넣어 강경생들로 하여금 뽑게 하는 대쪽이다.

투자(投刺) : ① 명함을 내밀고 면회를 청함. ② 명함을 내던진다는 뜻으로 세상과 교섭을 끊음을 이르는 말.

경계(經界) : 시비·선악이 분간되는 한계.

근저(根柢) : 근본. 사물의 기초.

배치(背馳) : 반대가 됨.

안후(顔厚) : 낯가죽이 두꺼움. 뻔뻔스러움.

호의(狐疑) : 깊이 의심함.

유예(猶豫) : 의심하여 결정하지 않는 모양. 할까말까 망설이는 모양.

입락(入落) : 합격과 낙제.

성취(成就) : 이룸.

호란(胡亂) : 호인들로 인한 병란(兵亂).

문구(文具) : ① 실속은 없이 겉만 그럴듯하게 꾸밈. ② 오로지 율령(律令)을 존중히 여겨 법문(法文)이 구비됨. ③ 문방구(文房具).

자자(藉藉) : ① 엉클어진 모양. ② 왁자한 모양. ③ 여러 사람의 입에 오르내리는 모양

매매(浼浼) : ① 창피를 줄 정도로 거절하는 태도가 쌀쌀맞다. ② 물이 질펀히 흐르는 모양.

불인(不仁) : ① 어질지 아니함. ② 몸의 어느 부분이 마비되어 움직이기가 거북한 증세. 또는 피부 감각이 둔한 상태.

무렴(無廉) : 염치가 없는 것. 염치가 없음을 느껴 마음에 거북한 것.

하자(瑕疵) : 옥의 티, 결점, 잘못.

반박(斑駁) : ① 여러 빛깔이 뒤섞여 아롱진 모양. ② 여러 가지가 한데 섞이어 서로 같지 아니한 모양. .

기미(幾微) : 일의 기틀, 낌새.

절박(節拍) : ① 끝을 막음. ② 아악의 한 곡조마다 박자를 쳐서 음조의 마디를 지음.

경솔(輕率) : 행동이 진중하지 아니함.

삭막(索莫) : ① 쓸쓸하고 막막하다. ② 잊어버리어 생각이 아득하다.

저어(齟齬) : 위아래의 이가 서로 잘 맞지 않음. 전(轉)하여 사물이 어긋남. 기대에 어그러짐.

악착(齷齪) : ① 일을 해 나가는 태도가 매우 모질고 끈덕짐. 또는 그런 사람. ② 도량이 몹시 좁음. ③ 잔인하고 끔찍스러움.

통창(通敞) : 넓고 밝아 시원하고 환함.

착박(窄迫) : 답답하도록 몹시 좁음.

하습(下習) : ① 하인들의 풍습. ② 하급사회의 풍습.

상덕(上德) : 웃어른에게서 받은 은덕.

낙루(落漏) : 적바림(글로 적어둠)에서 빠짐.

탕척(蕩滌) : ① 죄명을 깨끗이 씻어줌. ② 더러운 것을 없애고 깨끗하게 함.

생광(生光) : ① 빛이 남. ② 영광스러워 체면이 섬. ③ 아쉬운 때에 쓰게 되어 보람이 있음.

색책(塞責) : ① 책임을 다함. ② 그 자리만 미봉하는 일.

이두(吏讀) : 삼국 시대부터 한자의 음과 뜻을 빌려 우리나라 말을 표기하는데 쓰이던 문자. 신라의 설총(薛聰)이 창안하였다는 기록이 있음.

어록(語錄) : ① 위인들이 한 말을 간추려 모은 기록. ② 유학자가 설명한 유교 경서나 스님이 설명한 불교 교리를 뒤에 제자들이 기록한 책. 『근사록』·『전습록』·『임제록』·『주자어록』 등이 있다. ③ 송나라 때, 학자들이후진의 교도(教導) 및 편지에 필요한 당시의 속어를 수집하여 구어체로 기록한 책.

회해(詼諧) : 실없이 하는 농담. 해학.

왕복(往復) : 갔다가 돌아옴.

연문(衍文) : 글월 가운데 쓸데없이 낀 글.

탈속(脫俗) : 속태(俗態)를 벗고 세속을 초월함.

향암(鄕闇) : 시골 구석에 있어 온갖 사리에 어둡고 어리석음. 또는 그런 사람.

야속(野俗) : 무정한 행동이나 그런 행동을 한 사람이 섭섭하게 여겨져 언짢음.

설치(雪恥) : 수치를 씻음.

덕색(德色) : 은혜를 베푼 것을 자랑하는 기색.

봉장(逢場) : 봉장풍월(逢場風月). 아무 때나 그 자리에서 즉흥적으로 시를 지음.

타백(拖白) : 과거보는 사람이 백지의 시권(試券)을 냄. 당나라 장석(張奭)이 무식하여 한 줄의 글도 짓지 못하고 백지를 낸 데서 유래하였다. 예백(曳白).

조명(釣名) : 거짓을 꾸며 명예를 구함.

압축(壓軸) : 하나의 두루마리에 실린 시들 가운데에서 가장 잘 지은 것.

구근(久勤) : ① 한 가지 일에 오랫동안 힘씀. ② 한 직장에 오랫동안 근무함.

자벽(自辟) : ① 회의에서 의장이 임의로 어떤 임원을 지명함. ② 장관이 자기의 뜻대로 사람을 천거하여 아래 관원으로 임명함.

건망(健忘) : 잘 잊어버림.

망발(妄發) : ① 망령이나 실수로 그릇된 말이나 행동을 함. 또는 그 말이나 행동. ② 잘못하여 자기나 또는 조상에게 욕이 되게 말을 함.

추창(趨蹌) : 예도(禮度)에 맞도록 허리를 굽히고 빨리 걸어감.

갈궐(踢蹶) : 힘이 없어 비틀거리며 넘어짐.

흡족(洽足) : ① 아주 넉넉함. ② 두루 퍼져서 모자람이 없음.

용슬(容膝) : 집이 좁아 겨우 무릎이나 움직일 수 있음.
의희(依俙) : ① 방불함. ② 어렴풋함.
방불(彷彿) : 근사함. 비슷함.
해박(該博) : ① 학문이 넓음. ② 사물에 관하여 널리 앎.
벌열(閥閱) : 나라에 공로가 많고 벼슬이 많음.
엽등(躐等) : 등급을 뛰어넘음.
준절(撙節) : ① 눌러 절제함. ② 자기감정을 억제하고 법도(法度)를 따름.
말거(末袪) : 기록이나 사실 따위를 지워 없애는 것. 말소(抹消). 말거(抹去).
착실(着實) : 들뜨지 않고 거짓이 없이 진실함.
녹록(碌碌) : ① 평범한 모양. ② 돌이 작은 모양.
설설(屑屑) : ① 잔단 모양. ② 힘쓰는 모양. ③ 근심하는 모양. ④ 왕래하는 모양.
친착(襯着) : 바싹 가까이 달라붙음.
갈급(渴急) : 대단히 급함.
정주(精酒) : 맑은 술.
황잡(荒雜) : 거칠고 잡됨.
요료(了了) : ① 똑똑한 모양. ② 분명한 모양.
답답(沓沓) : ① 병・근심으로 가슴이 갑갑함. ② 숨이 막힐 듯함.
미류(彌留) : 병이 오래 낫지 아니하여 위중해짐.
인실(闉失) : 막혀 잃음.
섬언(譫言) : 헛소리. 섬어(譫語).
휴지(休紙) : ① 못쓰게 된 종이. ② 허드레로 쓰는 종이.
사실(査實) : 사실을 조사함.
가령(暇怜) : 가정(假定)하여 말하여.
영리(伶俐) : ① 약고 민첩함. ② 똑똑하고 재주가 많음.
즐비(櫛枇) : 많은 것이 빗살처럼 빽빽이 늘어섬. 櫛比.

野俗 德色 拖白 壓軸 自辟 委發 踢蹶 容膝

依俙 該悖 躁等 末祛 碌〻 覷着 精洒 了〻

彷彿 閬閬 撙節 着實 屑〻 渴急 荒雜 沓〻

彌留 譫言 查實 伶俐

闖失 休紙 蝦伶 櫛枇

乾淨 點火 者流 甬汝 暨念 附麗 狐疑 猶豫 齟齬 齷齪 鄉闇

糟粕 膾炙 濟拔 扶助 踈脫 支離 入落 成就 通敝 窘迫 雪恥

褒獎 慰藉 矍鑠 頓悟 俞意 況味 胡亂 文具 下習 上德 逢場

鷄肋 狼藉 差池 淺露 冷笑 恝視 藉、 浼、 落漏 蕩滌 釣名

婆娑 醞藉 屬耳 迫頭 侁倖 曖昧 不仁 無廉 生光 塞責 久勤

偶合 相左 迫隘 偉如 抽栍 投刺 殺飛 斑駁 吏讀 語錄 健忘

拘忌 式暇 初頭 末梢 經界 根柢 幾微 節拍 詼諧 往復 趑趄

無嚴 不似 典型 弁髦 背馳 顏厚 輕率 索莫 行文 脫俗 洽足

本色出

天然 雷同 瑟縮 木強 早達 夙成 愚濫 老妄 容易 持難

沇滯 疏通 斑白 老蒼 子細 丁寧 孔劉 孟浪 呼字 冒年

犒軍 屬公 趑趄 彷徨 贊助 提醒 圭角 葛藤 支撑 安頓

虛僞 朦朧 倉卒 張皇 鋪張 零星 自負 可憎 斯速 太緩

草々 匆々 閑漫 蒼黃 籠絡 經營 僧梳 畫餅 守分 知本

爛熳 輝煌 模糊 昭詳 茸闒 聰明 才幹 經綸 儕妓 査頓

汨沒 騰揚 迂闊 荒唐 白徒 靑盲 如舊 一新 瓜滿 沙汰

取才 觀光 老熟 天生 骨髓 膏肓 周密 慇勤 推托 防遮

屛左右
無彼此
與民樂
待人難
幸不幸
善不善
風落木
路上人
無賴輩
有信客
太早訃

明火賊
無頭鬼
當句內
瞥眼間
忘其本
從自願
修人事
限己身
沒知覺
無消息

權停禮
時遺在
事務上
可否間
燒存性
飛上天
一當百
古如今
補不足
免不作

萬不當
八不就
所從來
尙未晩
不卜日
勿限年
依前例
除雜談
道不同
年相若

隱君子
無名氏
非吾徒
仍舊貫
佳子弟
惡少年
熟手段
生面目
自己溺
一飽食

大方家
實事句
殺風景
恒茶飯
破落戶
閑雜人
歲下飜
几上肉
別鋪叙
小曲折

分付退出 杜門不出 隨問隨答 不無闊狹 秋風落葉
後来三盃 怒甲移乙 知路問行 其則不遠 莫知其故
勢不兩立 聞一知十 過門不入 仰望不及 惟恐不及
着足無處 前功可惜 餘皆倣此
措手不及 後悔莫及 他不暇及

名下士 袁天綱 許多般 家丶禮 言必稱 無足畏
富家翁 離虛中 百忙中 處丶同 頗不逢 自鳴鐘
固所願 不足責 刀筆吏 非不知 子孫計 無敵手
使無訟 也無妨 風流郎 莫能當 桃杏腸 如反掌
大關節 無係關 不請客 易與耳 善遇之 擧大數
依舊樣 不分明 聞齋僧 謹避之 鬼着之 掃萬事

兔死狐悲 松茂栢悅 太剛則折 欲巧反拙 非朝則夕 有名無實 從風而靡 率口而發 斧鉞當前 夷險一節 相考施行

沐猴而冠 懸鶉百結 出沒京鄉 遷延歲月 變化不測 始終如一 名不虛得 語不擇發 希功望賞 避凶就吉 長揖不拜

陳陳相因 綿綿不絶 錦衣玉食 仙風道骨 大書特書 此日彼日 不知不覺 不生不滅 一刻三秋 洪爐點雪 說往說來

輻湊并臻 絡繹不絶 才勝德薄 言過其實 弩末之勢 頷下之物 禮不可廢 時不可失 好生之德 等棄之物 互有長短

如山積峙 全軍陷沒 是是非非 虛虛實實 已往之事 難得之物 婦人女子 兒童走卒 眼下無人 口外不出 夕陽小路

不審之責
無他道理
有何功德
人命至重
天恩罔極
如兄若弟
好衣好食
鳥足之血
秋毫之末
高談峻論
狂言妄說

河海之澤
雷霆霹靂
飛沙走石
相距稍間
徒勞無益
已過之官
嗟來之食
屋下私論
路上白活
重言復言
橫說竪說

必有苗脉
薄物細故
巨魁大慝
量入為出
貪多務得
用舊蓄新
揚善隱惡
朋友責善
男女有別
聖經賢傳
淫談悖說

一擧兩得
顏色不變
談笑自若
先病者醫
近墨者黑
有酒盈樽
無麪不飥
見物生心
逢人則說
落眉之厄
終身之疾

罔有紀極
越俎之嫌
見機而作
秋毫不犯
天意難測
金石之典
土木之役
事不如意
語不成說
危邦不入
我躬不閱

悠、度日
申、付托
延之上坐
東之高閣
先後倒錯
上下懸備
晨出暮歸
東破西劈
先公後私
懲一勵百
姑息之計

真知的見
潜銷暗鑠
我歌查唱
烏飛梨落
自手成家
吾鼻三尺
柔能制剛
朝不慮夕
道不拾遺
夜不踏白
雨露之恩

雨順風調
年豊民樂
專心致志
節食服藥
兩言而決
萬籟俱寂
一口難說
萬死無惜
技成眼昏
洗踏足白
如合符節

小貪大失
更愛獨樂
金枝玉葉
高官大爵
如風過耳
浮雲蹤跡
衣冠之人
擔負之役
入手之物
資身之策
先忘後失

萬室憂患
一生行樂
粗解文字
積成卷軸
博物君子
膝甲盜賊
蟣蝨之類
蝙蝠之役
萬無是理
甘受其責
觀其動靜

半途而廢
指徵無傷
與受同罪
統以計之
斯過半矣
坐觀成敗
事貴神速
五日京兆
三韓甲族
降者不殺
壽則多辱

夢寐之外
綽綽有裕
子子無依
計不入量
辭不達意
坐井觀天
入鄉循俗
昭昭斑斑
密密簇簇
窮交貧族
雄州巨牧

後生可畏
疾之已甚
信之無疑
起死回生
轉禍爲福
難兄難弟
非僧非俗
死生關頭
進退維谷
與世推移
塗人耳目

出類拔萃
皮不存焉
甑已破矣
臨渴掘井
割肉充腹
斷不饒貸
永勿復屬
投筆反武
得隴望蜀
冬裘夏葛
朝飯夕粥

功成身退
自將擊之
蔑以加矣
腰金頂玉
身絲腹穀
單獨一身
數多家屬
仰天大笑
登山叱辱
坐席未煖
履歷不足

已無及矣
可勝言哉
牛耳誦經
馬頭納采
大同小異
始勤終怠
名存實無
事半功倍
出將入相
先斬後啓
當局者迷

福過災生
苦盡甘來
粒米束薪
薄酒山菜
大利所關
萬全不敗
紀綱所在
器具不遠
僻巷窮村
經年閱歲
倉卒之間

自今爲始
從古以來
銘心不忘
刮目相對
兼奴上典
使人狼狽
觀形察色
同功一體
立錐之地
建瓴之勢
一覽輒記

身操版飾
坐屈冠蓋
唾手可得
應口輒對
於此於彼
非一非再
天生配匹
太平世界
年深歲久
風磨雨洗
負笈從師

活人之佛
年利之輩
不相統攝
妄自尊大
毀家出送
歇價放賣
廉隅所在
燥濕不計
斷章取義
過恭非禮
男婚女嫁

迫不得已
無爲而化
苟且所致
不虞之備
无妄之事
將信將疑
半生半死
兩相和賣
萬不近似
類、相從
每、如此

歆羨而已
生還故土
着作大事
貧者小人
富則多事
樂而忘返
坐而待死
非理好訟
能見難思
浮沉之慮
沾溉之資

存本取利
於于野談
高麗公事
素昧平生
共濟國事
送舊迎新
好生惡死
千態萬狀
一言半辭
束脩之禮
閭筆之資

宿虎衝鼻
造化中物
次第間事
呼來斥去
醉生夢死
千辛萬苦
十生九死
靑年寡婦
黃口小兒
染指之物
糊口之資

冒沒廉恥
些少之物
等閒之事
不期而會
由我而死
雄唱雌和
朝三暮四
今日、、
如此、、
破器相準
吹毛覓疵

置之度外
歸於虛地
眠醉未醒
自過不知
嚴冬雪寒
方春和時
表而出之
結者解之
半上落下
藏頭隱尾
安敢望也

四顧無親
一敗塗地
一動一靜
一喜一悲
迄可休矣
獨先安之
豪華子弟
膏粱旨味
人面獸心
龍頭蛇尾
嗚呼晩矣

利析秋毫
騰傳故紙
九牛一毛
十人一匙
言則是也
疑者闕之
坐不安席
食不甘味
東西奔走
左右顧視
憑公營私

自在勿論
推此可知
無過於此
正當其時
愛之重之
顛之倒之
述者之能
成人之美
百惡俱備
不惡不移
畫蛇添足

容或無怪
佯若不知
三旬九食
千載一時
勤者得之
坐而食之
大經大法
盡善盡美
猶之可也
焉敢乃爾
載在法典

桂玉之愁
內庭突入
鎖門逃走
新入故出
外貧內富
無足可觀
有志未就
水湧山出
土崩瓦解
身言書判
行動擧止

滿盤珍羞
走馬看山
捉蟹放水
飯囊酒袋
鹽帳米簿
不炊之突
已發之矢
不問曲直
是何道理
以食爲天
欲死無地

不失元數
負債如山
用錢如水
興甕風入
信木熊浮
前所未聞
後忽如是
富商大賈
貪官汚吏
要避不得
惶恐無地

苟充其數
花田衝火
一魚濁水
期會不進
飮食如流
巧言令色
吃癰舐痔
彼此無間
須臾不離
悔過自責
置身無地

以暴易暴
斜風細雨
行雲流水
升天入地
背山臨流
綠衣紅裳
丹脣皓齒
於公於私
以此以彼
不是異事
無復餘地

眼高手卑 攘臂大談 掩耳偷鈴 神出鬼沒 子壻弟姪
外親內疎 拍掌大笑 凍足放溺 醫老卜少 男女老少
百伶百俐 作舍道傍 層巖絶壁 萬古風霜 生不如死
能大能小 出人意表 琪花異草 積年工夫 有不如無
此頃彼頃 莫上莫下 有口無言 積費心力 蠢蠢無識
前無後無 若存若無 長袖善舞 傳播人口 喋喋利口
百分一二 束手無策 大驚小怪 稠人廣坐 少不動念
十常八九 典衣沽酒 東馳西走 回賓作主 中無所主
恩反為讐 慫慂吹薤 杯盤狼藉 寧失於民 牛溲馬勃
客反為主 失馬治廐 衣裳藍縷 無出其右 鼠竊狗偷
箕裘之業 三盃薄酒 如印一板 不在多言 無賞無罰

漫山遍野 助桀爲虐 緣木求魚 道聽塗說 問東答西 欲速不達 以實直告 不有餘力 先失其道 指鹿爲馬 走獐落兔

猶可說也 新政之初 久病之餘 非文非武 可東可西 逢時不幸 無憑可考 無故作散 有闕勿補 移易不得 變通無路

良以此也 昇平日久 衣食有餘 呻吟、、 躊躇、、 從古施行 多錢善賈 技癢所使 精神所到 茫、大洋 坦、大路

九世同居 不學無識 誤字落書 無論是非 不知去處 尋章摘句 安貧樂道 鼻聲如雷 面色如土 遊手不業 抽身無路

在此一擧 口尚乳臭 目不知書 隨毁隨補 耐寒耐暑 庶幾之望 可施之道 坊、曲、 家、戶、 糟糠之妻 竹馬之交

甘言利說 邪思妄念 搖頭轉目 切齒腐心 細書成文 好事多魔 絶長補短 損上益下 桑田碧海 平地風波 戴天立地

易子而教 勝己者厭 埋沒太過 酸妄莫甚 無所不至 莫敢誰何 臨時處變 承上接下 急擊勿失 不攻自破 安而受之

死僧扶杖 怒蠅拔劍 諸具未備 無聊太甚 前仕削之 浮生幾何 山鷄野鶩 路柳墻花 萬敗不聽 一言可破 百爾思之

本非我土 如得千金 不先不後 愈往愈甚 於焉之間 無可奈何 夜不談鬼 明若觀火 乞不并行 牢不可破 十觜一相

自多掣肘 不勝寒心 形殼徒存 耳目煩多 知恩報恩 以訛傳訛 數間茅屋 萬頃滄波 寒進暑退 卯仕酉罷 散之四方

弱子殘孫
鐵中錚〻
吾亦云〻
賊謀難測
主管無人
寬大長者
反覆小人
月滿則虧
物久則神
眼明手快
詐窮力盡

傳子傳孫
胥壞之判
奴主之分
明其爲賊
傍若無人
百戰老卒
絶代佳人
怒室色市
曲突徙薪
兩手執餠
萬口一談

難忘之恩
新舊相繼
慶弔相問
敢死之卒
再生之人
吾家所立
子誠齊人
傷風敗俗
惑世誣民
磨拳擦掌
明目張膽

聽若不聞
道成德立
名正言順
呼吸不通
轉側須人
盡心竭力
粉骨碎身
有害無益
弄假成眞
鷄猪酒麵
薪水魚鹽

盲人直門
字牧之任
柱石之臣
足不履地
鳴將驚人
嗜酒好色
敗家亡身
池魚之殃
宋襄之仁
念不及他
文不加點

無所忌憚
不可形言
弱者先手
負兒三面
壽夭長短
富貴貧賤
背恩忘德
改過遷善
無不通知
在所難免
豪奴悍僕

檣下化倅
墓前畢言
角弓反張
稧酒廣面
血肉之身
睚眦之怨
毛羽未成
菽麥不辨
私門結縛
限死決棍
無聲無臭

自作之孽
無根之言
矯作名目
損失體面
其意有在
不甚相遠
倉氏庫氏
山戰水戰
不須多言
自當別論
不費之惠

可食之物
先入之見
羊質虎皮
魚頭鬼面
食不重肉
手不釋卷
少一之嘆
不易之典
特其餘事
初不舉論
知與不知

生前死後
時異事遷
紅顔白髮
春寒老健
揚丶自得
多丶益善
無前大豊
追後磨鍊
莫此為甚
非所可論
鷄卵有骨

如奴使喚
衣冠文物
菽粟茶飯
於渠足矣
有所歉然
陳談陋說
赤手空拳
功過相半
文武兼全
筆之於書
付之於天

彌縫漫漶
移來移去
空行空返
物無不對
事非偶然
眼鼻莫開
皮骨相連
手無寸鐵
囊乏一錢
百藥無效
人命在天

魂飛魄散
善惡相半
公私兩便
人情所在
事理當然
處身不恭
同病相憐
膠柱鼓瑟
越津乘船
隆冬盛暑
名山大川

至死爲限
紅顔薄命
白首殘年
凡百掃如
收殺杳然
脫有緩急
善爲周旋
非汝所知
止此不羨
含哺鼓腹
安土重遷

氷炭相反
空空如也
在在皆然
言之長也
心不在焉
官猪腹痛
走馬加鞭
錦衣還鄉
白日昇天
朝得暮失
食少事煩

如出一口
漸入佳境
屈指許日
俯首聽令
先見之明
後時之嘆
一身兩役
尸位素餐
癡人多笑
淫者好酸
挾娼會飲

公不勝私
邪不犯正
間々屬々
戰々兢々
血氣所在
命脈所關
言飛千里
塵合太山
大同之役
自中之亂
流離丐乞

破竹之勢
結繩之政
晝思夜度
左酬右應
前例所載
後弊所關
急於星火
積如邱山
奸狀綻露
手脚荒亂
心忙意促

寒脣露齒
病風喪性
四口一賞
三枚兩勝
如斯而已
不一其端
水火相克
骨肉相殘
金的李的
此漬彼漬
熟習難防

從末降坐
以次傳令
走坂之勢
向隅之嘆
擅離直所
惹起鬧端
不遠千里
未達一間
三令五申
千呼萬喚
魚魯莫辨

午後開良
罔知所措
不言可想
塲中得失
燈下不明
烹頭耳熟
乾木水生
汨〻無暇
僅〻得生
忍之為德
駁而不精

接屋連墻
中間闖失
百人等狀
十目所視
孤掌難鳴
塞翁得失
草露人生
閑中多事
絶處逢生
龜背刮毛
猫項懸鈴

自下達上
傷弓之鳥
敗軍之將
各自圖生
不善擧行
喙長三尺
足過平生
黑頭宰相
白面書生
面〻相顧
事〻言聽

官庫板蕩
稍知人事
不成貌樣
處分適當
永久遵行
得不補失
熟不還生
老師宿儒
名公巨卿
殘山斷麓
盤蹊曲徑

賊反荷杖
閭閻櫛比
衣冠鮮明
面目可憎
恩威幷行
雪上加霜
死中求生
春雉自鳴
畫虎不成
有限之物
無人之境

無處不當 三戰三北 稍蠶食之 易地而思 曠日持久
惟令是從 百發百中 弱馬卜重 兼人之勇 至冤極痛
萬死餘生 依願施行 咸力成黨 行無人事 任大責重
一場春夢 特為放送 白地勒捧 凡千日用 言聽計用
疊疊深山 恍惚難測 中間操縱 金石相約 家貧親老
纍纍衆塚 散亂無統 四面衝動 毫髮不動 年富力強
名面各知 拘於顏私 百尺竿頭 稠中顏面 東取西貸
行色殊常 視若尋常 一寸肝腸 同一心腸 百孔千瘡
男負女戴 酒色之徒 死生同苦 先發制人 一面如舊
車載斗量 衣食之鄉 寤寐不忘 違或存亡 衆口難防
豐年化子 高樓巨閣 從頭至尾 家門拱笑 人衆勝天

近取篇

輦轂之下
塵土之中
各其所長
大相不同
酒肆青樓
秋月春風
全不顧見
固執不通
一臂之力
百足之虫

權在足下
樂在其中
冠童自別
人馬亦同
六里青山
四面春風
優劣難分
虛實相蒙
一筆揮洒
五色玲瓏

猶屬歇後
亦在逐中
大小不敵
古今不同
至誠感天
號令生風
纖纖玉手
皤皤老翁
捨近取遠
自初至終

腰間突出
眼前莫童
今時初見
僉意詢同
間於齊楚
懾於威風
循環之理
不息之功
青出於藍
魚變成龍

將無還令
邑各不同
老成之人
孩提之童
眞情所懷
猝難變通
蚌鷸之勢
犬馬之忠
死生存亡
禍福吉凶

계帖子曰텨즈之類

崇崧翹蕘

詩云福祿来崇、音宗而今謂崧山之崧醫家藥有連翹、音

膠而今謂芻蕘之蕘猶茶本音遮而謂多槐本音懷而讀槐也

此類甚衆大抵我國聲音八道言語或先高而後低或後高而

先低其小異而大同者着衣喫飯之性也大異而小同者撻楚

求齊之音也然佛氏所云如人飮水冷暖自知而陶弘景讀書

萬卷一事不知爲深恥何哉竊取紫陽語錄之義略爲揚雄方

言之記不可無遺漏覽者姑取節焉

宋余靖使契丹詩曰微臣雅魯祝若統聖壽鐵擺俱不忒此秦
胡語也雅魯再拜也若統萬歲也鐵擺嵩高也又聚落謂伊里
干也佛圖澄曰秀支替戾岡僕谷劬禿當此羯語也秀支軍也
替戾岡出也僕谷劉曜也劬禿當捉也蠻語落勿渾即沒廉恥
也受莫離即宿緣也又薛俊日本寄語云星曰付泥金曰空措
泥銀曰失祿楷泥船曰浮泥

漢語

磻溪曰　世宗朝禁鄉談凡物名皆以漢語尚有傳習之可見
者如當直曰당디家事曰갸스下處曰하츄銅曰퉁頭盔曰투
퀴大紅曰다홍紫的曰즈디鴉青曰야칭假的曰갸디絹巾曰망
건團領曰퇸령帖裡曰텨리腦包曰봐봐錢糧曰쳔량甘結曰간

漢史匈奴謂天曰祈連天子曰撑黎孤塗又廣大之(象天)稱曰單于
皇后曰閼氏孝曰若鞮賢曰屠耆故常以太子為左屠耆王大
將曰左殺右殺又翕侯元魏史柔然王社崙自稱豆代可汗突
厥皇后曰可賀敦其方語不可勝記而單于自頭曼始也可汗
自柔然始也今清之為滿洲也只以汗稱者亦天子之號也

、崖埋論贊

長編曰夏趙元昊小名崖埋羌語惜為崖富貴為埋又吐蕃謂
強雄曰贊故君長曰論贊曰弄贊又突厥大臣謂葉護西域傳
波斯國人號王曰醫噴又瀛涯勝覽曰占城國呼國王為孛嚓
馬哈札刺

、雅魯若統

、閣老

國史補曰宰相曰堂老唐楊綰傳曰中書舍人年久者爲閣老皇明太祖不置三公而行三公事者謂閣老今淸亦襲稱遂爲胡相之號即左閣老右閣老是也

、兀良介

我北道野人有兀良介故爲胡字釋音或曰高辛氏女處臺使犬守之仍爲夫生胡種故謂外郞犬亦恁生歟之語相似

、東夷

燕岩曰華人有失物曰東夷謂東夷偸去也東字華音頭登切今謂偸兒爲樑上君子者自陳寔見樑上偸兒召戒諸孫始也

、單于可汗

居家必用日鄧通傳曰竟結謂結共公案也

、天真

黃帝素問有上古天真論又天真天乙始生之真元也杜詩嗜酒見天真坡詩十圍貯腹貯天真今天真之說始此

、氷炭

韓詩云毋以氷炭置我腸猶水火相克也亦薰蕕不同器也

、鑄錯

五代史魏博帥羅紹威悔納朱全忠曰聚六州四十三縣鐵打此一箇錯不成也韓詩不知幾州鐵鑄此一大錯今誤事鑄錯

雷同 [illegible]

記曰毋雷同註百里曰同盖雷聲不出百里

、責人則明
宋范純仁曰責人則明恕己則昏今於自反之謂也

、鹹煮苦猛
俗謂鹹曰煮謂苦曰猛謂鹽曰鹵謂腥曰肥謂甘曰多那言冒氣善受多、蓋善也記曰白受采甘受和周鄭俗謂快為苦兵語冷謂澀異物志曰高昌人呼粥謂羅闍

、抹撥
芝峯曰如言以手摩擦而抛棄之也小說云摩挲猶末殺也手上下之言也韓愈作孟郊墓誌曰惟其大翫於辭而與世抹撥註掃滅也

、結寀

宋史彭城王覓一了丶令史得戴法興爲記室丶丶荷丶

梁武帝爲侯景所困口苦索蜜不得荷丶遂殂令無如之何而笑者謂荷丶與詠丶強笑同矣亦嘻笑之怒甚於裂眦也

丶沓丶

孟子曰泄丶猶沓丶也蓋當時方語今[齒寺]滯言之

丶巴丶

正字通曰夷語稱老者爲八丶或巴丶後人因加父作爸字蜀謂老爲波宋景文曰當作皤山谷蹄語皤

丶謰丶

爾雅釋曰謰謱纍也注以事相屬累爲謰謱今直爲累丶謰音纍

‧鞏、
齊方言火乾謂鞏今火乾與氷堅等物謂鞏、出此
、爾、
晉史畢坦謂郗輔曰王若問張方反卿但言爾、又阮咸曰未
能免俗聊復爾、今凡事若此、、謂爾、出此
‧梅、
玉藻曰視容梅、註不審貌今相對無欵、謂梅、出此
、咄、
世說石崇咄嗟可辦今訛爲卒乍也漢書咄、子陵殷浩書空
咄、惟事則今俗謂受咄之語也
‧了、

、穿鑿

唐史文宗曰穿鑿之學徒爲穿鑿今穿鑿之說出此

一蘧篨戚施

本竹席名以譬惡疾詠於新臺又后山詩時須一俛仰君可貸

蘧篨今每事不能屈伸言之

、削蔑

易曰蔑貞凶註蔑削也楚俗有削蔑之語今削而蔑之言出此

、車載斗量

三國志趙咨對魏主語如咨之比車載斗量今賤多之語

、彬彬

漢儒林傳自此多彬彬文學之士今有光色彬彬出此

古樂府云尋常褦襶子觸熱到人家主人聞客來迫蹙奈此何
炙轂子云褦襶笠子集韻云不曉事之稱也今從知覺欲動作
者謂褦襶子是也

、馬曹揮手

桐江詩話曰元祐間王景亮結一社嘲士大夫號猪嘴關呂惠
卿察訪京東語話喜以雙手指畫嘲曰說法馬曹爲察訪卯麄
上殿氣湧出知東平卯高㬠搓鬚嘲曰湊氣獅子作知州惠卿
擧社蘧粉云今語者或揮手似是馬曹

、鶴舞

唐周興鞠獄有仙鶴曬翅胡孫碾茶之名今刑人結縛謂鶴舞
出此漢明帝紀尚書以下數見提曳今揮曳之罰古矣

生拙圖、似磨驢是也

、針氊

晉史杜錫爲愍懷太子中允屢諫太子置針錫坐處氊中刺之流血今針方席之語出此坡詩知米有危炊針氊無穩坐是也

、根柢

老子曰深根固柢杜詩詞林有根柢東方朔持論不根今根柢是

溺於人

周武王盥盤銘曰與其溺於人也寧溺於淵溺於淵猶可游也溺於人不可救也禮記曰君子溺於口小人溺於貨今寵嬖人謂溺於其人之說出此

褫襳

流如智不盡也今外飾而無內實若捲螺者謂文具出此
甑已破
漢史孟敏荷甑破不顧而去今已往事言
望洋
莊子曰河伯至北海望洋向若而嘆今其言洸洋用之
、惹端
本出小說惹起鬧端之語今爭鬧言之
密陽戰
今勝負未決之語自壬亂有之
- 蟻環篩輪
本出天旋蟻磨之說又與磨驢踏舊跡之語相似坡詩應笑謀

令齒宿之稱也言將入也不遠

、若干

禮云脹衣若干尺註數未定辭若如也干求也王儉序云遺文如干卷左傳若而人皆若干也

、若箇

字典曰方語若箇這箇兀的曰阿賭

若干件

六書故曰俗稱物數曰若干件

、文具

荀卿傳鄒衍之術迂大而宏辯鄒奭文具難施故齊人頌曰談天衍雕龍奭炙轂輠髡註輠車上盛膏器言炙之雖盡尤有餘

僧齋

芝峯曰東俗過忌辰設齋於僧寺故俗謂諱日爲僧齋國朝行之我 中廟丙子以趙靜菴請始禁之然今閭閻家尚或行之

已陳之芻狗

莊子曰芻狗之未陳也盛以篋衍巾以文繡尸祝齋戒及其已陳也行者踐其首脊蘇者取爨之今已用之物言之

、憫祖

錢希白洞微志云太平興國中李守忠過海至瓊州逢一翁楊遐舉年八十一其九代祖在梁上鷄窠中不語不食而今嶺南人亦有此壽者諸孫甚憫危之故今憫享謂憫祖云

地近

唐史李義府笑中有刀令人外親內疎者暗傷謂內有刀出此

、殺風景

唐李義府雜纂曰清泉濯足花上曬褌背山起樓燒琴煮鶴對花啜茶松下喝道謂殺風景而衛懿公以鶴亡國房次律以琴得罪亦風流罪過也今亦謂沒風景

斧鉞在前

杜牧作原十六衛曰斧鉞在前爵賞在後今嚴威謂斧鉞當前

捕風捉影

谷永傳有之言不可得也今佩瓢捉風之說似出於此而變也

擁塞

杜詩云臥病擁塞在峽中今謂懊言之

或以燥濕爲陰陽而爲言者云坐蔵之步蔵之之語皆意造也
亦風俗通凡人相罵曰死驢醜惡之稱也即水滸誌所謂禿驢
註下物也

物多無慮

本出漢成帝紀不用計慮可知其數也猶貨殖傳家亦不訾也

、一向

五代史遼主曰漢兒何得一向眠註向晌也今語一樣與如一
謂一向者出此

、叵測

韻書叵註不可即不可測之謂也三國志大耳兒最叵是也

內刀

漫叟詩話曰川人家〻養猪每呼猪作烏鬼聲故謂之烏鬼今
呼猪爲烏来者出此
〻逐烏后羿
今逐烏聲必曰后羿者言射之也逐獸聲必曰杜禦者即狒〻
之俗名也見百獸笑而食之故也
〻謂卵曰涅
揚子方言曰北燕朝鮮洌水之間伏卵而未孚始化之時謂涅
〻註化也今俗訛音謁
〻兀那鳥
水許志云這兀那鳥店盖中原方言謂腎頭爲鳥以形似之今
常辱如鳥之説及小屋子如頭之説出此又俗以女溺門謂濕故

韻書曰江東呼鼪曰鼬今謂鼠為鼬又貓撲似虎故猫謂虎撲
好畫未見龍
漢張衡云好畫鬼魅惡圖狗馬今謂好畫未見之龍惡畫已見
之蛇實出於此
、逐鬼豆、
輿覽曰出於慶州曼剃吉建事也
、呼鷄朱、
風俗通曰鷄本朱翁所化故喚食呼朱、即僧寶誌所謂把棗
與鷄喚朱、是也集韻喌音周呼鷄聲祝鷄翁善養鷄故呼祝
、揚子方言曰桂林謂鷄曰[illegible]、音從今呼鷄子之聲
、呼猪烏来

及猫與註猶獸名性多疑聞有聲則豫上樹又猫作冘音淫今
多疑謂狐疑出此

轉糞世樂

三淵蒼人書有諺云雖轉於馬糞此世爲樂即宋詩人間榮適
付苓通之意耶

ヽ見棗不食人老

漢樂府詞云棗下蔂ヽ朱實離ヽ宛其死寔化爲枯枝人生不
能行樂死亦何以諡爲似今見棗不食令人老之說出此

鯨戰蝦死

栗谷書有之今兩强相戰弱者被傷之稱也與鯨鬪蝦死[illegible]無異

ヽ鼯鼠猫虎

之說出此小說云駿馬常馱癡漢去佳人多伴拙夫眠

鬼門關

今死境之稱必交趾有鬼門關多瘴癘諺云若度鬼門關十去九不還李德裕題崖州詩崖州在何處生度鬼門關

、啞羊

佛書舌不說法謂啞羊僧今語無道理徒事聒、者稱啞羊是也

中無所主

家語曰庸人者心不存愼終之規口不吐訓格之言不擇賢以記其身不力行以自定見小闇大從物如流不知所執是也

、狐疑

蒯徹傳孟賁之狐疑不如庸夫之必至註狐性多疑漢書猶豫

一 畫虎不成

馬援曰刻鵠不得尚類鶩者畫虎不成反類狗今效人不成之謂

、曳白

唐苗晉卿主選祿山言張倚子奭于上及面試持紙終日不成一字謂之曳白今訛謂拖白

一 臨急誦世音

北齊史盧景裕繫獄誦觀世音枷鎖自脫今僧與俗臨急必誦觀世音菩薩出此然小說所謂平生不施主急來抱佛脚又或出己絲毫之力望人丘山之報者亦多矣

青襟狗矢

五代史馮延己爲相孫晟曰金盃玉椀乃貯狗屎今青襟狗矢

、春寒老健

芝峯曰春寒秋熱老健三者不久長之物本歐陽之語健音今訛骨

百聞不如一見

唐宣宗謂賈島曰百聞不知有卿註方言百聞不如一見今亦恒言者又所見不遠所聞亦出鄭世翼投崔信明詩也

生一事不如除一事

本耶律楚材語而真後世識時務之策故表而出之唐陸象先曰天下本無事庸人擾之為煩盖出老子烹小鮮之說亦有理

議論定時虜已渡江

宋史契丹責宋曰爾朝議論定時我已過河矣今恒用而不知

秋曰人有大臭者其兄弟妻妾無與居自苦而居海上人有悅
其臭者晝夜隨而不去
、斷金
易曰同心之言其利斷金今莫逆交謂斷金即此也
五月飛霜
白帖曰燕惠王棄鄒衍、仰天而哭六月霜降張說獄箴云匹
夫含寃六月飛霜今匹婦含寃五月飛霜即此也
、瓜葛
世說王導與子悅圍碁爭曰相與有瓜葛即俱甥郎即葭莩也
樹老人老
俗語樹老傳果人老傳子又曰果離鄉則貴人離鄉則賤

已明矣質釋義正也

、少選

呂覽曰以王筐少選而發視之註須臾也又韓湘能開頃刻花作逡巡酒則晷刻與少選異而同又遷延左傳晋謂秦遷延役

、倉卒

西京記曰陳廣漢言有倉卒客無倉卒主人

、技癢

杜詩哀鄭虔云蒼蘗何技癢潘岳賦徒心煩而技痒註有技不能自忍如痒也今技癢所使出此宋詩亦云技癢訴禽百種啼

、臭味

左傳季武子曰譬之草木君之臭味也今同心之謂也呂氏春

、狼狽

周勃傳狼狽失據註狽無前足附狼而行無狼不行

、、款段

馬援傳乘下澤車御款段馬註款猶緩也言形段遲緩也

獵酒

續世說曰五代漢常思有從事来思怒曰必是来獵酒

、嚮隅

漢刑法志云滿堂飲酒一人嚮隅悲泣則一堂不樂今一盃酒涕出之說出此

、黎明

芝峯曰黑與白相雜猶云昧爽也遲明未及明也厥明質明則

、長物

晉王恭以簟贈王忱曰吾平生無長物今長物之說出此

、栽松望亭

唐詩我過老人宅不識老人心何處殘陽裏栽松欲望陰今栽松望亭之語實出此又薦賢士如種桃李春見其花夏庇其蔭秋食其實薦小人如種荊棘春不得見其花夏不得庇其蔭秋得其刺云

、十常八九

晉史羊祜上疏天下事不如意者十常八九

、狼藉

說文曰草不編狼藉也今不整齊之謂歐文盃盤狼藉是也

、生梗
詩云至今爲梗杜詩何必記橋梗又北都妓擧止生硬
、摸棱
僉載曰蘇味道或問燮和之道但以手摸床棱謂蘇摸棱註摸音
莫棱四方木本如俛首括席之意今誤爲圓轉之稱摸音慕
、張本
韻書曰豫後也今毛筆苗脉之謂也
、識字憂患
坡詩云人間識字憂患始即梅詢不識文字便快活也
、長技
鼂錯傳曰中國之長技五匈奴之長技三今長技之說出此

然世說所謂惠子五車無一言入玄當是妙處不傳也

、區處

黃覇傳具爲區處註分別處置也

、區別分別

古賦曰假草木而區別之傳燈錄曰大牛車白牛車如何區別

維摩經曰花無所分別仁者目主分別今區別分別之語是也

誠齋詩云排日掛無牌記花先後開

、塞責

公孫弘上書恐病死無以塞責、、之說始此

、妄發

漢紀久不見賈生今又妄發又妄擧必用謂才德不稱而保薦者

此以變幻其爺之旨故名之與狠子從父末命葬於水中築沙爲塋者相類今俗詈人必曰幻爺之子今訛爲忽爺子

、[illegible]

俗謂別無截然等分之稱也或漫漶之辭蓋嫡之賤產爲庶、之賤產爲孽、之嫡亦庶故也亦環餠無表裡之說

、釣龍臺

芝峯曰白玉峯光勳有詩名薄遊公山本倅盛供出迎妓輩盛粧以待乃至一布衣儀貌甚埋沒妓笑曰今見白公乃釣龍臺也蓋盛地實無可觀故云

、鼓亭

本出孟子今規摹定式之謂也與埋亭草亭直亭之亭音異矣

、籬隔

宋謝瞻見弟晦勢傾朝野乃籬隔門庭曰吾不忍見此令絶交莫往莫来謂籬垣之說出此淮南子曰行合趣同千里相從行不合趣不同對門不通今相從之說亦出此

、人事不祥

荀子曰幼而不事長賤而不事貴不肖而不事賢是謂三不祥今人事不祥之說出此

、幻爺子

松窩雜記曰中原七家嶺有墓曰幻爺山譯者言有人生子不順言東向西問北指南其父病死囑之曰必葬我於高峰之上蓋欲得平地故反言之其子乃曰臨死之言不可不從乃葬於

廋辭以避法戒也按韻書白酒曰醙晉劉真長云見何次道飲使人欲傾家釀坡詩云自遣赤脚沽村釀今家釀村釀之說始於此

謂水爲龍 七謂羅端　廋原山上有七石序立謂之七寶石胡語七謂羅端故國名羅端山

胡語謂水爲龍故盧龍縣註盧黑也即盧矢之盧也黑龍江蓋黑水韃靼是也今人於酒多水謂龍多者出此嶺南譯龍水蟜

、卜兜没里 伊板娶介　端川摩天嶺舊號伊板嶺女真人謂千伊板昔有人賣債於山下母牛千隻踰嶺牛主逐之而路右伊板嶺言戒有奇岩屹立從中成如虹門名曰穿岩小升由其中出入女真謂花爲甚介故名以

格致叢書曰蒙古謂賢曰卜兜猶佛書云玉女欲以試佛、言革囊衆穢爾來何爲又韻玉契丹謂河曰没里我國音亦相似按孫穆鷄林類事曰高麗方言謂水曰没井曰烏没熟水曰泥根没冷水曰時根没

芝峯曰我國水田為沓米穀未滿石者為斗柴束之大者為法皆意作也又稱頃之頃不載韻書而爛熳之熳自坡詩及作春風爛熳晴而始矣卞字〻彙音雜梵設兵立塘謂之守卞今備局文書借用上下相通之意又节音綿註賭物相當之謂也小說多用之衣襟香祝之襟字亦古無而今有也又栍字今為抽栍長栍而字典所無字也土風記倭國十二支之巳曰米

、名稻為稤

稤音水或熟我國名稻為稤而宮名有稤宮是也元結詩蘆水芸芳飼霜仙、音仙旱稻亦似禮云嘉蔬也水芸註荷也

、謂酒為酥

芝峯曰天竺國謂酒為酥如我國以酒為酥兜僧謂般若湯蓋

弘、寄人事物五百匹絹云言以物修人事也今人情錢之類

不直一錢

漢史竇程不識不直一錢又秦購張耳千金陳餘五百金宋末人送謝枋得詩此去好憑三寸舌再來不直一文錢

、弩末

戰國策曰強弩之末勢不能穿魯縞也今末如之何之謂也

、迫切

孟子序聖人辭不迫切今迫切之語始此

、百尺竿頭

佛書招賢大師偈曰百尺竿頭須進步十方世界是全身

、沓[illegible]迲頭

今虛名無實之稱也猶紅不甘醬魏明帝詔盧毓曰有名士如畫地爲餅不可啖食俗謂畫中餅及畫餅不可救飢之說是也亦山谷詩炊沙作糜終不飽即佛書蒸沙成飯只名熱沙也

釋蒸音朕

俗釋蒸音朕者古矣元魏史高澄以帝稱朕詬曰朕朕狗脚朕是也蒸豚與狗謂朕出此澄意以帝欲爲帝耙耶甚矣不敬

、潤筆債

隋史鄭譯拜爵國公高熲戲曰筆乾荅曰出爲方岳杖策言歸不得一文何以潤筆今爲人書役而取價謂潤筆債

人事物

雲谷雜記曰今人以物相遺謂之人事韓退之以撰淮碑遺韓

、藍縷

左傳篳輅藍縷以啓山林揚雄方言曰楚人衣敝謂須捷亦曰樓裂又謂挾斯即懸鶉百結掛猿壞衲后山詩貧可留須捷恩當記處廖是也

、束火

蒯通傳束縕乞火於亡肉家今鄉語綿謂束火又去綿子曰去核又着綿曰挾纊出左傳

、糟粕

說文曰酒滓也齊桓公讀書輪扁曰君之所讀者古人之糟粕今畧知凡物之謂也陶穀詩年年依樣畵葫蘆、亦糟粕也

畵餅

山谷詩漫染鴉青襲舊書俗謂如鴉羽之青也茶紅如山茶花之紅也草綠如草之綠而俗有草綠一色之語然孔璠就李謐學有青成藍、謝青之謠則青有淺深之不同矣又蔎色韻書云菉名也又草青色今淡青之謂也

、、雌黄

晋王衍輕薄與人約事隨即改變人號口裡雌黄言誤書塗抹

一襲兩喫

叔孫通傳賜衣一襲今一襲之語出此韓文朝一盂暮一盂今兩時之說是也喫音訛呼其而也

、雕虎

思玄賦云執雕虎而試象註雕虎喻貧窮也今訛謂呼虎之勢

·上下寺不及

諺傳忠州有上寺下寺畜一狗、從上寺來下寺以上寺給食不給之從下來上亦如之狗竟不食今多主之客謂兩寺之歎

·居停

宋丁謂云居停主人勿復言今借屋爲居停出此

·東動西立

說文東動音亦動西俗釋音立言萬物動於東立於西也南俗釋午而呼之訛以日至午也北即敗北之北言坼也

·衆多謂洋

倭鯖錄曰山東謂衆多爲洋今謂海之中心爲洋亦多水處也

·鴉青茶紅

遊妓房者之稱也字典云婸音蕩註淫戲也今弄婸之說出此

、青樓

晉西州謠云南開朱門北起青樓註魏允與游氏爲豪富也唐

詩青樓臨大道及復有青樓大道中遂爲娼家之别名古矣

下愚不移

本論語、而今庸劣之稱亦馬史所謂闒茸

、捉蟹放水

仇池筆記云東坡嗜蟹後有餉者皆放之江中不以口腹故苦

生類也殷仲堪了語云投魚深淵放飛鳥今事幾成復失之謂

負兒覔兒

傳燈錄騎驢覔驢騎牛覔牛今負兒覔三面之說似出此而訛

挨也近以周流名山大川唐突明月清風為柱聯者有矣

、葛藤

韻玉曰話葛藤俗謂背馳遅延之事古詩記云人有東野見燈火投宿女子歌云連綿葛上藤一緌復一絙謗傳白頭山上葛生一本蔓延向中原者為藤向我國者為葛本是同根為物各異云

、尋常

國語曰八尺為尋倍尋為常而孫濟嗜酒曰尋常行坐處欠人酒債云盖出行一尋一常之地也後人仍以故常稱之

、興青

燕山置運平樂工彩各道娼妓有天科地科興青之號今誤入

野俗

今薄情謂野薄時俗而若厚則謂脫俗

固執

中庸曰擇善固執若不擇善則子莫執中俗有黃固執之人又

俗詩云天下難固鷄固執

七般賤役 稱漢曰今之皂隷古賤之任也左傳士臣皂、臣輿、臣[illegible]皂造也造成事也 輿衆也佐皂舉衆事也隷、屬於吏也

典律彙編曰皂隷日守羅將漕軍水軍烽軍驛保

罷輭

賈誼策云坐罷軟不勝任今衰殘無氣力之謂也

唐突

世說周顗曰何乃刻畫無鹽唐突西施今為放恣之稱也本搪

〻桑龜

本諸葛格愼言之戒而今訛以無倫脊爲比也尤菴謫見店壁有詩云三傳市虎人皆信一掣裙蜂父亦疑世上功名首木鴈座中談笑愼桑龜云其爲莫將心內事說與故人知他日情衰後便成大是非之戒也曺南冥詩云人之愛正士好虎皮相似生前欲殺之死後方稱美亦似有意而發也

·徽幸

周武王書履曰行必慮正無懷僥倖中庸曰小人徼幸是也

中庸

思傳曰君子中庸而漢語云天下中庸有胡公則爲庸劣稱之始而皇明胡廣亦有中庸之稱

李廣傳註數音朔數爲匈奴所敗爲奇不偶也唐詩李廣無功緣數奇是也亦段會宗足以復鴈門之踦也今誤以數音藪

、八朔

俗罵人不慧之稱以不滿十朔而生也八華音巴牙切

、同甲

易曰先甲三日後甲三日先庚三日後庚三日翼奉傳曆中甲庚性中仁義今同年生謂同甲宋有同甲會是也亦曰同庚

、八不就

骨譜曰八面不成牌之謂也今罵人無所用之語也

雪恥

孟子曰梁惠王爲太子雪之唐太宗詩雪耻酬百王是也

、橫說竪說
麗史圃隱論經橫竪皆得其宜而今訛爲語不精擇之謂

、疑團
佛書圭堂曰從人覔處分問證據者疑團猶在也今疑端之說

、躐等
禮記曰學不躐等今不次之謂也若官秩超遷之謂也

、附庸
孟子曰附於諸侯曰附庸詩云土田附庸是也今寄他之謂

、彌縫
左傳曰伍承彌縫孝杜贊曰輔贊彌縫今凡事彌縫是也

、數奇

黃布裹衷至東海投其布故華之不賓公曰吾佯問甬對曰佯問者亦當佯對此則問東荅西異而同矣

、騷屑

杜詩云農事都已休兵戈况騷屑、、之說古矣

敗興

宋謝無逸問潘邠老有新詩否曰昨日得滿城風雨近重陽句催租人至遂敗人意今敗興之說出此

、强韻

梁史稱王筠善押强韻本以詩言而今於雜事言

、伶俐

字彙曰方言謂黠慧曰伶俐今稱人穎悟謂百伶百俐

、雀、孔而孔、成篇誤擢高第列試官大笑今爲衆咻之語
若燕語知、謂知之不知謂不知之之說

、復爵
今宗廟大祭畢祀配食功臣位引儀呼獻爵又復位外聞傳聲
但復爵、復、爵故今多喧譁謂復爵

、刺嘈
龍城集大梅花樹下翠羽刺嘈今急言重複若鴂舌者謂刺嘈

、問東荅西
今横對易方之稱也杜詩云仰面貪看鳥回頭錯應人東詩嘲
聾者云進吡還開笑問東便答西妻孥每道事即黄語聲低又
晏子春秋曰齊景公問東海棗華而不實何也晏子曰秦穆公

諺傳我國舊有一人得造青尾之法專利致富不告人而死術亦廣陵散之絶矣今權利者必術謂青尾匠

螳螂拒轍

韻書曰怒其臂以當車轍淮南子云齊莊公出獵見之曰勇士回車避之今弱者敵強謂拒轍者若班門弄斧之謂乃耶學之誤

魚變成龍

今人善變之謂也苻秦謠所謂東海大魚化爲龍是也即李白詩大人虎變愚不測也若不善變則騷云荃蕙化而爲茅禮云橘渡淮而爲枳也即香山詩爲龍未必勝爲魚是也

〻雀〻孔

諺傳有一士遇孔雀賦題醉戲自初句至末句以孔〻雀而雀

為法自斃

秦史商鞅事而佛書云如蠶作繭吐絲自纏

見蚊拔劍

王思性急方書有蠅飛在筆端去復來思怒拔劍逐之若千匀之弩為鼷鼠發矣今訛為見蚊拔劍

鋤墢

國語王耕一墢今鋤一墢訛為一食也古詩一犂春雨足今農家一鋤雨一犂雨之說是也

走為上策

宋史檀道濟三十六策走為上計

青尾匠

雜書曰伯邑考與紂圍碁不遜紂醢之與文王食文王號而吐之化爲野兔去李白龍巾拭兔是也左傳殼今吐殼謂打兔按圍碁不遜與漢景帝提博局殺吳太子事同

和盤

語類曰和盤托出蓋和盤者麪板托者不毛盡出無蘊也今謂擧佛底麻法毛出者造佛像以麻去毛實其腹與和盤托同矣

三端三短

韓詩外傳曰文士筆端勇士鋒端辯士舌端是謂三端北齊李諧因癭而擧頤因跛而緩因謇而徐言是謂善三短俗言對客談論閱閱短入場屋文藝短妓房用色膂氣短亦謂三短又新婦見郎貌美山林被薦農夫荒年善農是亦謂三暗喜

儒者寒門有官者通稱之語

、陰山

今俗以陰寒謂陰山者其以北方之山故耶又寒謂秋金陵市語謂冷淡爲秋意

欝陵

羅史欝陵島人恃强不服異師夫以木獅威之曰汝若不服吾以此獸放之殺汝故今虛威恐喝人必曰欝陵又曰欝出此

懸河之辯

晋王行云聽郭象語如懸河不竭今善辯謂懸河出此

不勝謂進

陳遵父遂與宣帝博奕數負進註遂負所進之財今亦謂進

打兎

莊子曰狙公賦芧朝三暮四衆狙皆怒朝四暮三衆狙皆喜卽參伍其價也同價變言之謂也

魚網

詩云魚網之設鴻則罹之今横尼謂魚網

、盤纏

小說行資謂盤纏俗言行錢屈盤纏腰若腰纏十萬貫是也宋人詩亦用之磻溪隨錄曰路資亦曰盤纏

終條理

本出鄒經金聲玉振始終條理也亦古賦亂曰之稱也

、破天荒

唐史荊州人多不成名為天荒劉蛻及第謂破天荒今農家有

匈奴傳註銜馬銜也尾馬尾也今連續謂尾銜是也

邊幅

馬援曰公孫述修飾邊幅如偶人形張說謂張九齡文富邊幅今外飾之謂也

分數

近思錄多 益辦分數明註分者管轄階級之數也數者行伍多寡之分也分數明則所統者衆所操者寡今分數之說出此

作舍道旁

漢紀作舍道旁三年不成即詩云如彼築室于道又如彼行邁謀是用不潰于道今作舍多言之謂也

朝三暮四

孟子曰牛羊茁壯長註生長貌今狀啓穡黍粟茁壯者借用也

藏拙

傳記曰梁徐陵聘齊、録魏收文字遺之陵過江沉之曰與魏公藏拙與崔信明楓落呉江冷句相似也今藏拙是也

斧鑿痕

後村詩話高適岑參詩皆流出肝腑無斧鑿痕山谷詩山呈斧鑿痕今文句與他物有病者謂斧鑿痕出此

杌隉

秦誓邦之杌隉註杌如木之動搖隉如阜之圮壞今難安之勢謂臲卼出此

銜尾

蜀史魏文帝察黃權有局量蓋以情局譬人器量

、妙理

杜詩陶謝有妙理蓋陶侃母湛氏事今妙理之說出此

、闒茸

賈誼傳云闒茸尊顯苏註不肖也或作傝㒍[illegible][illegible]今謂茸闒

、冗長

陸機文賦無取乎冗長梁庾肩吾傳學謝靈運文者不屆其精華但得其冗長此以文麗言又羌無實而容長此以人形言

、注坡

坡詩駿馬下注千丈坡今訛謂走阪之勢蓋如建瓴勢也

、茁壯

絶倒

晉諺曰衛玠談道平子絶倒今大笑謂絶倒出此

壓倒

唐楊汝士賦昔日蘭亭無艶質今時金谷有高人之句醉歸曰今日壓倒元白今壓倒一世之說與吳越之間獨步相似

不似

襄公問云寡人無似孟子云望之不似人君今毁人不似是也

無狀

夏本紀鯀治水無狀漢章帝紀察尤無狀者註罪惡大無可寄言者今責人無狀出此與不道無道之說同

局量

款曲
漢史文叔謹愼不與人款曲今情話欣款之謂
迂闊
孟子題辭曰時君咸謂之迂闊循吏傳禁網踈闊今迂闊踈闊
無能
論語曰君子之道四我無能焉宋史尹和靖當靖康之亂讀書
爲虜所逐時謂無能今無能之說
萎茶
韓序云氣家萎茶註疲貌今茶然無氣之說是也
、兩造
周官以兩造聽民獄訟呂刑兩造具備註兩爭者皆至

工拙壞備今題偏與天地相傳之說出此

暗中摸索

唐許敬宗見人多忘之或謂不聰乃曰卿自難記若遇曹劉沈謝暗中摸著亦可識今夜中摸索之說出此

登樓去梯

世說殷浩恨簡文帝曰上人著百尺樓上擔梯去亦今乘木搖之語相似

、崖岸

唐鄭覃傳不爲崖岸斬絕之行今訛爲捱眼

、節拍

樂府云拍板以節樂也今凡事無曲節謂節拍出此

追蠡註紐欲絶也俗以器皿衣服敝舊者謂蠡件出此

馬匹

家語吳門匹練顔子曰馬也風俗通曰馬夜行目照四丈故謂一匹

麻雨

鷄林類事曰四十曰麻雨今麻漢之說

五日京兆

漢京兆尹張敞使掾絮舜按事舜曰五日京兆安能復按事註不久也卽三日僕射之語又冬月已盡延命乎今延命之語也

、天地相隔

齊史陸厥與沈約論聲韻書曰一人之思遲速天懸一家之文

諺傳有富商為娼女所惑破産赤立反為其娼傭屬十年娼待之薄乃告去娼無一錢之給以破瑟兀孔金與之持將賖酒有人見曰此烏金即賣致富云今誤以良貝事言兀孔金八字

、楊枝漱

隋書眞臘國人每朝澡洗以楊枝淨齒佛書謂嚼齒木杜詩云楊枝晨在手坡詩盆水靑楊枝說郛云東人以齒刷為養支

・歷綠

詩五楘梁輈註楘歷綠也輈上五處以皮束之文歷錄然今雜敍雕飾謂謁錄即歷綠之訛也

、夂用蠡件

趙希鵠曰今人以器用夂而剝食曰蠡說文云蠡木中虫孟子

剪燈新話曰廣利王別搆一殿命名靈德工匠已擧木石咸具所乏者惟上樑文爾今百事皆備一物不足之謂也

中空爲㝩㝗

集韻曰㝩㝗宮室空貌又凡物空者皆曰㝩㝗字彙澂江有魚須人呼爲㝩㝗魚以其乾而中空也今中空綿飣之說似㝩㝗之訛

中朝謂唐

芝峯曰我國稱中朝爲唐蓋唐久享故也如華語謂漢語之類

、八字四柱

今人多言以八字稱蓋生年月日時合爲四柱分爲八字

兀孔金

廣韻瘦也饑貌言頤虛浮也 離騷經曰長顑頷亦何傷韓愈詩
舉室常顑頷是也

枵然

莊子三飡而反腹猶果然註飽貌也正字通凡物饑耗曰枵人
饑曰枵腹今腹枵然之說出此

菽麥

左傳晉公周子之兄無慧不辨菽麥若蘇氏演義云邦畫不辨
猪驢不辨懵然之極

無名之物

漢張安世傳詔藏張氏無名錢於都官內今無名之物之說
所乏者上梁文

李米

諺傳三韓初有金米阿只之說閼智與新羅末大者謂王大竹曰玉竹大器曰玉器又有玉米之說麗祖統高麗中有李米之說我朝作云又菽曰太卽韻書所謂大豆曰菽故謂青太馬太而牛之豆太亦借言也

乙巳年

俗以乙巳年凶爲畏故今無生歲樂者言之

餖飣

唐書目李遠爲釘坐梨字典曰今以文詞因襲累積爲餖飣俗謂飲食餖飣出此

碩頷

今釋樂音謂風流

〻滋味

東方朔傳伊尹蚤但滋味干湯賢臣頌不足與論太牢之滋味

〻粧點

窮幽記曰裴晉公於午橋庄小兒坡茂草放白羊其上曰芳草多情賴此粧點今鄉庄粧點之說出此

〻露積

平準書曰太倉之粟充溢露積于外今積穀露積出此又漢文紀太倉粟陳〻相因詩云我取其陳今陳〻相因亦出於此

〻歃水

檀弓曰啜菽飲水盡其歡今以滫瀡之水同稱似誤

商賈言必稱舜帝竇商者出此俗釋竇音櫝

生涯

莊子曰吾生也有涯而知也無涯以有涯隨無涯殆已唐詩生涯酒一盃今契活爲生涯之說是也

風霜

后山詩云風霜亦飽經西京記云鴻烈傳字中皆挾風霜今閱歷風霜之說始於鴻烈詠於后山也

風波

家語曰不觀巨海何以知風波之患莊子曰風波之民註爲世故所役而不自定今平地風波出此

風流

鑄橫財今橫財之語出此亦貨殖傳富者用奇勝之謂也搜神曰周犨家貧天帝問司命曰此可富乎司命曰命當貧有車子財可借之期曰車子生急還之後稍富利夫婦輦其財以逃有寄宿車下者夜生子名車子從是貧困

甕筭

小說曰貧人止能辦隻甕過路逢雨坐甕中計曰賣此一丶而二爲利無窮遂喜舞不覺甕破今虛擬之計謂甕筭出此

舜帝甕商

嶺南草溪郡野中有古甕窰墟五紅箭門謂虞舜陶作甕處諺傳舜欲觀物情初負破甕呼以欲買破甕乎終無買者乃復以不破甕呼之民即買之不疑舜乃曰欲商者皆欺人取物云今

事謂決立宗失身之謂出野之醬住寺之女志雄力綿謂心傑
放席不善事人謂直門之家不見寵愛謂後殿陽尊謂高齒屐
〻羅祿
新羅時以稻發祿故至今嶺南人謂籽粒為種羅祿
〻自蔡
諺傳我國古皆晩稻乾播無水種早稻有人自蔡得早稻種故名
〻有錢使鬼神
幽閒錄曰張延賞判度支有寃獄一帖云奉錢十萬歎曰可以
通神門魯褒錢神論曰鬼可使令有錢使鬼神之說出此
〻橫財
唐盧懷慎與張說同相盧暴亡復生曰冥間十數度為張說鼓

見客容以瓢饋飯見主容以手喫飯
言見待隨其人
見虎未見虎
亦見牛未見羊之説
得斧喪斧
易曰得其資斧又曰喪其資斧今所得之物如所喪之物謂也
前朔削之
今小各司報朔遞轉而有罪則前朔皆削之爲根朔勿論朔韋音沙
同價紅裳
言價無彼此之殊物有輕重之異也今拒納謂納朴挺人謂眼
同憂人之憂謂傔奴還上巨正自上判下謂榻前定奪已決之

言我之待彼隨彼待我也亦耘以滅裂報以滅裂之語
、中學生花奸活人別提罷職
舍人宴凝香閣夜深妓還至中學橋攔路戲之妓拂衣、裂奔
訴舍人、、怒曰中學無直官耶儒生作拏可駭遂發牌吏、
怕生事對以郎官摘奸于活人署日暮門閉不得還云郎官欲
實其事待罷漏摘奸活人署會其別提闕直故罷之世以橫厄
笑之亦似寺僧淫女山直解由之語也
、荷琵琶者折荷枉措者亦折
言效嚬之類
、萵苣田一遺矢之犬疑其每遺
言一事非義每事見疑

言人之善惡必從其先亦上濁下不淨之意

後見之木高斫其根

言事當慮後

愛人無可憎、人無可愛

傳曰愛而知其惡憎而知其愛天下鮮矣

衣以新爲好人以舊爲好

出於器非求舊人惟求舊之語也然衣不經新何由而舊又作窂相知着新靴以外雖觀美內實不安故也

三日程一日往十日卧

言欲速不達也與八日八十里之語異

石擲則石擲餠擲則餠擲

非汝牛角豈毁我墻
言徹汝之故豈敢我事即今爾墻折角是也亦與爲胥鏡者我
非豈爲閑川者爾非之語似而不似矣
鍾楼批頰沙坪反目
以喻過時生怒者似會論遷怒也亦左氏怒室色市之語而與
怒甲移乙異而同
他官兩班誰許座首
言主客勢異
吹之恐飛執之恐䧟
言至情愛惜
灌頭之水流下足底

生手庖人貽擇安板

言不量才拙反訾毀物具

活人之佛洞、有之

言善人救人無處無之諺傳土亭過海曲有依山大村富屋櫛比數千戶推數則明日午時法當海溢淪漂土亭甚憐惜之訪洞中知識者告急避之皆今笑以爲妄又訪洞長則亦如之若憫際忽有長數丈着平凉者持印迹官令大呼一洞曰明曉洞中男女老少各持畚鍤盡登後山等壇察前當辰時親来發海若一人落漏即嚴治充軍矣土亭問其人則曰本邑面主人也即奪其傳令往邑問之本無是主人又無傳令乃歎曰必是山靈也活人之佛

巷相告有赦有司以聞堅驚曰禁中無屬垣之耳何從事泄救窮之咸言青衣一小兒大呼于市曰官今大赦須臾不見堅歎曰此必向來蒼蠅乎以此觀之鳥鼠之聽未必無也可不愼獨哉諺傳明法甚嚴雖朝夕近侍不敢仰視天顏萬曆帝許一寵臣仰視則皇帝耳長若騾衛耳帝謂勿泄、則死矣其人忍言成病幾死時、納頭空甕中暗語皇帝耳騾衛耳三年而瘳其甕底有竹自生樂工悬求爲笛、聲爲天下第一帝召吹之其音若皇帝耳騾衛耳者屢吹之如是帝疑其臣泄之責則曰臣有不忍言之病因奏甕竹之故可謂守口如瓶、亦有口、人情載馱進上貫宰言行賂多而奉公少

言欲報之際又起新怨

水深雖知人深難知

言人心不可測令十丈水裏可知一丈人裏不可知之說也

來語不美去語何美

言悖而出亦悖而入

舌底有斧

法苑珠林曰夫人之生斧在口中所以斬身由其惡言古詩云

舌是斬身刀今舌底斧入之語也

晝語雀聽夜語鼠聽

言暗中之事人必知之白帖苻堅將赦與王猛苻融議甘露堂

悉屏左右親爲赦文有巨蒼蠅集于筆端逐而復來俄長安街

口雖斜吹鑼當直

言人雖微言不可不盡

十洞之水會一洞

言禍厄之来偏重於一人

吾刀入他鞘難拔

言己物入他手則操縱在彼吾亦末如

善睡家善眠者聚

言類〻相從

莫交三公愼吾身

言外援莫如內修

欲報舊讐新讐出

言拙安而不知避者取禍

到墓前方盡言

言蓋棺事乃定之意

養雛之谷虎亦顧

言不無私情也解縉詩尚有愛子情五步一回顧是也

不燃之堗烟不生々

言人無所犯則外言不至

天圓子將焉用哉

以喻當用而不用

僧雖憎袈裟何憎

言雖怒於甲不可移於乙亦似詩云無庶余子憎之語

爼上肉不畏刀

言事到窮極無所畏避

難上之木勿仰

言無圖所難之事

小〻食之放細屎

言不可貪多

高麗公事三日

東方之人不能耐久一政一令革易無常謂三日昔諺不能久

積功之塔不墮

積功造塔者必牢固以喻有功自食其力

久坐之鳥帶箭

言人之短則己過必露
他人事如食冷粥
言易論人之是非亦豪史取退[illegible]難[illegible]
打憎蠅傷美蠅
言除所惡之人反害所愛也似打鴨驚鴛鴦
言甘家醬不甘
言從言無實
達曙走不及門
言竭盡心力未及事之意也
吾鼻涕垂三尺
言我躬不閱

釜底笑鍋底
以比已有十訾而指人一訾
竹末過三年
言其耐苦之久小說崔致遠入中國居鎭竹上三年今葉柱謂鎭竹也
一歌達永夜
言不過於一物
一箇魚渾全川
言一人害延及於衆
捉山猪失家猪
言貪彼失此也與不償捨哉而從回亂[illegible]二同
刮佛本出麻渾

得寵望蜀之意

追友適江南

言隨人忘勞即命駕千里之語也

過死僧習杖

言凌蔑孤弱

太守代記官

言在下者替受在上之罰今營門各邑公兄推論是也

熟鹿皮大典

熟鹿皮左引則向左右引則向右世之執法者不以三尺為重任意闊狹者多故以此譏之亦曰熟鹿皮曰字又似耳懸鈴鼻懸鈴之語也

言稻飯、之義者走之為利與比同似檀公三十六策走為上計
木麥餠兩在
比不量己力欲兼取而兩有之
兩牝牛同廐
言彼此皆庸才無可辨者
殺盲償殺債
盲者不成人而殺之者亦償殺債比行虛事而受實禍之類也
與打殺種償殺人者似異
捉虎僅捉尾
言期大事而僅成小事
騎馬欲率奴

絕纓優面

言無所銜能也即廣隊落頷也

信木熊浮

古人相桂木於山中一再進欲取則有熊據之今比專信者虛歸

知斧斫足

言反遭害於所親之人

椎輕釘聳

比在上不嚴則在下者反橫

轡長必踐

言濫則必敗

走與稻飯

橋下叱倅
言竊罵於不聞之地也安東有辱倅山云
兩手執餅
言不能取舍亦熊魚取舍之語
、洗踏足白
言事雖爲彼而利則在已似食梨淨齒之謂 鷄林類事曰高麗方言謂白曰漢
畜狗噬踵
言人之背恩忘德也晉江統曰犬馬肥充則有噬齧今我所從
狗反噬我後踵之說出此
花田衝火
言沒風情若颶癸潑火之謂也

言從視不憂也亦越視秦瘠

猫項懸鈴

羣鼠聚謀曰猫之害何以防之一鼠曰懸鈴於猫項則可知其來皆曰誠妙矣一鼠曰善則善矣但孰能懸之以喻難事之不可圖者若懸推於天上之謂也

以蝦釣鯉

言持狹欲奢也今以針釣鯉之說

如蟻偷垤

言其積功今蟻子等金塔之說

衙中譽倅

言人不譽而自誇

賊反荷杖

言理屈者反自陵轢左氏所謂盜憎主人

烹頭耳熟

言治其渠魁餘皆自服也亦綱擧目隨

結者解之

言作始者當任其終

乞人憐天

言過憂於不當憂之地亦鐘路乞人憐都承旨之說

豐年化子

化子漢語乞人以喻衆富獨貧即今貰乞之謂

官猪腹痛

言人姑息之計也亦飢食烏啄俄直前走將來後脚之說

走馬加鞭

言因其勢而加之力也

失牛治廐

亦亡羊補牢之類也今失馬改喂養間之謂也

臂不外曲

言私情不可祛之意

技成眼昏

言技成而老無用也與朱漫泙學屠龍技無所用異而同

射空中鵠

言雖不中規能成事功

虎前乞肉
言難圖者不可圖也亦猶前乞蘇魚之說
入山忌虎
言不當忌而忌者似入虎穴得虎子之說
咆虎陷浦
言誇大者無成亦項羽罥葛蔓之說
山底杵貴
凡物所産之處反貴於不産之地亦竈上塩之說
乾木生水
言貧無辨物也令湮木水生之說
凍足放溺

蜻蜓接囊

囊與腎囊之囊字同音義言作事不能持久

無撥嗜羹

言不量己力也亦似無錢一分者嗜尺二寸餅之說又主人無

醬客不嗜羹謂彼此不肯之語

隻愛獨樂

言彼不取我而我獨取彼也似汝不忍人丶將忍汝之說

宿虎衝鼻

言誤觸而取患也亦辭虎鬚攖龍鱗之說

藁絅捉虎

言闇計偶成也

旬五志曰鳳凰慶壽百鳥皆賀惟蝙蝠不至鳳責之曰汝居吾
下何自傲乎蝠曰吾有足屬獸類何以賀焉麒麟慶壽百獸皆
賀蝠又不至麟責之則曰吾有翼屬禽類何以賀焉世以避事
巧免者爲比而俗謂朴鼬佛書云鳥鼠僧以避鳥鼠之役今詈
人避兩役之謂

、鵂鶹計數
其計數必以偶對不以隻一雖十萬以雙計之不知雙數幾許
失一隻則知之失一雙則不知故喩人計數不明者又稱財謂
得鵂鶹家者留置其物一雙而席卷取來不知故也
⿺辶⿴囗叉迺量稅
言料量虛妄

鳥飛梨落

言跡涉疑似也古詩云瓜田不納履李下不整冠

落着壓髮

言不求弱者又從而擠之

越津乘船

言捨近取遠也

借閨借廳

言漸入佳境今借廳入室之語亦漢舐糠及米之語

諱伴出粮

言為人致力而人則不知也亦暗中瞬目之謂也

、蝙蝠之役

膠守舊聞不識變通者稱以春川檽木梏疑春川人事耶亦教婿之說實出此也今檽音訛土積音訛土

打糞杖

傳燈錄曰臨濟師云汝等肉團上有一無位眞人汝若不識往問老僧有僧問師便打云是乾屎橛今賤棄之謂打糞杖出此

怒蹴岩

言不忍忿怒害反及己即怒蹴岩石我趾自傷之說

滿則溢

即盛滿難久之意孝經曰高而不危滿而不溢

以鎌遮眼

言欲掩迹而不覺人知似唐高祖掩耳盜鈴之語

娼家議禮之語也又以春雨数来石墻飽腹沙鉢缺耳老人撥
皮小兒捷口僧人醉酒泥佛渡川家母手巨八條爲無用有害
之喻亦狗足片子乳兒錦褓之謂也
活狗子勝於死政丞
盧蘇齋用於乞解疏言賤而生勝於貴而死
獨掌不鳴
梁霽湖慶遇用於與人書
、櫨木樻
旬五志曰有村翁生一女鍾愛欲擇婿造櫨木樻貯米五十五
斗募人有能識此木及此米数以女妻之其女私語一癡賈以
應其募後翁使婿相木婿熟視曰櫨木樻又曰五十五斗世以

、京債

明史諸司官朝覲至京者貸京師富家銀賂劉瑾及還取官庫倍償之名曰京債今我債謂京債之說出此

倚數

易係曰參天兩地而倚數今凡事凡物可用充數之謂也

所長

楚辭曰尺有所短寸有所長晉史樂廣論人先稱其所長則所短自見陳壽曰孔明用兵非其所長今或以所短謂所矣

、軺軒馬鞕

旬五志曰魚足堂敘欖以軺軒馬鞕蓑衣丁粉房門鐵樞綿帽纓子鬍笠刷子僧齋胡盧六語爲不相稱者之刺亦屬門諧俳

仙最後一人頤腰纏十萬貫騎鶴上楊州今食雉食卵之語

鼴鼠婚

旬五志曰俗謂杜衡鼴欲爲雛擇高婚謂天最尊遂求之天、曰我雖兼包萬有非日月則無以顯吾德鼴求於日月、、曰我雖普照惟雲蔽之彼居吾上也又求之雲、曰我雖能使日月失明惟風吹散彼吾上也又求之風、曰我雖撥雲惟田間石佛吹之不倒彼吾上也又求之石佛、曰我雖不怕風惟鼴鼠穿我足底則倒彼吾上也鼴於是傲悅曰天下之尊莫我若也短尾銛嘴實惟我儀遂婚於鼴今朱陳嫁娶謂杜衡鼴婚是也

纖芥

通鑑註芥實至細故喩事之至微

許筠集簡牘有忙食噎喉十斫木無不顛飛者上有跨首之語

紅裳教妻

旬五志曰古語云教子自孩教婦初來俗語教妻紅裳教兒黃吻之謂也然婦人孺子近之則不遜遠之則怨

遠眷黨近里隣

古語曰遠水不救近火遠親不如近鄰又遠樹相映近樹相妨又人被長德樹不被長德

僧梳

芝峯曰和尚置梳篦言無用也李玉峯所謂借梳南山僧是也

揚州鶴

唐諺有一人願有錢十萬一人願爲揚州刺史一人願騎鶴升

幼學生徒之稱

、君呼臣卿

字彙曰秦漢以後君呼臣爲卿者盖貴之也楚荀卿趙虞卿及

宋義爲卿子冠軍是也

、大師

洪萬宗所著旬五志曰凡稱大師和尚法師律師尊者等皆沙

門尊稱之辭稱國師者即世主所封如今之官號也又曰禪師

、濟拔

思齋集其記延安民李同知事曰令公乎濟拔令姑忽我罪俗

謂哀乞爲濟拔積善意者濟水火拔坑塹之語也亦曰哀拔

忙食噎喉

今坡州石浮屠也俗爲肥大者之稱也

千遍水陸

本佛經水陸道場猶道家祀祈福之祭名醮也今難辭事言之

、好事多魔

楞嚴經優波離親見如来降服諸魔雜書曰元人以供佛爲事佛氏以魔爲外道不能降服諸魔則覺性反爲魔道所誤即離垢幢菩薩坐道場將成正覺有惡魔前来擾亂令好事多魔也

、丞

麗際各司書吏久任出爲郵丞故今相尊稱謂某丞

、、生員

唐史廣學舍益生員明史世宗世令生員由粟爲國子生今謂

枯木死灰語潤色之若韓安國傳所謂死灰復燃也

、鎭三味

今細切烟草謂鎭三味者以鎭安三登草最美切以進上故也

、東觀三月

俗言東觀內古有宮女名三月者面不澡洗衣常藍褸若未脫毛之狗然遂爲狗之稱而亦嘲人衣弊之號也

、蒙撻軍

今北道在家僧也俗傳蒙古撻狚入我境作梗我人驅逐不可去有神僧持棍逐之蒙撻畏而拜去故今交市有蒙撻軍俗訛爲蒙撻鬼神者即此也

坡州彌勒

、蟹網俱失

諺傳古有人名蟹者其友有名屈億者相善蟹之妻悅屈億之美而欲為夫藥殺蟹則屈億曰士為知己者死即自決乃蟹妻兩失而今誤謂蟹網俱失若捕山猪去失家猪者俗以網謂屈億

近墨者黑

荀子曰漆之藏黑丹之藏朱晉史劉輿猶膩也近則汚人

賣塩逢雨

古語曰姜太公賣肉天熱賣漿天冷是以窮八十今賣塩逢雨賣屑逢風之說實出於此

枯木生花

李賀詩誰知枯木生華屈朱子語錄曰發大機啓大用本佛經

綱目桑落酒註訛為思郎即思郎有意招同侶蓋人之情莫如
女之思郎故俗為愛字釋音即愛莫離之意也說文女子之性
柔而帶有所好則愛而不釋故於文女子為好媳亦女之所息
故為夫家稱也字彙媳音思女名而俗音偲若媳音昔今音息

覆盃之水

小說姜太公棄妻馬氏見太公為齊侯去於路傍願從之令取
一盃水覆之地使馬氏收之馬氏憤悔死處謂馬陵今用難收事

一色踈薄

朝野僉載曰天后時郎中朱凝妻有美色而酒家有婢蓬頭垢
面寢惡之狀舉世所無朱悅之殆忘寢食俗所謂一色有踈薄
、色無踈薄

、色界

佛書摩夷等六天為慾界十二天爲色界十四天爲無色界今色界之說始此而色界上無英雄烈士謂項羽蘇武也

、大昏

禮記云大昏必時今國婚謂大昏出此家語曰大婚萬世之嗣

、賣婚

史通曰山東士人尚閥閱嫁娶必多取資人謂之賣婚

、一夜萬里城

今桑宿生緣之語也倭奴入我國雖宿一夜而去必築城今山上徃〻有之實防敵也然宿一夜築萬里長城之說善借用也

、思郎愛

也坡詩結習漸消留不住却須還取散天花參寥詩禪心已作
沾泥絮不逐東風上下狂

僧劫

詩傳龜俗女子未嫁先卜共有劫殺者使僧同宿脫其劫云

、因緣

佛書十二因緣觸愛受取有生老死憂悲苦惱也陶穀贈秦蒻
蘭詞好因緣惡因緣只得郵亭一夜眠韓詩青壁無路難夤緣

瓜年

章皐遊江夏見玉簫未及破瓜之年註瓜至十五日熟十六日
內破瓣生呂洞賓詩功成當在破瓜年註俗以破瓜為二八今
瓜歲之說出此又俗謂處女如馬言可乘也

一、大者爲汗

芝峯曰李益齋云新羅時其君稱麻立干其臣稱阿干至鄕里之人例以干字連其名下呼之蓋相尊之辭也我國方言干音汗如謂種蔬者園頭干漁採者爲夫干造泡者爲豆腐干之類方音以大爲汗謂天爲汗若可汗之汗也

一、業寃

芝峯曰中朝指所愛爲寃家猶寃讐本僧梵志詩云人以屎尿穴着作一團花相牽入地獄即此是寃家亦今業寃之說

一、結習

摩詰經曰天女以天花散諸菩薩即皆墮落至大弟子便着不墮天女曰結習未盡故花着身結習盡者花不着身今結緣是

上鄉音柴谷言多柴故也或云慶州古號徐鬱而新羅所都故今尚稱之旬五志峽謂豆麻以種豆種麻處也俗諺曰人生子上徐鬱歟生崽歸柴谷

、歸鄉

今謫者謂匪所言匪得其所也俗謂歸鄉罪人言不得居京華放之柴谷也即漢律放歸田里是也

村野

宋史秦檜妻王氏以青魚代子魚而進太后曰這野婆村文梅聖俞爲學士村令村之說出此韻會曰朴野檀弓故騷、角則野踈田野之人急切無禮論語文勝質則史質勝文則野今野之說亦出此又鄉閭即鄉人之閭也與村野之語同

、遷路謂遷

俗以臨水棧道謂遷、者從水顛遷故也如楊根之月溪遷閣慶之串岬遷是也串岬一名兎遷世傳麗祖南征至此不得路有兎緣崖而走遂開路進師故名之按左傳鄭葬簡公當路室不毁則遷註遷曲也

寧固塔

清汗於瀋陽聚天下寶貨為日後計又地險土美故今俗謂得樂地為寧固塔是也

、徐欝柴谷

芝峯曰長安在西而東笑故謂向京為西笑介南送朱郎中迎母東歸詩云彩衣東笑上歸船按京師多在西故俗釋京音西

唐封常清傳奏傔從三十人即騶從今馬後輩陪使令謂家傔

、照羅赤

燕岩曰闍赤者蒙古譯言書生也八合識者師傅也我國內三廳下隷稱照羅赤此襲高麗習畏兀語也赤音置

、按籠喝道

唐書舒元褒曰元和中、丞呵止不過半坊今至兩坊謂籠街喝道令喝道者謂按籠亦五祀精所謂秦漢鹵簿之意也

、同儛

韻書曰同舞即對舞今儕輩謂同儛者出此又左傳同官曰僚

、烏合

揚雄傳註朝聚暮散似烏之合而散也酈食其傳瓦合之卒

、油客
蜀史簡州刺史安重霸貪賄民有油客姓鄧者能碁召對敵故
令富民謂油客出此
、兀者
莊子曰魯有兀者王駘今謂不知者訛為沒者
、白丁
魏詔白民入粟賜其身唐制民丁從征役得勳級者為勳官無
勳級者為白丁惟莊子庖丁是屠牛坦而今史村為白丁
云命
張耳傳亡命遊外黃註命名也今逃名
、傔從

坐客

芝峯曰成偘成俔貌寢有文譽一時諸公宴集必邀爲坐客故俗謂貌陋者謂坐客按田蚡貌寢註貌不揚今誤爲埋沒之稱

不仁

近思錄曰仁之體充滿無少欠缺也班超傳兩手不仁註不遂今病人謂半身不遂

酒袋

荊湖近事云馬氏奢僭文武之道未嘗留意時謂酒囊飯袋今謂酒袋之說出此

殘杯冷炙

杜詩殘盃與冷炙註食餘

學者
教之然後有學之者近来有不教而稱學者遂為宅號焉
、英雄
人物志曰草之精秀者為英鳥之将羣者為雄張良是英韓信
是雄一曰武稱假借為英雄字亦智過百人謂豪過千人謂傑
即一當百之稱也今英雄豪傑之説出此
、丈夫
韻書曰赤子註赤本尺字長不滿尺故成人不過一丈故曰丈
夫詩註夫有傳相之德而可倚仗之謂也
壯丁
禮記曰三十曰壯通志云二十一為丁

賈島得僧敲月下門句欲更推字引手作推敲之形今敲推是

、關節

唐史獨孤及榜始關節之事宋包拯掌試關節不到閻羅包老蓋本出醫家關脉通節之說今為科第通路之語

、舉子

唐諺槐花黃舉子忙今科儒謂舉子是也

、功令

儒林傳功令註學者課功著之令即今之學令也俗謂課工

、工夫

唐李白磨針語云鐵杵磨成針只要工夫深僧懶殘曰我豈有工夫為俗人拭涕蓋唐方言若農夫工匠之意也

當敢保君未徹今珍重之說出此又鄭重鎮重似出此

、、團欒

佛經云大家團欒頭共說無生話盖西京賦時重欒而浮柱即椽欒也與彼詩清話對檀欒則韻會檀欒竹貌異矣若嬋娟之為月竹人也

消日

唐李遠詩長日惟消一局碁竹樓記云消遣世慮

、、風月

隋史李諤曰積案盈箱盡是風雲之狀連篇累牘不出月露之形未窺六甲先製五言程子吟風弄月而歸今詞律謂風月

、敲推

唐李綱傳古人以一言之重訂千金盖出楚諺所謂黃金百斤不如季布一諾

、闊狹

李將軍傳射闊狹以飲今闊狹之說出此 兒寬傳收租稅時裁闊狹與民相假貸

着題

事類曰詩貴着題如唐人題西山寺詩終古礙新月半江無夕陽是也今逼真的當謂着題出此

絶唱

元稹爲浙東觀察使辟竇鞏工爲詩號蘭亭絶唱

、珎重

佛書百丈恒和尚有頌云百丈有三訣喫茶珍重歇直下便承

呂不韋作春秋有增損一字與千金故今尚言之諺傳村學究
窮訓蒙學千字者五兒、皆富人之子各讀一卷畢適歲末糴
督甚急學究曰吾所納十石各五兒二石可免辱五兒之父曰
豈以千字一卷之功徵我還穀二石之重乎呈于官、曰汝言
是然更呈以千字中所無字作所志則免汝等之徵其人持歸
迺遠求文章家請書所志皆言不可爲惟一士曰此穀當徵也
所志起頭乃右謹陳所志則右這意內勞謙謹初陳根垂驚榮
業所基守眞志滿皆千字中字若非千字中字莫可措語其人
以緣由訴官、乃怒曰雖一字千金可於一字各出一錢也杖
之因之索五千錢於五人爲五百兩給學究爲文債下者云

一言重千金

趙皇后傳赫蹏註薄小紙也韻書幱號註赤蹄即赫蹏之本也
唐白積卮紙假緡五鍰今小札謂卮紙是也晉何曾勅記室勿
受小紙為書故今上尊者書必大簡出此俗釋紙音造衣蓋綿
出前以紙造衣箋釋音賦詩者以作詩賦也然即不律之訛

〻平安

唐詩馬上相逢無紙筆憑君傳語報平安宋胡安定得家書平
安字蓋自唐有此語矣以故亦謂烽為平安火

〻名紙

古詩云名紙毛生不為通即刺也今科場試紙謂名紙者書名
之紙也又謂正草者正字也非亂草

一字千金

禮記註陽生為息陰死為消廣韻以為言信蓋五經所謂信息甚大是也董仲舒策察天下之息耗註息生也耗虛也一云善惡今謂京耗鄉信是也

、榮衛

素問曰月始生則血氣始精衛氣始行月郭滿則血氣實肌肉堅月郭空則衛氣去今人問訊榮衛及無精神謂無榮衛之說出此而榮之義即精也淮南子曰月虛而魚腦減月死而蠃蛖膲註膲肉不滿

、傳喝

傳燈錄云馬祖曰若有人問汝、作麼道云便喝百丈禪師忽然大省今問訊之語謂傳喝蓋出於此

、巵紙

魏鍾會見嵇康、曰何所聞而来何所見而去會曰聞所聞而来見所見而去後魏柳遠性麁人謂柳癲每出行反家人問消息曰無所聞、亦不解今所聞之語是也

風聲鶴唳

晉史苻堅以八公山草木風聲鶴唳皆以爲勍敵今騷動是也

倭張

南秀文記云高麗之季武弛倭張今所聞甚大之謂也

膾炙

周顗啖王羲之由是知名故今名聞播多之謂也唐詩一出韓碑傳膾炙不知世有段文昌

消息

松南雜識